高等师范院校专业基础课教材

教育研究方法

JIAOYU YANJIU FANGFA

全国重点大学联合编写
陈向明　主编

教育科学出版社
·北　京·

出 版 人　所广一
责任编辑　韩敬波
版式设计　贾艳凤
责任校对　贾静芳
责任印制　叶小峰

图书在版编目(CIP)数据

教育研究方法／陈向明主编；全国重点大学联合编写．—北京：教育科学出版社，2013.11(2023.1重印)
高等师范院校专业基础课教材
ISBN 978-7-5041-7988-3

Ⅰ.①教…　Ⅱ.①陈…②全…　Ⅲ.①小学教育—教育研究—师范大学—教材　Ⅳ.①G622.0

中国版本图书馆CIP数据核字(2013)第232197号

高等师范院校专业基础课教材
教育研究方法
JIAOYU YANJIU FANGFA

出版发行	教育科学出版社		
社　　址	北京·朝阳区安慧北里安园甲9号	**市场部电话**	010-64989009
邮　　编	100101	**编辑部电话**	010-64989374
传　　真	010-64891796	**网　　址**	http://www.esph.com.cn
经　　销	各地新华书店		
制　　作	北京金奥都图文制作中心		
印　　刷	保定市中画美凯印刷有限公司	**版　　次**	2013年11月第1版
开　　本	720毫米×1020毫米　1/16	**印　　次**	2023年1月第9次印刷
印　　张	26.25	**印　　数**	55 001—65 000册
字　　数	533千	**定　　价**	39.00元

前 言

近年来，随着我国教育研究的快速发展，社会各界了解教育研究规范的需求日益增强。越来越多的大学生开始参与教育研究，很多非教育类专业的本科生也在各自的领域针对自己感兴趣的教育问题尝试开展研究。另外，目前我国的教育学研究生招生已实施国家统一考试，考生急需一本提纲挈领、言简意赅的教育研究方法教材。然而，现今我国已出版的教育研究方法书籍多针对研究生层次。而且，即使是针对研究生的教材，有的版本也比较老旧。正是在这样的背景下，我们撰写了本教材。

为了提高编写质量，充分反映我国教育研究方法领域的最高水平，我们组织了全国11所重点高等院校的15位学者合作编写了本教材。通过学者之间以及学者与其同行和学生的充分沟通与交流，我们对编写本教材形成了如下共识：首先，力求教材的内容提纲挈领、言简意赅，突出教育研究方法应用性的指导，不纠结于学术观点的争鸣；其次，力求使教材的形式新颖，归纳式地呈现教材的内容，将原理蕴含于案例之中，这样不仅有利于学习者自己动手操作，而且能够让学习者举一反三；再次，力求语言通俗易懂、具体直观、生动活泼，以便学习者理解和迁移。

基于以上共识，我们对本书的写作体例提出了统一要求。首先，在每章开篇提供如下内容：(1) 内容概览，即对本章内容作一简单介绍；(2) 学习目标，即提出学习本章后所应达到的目标，目标既要具体，又可观察；(3) 核心概念，即每章提炼出5个以内能将本章内容串联起来的概念。

为了让本教材的可读性更强，也易于那些没有从事过教育研究的本科生理解，每章基本以一个研究案例开始。案例均体现本章所介绍的研究方法的基本原理、原则、规则、作用、特色、适用范围等，并力求内容浅显易懂、生动活泼，做到与后面的有关原理和原则相呼应。

为了使教材内容的呈现方式更加生动，正文中还插入了大量的图表、照片、专栏等。这些直观方式不仅有利于吸引学习者的注意，使阅读更加有趣，而且能够对他们理解有关内容起到展示和图解的作用。

每章结束后，我们统一提供了如下内容：(1) 本章要点，即归纳总结本章的重要观点及其对学习者学做本类研究的启发；(2) 概念图，即结合每章开篇提供的内容概览和核心概念构建本章概念图，以便学习者清晰地把握本章内容；(3) 学习效果自测，即提供自我学习效果评估的思路和方法，如针对本章内容提问，提出自己对某些概念的理解，对不同概念进行比较，在有关内容之间建立联系等；(4) 拓展练习，即结合本章内容所设计的拓展性内容，如设计一个研究计划、作一篇文献述评、作一次访谈或观察、设计一个问卷、对一篇研究报告进行分析等，进而拓宽学习者的视野，激发其研究兴趣；(5) 参考文献，即提供作者写作本章时所参考的文献资料信息；(6) 后续学习资料，即提供简短的阅读材料，或书单、视频等学习资源，分为“必读”和“选读”两个部分，前者对理解本章内容非常重要，一定要读，后者可以根据自己的需要，有选择地阅读。

由于目前学术界对教育研究方法的分类仁者见仁、智者见智，本教材的内容结构不完全符合分类“逻辑”，但有时候不合“科学逻辑”的方式可能更加符合“实践逻辑”。因此，基于教育研究者的具体实践，我们根据研究范式的不同，将教育研究分成三大类，即实证主义的研究、解释主义的研究和综合方法的研究。

实证主义的研究范式按照自然科学的要求做人文社会科学研究。在本体论上，认为现实是真实存在的，而且可以被了解。社会过程与自然过程一样，都是独立于人的意志与行动的客观过程，具有客观规律性和齐一性。在认识论上，持二元的、客观主义的立场认为，如果通过科学的研究手段，研究者可以发现“真实”的研究结果。这种结果具有现实客观性、预测的正确性和控制的有效性。在方法论上，使用实验、操纵的程序，通过一套工具和程序对假设进行证实或证伪。这种研究所获得的理论应包含对社会规律的陈述，且各部分有确定的逻辑关联。①

解释主义的研究范式将人文社会世界与自然世界严格区分，对前者的研究更具人文性和主观阐释空间。在本体论上，认为社会世界的意义秩序和行动规则是通过行动者的经验与解释而形成的。社会现实具有地方性特点和时间维度，是参与各方此时此地的共同人为的建构，其研究结果是被“制造”出来的，而不是被“发现”的。在认识论上，研究者与被研究者之间是互为主体的关系，研究结果是由不同主体通过互动而达成的共识。“领会”不是主体对客体的认识，而是不同主体之间视域的融合。② 意义并不是客观地存在于被研究的对象那里，而是存在于研究者和被研究者之间的关系中。研究者对社会现实的认识只可能是部分的、局部的，理解总是研究者的解释性理解，是研究者对被研究者的社会建构的“第二序建构”。在方法论上，研究者通过体验、共情、反思和内省等方式，“客观地”审视和领会互为主体的“主观”。通过阐释循环，即在全面性解释与局部探讨之间永无止境地辩证循环，阐明社会世界有意义的秩序，探究其发生和持续的机理，达至人与人之间的理解。

综合方法的研究根据研究问题和研究目的的需要，使用多种不同的研究方法。其研究范式可以被认为是实用主义的，即任何研究方法，只要有用、能够解决实际问题就能被使用。研究方法与理论一样，都是工具，是为回答研究问题服务的。如果不同的研究方法可以被用来回答研究问题的不同部分，或解决处于不

① 黄瑞祺. 社会理论与社会世界［M］. 北京：北京大学出版社，2005：3－18.

② 加达默尔. 哲学解释学［M］. 夏镇平，宋建平，译. 上海：上海译文出版社，1994.

同阶段的研究内容，则应该根据需要而采用。多样的研究方法有利于研究者从不同角度探究研究的问题，更加充分地了解和理解研究的现象。

据此，本教材的结构如下：第一编“概览”包括三章，即“第一章　教育研究概述”“第二章　教育研究的一般过程”“第三章　教育的哲学研究”。之所以将哲学的方法放在最前面，是因为我们认为，后面的各种研究都需要使用哲学的方法（如演绎法、归纳法、概念分析）来对研究的问题进行思考、对所收集的资料进行分析。

第二编“实证主义的研究”包括四章，即“第四章　教育调查研究”“第五章　教育测量研究”“第六章　教育实验研究”“第七章　教育统计研究”。通常来说，教育调查研究包括定量的方法和质性方法，但在本教材中，这一章的重点在定量的方法，因此归入实证主义的研究范畴。

第三编“解释主义的研究”包括四章，即“第八章　教育质性研究”“第九章　教育叙事研究”“第十章　教育个案研究”“第十一章　教育历史研究”。虽然教育叙事研究可以作为教育质性研究的一种，但由于目前我国教育界对叙事研究非常推崇，特别是一线教师做叙事研究已蔚然成风，故将其抽取出来作重点讨论。教育个案研究其实处理的是有边界的教育现象，具体研究时可以采用任何合适的方法，包括定量的方法和历史的方法，本教材在此主要介绍的是解释主义范式下的质性研究的个案分析，故将其放在本编内。

第四编“综合方法的研究”包括两章，即“第十二章　教育行动研究”“第十三章　比较教育研究”。严格地说，教育行动研究不是一种研究方法，而是一种研究取向，其主要目的是求“善”，即提高行动者的批判反思意识和能力，采取对策改进现状。在行动研究中，研究的主体是行动者本人，他们在研究中行动，在行动中研究，检验研究效果的标准不再是“真实”与否，而是行动者的意识和能力是否有提高、问题是否得到解决、行动者的生存环境是否有所改善。这种研究可以采用任何合适的方法，包括定量的方法、质性方法、历史的方法、比较的方法，等等。然而，由于质性方法的一些特性（研究设计的灵活性、小样本、能进入被研究现象内部、容易上手等），目前大部分教育行动研究者都使用的是质性方法。

本教材适用于教育系科专业的本科生、其他专业参与教育研究或对教育研究感兴趣的本科生、计划报考教育学硕士和教育硕士的考生。由于本教材的门槛比较低，语言通俗易懂，并提供了大量的研究实例，相信对教育研究感兴趣的社会各界专业人士和业余爱好者都能从中受益。

由于有关教育研究方法的定义和归类目前在学术界并未形成定论，故我们的分类和阐述也会存在一定问题，望广大读者通过阅读本教材，对我们的写作提出宝贵的改进建议。

陈向明

2013年9月1日

于北京大学教育学院

目　录

第一编　概　览

第二编　实证主义的研究

第三编　解释主义的研究

第一编　概　览

第一章　教育研究概述

☆ **内容概览**

要进行教育研究，首先必须了解教育研究的含义、功能、类型、特征、原则等一些基本信息，清楚教育研究的“昨天、今天与明天”，把握好工具——教育研究方法的选择。

本章分四个部分对教育研究进行概述：第一部分从教育研究的含义、功能、类型三方面界说了教育研究；第二部分概述了教育研究的历史、现状和发展趋势；第三部分重点阐述了教育研究的四个特征和从事教育研究需遵循的四个基本原则；第四部分介绍了教育研究方法的含义、功能和特征，并概括性地介绍了本书后续各章中即将详细探讨的教育研究方法基本类型。

☆ **学习目标**

1. 掌握研究和教育研究的内涵。
2. 了解教育研究的功能与类型。
3. 了解教育研究的历史发展概况和发展趋势。
4. 熟悉我国教育研究的现状和问题。
5. 掌握教育研究的特征和需要遵循的基本原则。
6. 熟悉教育研究方法的特征，知道教育研究方法的基本类型。

☆ **核心概念**

研究　教育研究　教育研究方法

第一节　教育研究的界说

一、教育研究的含义

（一）什么是研究

所谓研究，是人类众多实践活动的一种。通俗地说，研究泛指人们在生产和生活过程中，提出问题并力求以相对稳定、系统、规范的方法去寻找答案、解决问题的具体过程①。我们不妨以教育方法变革中经常会遇到的情况为例加以说明。

有 A 和 B 两位中学教师，他们针对同一项教学内容分别设计了两种教学方法，即方法 A 和方法 B。两种方法各有优点与不足，这样就给教师们带来了一个问题：到底哪种教学方法更适合于中学生？为了解决这个问题，研究者们专门设计了一项教育研究。随机选取 60 个从没有接触过该项教学内容的学生，把他们分成两组，每组 30 人；而后让同一位教师分别用两种方法去教授两组学生该项学习内容，即第一组学生用方法 A，第二组学生用方法 B。教学过程结束后，针对学习内容对两组学生同时进行同样的测试，通过测试成绩来看学生对该学习内容的掌握情况，并由此来推测方法 A 和方法 B 对于中学生的适宜程度，之后从中选出一种更为适宜的教学方法，并在教学实践中进行推广。

上面这个例子向我们展示的便是一个研究过程的全貌：以发现、提出问题为起点，以解决问题为终点，位于两个端点之间的则是解决问题的具体方法与途径。就此而言，研究存在于我们的生活、学习与工作中，研究是一种通俗而普遍的实践活动。

（二）什么是教育研究

在人类文明的演进过程中，受劳动分工、学科分化变迁的影响，人类所从事的研究也在不断地被分化出不同的类别。对研究进行分类，并明确不同类别研究所特有的规范与具体方法，不仅是人们便捷有效地开展研究活动的前提，也是人类认识自身实践活动所必需的条件。根据活动指向对象的不同，人类的生产、生活实践活动可以划分为两种基本的类别：指向自然现象的实践活动和指向人文社会现象的实践活动。相应地，人们所从事的研究也可以划分为自然科学研究和人文社会科学研究两类。而教育研究隶属于人文社会科学研究，专指人们在教育领域所实施的提出问题和寻求问题解决的活动过程②。

因为隶属于一个专门化的科学领域，故教育研究与其他科学研究一样，带有明显的系统性、创新性、严密性、合作性等特征。虽然教育研究只是人文社会科学中的一个分支，但是它所涵盖的范围却非常广泛。首先，就其学科内容来看，教育研究涉及的范围有关于人类教育的功能与价值、教育理论与实践流派的发展、教育者的职业素质与受教育者的基本特征等理论层面问题的探讨，同时也会关注教育实际操作过程中关于教育目标设定、教育方法选择、教育过程安排、教育效果评估等实践中具体问题的解决。其次，就众多人文社会科学间的关联来

---

① 风笑天．社会研究方法［M］．北京：高等教育出版社，2006：7.

② 自然科学和人文社会科学的划分依据是“科学二分法”的判定。此外，还有“科学三分法”的划分方式，即认为人类所从事的实践活动可以归纳为自然科学、社会科学、人文科学三个类别。如果采用三分法，教育研究则可以归属于人文科学研究。（孙振东．教育研究方法论探索［M］．重庆：重庆大学出版社，2008：5）

看，教育研究者在从事教育研究的过程中总是会受到其他人文社会科学的影响，由此而又生成了许多分支性研究，比如教育哲学研究、教育社会学研究、教育管理学研究、教育人类学研究等，而每一类别中又都有无数的宏观和微观的研究问题。就此而言，教育研究实际上是一个非常丰富的研究领域，包罗了在人类个体发展和人类文明传承过程中生发出来的需要人们予以关注并进行解决的诸多问题。

二、教育研究的功能

教育是人类文明在演进过程中分化出来的一种专门的社会实践。教育的核心价值可以概括为两个方面：促进人类个体的发展，促进人类文化的传承。教育研究的目的就在于帮助人们去实现教育的核心价值。总体而言，教育研究发挥作用的途径有两条：一是对教育理论的建构与发展，二是对教育实践的设计与改进。在具体操作层面上，教育研究的功能可以概括为描述、解释、预测、改进。

（一）描述

着手进行一项研究，首先需要对所要研究的问题进行基本、客观的了解，清楚地回答自己面对的问题或研究现象“是什么”以及“还是什么”。为此，教育研究在研究之初就需要对教育实践过程中的各种现象进行最为贴近事实的描述。通常，描述大体会涉及现象的表现形式、特点、相关现象之间的关系等各个方面。描述的基本原则是要尽可能做到客观、准确、全面、细致。根据具体研究问题的不同，研究者在描述时所采用的视角与关注的内容和范围会有所不同，但无论如何都必须遵守其基本原则。例如，在探究3～5岁幼儿空间建构能力发展特征与适宜性教育时，研究者不仅要对幼儿在搭建积木过程中的行为动作进行描述，还必须对不同幼儿搭建作品的异同作出详细的说明。此外，为了更为准确地把握幼儿的发展状况，研究者还需要对教师与幼儿之间的互动行为以及教师的教学策略进行描述。描述是展开教育研究的开端，也是推进研究工作并最终解决研究问题的基础。

（二）解释

在对研究问题、研究现象进行充分描述的基础上，需要进行忠实于事实的合理解释，回答“为什么是什么”和“怎么是什么”的问题。依据科学研究的视角，每一种现象的背后都有其固有的原因。同时，一系列纷繁复杂的现象背后也会存在着相对稳定的规律性特征。探究这些原因、根源、规律，是帮助我们进一步认识现象、把握问题之关键的重要步骤。因为选取的研究视角与方法不同，所以不同研究者在尝试对研究问题进行解释时所选择的立足点和所采取的手段也会存在很大的差异。比如，采用量化研究方法的研究者往往借助于统计分析软件对研究问题进行概率分布方面的解释，而采用质化研究方法的研究者则倾向于对研究问题自身的意义进行解释。前者似乎是针对问题而开启的探照灯，照射面广但强度偏弱；后者则好比是聚光灯，强度高但照射面小。在教育研究过程中，针对不同的研究问题，研究者会选择不同的解释方式。但是无论采用何种解释方式，都必须以贴近事实、摒弃主观臆断为原则，否则难以真正认清研究问题本身。

（三）预测

预测是一项立足当下而指向未来的实践活动。就逻辑推导来说，预测在一定程度上是解释的延伸与拓展。在回答了“是什么”和“为什么是什么”“为什么不是什么”之类的问题之后，研究者不可避免地要关注到“如果是这样，那么会怎样”的问题。对事物的发展走向进行预测，既是人类实施认知活动过程中的一种心理需要，也是人类从事生产、生活活动过程中的实践需要。无论是就活动目标来说，还是针对人类社会行为的自然发展而言，人们从不会把目光与思考停留在纷繁复杂的现象层面，而是要竭尽所能去探寻现象背后相对稳定的规律性特征。比如，人们通过对蝴蝶幼虫在一段时间内对光亮极为敏感而在另一段时间内又毫无反应的这种现象的研究，预测出了敏感期在生物个体发展过程中的独特价值，进而迁移到教育领域，推导出了在敏感期内促进人类个体发展、实施某种教育的特殊意义。需要特别说明的是，合理的研究性预测绝不是研究者随意的猜测，而是基于对事物自身特征以及事物之间关联的准确而充分的认识。

（四）改进

改进是教育研究四项功能中最为趋近教育研究目的的一项。教育研究是研究者们力求发现在教育领域中存在的问题并最终解决问题的过程，而改进恰恰是解决现实问题的另一种表述方式。经过了对问题客观准确的描述、对问题贴近事实的解释、对问题发展变化的合理预测之后，人们必然要采取实质性的行动，解决所面对的问题，以更为适宜的教育理念或行动来改变不适宜的现状。改进的过程可能是疾风骤雨式的，也可能是循序渐进式的。总体而言，人类在教育研究领域所作的改进方式以后者居多。比如，研究者在充分意识到学前教育阶段和义务教育阶段严格采取分科教育对学习者发展所带来的不利影响之后，便尝试推进综合教育课程。为了实施这项改进，研究者首先会选择在某个学前教育和义务教育机构中的某个班级进行试点，尝试从课程设置理念到具体实施与评估几个环节进行整体的改进工作。多次摸索、反复磨合之后，研究者在确认自己真正解决了如何实施综合性课程问题之后，便可以逐步将改进的范围扩展，以确保更多的受教育者可以接受研究者心目中更为理想的基础教育。

三、教育研究的类型

依据不同的分类标准，教育研究可以划分出多种不同的研究类型，而不同类型的教育研究又有其各自的特征与适用范围。下面仅对采用三种分类方式确立出来的六种研究类型进行简要说明。

（一）价值研究与事实研究

以教育研究问题的内容和性质为标准，教育研究可以划分为价值研究与事实研究两种研究类型。顾名思义，价值研究是指针对教育的价值问题所作的研究的总称。此类研究要探讨的是"应该是什么"和"为什么应该是什么"的问题。作为一门以促进个体发展、传递人类社会文化为使命的专门学科，教育学科中所涉及的与价值相关联的问题非常繁多。从高度抽象的人类生存的价值到具体的教育社会的价值，大大小小的"应是"类的问题不一而足，促使众多不同时代、不同地域的教育研究者责无旁贷地将大量的精力与时间投入其中。

教育事实研究是指针对教育的客观事实问题所进行的研究。教育是人类的一种社会实践活动，教育事实研究所关注的正是教育领域的活动事实，围绕"是什么""不是什么""怎么是什么""还可以是什么"等问题来展开研究。教育活动贯串于个体发展的一生并发生在家庭、各类教育机构以及形形色色的社会生活空间，为此，教育事实研究的种类也异常丰富。

（二）基础研究与应用研究

依据研究所确定的目的、功能、作用的不同，可以将教育研究分为基础研究和应用研究。教育的基础研究旨在扩展教育学科知识、发展和完善教育理论、丰富和提升教育实践。在基础研究中，研究者们既可以着力去发现教育实践在发展过程中凸显出来的新动向，从中归纳出新理论，以便更好地发挥教育应有的作用；也可以借鉴新理论、新视角和新方法去重新审视教育发展过程中既存的问题，更新原有认识，生成出新解释，从而拓展人类的教育实践活动。

教育的应用研究是泛指教育研究者为解决教育现实中的某种问题所进行的研究。此类研究的目的在于将人们已经确信的教育理论与教育方法、手段应用于具体的教育实践领域，以期改进教育的现状、设计并推进更为适宜的教育实践。比如，基于对罗森塔尔效应的充分认识而在教育过程中注重对受教育者的鼓励与积极关注。当然，有的应用研究也可能只是为了检验某种新的教育理论、方法、工具的有效性而展开的，通过反复试验来检视该新理论、方法、工具的有效性，但其根本是通过抽象的教育理论实现对具体的教育实践的指导，或是在教育实践中实现教育理论的丰富与更新。

（三）定量研究与质性研究

依据研究所采用的范式不同，教育研究可以划分为定量研究和质性研究。范式是从事某一类研究的研究者们所共同遵守的关于研究的信念、价值，以及通用的技术手段、术语、逻辑分析方式等因素的总称。在人文社会科学研究中，有三种主要的研究范式：实证主义范式、解释主义范式和批判理论范式。量化研究采用的是实证主义范式，即是采用标准化的调查、实验、测量、统计等量化手段来收集和分析资料，整个研究过程都凸显着科学性、规范性、精确性的特点。进行量化研究时，研究者一般事先已有理论假设，研究的目的就是要证实或证伪已有假设，并由此把握所研究现象的总体情况、规律性特征。同时，要确保所得出的研究结论不会因为研究者不同而有显著差异。

质性研究采用的是解释主义的范式，强调立足于研究问题所产生的现场，采用非标准化的、具有自然主义特征的方法，如深度访谈、现场观察、实物分析等来进行研究。在研究过程中，研究者不仅不会先行设定研究假设，而且研究设计还会随着研究的推进因势而变。其研究目的是要通过研究者与研究对象之间的交互作用，寻求获得关于研究问题的解释性理解，并不特别关注研究结论是否具有规律性特征。质性研究特别注重研究者的个人感受、体验。不同的研究者针对同一问题进行研究，可能因为他们理论基础、研究视角以及知识储备、分析方式的不同而获得对研究问题的不同解释。

第二节　教育研究的历史、现状和发展趋势

一、教育研究的发展历程

教育研究是人们围绕教育中的各种问题而展开的。从逻辑上说，它的产生甚至可以推至教育作为专门的领域从人类社会实践总体中分化出来之前。但是作为规范化、有学科归属性的探究活动，教育研究的历史并不算长，其发展历程大体上可以划分为四个阶段：孕育时期、初建时期、形成时期与快速发展时期。

（一）孕育时期

教育研究的孕育时期是指教育研究尚未成为独立的专门性探索活动的时期。其特点是研究活动没有独立的研究方法体系，没有系统化的研究对象，没有可以依据的系列化理论，没有逻辑关联紧密的成果，也没有专门从事教育研究的研究者。对教育问题的探讨，往往是哲学家、神学家、政治家、文学家在阐释他们思想时所顺带提及的事情，所涉及的研究问题相对零散且抽象程度高，所采用的研究手段也明显地带有不自觉性、经验性、随意性、个别性的倾向。这一时期在人类文明演进过程中持续的时间特别漫长，自有人类文明记载起，直至1632年捷克教育家夸美纽斯（J. A. Comenius，1592—1670）关于教育研究的专门著作《大教学论》（*Magna Didactica*，1632）的出版。这一时期，人类关于教育问题的探究活动相当丰富，所形成的关于教育实践活动的各种观点、看法为此后专门化教育研究的形成与发展提供了一个庞大的母体。直至现在，人们在研究教育问题时都不免经常性地回溯到孕育时期去寻找稳固的基础性支撑。

专栏1-1

孕育时期中国教育研究的特点

在教育研究的孕育时期，中国涌现出了孔子、孟子、董仲舒、朱熹等许多优秀的教育大师，他们主要依靠不充分的直觉观察来进行教育研究——总结教育经验并直观地认识教育现象，使得教育研究带有朴素性和自发性的特点，具体表现为以下几个方面。

1. 没有系统化的研究对象。

2. 研究的起点是社会发展的要求以及统治阶级的根本利益。

3. 多采用观察法这一研究方法，并常用归纳、演绎等方法对观察到的事实材料加以概括总结，形成理论，以描述的方法来表述理论观点，理论观点散见于文学、哲学等著作中，缺乏严谨性。

4. 对教育现象的研究注重整体而忽视部分，注重综合而忽视分析。

5. 不同的学派关于教育研究的观点各异。

（二）初建时期

一般说来，人们把夸美纽斯的《大教学论》作为教育研究初步建立的标志，把德国教育学家赫尔巴特（J. F. Herbart，1776—1841）发表的《普通教育学》（*Allgemeine Pädagogik aus dem Zweck der Erziehung*，1806）看作教育研究初建时期的结束。在《大教学论》中，夸美纽斯基于自然主义哲学观，采用演绎推理的方式，将教育研究从笼统的人类实践活动中剥离了出来，并对教育对象的本质和发展规律，以及教育的有效性等教育基本问题进行了论述。尽管该书还不能将教育研究提升到学科研究的高度，但它却是教育研究历史发展中的一个重要里程碑，标志着历时两千多年的关于教育问题的探讨终于从分散、随意的状态走进了聚焦、统合的专门化研究阶段。与《大教学论》相比，赫尔巴特的《普通教育学》则表现出了更为鲜明的独立的教育学科的研究意识，不仅明确了教育研究的核心问题，而且主张把教育作为人类生活的事实来进行研究，并将自然科学的研究方法运用到了教育研究领域，促使教育研究形成了价值问题用哲学方法进行研究、事实问题用科学方法进行研究的具有划时代意义的新局面。在初建时期，教育研究有两个突出特征：心理学的研究成果日益成为教育研究的重要基础；教育研究的成果在不断被直接用于指导人们的教育实践。

（三）形成时期

19 世纪初至 20 世纪上半叶，教育研究开始了其作为一个专门的学科研究的独立发展阶段。教育研究不仅有了本学科的核心研究问题，也逐渐发掘、确立了相对稳定且适宜的研究方法；不仅有众多的研究者投身于教育研究之中，而且还因为研究者各自的背景、研究取向的不同而形成了不同的教育研究学派，比如新自然主义学派、人格主义教育学派、艺术教育学派、劳作教育学派、文化教育学派等。各学派围绕教育学的价值诉求、教育学的性质、教育研究方法等基本问题各有主张、争鸣不断，教育研究范围不断拓宽、教育研究成果不断丰富。除了一如既往地关注教育理论问题以外，研究者们在实践问题方面的研究力度更为突出。一些先前很少被单独顾及的问题，比如普及义务教育问题、基础教育质量问题、教育制度完善问题、课程和教学问题、幼儿教育问题等，逐步被列为教育研究领域的前沿问题。一大批对人类教育发展有重大影响的研究者，如卢梭、斯宾塞、蒙台梭利、杜威等，均属于这个时期。随着研究问题范围的扩大与研究力度的不断加强，教育研究也由聚焦于教育对个体发展的影响、教育过程内部的实践问题而扩展到了教育与社会的发展层面，教育研究甚至在一定程度上具有了改造社会的工具性色彩。

（四）快速发展时期

20 世纪下半叶至今，是教育研究的快速发展时期。随着人类物质文明的迅猛发展、人类在自然科学领域尤其是在生命科学领域的不断创新，教育所面临的问题也日益增多。教育与经济发展、教育与人脑潜能开发、终身教育与文化社区等新的研究视野不断被教育研究者所觉察。这一时期，教育实践活动在世界范围内受到了前所未有的重视，教育研究也因此获得了快速的发展。其明显的特点表现在：第一，教育研究不断分化，不同学科中的教育研究、同一学科内部的不同阶段性的教育研究日益独立；第二，研究的课题多样，各种理论与实践研究成果异常丰富；第三，教育研究的方法多样化，研究方法从理论研究与实证研究各有侧重向综合化方向发展；第四，计算机技术、互联网技术被广泛地运用于教育研究之中；第五，多元学科交叉的教育研究基础与思维方式不断促成教育研究的多元化形式；第六，教育研究越来越具有组织性，教育机构与机构内专职研究人员的数量不断增加，教育研究者不是只按照自己的兴趣确定研究的课题，更会因为政府组织机构的需要而进行研究；第七，私立教育研究机构不断涌现，一些教育研究机构与产业经济之间的联结日益紧密。

二、教育研究的来源

作为人文社会科学研究的一个分支，教育研究在其形成与发展的过程中受到了许多学科源头活水式的滋养与支撑。

（一）哲学

哲学是关于世界观和方法论的学说，它是关于自然界、社会和人类思维及其发展阶段的最一般规律的学说。教育作为一种社会现象，自产生之日起就没有离开过哲学这个母体。哲学是教育研究的理论基础，更是教育研究最初的基本手段。教育研究核心问题的定位、教育研究范式的发展与变革都离不开哲学的支撑。古往今来，人类在哲学领域的任何创见都会在教育研究中得以体现。这里，我们可以从三个阶段进行说明。第一阶段古希腊时期，哲学家们无比崇尚自然，他们从经验观察出发，视自然为神圣的、自我涌现的、活生生的有机整体，认为哲学的任务就是运用思辨的方式从自然的“形”出发寻求万物统一的、普适而合理的本质。在这种哲学背景下，教育研究所探讨的问题则主要围绕教育的价值、教育存在的必要性以及教育的合理性而展开，教育研究方法则沿用了哲学研究所采用的思辨方法。第二阶段中世纪以后，近代哲学随着自然科学的蓬勃发展而兴起，哲学家由以往单纯崇尚自然而转向关注人类理性的重要价值，将理性看作人的本质，希望人们能够利用自身的理性去认识自然、控制自然，利用自然为人类谋求福利。受这种哲学倾向的影响，人们在教育研究领域也由以价值为中心转向对教育实践过程的关注，并在实际研究中引入了观察、实验、假设等实证主义研究方法，教育研究中的量化研究范式由此而生。第三阶段 19 世纪末 20 世纪初，现象主义哲学的学说不断为人们所接受、信奉，人们从探求事物规律性特征的努力中转向对所经验的现象的关注以及对现象的理解，并由此将人看成完整的、适当情境中的个体。受现象主义哲学的影响，人们在进行教育研究时，不再只是局限于对客观知识的探求与说明，而是注重个体经验的表达方式；不再标榜价值中立，而是倡导在研究过程中要掺入个人的情感、态度和体验，强调研究者与研究对象之间的沟通、交流、对话，并由此建构起对研究问题适宜的解释性理解。哲学的这一转向有力地推动了教育研究中质性研究范式的形成。

（二）心理学

教育研究的对象尽管在表述上是教育事实、教育价值、教育行动或教育现象、教育问题、教育规律等事物，但其最基本的指向还在于人，教育的终极目的之一就是帮助人健康地成长、发展。为此，心理学便必然成了教育研究的又一个重要来源。追溯历史，心理学同样是从哲学母体中分化出来的一门学科，它的基本目的是对人类的意识、思维、行为方式进行认知和剖析，解释人类在感知外界信息和进行信息处理时的心理、行为，以及这些心理与行为的发生机制、产生条件、规律性特征等问题。教育的实施过程在一定程度上恰巧正是外在力量作用于个体，并促成个体发展产生预期变化的过程。因而，心理学领域的任何相关研究成果都会对教育研究者在解决教育问题时产生积极的借鉴作用。从相对抽象的自我意识的形成，到显而易见的某种具体行为的养成，再到某种教育效果的保持，教育研究从心理学中获得的滋养不胜枚举。人类在教育研究领域的创新总是和心理学的演进紧密相连的。比如，班杜拉的社会学习理论提醒人们在培养个体行为时要特别注意榜样教育的作用、马斯洛的需要层次理论引导人们关注受教育者的身心需求、鲍尔比的依恋理论直接导致了在早期教育中如何在成人和幼儿之间建立良好关系的研究、维果茨基的最近发展区理论促使教育研究者反复去寻找最为适宜的教育计划与步骤，等等。除了既成的研究成果，心理学的研究方法也对教育研究产生了重大的影响，现行的许多教育研究方法都是直接从心理学的研究中借鉴过来的。因为教育研究与心理学研究的密切关联，而心理学在其学科分化过程中形成了专门的教育心理学、学校心理学，故这两个分支心理学对教育研究的影响更为直接。

（三）社会学

社会学是人们基于对人类社会生活事实、人类社会发展与变迁的兴趣而建立起来的一门社会科学。教育研究所要探究的人类教育实践活动不仅是社会事实，也是人类社会发展与变迁的一种具体表征形式，因而就研究对象来说，教育研究与社会学研究之间存有交叉。社会学作为一门独立的学科形成的历史并不很长，但是其发展却较为迅速。目前而言，社会学是人文社会科学中理论相对丰富、研究方法比较系统、对研究问题解释力较强的一门学科。借助社会学的支撑，教育研究者可以将教育现象、教育问题放到一个更加广阔的社会科学研究空间中，使人们能清楚地看到教育与社会结构中其他构成部分之间的相互关联、相互影响和相互制约的关系。在实施教育研究的过程中，当人们把在教育实践活动中遇到的一些问题放置在社会学视野中进行探讨时，往往会有在教育研究内部所不容易获得的发现。比如，在对教育过程中教育者和受教育者之间的互动行为进行分析时，如果借助社会学的视角，我们就很容易注意到二者之间社会行为的事实意义，而不会只纠结在教育者与受教育者的应然行为上面。如此，我们便会对所要探究的问题有更为客观、全面、清晰的认识，对教育者的教育理念与行为不够一致的解释也会更为贴近事实本身，所提出的解决教育者教育行为问题的办法也会更为适合、有效。

（四）人类学

从人类学作为"研究人的科学"、教育作为"育人的活动"来看，教育研究与人类学研究在根本上就有着无法割舍的联系。人类学是从生物和文化的角度对人类进行全面研究的学科群，它以人作为直接研究对象，并以对人的生存方式与生产、生活状态进行基础性解释为使命。人类学研究的目的就是以全面的方式来理解人。这种理解不仅仅是关于人的躯体构造的理解，更是关于人类在其生存场域中所形成的思想特征与行为方式的理解，具体涉及人类如何行动、如何认识自己的行动、行动的结果又如何影响人的思考等一系列根本问题。在人类学研究中，研究者们特别注重对研究对象的现场研究，认为要认识人文世界的丰富性和复杂性，就需要深入观察具体的人的生活，以获取第一手的事实资料。在相当多的实地调查中，人类学家往往会集中在一个地点生活上比较长的时间，把握当地居民在一个周期中社会生活的基本过程，与当地人形成密切的关系，参与他们的家庭和社会活动，从中了解他们的社会关系、交往活动、地方政治和宗教仪式。这一基本工作模式，被人类学家称为"田野工作"。近年来，人类学中的"田野工作"也被引入到了教育研究领域，越来越多的教育研究者走入"教育实践活动发生的田野"，展开"田野中的教育研究"。这一具有创新性的研究转向，不仅给教育研究者提供了新的研究视角、合适的研究工具、细致的数据分析方法，也给他们带来了关于教育问题的新的认识与理解。

三、我国教育研究的现状及问题

我国关于教育实践活动的历史可以上溯至氏族公社末期，关于教育的学说与思想更是源远流长。但是，在学科意义上的教育研究历史却很短暂。自19世纪末20世纪初近代西方教育学和教育研究方法引入我国算起，只有一百多年的时间，而此时，我国正值抵御外来列强侵犯、政权不断更迭、经济、文化政策不断变化的巨大社会变迁之时，这使得我国教育研究的发展受到了各种条件的制约，发展相对缓慢。自20世纪80年代中后期开始，我国的教育研究步伐才明显加大，进入新世纪以后则有了更为突出的进展，取得了一些颇具影响力的研究成果，但是也存在着一些问题。

（一）我国教育研究的现状

综合相关文献，我们发现我国当前的教育研究具有三方面的特点。

1. 研究课题数量不断增加

为了确保教育研究工作的顺利进行，我国在国家和地方两个层面都设有负责指导和管理我国教育研究的相应部门，国家层面为全国教育科学规划办公室，各省市层面为该地区同类性质的机构。研究者承担的教育研究课题绝大多数都会在这两个层面的部门立项。就全国教育科学规划办公室公布的教育研究课题数量来看，我国教育研究的发展速度相当迅速，"六五"① 期间，课题总数只有 36 项；"七五"期间，课题总数为 124 项；"八五"期间，课题数量增加至 454 项；"九五"期间，课题数量增加至 847 项；"十五"期间，课题数量激增至 2803 项；"十一五"期间，课题数量为 1760 项。② 除了归属于国家主管部门管理的课题以外，各省市相关部门负责指导的课题数量也在不断增加。另外，还有越来越多的课题只在研究者所在机构立项，或是研究者个人自行设计实施、独立负责，不在任何部门立项。不难发现，我国教育研究正呈现出加速发展的态势。

2. 研究者群体的职业类别与所属地域不断扩大

因为职业划分的原因，我国从事教育研究的工作者原本只集中在高等教育机构或国家、各省市设立的专门教育研究机构，人员数量并不算多，而且绝大多数分布在沿海经济文化教育相对发达的地区。近年来，涉足教育研究工作的职业类型不断增多，除了原有的研究者群体以外，一些教育行政部门、教师进修学校、教育书刊出版机构、中小学和幼儿园等单位的人员也不断加入到教育研究的行列中来；研究者的地域也逐渐由发达地区向各地区扩展。以学前教育研究为例，截至 2007 年，全国除西藏自治区和台湾地区外，其余省市、自治区均有学前教育研究者承担全国教育科学规划或中国学前教育研究会课题，这表明我国的教育研究已经非常普及。

3. 研究领域不断拓宽，研究内容不断丰富

"六五"期间，全国教育科学规划所划分的教育研究课题类别为"教育理论""教育心理""教育史""比较教育""德育""教育管理""基础教育""高等教育""职业教育""成人教育""民族教育"等 11 项，到"十一五"期间，教育研究课题类别在原有的基础上新增了"教育发展战略""体卫美育""教育信息技术""教育经济与管理"等 4 项。教育课题研究类别的不断增加表明，随

---

① "五年规划"是中国国民经济计划的一部分，主要是对全国重大建设项目、生产力分布和国民经济的重要比例关系作出规划，为国民经济的发展远景规定目标和方向。从 1953 年第一个"五年规划"开始，我国已经编制出了十二个"五年规划"。

② 全国教育科学规划办公室．立项课题［EB/OL］．http：//onsgep. moe. edu. cn/edoas2/website7/kt-gl. jsp？tablename = 1204623593281047.

着时代的发展，人们对教育的关注程度不断提高，我国教育研究所涉及的领域也在不断扩大。此外，就每个研究类别之下所设立的具体课题来看，教育研究者所关注的研究内容也在不断细化、丰富。以“基础教育”中的学前教育研究分支为例，“十五”规划以前，学前教育研究者关注的研究内容相对狭窄，仅限于“教育内容”“教育对象”“课程”“幼教事业”“教育与社会”“农村教育”等宏观方面；自“十五”规划开始，课题的研究内容则具体到了“教师”“教育方法”“培养目标”“家园合作”“0～3岁教育”“政策与管理”“幼儿园教科研”等若干个细目。①

（二）我国教育研究存在的问题

尽管近年来我国的教育研究取得了长足的发展，但是其中仍然存在一些问题，概括起来主要表现在以下几个方面。

1. 研究者问题意识相对薄弱

选题是开启教育研究的第一步，好的研究选题取决于研究者的“问题意识”。研究者的问题意识薄弱，是指研究者没有充分意识到教育研究应该研究什么样的问题，哪些问题具有前沿性、紧迫性。我国教育研究虽然数量不断增加，但其中不乏相对空泛、平庸、创新性不足的选题。更有甚者，由于问题意识薄弱，所从事的教育研究或是明显地移植国外学者的研究，或是照搬其他学科的选题思路，或是简单地“跟风”重复其他研究。研究者问题意识薄弱，究其根源在于一些研究者对教育领域的各种现象和问题不敏感，且缺乏独立、深入的思考，仅从事物的表面特征推断研究结果。这种情况间接表明我国教育研究工作者的科研素养尚需大力提高。

2. 研究整体的规范性差

教育研究是人文社会科学研究中的一个分支，既包括理论思辨型的研究，又包括实证性的研究。而无论是哪种类型的研究，都有其自身的规范性。但是就我国教育研究呈现出来的状态来看，两种类型研究的规范性都相对薄弱。许多理论性研究仅停留在经验总结层面，有些甚至只是对多个相关研究的简单拼接；研究者们虽然在不断关注研究方法的运用，但在实证研究中，从研究设计到研究方法的选取，再到对数据的整理和分析方面，都不同程度地存在不够恰当、不够严谨的问题。造成教育研究中规范性缺失的原因，与一些教育研究者对于研究方法的认识和运用的能力有限紧密相关，也表明了我们在为教育研究者提供科研训练方面，比如教育研究方法的讲授与学习方面，还存在很多需要改进的地方。

3. 研究结果的价值、质量、信度和效度有待提高

一些关于理论研究的结果过于空泛，一些立足于解决实际问题的实践研究并不能真正对现实中存在的问题产生积极的作用。从逻辑上说，研究结果方面存在

---

① 刘晶波，丰新娜．“全国教育科学规划课题”中学前教育课题研究的状况与分析［J］．学前教育研究，2008（11）．

的不足并不是孤立的，而是和研究选题、研究过程中存在的问题紧密相连的。研究问题薄弱、研究过程欠规范，研究结果的真实性和有效性也必然受到限制。而与选题和实际操作过程不同的是，研究结果往往直接被作为评定整个研究价值的最重要指标，研究结果中的某些不当之处容易导致人们对教育研究的消极评价，从而造成很多其他学科的研究者、教育实践的亲身经历者（比如父母），轻视教育研究工作，或者对教育研究工作本身没有信心。当然，我们也要注意到，因为教育本身与社会经济、社会制度与文化联系在一起，有些教育研究结果不尽如人意，并非教育研究者个人力量所能左右，比如教育公平问题、教育投入问题等。

4. *研究力量投入存在偏差*

片面提高对一线教师研究能力的要求，引发了新的教育问题。随着对教育研究工作的日益关注，有越来越多的一线教师加入到教育行动研究中来，甚至开始独立承担研究项目。这种情况既可以使研究工作更有针对性，也可以在很大程度上提高教师的职业水平。但是我们必须清醒地注意到，过多的研究工作投入会模糊一线教师的基本职责、分散掉他们宝贵的教学时间与精力，滋生出“教师为了做科研而应付教学”的本末倒置的问题。这不但不能真正达到教育研究的根本目的，而且还间接地导致了教师职业压力过大、职业倦怠等一系列的消极后果。

四、教育研究的主要发展趋势

教育研究的发展是与人们对教育的关注程度、社会经济与文化的进步以及社会科学、自然科学研究的进展密切关联的。针对我国教育研究的现状，我们可以预测，未来教育研究将呈现出以下几个方面的趋势。

（一）研究数量会继续增加

通过对我国教育研究发展的历史回顾，可以断定，我国的教育研究课题数量已经呈现出了几何级数增长的态势。随着人类社会生活的不断向前推进，人们对教育的关注程度必将越来越高。在我国这样一个教育实践与教育研究发展相对落后的发展中大国，人们对教育的关注将更为明显，各级政府与相关研究机构对教育研究的投入力度也将迅速加大。可以预期，在以后相当长的时间里，我国教育研究的数量必定会继续增加，研究课题所涉及的内容也会更为丰富、细致。

（二）理论研究和实践研究的结合会更为紧密

理论研究和实践研究是教育研究中两个不可分割的部分，好的理论研究需要有实践研究作为支撑，好的实践研究也离不开理论研究作为基础，两种研究必须统合起来才可以更好地促进教育研究的发展，进而真正提升人类的教育与生活质量。因为有出自哲学母体的渊源，以往研究者关于教育理论研究的成果相对丰富、系统。关于具体教育实践问题的探讨虽然也为数不少，但因为研究的指向性比较具体、研究问题的个别化倾向比较明显，研究成果难免呈现出零散、普适性薄弱的不足。对此，众多教育研究者们已经有比较充分的认识。在将来的教育研究中，研究者们会更加着力于理论研究和实践研究之间的结合与互补，最大限度地提升每一项教育研究的功效。

（三）研究范式与研究方法的选用将更为多元

与自然科学研究突飞猛进的步调相一致，人类在社会科学方面的研究也得到了前所未有的发展，原有学科不断分化、新兴学科不断涌现，这种态势也必定影响未来教育研究的发展。除了先前提到的教育研究与哲学、心理学、社会学、人类学等学科之间的联系以外，教育研究也必将受到经济学、传播学、信息科学发展的影响，并从中借鉴新的研究思路、研究范式与研究方法，从而更好地解决教育领域中各种问题，获得更为优秀的研究成果。

（四）教育研究的成果将对国计民生产生更为直接、深远的影响

解决人类在教育实践中所遇到的各种问题是教育研究的一项重要功能。若要实现这项功能，就必须要让研究者针对具体教育问题所取得的研究成果在社会生活实践中发挥效用，而国家相关政策、法规的制定与修正，以及相关社会机构、设施的建立与重组则是教育研究成果发挥效用的主要渠道。也就是说，教育研究会促进至少会影响国家相关政策、法规的制定和修正，相关社会机构、设施的建立和重组。就此而言，教育研究在一定程度上是可以被视为具有社会改造力量的实践活动。在未来的社会生活中，教育研究对人类社会生活发展的改造力度将更为明显。

第三节　教育研究的特征与基本原则

一、教育研究的特征

作为人文社会科学研究的一个分支，教育研究遵循着人文社会科学研究的一般过程与规范，与其他分支学科的研究具有许多共通之处。同时，由于教育实践是人类社会生活中的一项特殊活动，这项活动伴随着人类个体的成长与人类社会的发展历程而展开，在漫长的发展过程中，教育研究也展现出了其自身所具有的特殊之处，称之为教育研究的特征。

（一）经验性

教育研究的经验性特征取决于其所研究的对象与研究者本身。教育研究是人们针对与人类教育实践活动相关联的教育理论与实践的研究，这便决定了教育研究不可能像自然科学研究那样只是聚焦在对自然现象发展变化的规律的把握，而是必然要涉及对人们在从事、经历实践活动时所获取的主观认识与经验的解释；不可能只是一种单纯的主观世界和客观世界相互作用的过程，而是发生在主观世界与主客观世界相互作用的产物之间多种形式的、错综复杂的实践活动。人类的主观认识与经验因为人们所处的时代、经济、文化背景的不同而不同，因此，针对同一问题的研究也会因为人们的经验不同而得出不同的结论。与此同时，教育研究者所面对的研究对象也是他们自身作为社会成员直接或间接经历的问题，因而他们在对研究对象进行解释时也不可能像自然科学研究者那样，完全将自己的主观感受悬置起来，只凭单纯的实验室数据进行判断、推导，而是会将自己的经验性理解渗透进研究过程之中。由此，教育研究的结果也便不可避免地具有了经验性的特征，而不可能像自然科学研究成果那样有广泛的普适性。

（二）系统性

教育研究虽具有经验性的特征，但它却不是关于某个问题的零碎、片段、表面的认识，而必须是对教育现象和问题进行的系统、连贯、深入的探索和表达。教育研究活动不仅自身具有连续性，而且还是一个具有一定结构的整体，这两个方面构成了教育研究的系统性特征。一方面，从教育研究的实施层面看，其系统性体现在研究过程的计划性、组织性和有序性上。对于研究者而言，他们必须要带着一个具体的问题或假设来有目的、有计划地进行研究，而不能盲目、随意地展开行动。研究过程的系统性使得研究者将原本散落在不同时间和空间的人、事、物纳入研究的视野，通过整体的分析与整理再纳入理论组织的框架。另一方面，从教育研究的结果层面看，任何教育研究都是在批判继承已有研究成果的基础上展开的，并力图丰富和完善已有的研究结果与知识体系。一些关于细小问题的研究恰恰构成了教育研究系统的具体组成部分。

（三）历史性

教育研究的历史性是指教育活动具有悠久的发展过程，并受到历史发展普遍规律的制约。这个问题可以从以下两个层面进行理解：首先，教育活动具有历史继承性，人们对教育现象的理解与探讨也必然在先人智慧的基础上不断拓展。例如，只有通过阅读卢梭、裴斯泰洛齐、杜威等历史上著名教育学家的著作，才能了解教育思想演进的历史脉络，进一步理解当前教育发展的现状与趋势。不了解历史，就不了解人类社会发展变化的“其然”和“所以然”，也就谈不上通过研究活动对社会实践产生影响。其次，教育活动不是超越历史、恒定不变的活动，教育研究也随着历史发展的步伐而不断改变着自身的研究范式。在教育研究的发展过程中，我们可以看到历史上不同经典教育研究流派的分野，由此我们也可以明确当前全球文化多元化发展趋势与教育研究范式、方法多样化之间的关联。因为教育研究具有历史性特征，任何一项教育研究都不可能是孤立的。

（四）多学科性

教育研究关注的虽然只是教育领域内的人类社会实践活动，但是这种实践活动却是与人类的其他实践活动密切相连甚至是缠绕在一起的。所以当教育研究者尝试对其研究问题进行探究的时候，必然会牵涉社会学、心理学、人类学等其他社会科学对同一问题的认识与解释。因而，教育研究从根本上就不可能是一种封闭的、仅限于本学科内的工作。这种情况表面上似乎导致了教育研究的学科性不强、研究的独创性不够，但其实却对教育研究的深入推进非常有益。此外，教育研究成为一门独立学科的研究历史并不是很长，即便研究内容与其他社会科学探究领域关联不强，也需要广泛吸纳相关学科的研究立场、视角与方法，以此来促进本学科的不断完善。“当一门学科正在产生的时候，要想取得进步，必须借鉴所有现成的科学，将这些学科中宝贵的经验弃之不用，显然是很不明智的。”①注重多学科视野的融合，不仅有助于拓宽本学科的研究领域，也有助于学科之间的相互理解。这种理解不仅对于教育学科研究、其他社会科学研究是必需的，而且对于增强人类对自身与社会的认识也具有非常重要的价值。

二、教育研究的基本原则

教育研究的基本原则是指研究者在从事教育研究时应该遵循的基本要求。从着手进行研究设计，到真正启动研究，以及在整个研究过程中、在针对研究结果进行评价或推广之时，研究者都必须牢记教育研究的基本原则，并认真地按照这些原则的要求来规范自己的想法、安排自己的实际行动。受教育研究自身基本特征的影响，教育研究的基本原则既与其他社会科学有相同之处，又有其独有的倾向性。综合先前研究者们围绕着这个问题所作的探讨，我们可以将教育研究的基本原则归纳为客观性原则、创新性原则、理论联系实际原则、伦理性原则四个方面。

（一）客观性原则

客观性原则是指教育研究需要从研究对象的本来状态出发，力求客观地认识研究对象以及与它们相关联的各种客观事实，并借助适宜的研究方法与工具把它们客观地展示出来，并加以客观地分析与判断。在把握客观性原则方面，研究者所要面对的最为关键的问题是要摒弃自己针对研究所怀有的任何主观性认识，包括先入之见、主观臆测与误解。客观地说，因为教育研究所具有的经验性特征，坚守客观性原则对于研究者来说是一项难度很大的挑战。一方面，因为教育研究所涉及的是关乎人类个体的教育与发展的问题，所以它除了注重探究事物的本质及其发展变化的规律性特征外，同时还肩负着通过研究来革新人类教育理论与实践、建构理想教育形态的历史使命。另一方面，教育研究的担当者虽然理应是训练有素的科学研究工作者，但是他们首先是具有鲜明主观性的人类个体，在从事与自己和他人的生命发展与演进问题的探究过程中，若想真正做到像自然科学研究者那样客观、冷静，不受任何主观色彩的影响是相当繁难的，尤其是研究者在从事将其自身当作工具的质性研究的时候，更是难上加难。尽管如此，我们还是必须把这一点列在教育研究原则的首位，因为如果背离了客观性原则，教育研究就不能被称为研究。

（二）创新性原则

创新性原则是指教育研究应力求在理论上有所创新或在实践中有所突破。首先，对于科学研究来说，创造性是其最根本的特征。科学研究虽然需要继承以往的研究成果，但其最终目的要超越先前的成就，获取新的知识和新的、更为适宜

① 迪尔凯姆．社会学研究方法论［M］．胡伟，译．北京：华夏出版社，1988：118．

的解决问题的方法。一项研究如果没有创新，只是在原有研究的高度上原地踏步，不仅研究本身没有生命力，同时也是研究资源的浪费。对于教育研究而言，创新性的内涵与意义更为深刻。教育活动是一项承前启后的事业，其最终目的是创造新知、培育新人，从这一层面看，教育研究作为促进这一过程的路径和桥梁，肩负着不断帮助人们更有效地实现教育人生目标与理想的责任，因而必须不断推陈出新，跟上社会发展的步伐，有效地引导、促进个体的发展。对于研究者来说，遵循创新性原则首先需要具有创新的意识，能够从纷繁复杂的教育现象中发现问题，并在前人研究的基础上寻求解决问题的新路径。其次，研究者需要注重创造性思维能力的培养，运用发散思维、逆向思维等多种思维方法，克服自身思维的刻板性与惰性，在教育研究的过程中努力实现教育内容、方法和结果的创新。再次，研究者需要具备勇于创新的态度与精神，在研究过程中不畏权威与传统，勇于开拓、大胆创新。

（三）理论联系实际原则

理论联系实际原则指的是教育研究必须兼顾理论与实践，努力实现教育理论与实践的结合，既不能脱离实践闭门造车，也不能完全囿于经验，使教育研究失去超越现实的指导性。首先，教育活动是一项发生在复杂社会背景下的活动，各种因素的影响和制约使得教育实践处于不断生成、变化的动态过程中，在不同的时代、地域和文化背景下体现出不同的特点。因此，教育研究需要面对不断变化的教育现象，解决教育实践中出现的各种新问题，这就要求研究者具备敏锐的眼光和真诚的使命感，将研究建立在实践的需要与基础之上，开展真实而有意义的研究。其次，教育研究的最终目的是改造和发展实践。只有立足于实践并引领实践，才能充分发挥教育研究的社会价值。任何脱离实践的教育研究，必然是毫无生气的生搬硬套，是违背教育研究自身诉求与性质的活动，因此，“研究实践、通过实践、发展实践，成了教育研究的标志性特征”①。

在教育研究的过程中，由于种种主客观因素的影响，研究者往往容易忽略理论与实践的联系，陷入“为了研究而研究”的尴尬境地；或者由于弥合理论与实践任务的艰难而感到无奈，进而放弃将二者相联系的努力，这些都是研究中需要避免的倾向。理论联系实际的原则是教育研究本质特征的体现，是研究者在任何情况下都不能放弃的职业操守和共同理想。

（四）伦理性原则

伦理性原则指的是在教育研究的过程中，研究者必须遵循一定的道德规范和道义原则，在研究方法的运用中注重对研究对象权益的尊重和保护。伦理性原则的提出首先源自于教育研究对象的特殊性。与自然科学的研究对象不同，教育研究面向的是具有尊严和权利的公民，而且往往是处于成长和发展过程中的青少年，这就要求研究必须注重伦理性，决不能以影响甚至牺牲研究对象的身心健康

---

① 叶澜．教育研究方法论初探［M］．上海：上海教育出版社，1999：340.

为代价而进行研究。另外，遵循伦理性原则也是教育研究基本性质的要求。教育研究的最终目的是不断完善和改进教育实践，促进人的幸福生活和健康成长，因此，不符合伦理原则的研究也必然是违背教育研究出发点的活动。在一项研究中，把握伦理性原则不仅是研究者个人素养和研究素养的体现，也是研究本身合理性与合法性的重要保证。

专栏1－2

教育研究伦理性原则的具体内容

一般说来，教育研究的伦理性原则包括以下几个方面：第一，自愿原则。被研究者有不参与研究以及中途退出研究的权利，研究者应尊重被研究者的个人意愿。第二，知情原则。被研究者有权利知道研究的步骤、目的、风险、受益等，这些内容必须以被研究者能理解的方式告知。第三，匿名原则。研究者在未经被研究者同意的情况下，不能在研究报告或公开场合中透露被研究者的姓名及其他私人信息。第四，保密原则。对于被研究者的个人信息及研究数据，研究者有义务进行保密管理，未经允许不得将原始数据披露或出售。第五，公益原则。在研究过程中，无论有意与否，研究者都不得对被研究者的身心健康造成伤害。

第四节　教育研究方法及其基本类型

一、教育研究方法的界说

（一）教育研究方法的含义

什么是教育研究方法？让我们再回到本章最初提及的例子。当我们考虑教学方法 A 和教学方法 B 哪种方法更适合中学生时，经过有目的、有计划的尝试，最终获得关于两种方法的结论。从某种层面说，这一思考与实践的过程就是研究的过程，而研究方法就是完成这一过程所采用的各种方式的总称。同理，教育研究是人们探索教育现象与事实、认识自身的一种社会实践活动，教育研究方法就是人们在探索与认识过程中按照某种途径，有组织、有计划、系统地解决问题的各种方式。

（二）教育研究方法的功能

古语道，“授人以鱼不如授人以渔”。原意是指送给别人现成的鱼，不如教给对方钓鱼的方法。引申开来是说与其传授给别人固定的知识，不如传授给人们获取知识的方法。这个比喻形象而恰当地说明了科学研究方法所具有的重要功能。在教育研究领域，关于研究方法的功能，我们可以从以下几个方面来理解。

其一，对于教育学科本身而言，一套规范、严谨的研究方法是学科成熟与独立存在的标志，也是整个学科得以不断发展的基础。如前所述，教育研究的发展经历了孕育、初建、形成、快速发展四个时期，而使其成为一门独立学科的重要标志不仅是它已经有了明确的研究问题范围，更为关键的是它有了相对稳定、规范的研究方法。

其二，对于实施教育研究的过程而言，恰当而简便的研究方法是将科学研究与日常研究区分开来的标准，也是整个研究过程具有科学性的根本保证。人们可以根据日常经验随意对某个教育问题进行探讨，这种探讨在泛化的层面上虽然也可以被视为研究工作，但却不会像科学研究那样有规范的研究设计和明确的研究步骤，因而只能是一种体现人们主观能动性的探究活动，不能算作真正的、严格的教育科学研究。

其三，对于研究成果而言，一项研究工作中所使用的研究方法直接决定着研究成果的可信性与有效性。研究成果的可信性与有效性是评定一项研究具有价值的重要指标。影响研究的可信性和有效性的因素有很多，但最为关键的则在于研究者在实施研究时所选用的研究方法是否适宜、在使用研究方法时是否准确。

其四，对于研究者而言，能否熟练、准确地运用各种研究方法是区分研究者是否具有扎实的科研能力与良好的科学研究素养的重要标准。人人都可能会烧饭，但并非人人都可能成为厨师。专门化的教育科学研究，需要由受过专门训练的教育科学研究者来担任。教育科学研究者在独立实施教育研究之前，需要接受的训练有很多，理解和熟练使用各种研究方法便是其中至关重要的一项。从选题到研究设计、各种数据的收集、数据的分析、研究的验证、研究报告的撰写，每一项都有具体而特别的要求，如果不能很好地达到这些要求，研究者就无法确保研究的顺利进行。

（三）教育研究方法的特征

作为实施教育研究所必备的重要工具，教育研究方法除了与其他学科的研究方法有一些共同特征之外，其自身还具主体性、生态性、发展性等鲜明的特征。

1. 主体性

教育研究方法的主体性是指教育研究是一项以方法为中介的主体性活动，是作为研究主体的人能动地把握和改造世界的方式。教育研究方法的主体性主要体现在：第一，教育不是脱离研究者而独立存在的客观事实，研究方法也不是主体探寻反映客观事实的认识渠道，研究过程实际上是研究者不断将客体“主体化”的创造性过程。例如，研究者总是从一定的立场出发，依据一定的观点和假设选择研究方法，并不断为揭示研究结果创造条件。这些主观能动性往往渗透在研究的全过程，也是研究得以顺利完成并表现出个性特点的原因。第二，认识并接受教育研究方法的主体性是进行教育研究的思想前提。以往，为了追求研究的“科学性”而排斥个体主观能动性的方法论是“主客体二元化”思维方式的体现，而从研究进行的过程看，“只有承认主观性存在的必然性，才能真正保证高度的客观性，那种所谓排除了主观性的客观性，其实是用主观性代替了真正的客观性。”①

2. 生态性

教育研究方法的生态性是指教育研究应强调研究的自然性与现实性。与自然科学的研究不同，教育研究的对象是社会生活中的人，人的行为受到诸多主客观因素的影响，充满了复杂性与随机性，许多问题无法用对相关因素进行严格控制的实验研究所得出的简单因果关系进行解释。因此，教育研究过程要注重采用贴近教育现实的方法与手段。一般来说，教育研究的生态性主要体现在：第一，教育研究对象的完整性和系统性。即在进行教育研究时，要充分考虑研究对象内部以及内部各系统、各要素之间的相互作用，不能孤立地对待一个系统或一个因素。第二，教育研究情境的自然性。即教育者回归现实的教育实践情境，在教育实践中来发现问题和解决问题，而不能通过脱离具体情境的空想进行归纳。例如，考察班级学生的交往行为，则不能脱离学生日常生活的班级学习生活情境。

3. 发展性

教育研究方法的发展性可以从两方面理解：首先，教育研究方法自身是不断变化发展的。例如，在人类科学研究的进程中，从经验主义到实证主义、自然主义、解释主义，教育研究的理论基础、研究范式、研究技术与工具都随着社会文化的发展而演变。不同研究方法之间的相互补充与融合，也使得教育研究不断呈现新的特点。其次，教育研究以促进人的发展为目标。教育研究的对象常常是正在成长和发展过程中的青少年，因此教育研究所采取的方法一方面要符合其身心发展的基本特点，如采用图形图画、实验操作等符合幼儿认知水平及特点的方式对幼儿进行研究，另一方面也需要注重研究方法本身的伦理性与教育性，使研究过程有利于研究对象的身心发展。

专栏1－3

教育研究方法与其他学科研究方法的共同特征

教育研究方法作为研究方法的一种，在某些方面和其他学科的研究方法有着共同特征，归纳如下。

第一，研究的目的在于探索规律，以解决重要的理论和实践问题为导向。

第二，要有科学假设和对研究问题的陈述，研究的问题有明确的目标和可供检查的指标。

第三，有科学的研究设计、准确系统的观察记录和分析，并收集可靠的数据

① 孙振东．教育研究方法论探索［M］．重庆：重庆大学出版社，2008：108.

资料。

第四，强调方法的科学性。

第五，创造性，对原有理论体系、思维方式及研究方法有所突破。

［资料来源］裴娣娜．教育研究方法导论［M］．合肥：安徽教育出版社，1995：5.

二、教育研究方法的基本类型

教育研究成为一门独立科学研究的历史并不算长，但是它一经形成便获得了长足的发展。在发展过程中，教育研究不但从其他相关学科借鉴了大量的研究方法，而且也形成了很多本学科特有的研究方法。(见表1－1)

表1－1　教育研究方法的基本类型

教育研究方法的类别	具体的研究方法
教育哲学	
实证主义	教育调查研究 教育测量研究 教育实验研究 教育统计研究
解释主义	教育质性研究 教育叙事研究 教育个案研究 教育历史研究
综合	教育行动研究 教育比较研究

每一种教育研究方法都有其各自的使用范围和具体的操作步骤，本书将在后面相应的章节中对各种方法作详细的讲解，这里不加赘述。需要特别提醒学习者注意的有以下四点：其一，关于教育研究方法总体的划分方式有很多种，本书所采用的只是其中之一；其二，每一种具体的教育研究方法都有其特有的操作概念、步骤与注意事项，学习者在学习过程中需要明确区分；其三，关于教育研究方法最为有效的学习方法是在实际中应用，在做中学、在做中掌握；其四，在具体的教育研究实践中，研究者往往要运用多种教育研究方法才能达到研究目的。

☆本章要点

1. 教育研究的含义和功能。教育研究作为人类一项专门的社会实践活动，是人们在教育领域中提出问题和寻求问题解决的活动过程。一般来说，教育研究具有描述、解释、预测和改进的功能。

2. 教育研究的发展历史和主要趋势。教育研究的历史源远流长，而规范化的教育研究的历史却并不漫长，大体可分为孕育、初建、形成到快速发展的几个阶段。教育研究在这一发展历程中广泛借鉴了哲学、心理学、社会学、人类学等多学科的理论与方法，并结合自身学科特点逐渐形成了当前研究方法运用的基本形态。

3. 教育研究的基本特征和需遵循的原则。教育研究具有经验性、系统性、历史性和多学科性等特征。教育研究过程中需要遵循客观性原则、创新性原则、理论联系实际原则和伦理性原则。

4. 教育研究的基本研究方法和类型。本书将研究方法的基本类型概括为教育的哲学研究方法、实证主义的研究方法、解释主义的研究方法以及综合的研究方法，并分别介绍了十种具体的研究方法。通过阅读本章的内容，可以对教育研究所涉及的内容获得概括性的了解，并对本书体系获得全局性的把握，为接下来进一步了解具体的教育研究方法奠定基础。

☆概念图

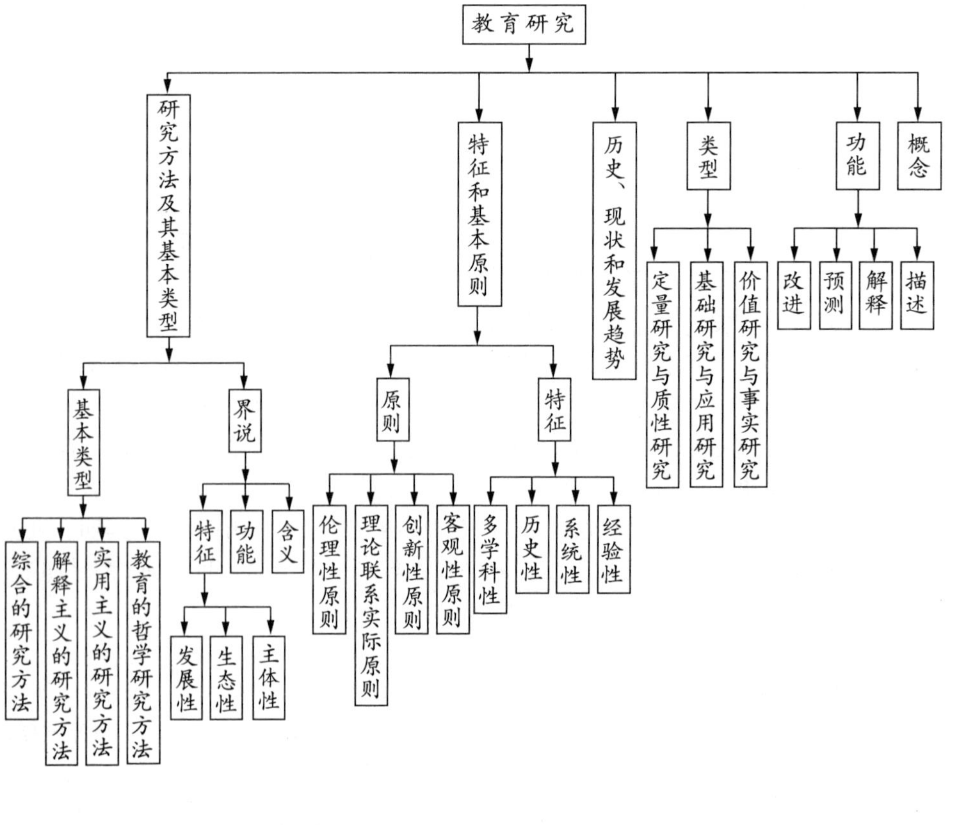

☆学习效果自测

1. 什么是教育研究？结合日常教育现象，分析教育研究的功能有哪些。
2. 什么是研究范式？定量研究范式和质性研究范式有何区别？
3. 研究者怎样在教育研究过程中坚持客观性原则和伦理性原则？
4. 与其他学科的研究方法相比，教育研究方法有哪些特点？
5. 在教育研究领域中，常用的实证研究方法有哪些？

☆拓展练习

1. 根据自己的兴趣，选择运用教育的哲学研究、实证主义的方法、解释主义的方法所作研究的研究报告或论文一篇，分析其运用方法的特点。

2. 查找相关资料，分析近三年本专业领域主要借鉴了哪些其他学科的理论和方法？结合资料分析这些理论和方法对教育研究产生的影响。

☆参考文献

1. 风笑天．社会研究方法［M］．北京：高等教育出版社，2006.
2. 孙振东．教育研究方法论探索［M］．重庆：重庆大学出版社，2008.
3. 迪尔凯姆．社会学研究方法论［M］．胡伟，译．北京：华夏出版社，1988.
4. 叶澜．教育研究方法论初探［M］．上海：上海教育出版社，1999.
5. 裴娣娜．教育研究方法导论［M］．合肥：安徽教育出版社，2000.
6. 廖盖隆，孙连成，陈有进，等．马克思主义百科要览：上卷［M］．北京：人民日报出版社，1993.
7. 张红霞．教育科学研究方法［M］．北京：教育科学出版社，2009.
8. 梁志燊．中国学前教育百科全书：教育理论卷［M］．沈阳：沈阳出版社，1995.
9. 刘晶波．学前教育研究方法［M］．北京：人民教育出版社，2006.
10. 安德斯·汉斯，等．大众传播研究方法［M］．崔保国，等，译．北京：新华出版社，2004.

☆后续学习资料

必读部分

1. 迪尔凯姆．社会学研究方法论［M］．胡伟，译．北京：华夏出版社，1988：第一章，第二章.

2. 叶澜．教育研究方法论初探［M］．上海：上海教育出版社，1999：第一章，第二章，第三章，第七章.

选读部分

1. 风笑天．社会研究方法［M］．北京：高等教育出版社，2006：第一章，第二章.

2. 孙振东．教育研究方法论探索［M］．重庆：重庆大学出版社，2008：第一编.

第二章　教育研究的一般过程

☆ 内容概览

本章简要介绍了教育研究的一般过程，包括教育研究的选题与设计，教育文献检索与综述，教育研究资料的收集、整理与分析，教育研究报告的撰写，教育研究的总结与评价，从较为宏观的层面展示了教育研究的完整过程。本章对教育研究的基本过程进行了概要的介绍，重点阐述了教育研究的选题、教育研究设计的基本要求，以及教育文献检索的基本方法等内容，为理解和掌握具体的研究方法做好了准备。

☆ 学习目标

1. 了解教育研究的一般过程。
2. 掌握教育研究选题与设计的基本要求。
3. 掌握教育文献检索的基本方法。
4. 了解教育研究资料收集、整理的基本程序。
5. 掌握教育研究成果的呈现方法。

☆ 核心概念

教育研究　基本程序　研究选题　教育文献检索　研究结果呈现

先看一个教育研究的案例。一位小学数学教师在教学过程中一直有一个困惑的问题："学生练习的时间是不是越多越好？"于是，他找了一些相关的教育学、心理学、教学法以及小学数学教学论方面的资料，发现有一些与他的问题相关的研究，如小学数学练习设计方面的研究，关于学生练习与学习成绩关系的研究，关于计算设计与要求的研究。他将这些研究进行了分析和整理，最后确定一个研究的问题："小学一年级数学20以内加法单元练习时间和学习成绩关系的研究"。他参考有关教育实验研究的设计、教育心理学关于学生记忆规律方面的研究，以及数学课程标准关于学生计算方面的要求等方面的资料，设计了一项教学实验研究。

将学生随机分成三个组，在学习20以内加法的时候，按不同的时间进行练习。第一组每天练习15分钟，第二组每天练习30分钟，第三组每天练习45分钟。一个星期后，对三组学生进行相同的有关20以内加法的测验。对测验结果进行统计分析发现：第一、二组的成绩有显著差异，第二、三组的成绩没有显著差异。将这个研究过程与结果写成研究报告，对于小学数学教师有一定的启示。

从这个案例可以了解教育研究的基本过程，这位小学数学教师实际上经历了提出问题、文献整理、确定问题、设计研究、收集研究资料、分析研究结果、撰写研究报告等教育研究阶段。

教育研究是利用有效的方法分析教育现象、解决教育问题的过程。从事教育研究，首先应了解教育研究的一般过程。一般来说，进行教育研究主要包括以下几个阶段：（1）选择和确定研究问题。选择恰当和可行的问题既是研究的起点，也是研究过程展开的必要条件。（2）文献检索与综述。在选择和确定研究问题的过程中，需要对相关的文献进行搜集整理与综述。（3）进行研究设计。合理的研究设计直接影响研究的预定目标的实现，影响研究工作的效率，影响研究结果的科学性和可靠性。（4）收集研究资料。收集资料的过程由具体的研究方法确定，包括量化研究资料和质化研究资料等。（5）整理与分析资料。整理和分析资料是将取得的研究资料进行梳理和分析的过程，并在分析的基础上寻找研究发现、确定研究结论。（6）撰写研究报告。研究报告是对研究过程和结果的整理与概括，展示了研究的成果。（7）总结与评价。总结与评价有助于研究者提高研究水平，提出进一步的研究问题。

第一节　教育研究的选题与设计

一项研究总是从确定研究问题开始的。了解教育研究的基本程序，熟悉教育研究问题的来源与确定研究问题的一般要求，是进行教育研究的开始，也是研究过程的关键环节。

一、教育研究的选题

选题是进行教育研究的第一步，也是教育研究的重要环节。选择和确定一个恰当的可行的问题，决定了研究的价值与意义以及研究的主要方向。

（一）选题的主要来源

教育研究的选题来源广泛，不同研究背景和研究需要的人可以从不同渠道寻找和发现研究问题，既可以从理论分析中产生研究问题，又可以从教育实践中发现问题。总的来说，教育研究的选题来源主要有以下三个。

1. 社会变革与发展对教育研究提出的问题

教育是处在社会系统之中并受到社会发展影响的。为了适应社会变革与发展的要求，教育需要不断调整自身的目标和内容、体制和结构。在这一过程中，教育必然面临着各种各样亟待解决的深刻矛盾和重大问题。如关于我国教育发展的战略目标；我国教育层次、类别、形式、区域的结构；基础教育质量的指标体系、基本需要与地区差异研究；关于三农问题与教育关系的研究；关于教育经费占国民生产总值的增长速度比例、保障机制以及教育经费使用效率的研究等，都是教育研究的重大理论课题和实践问题。如何科学认识、有效地解决这些矛盾和问题，自然就成为了教育研究的重要课题。

2. 学科理论深化、拓展或转型过程中产生的问题

从教育理论发展的需要提出的课题，不仅包括学科系统规划建设中的若干未知的研究课题，而且包括对已有教育理论传统观念和结论的批评怀疑，以及学术争论中提出的问题。许多研究课题是在不断展开的理论研究中，以及在理论与实践的碰撞中产生的。如我国学者在运用“程序教学的理论”过程中，吸收其有价值的思想，经过改造提出了“自学辅导教学模式”，就是在这一理论运用和发展过程中提出的新问题。

3. 研究者个人在教育实践中产生的问题

研究者在教育实践过程中，一是要寻找丰富的教育教学经验与事实之间的内在联系，揭示其内在的规律性；二是要从争论中发现问题，提高对教育问题的敏感性，自觉培养教育智慧。只有这样，才能不断地在实践中关注与发现问题。许多学科课程与教学中的具体研究问题都是中小学教师在实践中提出并研究的。如“数学教学中培养学生学习兴趣问题”“学生学习困难的类型与成因”“小学生解题错误的性质与纠正策略”等。

（二）选题的基本要求

1. 问题选择应具有研究价值

问题的价值是确立选题的重要依据，它制约着选题的根本方向和研究意义。一个问题是否具有研究价值可以从它的理论价值和应用价值两个方面来考虑。理论价值是指研究的问题对于相关领域的理论发展有所贡献，在理论上有新的突破；应用价值是指研究问题对于教育改革的实践具有指导作用，能够解决实际的教育问题。衡量一个选题的价值主要看两个方面：一是研究的问题是否符合社会发展、教育事业发展的需要，是否有助于人们认识和了解教育问题，是否有利于教育改革和提高教育质量。课题要具有应用价值，要从当前教育改革和发展的实际出发，具有针对性和代表性，是被普遍关注的、亟待解决的问题。二是研究的问题是否适合教育科学本身发展的需要，是否对提出、检验、修正和发展教育理论有所贡献，是否具有学术价值，在理论上有所突破和建树，或对相关理论有重要的补充和完善。

2. 问题选择应具有科学性和现实性

问题选择要有科学性和现实性。问题选择的科学性，表现在以教育科学基本原理为指导，充分发挥教育科学理论对选题工作的定向、规范、选择和解释作用，这是问题选择的理论基础；问题选择的现实性，集中表现为选定的问题要具有针对性，要有现实依据，这是问题选择的实践基础。

3. 问题表述应具体明确

一个好的问题表述应当简洁、明了，为自己和他人更好地明确研究问题的指向性和研究路线的方向性。选定的问题一定要具体化，界限清晰，范围要小，不能太笼统。那种大而空、笼统模糊、针对性不强的问题往往科学性差。一般来说，“小题大做”的问题会得出具体明确的、比较深入的研究成果，而“大题小做”的问题却收不到具体明确的、对理论和实践问题有指导意义的成果。

4. 问题研究应具有可行性

问题研究的可行性是指研究者具备顺利地进行这一课题研究的条件，一般包括三方面的条件。一是客观条件，即与课题相关的资料、设备、时间、经费、技术、人力等方面的条件，同时也包括进行研究的可能性；二是主观条件，即研究者本人原有的知识、能力、基础、经验、专长，所掌握的与这个课题相关的材料等；三是研究时机，即与研究有关的理论、工具及条件发展的成熟程度。比如一个研究生想要对原始人的学习方式进行研究，但是以目前所掌握的资料来说，这个课题几乎是不可能完成的。

专栏 2－1 中的研究问题有的比较宏观，如青少年生活方式教育的理论与实践研究、学习策略对中小学生创新素质形成影响的研究、终身教育体系的基本结构与功能研究等。这些题目既需要有较为扎实的理论指导，又需要有一定的实践研究条件，对于研究的设计与实施要求比较高。有一些研究相对来讲比较具体，如中小学安全教育研究、中小学信息化学习资源开发与应用研究等。这些研究实践性更强，问题也相对比较小，研究过程中操作起来相对容易一些。

专栏 2－1

典型教育研究问题呈现

教育研究问题十分广泛，以下是从一些研究中选择的典型题目。从这些题目所研究的问题和表述方式中，可以了解问题的价值、意义和表述的科学性，启发思考研究问题的选择和表述。

课堂交互产生学习结果的认知模型与仿真研究

大班额学习共同体构建与教学方式变革研究

特级教师专业特征与成长规律研究

中小学生信息素养构成与评价的研究

运动对青少年心理健康干预效果的研究

学习策略对中小学生创新素质形成影响的研究

青少年生活方式教育的理论与实践研究

中小学安全教育研究

终身教育体系的基本结构与功能研究

不同年龄阶段幼儿创造潜能的发展及其开发

中小学信息化学习资源开发与应用研究
提高中小学教师教育科研素质的对策研究
中小学生自主学习能力结构与培养研究
幼儿探究性学习活动理论与实践研究

二、教育研究的设计

教育研究设计是研究问题与方法的具体化、程序化的过程，包括提出明确的研究假设、确定具体的研究对象、选择恰当的研究方法等，最终形成完整的可行的研究方案。

（一）教育研究假设

1. 假设的含义与作用

研究假设是研究者根据科学原理和事实根据对所研究的问题预先赋予的某种答案，是对研究结果的预测，是对研究问题所涉及的主要变量之间相互关系的设想。简单地说，它是有待解决问题的暂时性答案，这些想法、猜测或“答案”都是研究者从相关理论和经验出发，对问题和解答作出的一种假设，假设往往隐含在研究过程之中或是在研究过程中形成的。

比如，丁锐（2010）在对中国内地小学数学课堂环境的研究过程中，通过对已有研究的综述，提出了如下三个研究假设。

- 中国内地小学数学课堂呈现不同的特点，基本上可以分为三种类型：倾向建构型、中间型和倾向传统型。
- 传统型的课堂中，学习取向倾向于表层，学生的数学观比较狭窄、数学态度较为负面。
- 建构型的课堂中，学习取向倾向于深层，学生的数学观比较开阔、数学态度较为积极。

三个假设呈现了研究问题可能的结果，展示了自变量（课堂环境）与因变量（学生数学学习态度）之间的关系。

一般来说，假设的作用具体表现在三个方面。首先，假设可以指导教育研究设计，帮助研究者明确研究的内容和方向。大部分实验研究和观察研究的目的都需要检验一个假设是否正确，通过实验或者观察来检验假设，进而形成新的理论和观点。其次，假设有助于探求新的理论知识。假设具有理论的一些特征，是对有关现象的概括，当假设的基本观点被证明是正确的，假设就上升到了理论层面。再次，假设有助于指导资料的收集。假设提出以后，研究者可以根据假设来选择合适的研究方法、收集解决问题所需要的事实证据和文献资料，进而有效提高资料的利用率，避免人力、物力的浪费。

2. 假设的主要类型

假设可以分为描述性假设、解释性假设和预测性假设。

（1）描述性假设。这类假设是在科学探索的最初阶段，描述认识对象的结构，向人们提供关于事物的外部联系和变量之间关系的推测。如范良火关于教师教学知识的研究①，就是依据对教师教学知识及其渊源的逻辑分析，在对国际教师教育领域的典型成果之一的美国《数学教学职业标准》进行逻辑分析的基础上，提出研究假设“教师教学知识的主体是教学的课程知识、教学的内容知识与教学的方法知识”。这种假设就是一种对有关教师知识的描述性假设。

（2）解释性假设。这类假设是揭示事物的内部联系、指出现象的本质方面、说明事物原因的一种假设。在研究中，处于这个层次的假设是从整体上揭示教育现象各部分相互关系的机制，揭示条件与结果、研究主题的最初状态和最终状态的因果关系原理。与描述性假设相比，解释性假设更复杂、更重要，是更高一级的假设形式。如一项有关“教育发展对人口出生率变化影响”的研究，提出的假设是“人口的教育程度与人口出生率成反比”，即教育程度越高，人口出生率越低。而教育发展是怎样对人口出生率产生影响，其原因何在，就需要进一步提出解释性假设。如“教育程度越高的人，对事业要求越高，就会投入更多的时间在事业上，而推迟结婚生育”。

（3）预测性假设。这类假设是对事物未来发展趋势的科学推测，是基于对现实事物更深入、更全面了解的基础上提出的更复杂、更困难的一种假设。如要对“我国的计划生育、优生优育政策对今后五十年我国社会结构和社会变化的影响，对教育结构及发展的影响”这样一个问题提出科学的预测，则是一项比较困难的研究课题。它要求我们不仅要对当前的人口构成和社会经济发展条件下的社会结构和社会关系非常了解，而且要对西方由于人口生育率下降引起的社会各方面的变化也有深刻的了解。仅仅具备这些知识还不够，解决制定科学预测的关键性问题是找出研究对象未来发展中的决定性要素，揭示这种决定性要素对于社会发展进程的影响以及社会发展进程对研究对象在未来发展中各个要素的反作用等。

3. 假设中的主要变量

根据假设中变量之间的关系，可以将变量分为自变量、因变量和无关变量。

自变量指由研究者安排的、被人为操控的并引起因变量变化的变量。这一变量又可以分为以下两种：操作性自变量——研究者可以主动加以操作的变量，如“教学方法”“教学环境”“课堂互动”等；非操作性自变量——研究者无法主动加以操作的变量，如被试的年龄、性别、社会经济地位、家庭结构等。

因变量指由自变量的变化而引起的被试行为或者有关因素、特征相应反应的变量。在较为复杂、综合的研究中，可能涉及的因变量较多，在这些变量中需要

① 范良火．教师教学知识发展研究［M］．上海：华东师范大学出版社，2003：41－45.

找到主要的因变量。如在“初中教育适应性的理论与实践研究”中，可能涉及的因变量有初中生的社会适应性增强、教师的社会适应性增强、学校的社会性增强。其中，主要的因变量应当是初中生的社会适应性增强，其他的可作为一般因变量。

无关变量指与某特定研究目标无关的非研究变量。由于它对研究结果将产生影响，因此需要在研究过程中加以控制。如“学生的智力水平与学业成绩呈正相关”，其中，可能涉及的无关变量如“情感因素”“家庭环境”等。

4. 假设表述的规范性要求

一般来说，一个好的教育研究假设应符合以下要求。

（1）科学性。假设要有一定的科学根据或经验依据，不能主观臆断。

（2）推测性。假设是在不完全或不充分的经验事实基础上推导出来的，是有待实践检验的，因而与正确的理论不同，它对一定的行为、现象或事件的出现作试验性的、合理的解释，因而具有一定的推测性。

（3）明确性。研究假设要以叙述的方式说明两个或更多变量之间可期待的关系。概念要简单，表述要清晰、简明、准确，条理分明，结构完美，假设命题的本身在逻辑上是无矛盾的，必须采用陈述句加以表述。

（4）可检验性。假设必须是可检验的，检验推测的正确程度和可靠性。一个原则上不可检验的陈述是没有科学价值的，因而也就不是一个科学假设。

（二）教育研究方案的制定

确定了研究问题之后，研究者应制定更为详细的研究方案。

1. 选择研究对象（抽样）

选择研究对象即抽样，就是从一个总体抽取部分个体作为样本，然后对这一样本进行研究，用研究结果描述研究对象的特征或推断总体。

为了保证抽样的科学性，对于量化研究应遵循四个方面的基本要求。

（1）总体的明确性。总体即研究对象的全体，明确规定总体就是从内涵和外延两方面确定总体的界限。如“全国高中生心理健康状况的调查”，其总体就是全国的高中生；而“农村教师的生存状态调查研究”的总体就是农村地区的广大教师。

（2）样本的代表性。要尽可能使抽取的样本能代表全体。只有样本具有代表性，才能由样本的特征推断出总体的一般特征，才能使研究的结果具有推广的价值。如某市对初中生学习方法现状进行调查研究，全市 42 万初中生，要从中抽取 840 人来说明 42 万人的情况，因此，这 840 人的代表性就显得十分重要。样本的代表性正是由部分推断出整体的理论依据。

（3）抽样的随机性。要尽可能使每一个个体都有均等的被抽取的机会，这就必须保证在抽样的过程中，每个个体都是彼此独立的，没有选择上的联系。如研究高中生对考试的感受，如果仅仅选取高中一年级的学生，用来推断所有高中生对考试成绩的真实感受，就是不合理的。

（4）样本容量的合理性。要科学地确定样本的大小，既要满足统计学上的要求，又要考虑收集材料的可能性，并使误差降到最低。一般来说，样本容量与样本代表性呈正相关，样本越大，越能反映总体的特征。在描述研究、实验研究中，抽样的数量一般占总体的10%；除少数情况外，调查研究的样本容量不少于100；相关研究、比较研究的样本每组不少于30人。在实验研究中，条件控制较严密的研究需要每组15人，条件控制不严密的，最好是一个自然教学班（不少于30人）。

抽样的方法有很多，常用的抽样方法主要有简单随机抽样、系统随机抽样、分层随机抽样、整群随机抽样等。

（1）简单随机抽样。简单随机抽样是指使总体中所有的个体都有相等的和独立的被抽取样本机会的抽样方法。其优点在于，不仅可以保证全部样本的代表性，而且能够额定抽样误差的理论值，并且简单易行。简单随机抽样有两种抽样方式：一是抽签法。把总体的每一个观测单位依次标上号码并做成签，放进一个器皿加以充分混合后，每次从中抽取一个，记下号码，然后把抽取的签再放回器皿中，再次摇动和抽取，如此反复，直到取样结束为止。二是随机数表法。随机数表是由计算机随机产生的一系列很长的五位数字组成的。表2－1就是随机数表的一部分。

表2－1　随机数表（部分）①

排＼随机数＼列	1	2	3	4	5	6	7	8	9	10
1	32388	52390	16815	69298	82732	38480	73817	32523	41961	44437
2	05300	22164	24369	54224	35983	19687	11052	91491	60383	19746
3	66523	44133	00697	35552	35970	19124	63318	29686	03387	59846
4	44167	64486	64758	75366	76554	31601	12614	33072	60332	92325
5	47914	02584	37680	20801	72152	39339	34806	08930	85001	87820
6	63445	17361	62825	39908	05607	91284	68833	25570	38818	46920
7	89917	15665	52872	73823	73144	88662	88970	74492	51805	99378
8	92648	45454	09552	88815	16553	51125	79375	97596	16296	66092
9	20979	04508	64535	31355	86064	29472	47689	05974	52468	16834
10	81959	65642	74240	56302	00033	67107	77510	70625	28725	34191

① 梅雷迪斯·D. 高尔，沃尔特·R. 博格，乔伊斯·R. 高尔. 教育研究方法导论［M］. 6版. 许庆豫，等，译. 南京：江苏教育出版社，2002：190.

利用随机数表既可以保证样本的随机性，操作起来又比较容易。例如，研究者要从某校刚升入高一年级的 972 个学生总体中抽取 100 个学生。首先，研究者可以获取一份该校高一年级学生的统计名单，并且为每一个学生编一个号码。然后使用随机数表从统计名单中抽取样本。

使用随机数表时，应随机选择一列作为起点，然后选择随后出现的那列所有数字。因为 972 只是一个三位数（该校可抽样总体中的人数），所以研究者只要使用每个五位数的最后三位数即可。假如需要更多的成员，则应进入下一列，直到选择了足够的个数补足了预期样本的容量。

在上例中，假设研究者在表 2－1 中选择了第 1 排第 5 列作为起点，并使用了这一列及随后各列中的每一个数字的最后三位数，这样，研究者将选择统计名单上的第 732 个学生，跳过数字 983（总体人数只有 972，所以，当遇到的数字大于总数时，该数字就应被放弃），选择第 970 个，第 554 个……依次类推，直到选满 100 个学生为止。

（2）系统随机抽样，也叫等距抽样或者机械抽样。研究者按照某一标志顺序排列编号，并分成数量相等的组，使组数与取样数相同，从每一组中按照事先规定的机械次序进行抽样。抽样比例的计算公式是 $k=n/N$，其中，k 表示抽样比例，N 表示总体数，n 表示样本数。

（3）分层随机抽样，也叫类型抽样、配额抽样。它是将总体按照一定的标准分成若干层次和类别，然后再根据事先确定的样本大小及其各层或各类在总体中所占的比例提取一定数目的样本单位。

（4）整群随机抽样。研究者以个体的自然组为单位进行抽样的方法。它与其他抽样方法的区别在于，样本单位是群体而不是个体，如在某校小学 6 年级的 10 个班级中随机抽取 3 个班级进行一项新的英语教学法的实验研究。整体抽样的优点在于省时省力，可以迅速确定研究对象；但由于在抽样中没有充分考虑个体间的差异，因而抽样的精确度相对要低一些。

专栏 2－2

国际学生评估项目的抽样设计

国际学生评估项目（Program for International Student Assessment，简称 PISA）是由国际经济合作与发展组织（Organization for Economic Co-operation and Development，简称 OECD）设计并实施的大型国际学生能力评价。这项评价主要评价 15 岁学生的数学、科学和阅读三个方面的素养，每三年举行一次。该评价项目开始是在 OECD 成员国中进行，后来发展到世界几十个国家和地区。PISA 的抽样采取多种方式进行，抽样设计以及抽样工作非常严密，抽样策略融合了分层、整群、多阶段、等距抽样等几种抽样方法。PISA 的抽样方法分两个阶段：第一个阶段的抽样单位由有 PISA 测查对象的各个学校组成；以 15 岁学生数量为抽样元素的规模函数，按照概率与元素的规模大小成比例的抽样原则，对学校进行等距抽样。在进行抽样之前，抽样学校就要被分配一个外显层或者内隐层的号码，每个国家最少有150所被抽中的样本学校或者更多。第二个阶段的抽样单位是被抽中的学校的学生，学生的抽取可以按照性别、年级分层，也可以使用简单随机方法。一所学校如果被抽中，就要准备所有15岁学生的名单，这所学校内的每个学生被抽中的概率相等。

［资料来源］任春荣．PISA抽样方法的理论与实践——以PISA 2006中国测试研究为例［J］．统计教育，2007（11）：11－14.

对于质性研究的样本，一般不要求随机性，抽样的方法与量化研究也有所区别，可以用目的性抽样等方式。目的性抽样，即按照研究的目的抽取能够为研究问题提供最大信息量的研究对象，通常采用机遇式抽样、滚雪球抽样、方便抽样等做法。

（1）机遇式抽样指的是根据当时当地的具体情况进行抽样。此种抽样方法通常发生在研究者到达研究实地之后，特别是当他们对于本地的状况不太了解，而且有较长的时间在实地进行调查时。

（2）滚雪球抽样是先随机地选取少量的研究对象，在联系了这些访谈对象后，再请他们提供一些类似的研究对象，然后根据所提供的信息选取此后的调查对象。这种过程继续下去，就形成了一种滚雪球的效果。

（3）方便抽样是指研究者根据实际情况以自己方便的形式抽取研究对象，或者仅仅选择那些离得最近的、最容易找到的人作为研究对象。这种方法省时、省力、经济，但是会影响到研究结果的可信程度。

2. *确定研究方法*

不同类型的教育研究，其研究方法有所不同。研究方法的合理性，决定了研究问题的可理解性、研究过程的客观性和研究结论的可靠性。要使所选择的研究方法相对合理，需遵循三个要求：一是根据不同的研究目的和要求选择适宜的研究方法；二是根据研究课题内容的性质确定研究方法；三是注意各种方法的独立性及相互联系。教育研究的每类方法都有各自不同的特点和适用范围，不能相互代替。

3. *制定研究方案*

研究方案是对整个研究过程的全面规划，是对研究的各项具体工作进行合理的统筹安排。研究方案一般包括如下几方面内容。

（1）研究课题的表述。研究者首先要清楚、准确地表述所要研究的课题，包括研究课题提出的背景、研究的意义、研究假设及其理论基础等。

（2）总结和概括出有关的研究成果。在制定研究方案时，需要把研究者在文献查阅方面的成果概括出来，通过文献综述的形式把本课题目前的研究现状介绍出来，同时阐明预计将要在此基础上有何种突破和创新。

（3）说明研究的方法和措施。研究者说明研究的方法和采用何种措施，主要包括研究的设计方法、研究对象的选择方法、研究程序的安排以及研究过程中的主要措施等方面的内容。

（4）制定研究的进度。研究进度依据研究周期来确定，具体安排每一时间段的主要工作，使研究工作有计划、有顺序地开展。

（5）明确研究的组织和领导。研究计划需要介绍课题负责人和课题组成人员的基本情况，尤其要突出学历层次、研究特长以及本课题有关的研究成果，阐明研究者可以利用现有条件和资源，以备资助机构的考察和审批，也是为了自我预测，审核研究计划实现的可能性。

（6）研究成果的形式及适用范围。说明研究成果是以研究报告、论文、专著等形式呈现，还是以技术、产品等形式呈现；研究成果可能应用的领域。

三、教育研究选题与设计的论证

选题论证是为了避免选题的盲目性，依据翔实的参考文献和精细的逻辑分析，对选定的问题进行分析、预测和评价。通过选题论证，研究者可以进一步完善选题方案，创设落实的条件。一般来说，选题论证需从以下几个方面展开。

（一）选题价值论证

问题的意义价值是确立选题的重要依据。衡量选题有无意义或价值的大小，主要看两个方面：一是所选择的研究选题是否具有重要的应用价值，如是否符合社会发展、教育事业发展的需要，是否有利于提高教育质量等；二是所选择的研究选题是否具有很强的学术价值，如是否能根据教育科学本身发展的需要，检验、修正、创新和发展教育理论，建立科学的教育理论体系等。

（二）相关研究文献综述

一般来说，选题研究总是建立在前人或他人研究成果的基础之上的，这就要求选题研究要熟悉前人或他人有关研究的基础，掌握该选题研究已有的结论及争论。只有全面而准确地把握了同类研究和相关研究的状况，才能合理地确定本选题的研究方向，阐明本选题的独特贡献或创新价值。

（三）选题研究的基本思路论证

选题研究的基本思路是选题设计中最为重要的部分，它反映了选题研究在理论上的可行性。任何研究都需要一定的思路，研究思路是否正确，直接关系到研究是否能够顺利进行，进而影响到研究结果的效度。

（四）选题研究的步骤、方法及手段论证

选题研究的步骤、方法及手段论证是研究方案的核心部分，也是选题论证考察的重点内容。选题论证中必须认真考察研究的步骤是否符合研究的基本要求。如研究方案中关于先做什么、再做什么的步骤之间是否符合逻辑或认识规律等。

关于方法和手段的合理性，就是针对不同的研究目的和问题选择适当的研究方法。如要阐明教学中某因果关系的研究就需要采用实验研究的方法；如要了解学生的身心发展状况，适合的方法是调查法和测量法等。

（五）选题研究可行性论证

在完成以上内容的同时，还需综合考虑选题研究的主客体条件，以确认选题研究的可行性。其中，既要对研究者的知识结构、研究能力、学术兴趣等方面进行认定，也要对研究所需的人员、经费、资料、工具等方面进行评估。

第二节 教育文献检索与综述

文献是进行科学研究的基础，它贯串于科学研究的全过程，从选题、初步调查以及论证选题、制定方案、收集整理和分析研究资料到形成研究报告，都与文献的检索和利用密切相关。特别是在确定研究问题和选择研究方法阶段，更需要搜集大量的相关文献，并对其进行梳理与分析。通过文献检索，研究者较为全面地了解与研究问题相关的研究，了解有关的研究结论和不同的观点，并在此基础上进一步明确研究的问题与方向，确定研究重点。

一、教育文献概述

（一）教育文献的含义

文献是记录知识的载体，它是将知识、信息用文字、图像、音频等记录在一定的物质载体上的结合体。文献具有三个基本属性，即知识性、记录性和物质性。教育文献则是指记载有关教育科学的情报信息和知识的载体。

（二）教育文献在教育研究中的作用

1. 选定研究课题，确定研究方向

对于正在从事某项课题的研究者来说，查阅文献资料有助于他们从整体上把握自己研究领域的发展历史与现状、已取得的主要研究成果、存在的争议问题、研究的最新方向和趋势、被前人忽视的领域、对进一步研究工作的建议等。这将有助于研究者从众多可能选择的课题中选定研究方向，确定更有价值、更符合自己研究兴趣的研究课题。通过比较、分析研究内容，了解研究的可行性、研究者的兴趣和能力等方面的因素，进一步明确课题的研究范围，使研究者能更好地驾驭和把握课题，以便开展课题研究。

2. 提供科学的论证依据和研究方法

查阅文献资料是跟踪和吸收国内外最新研究成果，及时了解研究课题的理论、手段和方法以及发展动向的有效途径。通过查阅文献资料，可为研究者借鉴前人对研究领域的研究思路、研究步骤的设计、研究方法的具体运用等方面提供有益的参照，为教育研究提供科学的论证依据和研究方法。

3. 避免重复劳动，提高科学研究的效益

通过文献资料的查阅，可使研究者对有关研究领域的情况有一个全面、系统的认识和了解，从中也可以发现前人研究成果中存在的问题，以使研究者在自己的研究中尽量少走弯路、少做无用功，为尽快取得研究成果、提高科学研究的效益奠定坚实的基础。

二、教育文献的种类及主要分布

（一）教育文献的种类和等级

了解教育文献的分类及其特点是文献检索的前提。按照不同的标准，文献可以分为不同类型。

1. 按文献不同的载体形式和记录技术，可以分为手工型、印刷型、缩微型、电子型和视听型

（1）手工型。即指将知识内容靠手工记录或刻录在一定的物质载体上的文献，如古代的甲骨文、石刻等；此外，还包括那些颇具研究价值而至今未经印刷的有关资料，如日记、手稿等。

（2）印刷型。即主要是以纸张为载体，通过铅印、油印和胶印等手段，将知识固化在纸张等印刷物上的一类文献，它包括文字资料、表格、图片等。

（3）缩微型。即以印刷型文献为母本，采用光学摄影技术，把文献的影像固化在感光材料上的一种文献。常见的缩微型文献有缩微平片和缩微胶卷两种。

（4）电子型。这是近年来由于计算机的广泛应用而产生的一种新的文献，可以储存文字材料，也可以储存图片、声音，还可以储存动画、电影等。常见的电子型文献是各种录有内容的磁带、磁盘和光盘。

（5）视听型。这是一种非文字形式的文献，是以胶卷、照片、磁带、光盘等为保存和传播的载体。常见的视听型文献有各种视听资料，如唱片、录音带、电影胶片、激光声视盘、幻灯片等。

2. 按文献传递知识、信息的质和量的不同以及加工层次的不同，可分为一次文献、二次文献和三次文献

（1）一次文献，也称原始文献，是人们直接以自己的生产、科研、社会活动等实践经验为依据生产出来的文献。一次文献在整个文献系统中是数量最大、种类最多、使用最广、影响最大的文献，如期刊论文、调查报告、会议记录、学位论文等。这些文献具有创新性、实用性和学术性等明显特征，具有很高的参考和应用价值。

（2）二次文献，又称检索性文献，是将大量分散、凌乱、无序的一次文献进行加工、整理、提炼，并按照一定的逻辑顺序和科学体系加以编排存储，使之系统化，以便于检索利用。它一般包括题录、书目、索引、提要和文摘等。二次文献具有报导性、检索性、汇编性和简明性的特点，起到对一次文献进行检索的作用。

(3) 三次文献，也称参考性文献，指在对一次文献、二次文献进行加工、整理、分析、概括后撰写的文献，是研究者对原始资料综合加工后产生的文献。它包括综述、评述、评论、进展和动态等。三次文献具有主观综合的性质，是对众多一次研究文献综合研究的结果。

(二) 教育文献的主要分布

1. 书籍

书籍是论述或介绍某一领域知识的出版物，包括教科书、专著、资料性工具书及科普通俗读物。它是教育科学文献中品种最多、数量最大、历史最长的一种情报来源。教科书是专业书籍，具有严格的科学性、系统性和逻辑性，主要介绍有关教育科学某一分支学科领域的基础理论和研究成果。专著是对研究领域某一专题进行全面、系统、深入论述的著作，其内容专业性强，有一定深度。资料性工具书是以特定的编排方式，从众多的书籍中搜集编辑有关内容并写成条目，专门供读者查找各种语词、事实、数据、人物等而用的文献，如顾明远主编的《教育大辞典》(上海教育出版社，1992 年版)。科普通俗读物是面向广大群众的以普及教育科学知识为宗旨的通俗读物，有初、中、高之分，文字浅显，但最新信息量较少，尤其是初级科普读物的理论含量较低。

2. 报刊

报刊包括报纸和期刊，均属于连续出版物。报纸是以刊登新闻和评论为主的定期连续出版物，如《中国教育报》《中国教师报》《光明日报》以及《文汇报》等综合性报纸的教育科学版。期刊是定期或不定期的连续出版物，有周刊、月刊、双月刊、季刊等。它又分为学术理论期刊、情报性期刊、专业性期刊和普及性期刊，如《教育研究》《课程·教材·教法》《教育理论与实践》《教育研究与实验》《教育评论》《华东师范大学学报（教育科学版)》《教育学报》《中国教育学刊》《教育发展研究》《全球教育展望》《比较教育研究》《人民教育》《上海教育科研》等。报纸和期刊出版周期短、更新速度快、内容新颖、论述深入，能及时反映研究活动的动向，是科学研究者重要的参考文献。

3. 教育档案

教育档案是人类在各种社会实践活动中直接形成，并且具有保存价值的原始文献资料。教育档案包括教育年鉴、教育法令汇编、教育统计、教育调查报告、学术会议文件、学位论文、资料汇编、名录、表谱以及地方志、墓志、碑刻等。年鉴是系统汇集一年内重要的事件和统计资料的工具书。教育年鉴的主要内容包括教育方面的学术动态和教育实践、教育政策等方面的情况，其中的统计资料对研究工作具有重要的价值。国内与教育有关的年鉴主要有《中国百科年鉴》《中国教育年鉴》《中国教育统计年鉴》和地方省市年鉴。教育法令汇编是官方有关教育政策法规的指令性文件汇集，通过立案归档，成为资料的一部分。教育统计是不同层次教育行政部门或科研机构对某一类教育发展进行的阶段性的统计数据，与教育年鉴有类似之处。教育调查报告是针对不同主题进行的系统的调查研究的结果。学术会议文件包括报告、纪要、提交会议的论文等，往往反映一个学科领域的研究动向和研究成果，在一定程度上代表了国内外教育发展的水平，是进行研究的一个重要资料来源。学位论文可分为硕士学位论文和博士学位论文，是研究生进行专题研究后为取得某种学位而撰写并提交的科学论文，也是重要的学术性文献资料。此外，教育文献还包括资料汇编、名录、表谱、地方志、墓志、碑刻等含有大量详细的一手资料的文献，这些文献资料直接、精练、形象，是教育研究的重要资料来源。

4. 电子信息检索系统

电子信息检索系统是随着科技的发展而兴起的一种借助电子方式记录的文献资料，是由计算机程序人员编制的、储存于计算机中的帮助读者查阅文献资料的软件。它包括光盘数据库、网络数据库和互联网信息检索等。电子信息检索系统具有速度快、效率高、内容新、范围广、数量大、操作简便等特点，已成为人们获取教育文献的重要手段之一。

图 2－1 就是中国知网的检索首页。而谷歌的学术搜索也能帮助我们找到很多的中英文资料（见图 2－2），部分英文资料还可以免费下载，非常实用。

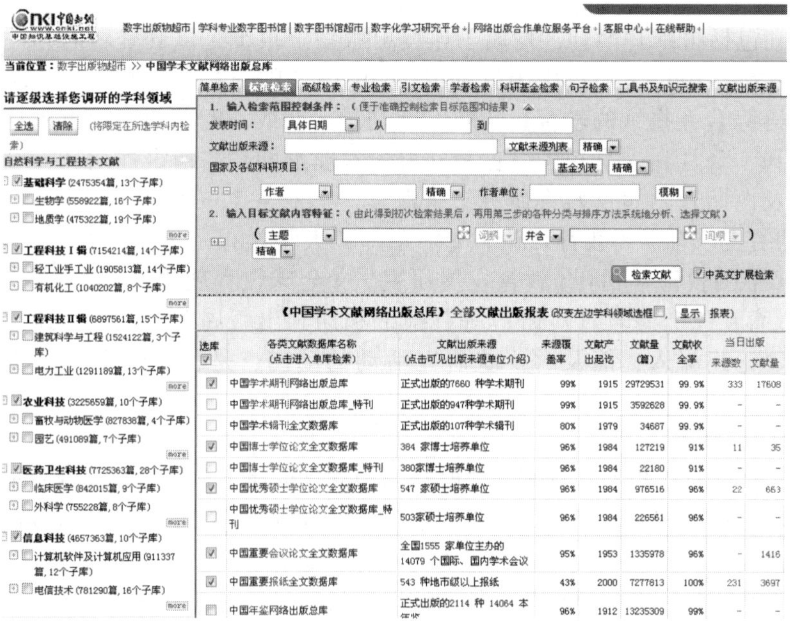

图 2－1　中国知网的检索首页

图 2－2　谷歌学术搜索的结果

三、教育文献检索的基本过程及主要方法

(一) 教育文献检索的基本过程

从众多的文献中准确而迅速地查找出符合特定需要的文献，不仅是一个资料查找收集的过程，也是一个分析、研究的过程。文献的检索一般由以下三个步骤组成。

1. 分析和准备阶段

在开始查找文献资料时，首先要明确查找哪些方面的文献资料，即分析研究课题，明确自己准备检索的课题要求与范围，确定课题检索标志等，以确定所需文献的作者、文献类号、表达主题内容的词语和所属类目，进而选定探索工具，确定检索途径。

2. 搜索阶段

这一阶段主要是搜索与研究问题有关的文献，可以用手工检索或计算机检索的方式，从中选择重要的和确实可用的资料，并以文章摘录、资料卡片、读书笔记等方式记录、收集资料。

3. 加工阶段

要从收集到的大量文献中摄取有用的情报资料，就需要在阅读摘记的基础上，加以整理和归纳。其主要包括剔除假资料，去掉相互重复、较陈旧的资料；

从研究任务的观点评价资料的适用性，保留那些全面、完整、深刻和正确地阐明所要研究问题的一切有关资料，以及含有新观点、新资料的资料，对孤证材料要特别慎重。在资料数量和类型很多的情况下，应该对这些材料进行分类，并编制题录索引或目录索引。对准备利用的文献资料，必须对其可靠性进行鉴别和评价，对那些不完全可靠的或有待进一步明确的资料，则不予采用。

（二）教育文献检索的主要方法

1. 顺查法

按时间范围，以所检索课题研究的发生时间为检索始点，按事件发生、发展时序，由远及近、由旧到新的顺序查找。采用顺查法的前提是充分占有大量可供查找的文献。此方法多用于范围较广泛、项目较复杂、所需文献较系统、全面的研究课题。

2. 逆查法

与顺查法相反，逆查法是按由近及远、由新到旧的顺序进行查找。这种方法的重点是放在近期的文献上，多用于新文献的收集和新课题的研究。值得注意的是，用这种方法查找的文献可能缺乏全面性和系统性。

3. 引文查找法

也称跟踪法，是指以现有的与研究课题有关的文献资料为依据，以其中引用和附录的文献为线索来查找所需文献的方法。采用这种方法可以比较集中地迅速查找到有关文献，同时不断扩大查找范围，有助于收集相关领域中重要、丰富的原始资料。不过，这种方法的查找范围有一定的局限性，而且文献的新意可能不足。

4. 综合查找法

即综合运用上述介绍的各种查找方法，能够查找较为全面而准确的文献，它是实际中采用较多的方法。

（三）现代信息技术在教育文献检索中的应用

现代信息技术在教育文献检索中的应用，主要是通过计算机进行的文献信息检索，也被称为计算机检索。由于计算机检索具有速度快、效率高，数据内容新、范围广、数量大，操作简便等特点，目前已成为人们获取信息的主要手段之一。计算机检索包括光盘检索、联机检索和互联网信息检索。

1. 光盘检索和联机检索

光盘检索是指研究者在计算机上以人机对话方式，查询光盘数据库，从而获得文献信息。光盘的特点是储存量大，存储密度高；使用方便灵活，可随意存取和快速检索；制作价格便宜，可作为电子出版物大量拷贝发行；不受病毒感染、经久耐用。联机检索是指研究者在计算机检索系统的终端上，通过通信网络，以人机对话方式，查询远距离计算机系统中的数据库，从而获取所需要的文献信息。联机检索的最大特点是查全率高，检索速度快，几分钟内就能查遍几年、几十年的有关文献，并且可以根据用户的要求打印检索到的文献目录、摘要和全文。

2. 互联网检索

互联网检索是指通过计算机上网来检索所需文献。随着网络的飞速发展，上网检索将成为最简便的检索方式，但如何迅速而准确地找到自己所需的信息则不是一件容易的事，需要检索的方法与技巧。网上查找资料的途径主要有两个：一是分类目录链接。分类目录链接是按树形结构组织，从点击主页的根目录链开始，一级一级深入，一直到达所需的网页。这种分层搜索易于控制，适合于浏览性的查找，但会因层次太多而降低检索速度。二是关键词查询，即在搜索框中输入选定的关键词进行快速查找。网络检索的特点是迅速快捷、范围广泛，但内容的繁杂需要研究者有较强的专业知识进行筛选与鉴别。

（四）教育文献检索的要求

1. 全面、准确地检索教育文献

通过浏览，不仅要广泛查阅特定范围内的国内外有关研究成果，而且要把视野放宽，广泛浏览特定范围以外的有关研究成果。不仅要收集与自己观点一致的材料，也要收集那些与自己观点不一致，或与自己构思相矛盾的资料。不仅要广泛查阅中文资料，同时也要查阅外文资料，以便及时掌握最新的研究资料和动向。特别是要着力收集第一手资料，以保证研究的客观、全面。同时，要认真推敲所查阅文献中的观点和论据，并作好记录，探明前人分歧的来龙去脉，以保证客观准确地掌握已有研究的全部成果。

2. 确认文献的真实性

教育文献极其丰富，不仅有文字资料，而且有实物史料和口传史料。在悠久的历史进程中，有的文献被遗失破坏了，有的文献已淹没在书海中，因此需要泛读博览、认真阅读，对所收集材料的真伪进行鉴别。鉴别的方法主要有内审法和外审法。

（1）内审法是对文献所记载内容是否属实的鉴别，主要方法有：文字性文献互证，若不同文献中记载的同一事件有不一致，则需进一步核实；用实物来证实文字性文献；把文献描述的内容与产生文献的历史背景对照，看是否与当时的政治、文化背景相符。

（2）外审法是对文献本身真伪的鉴别。版本真伪的鉴别包括两个方面：一方面要把该书的编排体例与同时代的同类出版物进行比较；另一方面还可以查书中的内容是否有反映成书年代以后的事实。作者真伪的鉴别有三种方法：第一，分析作者的其他作品，看语言风格是否一致；第二，分析全部文献的体例是否一贯；第三，文献的思想观点和逻辑是否前后一致。通过内审法和外审法比较鉴别，去伪存真，可以提高搜集检索文献的质量。

四、撰写教育文献综述报告

文献综述是经过对阅读过的大量材料的筛选、比较、分析、综合、提炼而成的文献研究产品，也是对正准备研究的课题在一段时间内的发展情况进行综合叙述研究的成果。它具有新颖、覆盖面广、综合性强、评价客观和简练等特点。一般来说，对一个专题的文献综述应包括三个方面的内容：（1）问题提出部分，主要是概括问题的性质、特点、研究的重要性等；（2）现状分析，主要介绍国内外研究的现状，将归纳、整理的资料进行必要的分析；（3）研究趋势预测，在纵横对比中肯定所综述内容的研究水平、存在的问题，提出展望性意见。

专栏2-3是一个关于“数学交流”主题的文献综述要点。研究者较为全面地梳理了国内有关数学交流方面的文章，从数学交流的含义、背景、研究价值、内容以及培养学生数学交流的途径等方面，对相关的研究进行分析整理。研究者采用内容分类的方式，将不同作者的观点进行整合与分析，理清了有关问题的研究思路与重点问题。如果研究者在此基础上提出自己对该问题的认识，就更全面了。

专栏2-3

关于“数学交流”研究的文献综述

数学交流是数学教育改革中的重要问题，西方国家特别是美国多年来十分重视在数学学习活动中的交流，培养学生的交流意识与能力。国内对数学交流的研究和探讨起步较晚，现有的相关成果主要是从数学交流的概念、数学交流的渊源、数学交流的价值、数学交流的内容、数学交流的形式以及如何进行数学交流等方面进行研究。

一、什么是数学交流

数学交流是一个动态的过程，在这一点上，研究者们已经达成共识。但是对于这个过程的具体描述，不同的研究者有不同的认识。

以下列举了不同学者在研究中对数学交流的观点。如“数学交流离不开数学语言。而数学语言则包括文字语言、符号语言和图像语言等三种基本形式。因此，概括地说，数学交流就是指用文字、符号、动作、模象等作为载体，对数学的概念、关系、规律、应用等的认识和感受进行表达、接受和转换。”（陈静安，2002）……

二、“数学交流”提出的背景

列出国内外有关数学交流背景的研究成果，如关于“数学交流”探源（綦春霞，2001），在数学教育领域较早提出“数学交流”的是1981年英国“学校数学调查委员会”向政府提交的《Cockoroft报告》。报告中提出，教数学的主要理由在于“数学提供了一种有力的、简洁的和准确无误的交流信息的手段”。这里提出“数学交流”主要出于对数学教育价值的考虑。

三、数学交流的价值

有人认为数学交流还有以下价值：（1）数学交流的提出对于转变观念、建立21世纪的数学教育思想有着十分重要的意义；（2）数学交流的提出对于革新数学教学的传统模式，使数学教学更能体现个性化，而又加强课堂中的合作具有

积极的意义；(3) 数学交流对于全体学生积极地进行数学学习提供了一种新颖的学习方式。(刘明祥，2001)

四、数学交流的内容

从不同学者的观点中归纳出几个方面：(1) 数学交流的要素。根据交流所呈现的方式来分，数学交流包括口头的和书面的交流。口头的交流主要是通过文字语言的叙述，对词语或符号重新赋予意义。书面的数学交流主要是指一种数学表达，它可以是符号的、图形的、图表的，也可以是实物的。(2) 数学交流和类型。如果从交流的内容来分，可大致分为三类：数学知识的交流、数学体验的交流、解决问题的交流。

五、数学交流的形式

数学交流的主要形式有：(1) 数学游戏。(2) 数学调查。(3) 数学活动。数学活动包括模拟、操作实验等，它体现了在学中做、在做中学的特点。(4) 数学交流。学生之间存在多种差异，对同样的问题可能产生不同的看法，甚至产生争辩。但真理愈辩愈明，参与者多可从交流中获益。同学之间（或师生之间）可以互相交流学习数学的心得体会，用数学语言谈论自己的观点。(5) 数学的人机交流。信息时代的到来正在引发一场深刻的教育改革，传统的“教师—学生”的二元教学将发展为“教师—计算机—学生”的三元教学。随着计算机智能的升级，它将在数学学习中起到越来越重要的作用。(练正龙、刘凯峰，2001)

第三节　教育研究资料的收集、整理与分析

研究资料的收集、整理与分析是研究的主体阶段。在这个阶段，实施研究设计中所确定的研究方法，收集研究需要的各类资料，然后对资料进行整理分析，进而得出研究结论，形成研究结果。

一、教育研究资料收集的基本方法

一般认为，教育研究资料收集的主要方法包括两大类别：一类是量化研究方法，另一类是质化研究方法。其中，质化研究方法又包括历史研究、文献研究、逻辑分析、内容分析、实地考察和个案研究等具体的方法；而量化研究方法则包括教育调查、教育实验、教育统计、教育测量与教育评价等方法。

威廉·维尔斯曼（William Wiersma，1997）认为，尽管质化研究和量化研究有不同的特征，但属于一个连续体的两端。(见图 2－3①)

① 威廉·维尔斯曼．教育研究方法导论［M］．袁振国，主译．北京：教育科学出版社，2000：17.

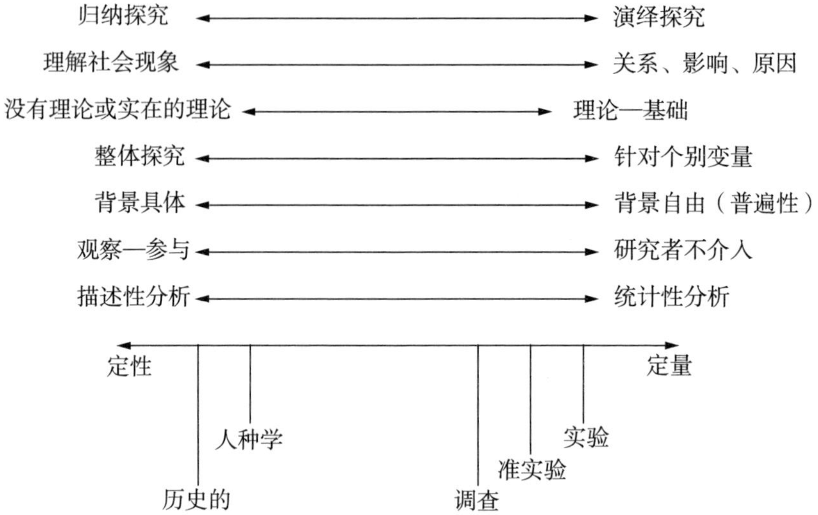

图 2－3　教育中质化—量化研究的连续性特征（威廉·维尔斯曼，1997）

其实，无论是质化研究方法还是量化研究方法，都属于实证研究的范畴。所谓实证研究，就是通过收集资料来描述现实的状况，从而发现教育的规律。而与实证研究相对的，则是规范研究。规范研究就是用各种定律和规律来说明应该怎么样的研究。

二、教育研究资料的整理

（一）资料整理的意义

资料整理就是要根据研究目的，对获取的研究资料进行鉴别、分类、汇总、补充和评价，从而使资料能系统地、准确地、完整地反映教育现象或问题的过程。资料的整理是研究中的重要一环。研究者通过多种途径获取资料，必定会有各种各样的资料，不加以整理，所获取的资料只是一大堆杂乱无章的材料，因此对所获得的资料进行整理就显得更有意义。另外，资料整理也是研究获得科学结论的重要前提。研究结论最终是从观察、调查和测量中获得的事实资料中分析推论出来的，被整理材料的真实性将直接影响到结论的正确性。

（二）资料整理的步骤

资料整理一般包括如下三个步骤。

1. *审核*

审核主要是检查数据的真实性与完整性。真实性是指要辨别资料内容及来源方面可能出现的失真情况。对于原始资料，除了要求不能捏造、歪曲之外，还应有不同信息来源之间的相互印证；对于第二手资料，应该确认资料的可靠性，必要时要尽量找到原始资料或当事人进行核对。完整性是指要考虑研究资料是否齐全、完备。教育是一种复杂的活动，涉及的因素及其相互作用都是非常复杂的，不能仅仅依据局部进行总体的判断。

2. 分类（统计）

分类是指把搜集的数据进行分组归类。分类的标准不是单一的，研究者可以根据不同的标准进行不同的分类。分类的主要方法有：一是划分，即揭示概念外延的逻辑方法，它又分为一次划分、连续划分和二分法；二是整理次序，即利用对象领域中的任何两个要素相连的某种不对称、可传递的关系，来整理要素的次序关系；三是系统分类，即按事物本身系统地进行分类。

3. 汇总

将资料按照分类标准归类，然后把各类中的资料集中起来，并就各类资料的多少按真实性等审核标准标定的等级情况进行初步整理。

三、教育研究资料的分析

对整理后的材料进行细致而深入的分析是教育研究中至关重要的一步，也是解决问题、得出研究结论的关键环节。对教育研究资料的分析主要有量化分析和质性分析两种。

量化分析是将研究资料和信息数量化，采用统计方法加以处理，获得结果，并对结果进行分析，从而得出研究结论的过程。其主要方式有两类：一类是数据描述，通过计算集中量数、差异量数、地位量数、相关系数等来描述资料的分布特征，包括集中趋势、离散趋势及相互关系，把握数据传递的关键的教育信息。另一类是数据推断，对样本数据进行参数估计或统计检验。

质性分析是对丰富的现象材料进行改造，通过归纳、演绎、综合、比较和抽象等方法，分析某种教育现象变化的原因及变化过程，揭示教育内在规律的思维过程。其主要方式包括编码、数据分类、归纳、比较、综合等。

数据分析的具体方法将在后面章节作详细阐述。

第四节　教育研究报告的撰写

研究报告的撰写是教育研究的重要阶段。通过研究报告将研究的发现和结论展现出来，呈现研究的最后成果。

一、教育研究报告的主要类型

（一）教育调查报告及其构成

教育调查报告是对某种教育现象调查后，经过整理分析而成的文字资料，一般由题目、引言、正文、结论与建议、附录五部分组成。

1. 题目

即研究报告的名称，是以最恰当、最简明的词语反映调查报告中最重要的特定内容的逻辑组合。常用的写法有三种：一是类似文章标题的写法，如“科学教育的现状分析与对策建议”；二是类似公文标题的写法，如“农村中学数学教学情况的调查报告”；三是用正副标题的写法，如“多种渠道提高学生的学习动机——对中学生‘厌学’问题的调查”。

2. 引言

简明扼要地说明调查的目的、意义、时间、地点、对象、范围等，交代调查的方法，报告主要调查的内容，使读者获得对调查报告的总体认识；或提出社会、师生所关注的和迫切需要调查了解的问题，以引起关注。

3. 正文

这是调查报告的主体部分。这部分要把调查获得的大量材料，经过整理分析，归纳出若干项目，分门别类地叙述，做到数据确凿、事例典型、材料可靠、观点明确。

4. 结论与建议

在对整个调查内容进行定量和定性的科学分析基础上，概括出事物的内在联系和规律，找出问题的症结与关键，并提出新的理论解释、解决问题的新方案和新建议，做到严肃谨慎、言必有据，不能轻率。

5. 附录

附录是正文的补充，必要时将调查工具或部分原始资料附在正文后面，便于读者或编辑审稿人员鉴定调查材料和调查方法的真实性、科学性，也可供其他研究人员参考。

（二）教育实验报告及其构成

教育实验报告是对教育实验过程和结果的全面总结，一般由以下几部分组成。

1. 题目

题目应以简练、概括、明确的语句反映教育实验的对象、领域、方法和问题，如“初中整体结构实验报告”。

2. 前言

前言是研究报告的正文开头部分，主要包括提出问题，揭示实验的背景、目的和意义，目前国内外在这方面的研究成果、现状、问题及趋势，该项研究所要解决的问题以及研究的理论框架。

3. 方法

该部分要阐明实验研究所使用的研究方法，如实验对象的选择、实验的组织类型、测量标准、实验步骤等。

4. 结果

该部分是实验报告的关键，最重要的是提出数据和典型事例。数据要真实准确，注意使用图表的正确格式，用统计检验来说明自变量与因变量的关系，得出研究的最终结果或结论。

5. 讨论

在该部分，研究者要根据自己提出的问题及其他人的研究成果，对自己所研究的结果进行揭示，并对研究结果的含义和意义进行评价。在该部分，研究者应说明结果是否支持了研究的假设，并探讨其理论意义和实践价值，同时还要讨论该研究的局限性及将来进一步研究时如何改进等。

6. 附录

必要时将实验工具或部分原始资料附在报告后面。

（三）学术论文及其构成

学术论文是科学研究成果的文字表述，是一个创造性的认识过程，其特点表现为创新性、科学性和实践性。一般的学术论文框架结构由题目、署名、摘要、序言、正文、结论与讨论、引文注释或参考文献等组成。

1. 题目

题目是论文内容的高度概括，它反映的是论文的中心内容，具体形式多种多样。一个好的学术论文题目应符合三方面要求：一是准确概括论文内容，能反映研究方向、范围和深度；二是文字简练，具有新颖性；三是便于分类，纳入学科范畴。

2. 署名

署名应写明研究者的工作单位和真实姓名。个人的研究成果及其论文是个人署名；集体研究和集体讨论写作的论文，应按贡献和责任大小先后排列作者姓名或集体名称。

3. 摘要

摘要是研究的主要内容、基本思想观点的简介，而不是整个论文的段落大意，其作用在于使读者通过这段文字，了解全文主题及主要内容，从而决定是否深入阅读该论文。摘要一般为 300 字左右，论文摘要后设“关键词” 3 ~ 5 个，以便于检索。

4. 序言

序言写在正文之前，用以说明写作的目的、意义及研究方法。序言的具体内容一般包括三个方面：一是阐明研究的背景和动机，提出自己所要研究的问题；二是简介研究方法和有关研究手段；三是概述研究成果的理论意义和现实价值。

5. 正文

正文是学术论文的主体部分，包括论点、论据、论证，是研究者研究成果的表现，在整个论文中占据极其重要的地位。无论哪种类型的论文，都需要注意事实材料的可靠性以及理论的运用和逻辑推理的严密性，论据要丰富充实，论证要遵循一定的逻辑思维的要求，注意主次，抓住本质，分出层次，条理清楚。

6. 结论与讨论

结论是围绕正文所作的结语，将研究成果进行更高层次的精确概括，要求措辞严谨、逻辑严密。讨论往往用于自然科学的学术论文，从理论上对研究结果的含义和意义进行分析、解释与评价。

7. 引文注释或参考文献

在引用他人的研究成果时，应在文中适当的地方注明出处，报告作者、篇名、书刊名、日期、卷（期）号、页数等，使有兴趣的读者能找到相应的文献。注释与参考文献的主要区别在于：注释是一一对应关系，一经采用，非注不可；参考文献则是一个相对模糊的概念，不一定要求一一对应。参考文献一般放在篇后。一般采用的排列格式有：

编号．主要责任者．书名［文献类型标志］．其他责任者．出版地：出版者，出版年：引文页码.

编号．析出文献主要责任者．析出文献题名［文献类型标志］．期刊名：其他题名，年，卷（期）：页码.

二、教育研究报告撰写的基本要求

（一）在科学求实的基础上创新

研究报告和学术论文探索的内容都是前人所未知的，或是在前人研究基础上以新的资料、新的角度进行探索，或是为了探讨教育教学新问题而提出的观点。研究者的创新是以严谨、客观、科学性为基础的，首先体现在成果的论证上，用充分、确凿的证据和严密的逻辑论证来证明研究成果；其次体现在论文的内容实事求是，能够正确反映客观事实；再次体现在理论推断表述准确、系统和完善，必须遵循科学性和严谨性。

（二）观点和材料一致

科学研究必须以客观事实为依据，以客观材料为基础，不能东拼西凑、妄加推测。因此，在研究表述中要处理好观点和材料的关系，保证观点和材料的一致性。应注意以下几点：要围绕研究主题进行选材；材料要典型，具有广泛的代表性和说服力；认真鉴别材料的真伪和价值大小；尽可能选取新颖生动、反映时代现实的材料。

在选择材料的基础上，提出实事求是的观点。提出观点应注意：从已有事实材料出发，经过严密的科学论证得出观点，不凭空捏造；不能先入为主，主观臆断下结论；在掌握大量材料的基础上，经过正确集中的分析、归纳和综合，提出论点，概括出结论。

（三）在独立思考的基础上借鉴吸收

成果的表述既需要研究者独立思考，又需要借鉴吸收他人的研究成果。我们必须处理好二者的关系：一方面要搞清楚作者的意图、文献的价值，有针对性地抓住文献的实质和当前课题的关系，将文献与课题有机结合起来；另一方面要善于从已有的文献中选取最典型的、具有说服力的材料。

（四）书写格式符合规范，文字精练、简洁，表达准确完整

研究报告和论文的撰写都有相对固定的格式，很多学术刊物还对稿件有专门

的要求。教育研究报告在表述中应以一种创造性的、清楚的和精练的方式来呈现，措辞应当科学、准确、简洁，不能以日常用语代替科学术语。第一次出现的词语要用全称，避免用缩写，除非像“科研”这样最普通的缩写词。提到权威的人士一般只用名字，不加头衔。

第五节　教育研究的总结与评价

教育研究完成或取得阶段性成果后，一般还要对其进行总结与评价。总结、评价和推广也是教育研究的重要环节，虽然对于有些研究者来说不是必需的，但这个环节有助于研究的反思与发展。

一、教育研究的总结

教育研究的总结是对研究过程、研究方法和研究结果的回顾、梳理与反思。这有助于研究者反思研究过程，总结研究经验，为研究的评价和推广做准备，为进一步研究提出新的问题与思路。

教育研究总结的目的在于：一是对研究过程全面回顾，从而对研究的设计、方法以及结果有一个较为清晰而全面的了解；二是为研究课题的组织者或课题的设立机构提供有说服力的材料，说明课题研究的有效性和科学性。

教育研究的总结一般由研究者自行组织完成。对照研究的设计思路、方法、组织和预期的成果，逐项进行。总结的内容一般包括研究过程的展示，特别是研究过程中典型事件和主要步骤的回顾；研究组织的回顾；研究中表现的主要特征；研究的基本经验；研究中存在的问题；以及进一步研究的启示等。

二、教育研究的评价

教育研究的评价是对一项教育研究的过程与结果给予价值判断，既可作为成果质量的判断，也可作为推广应用和奖励的依据。教育研究评价标准一般从理论价值和应用价值两方面进行判断。其理论价值主要是指研究成果在整个教育科学体系中所处的地位，以及在指导实践中的影响；其应用价值主要是指研究成果在实际教育过程中的推广、适用范围和可行性大小。

教育研究的评价可采取量化评价的方法和定量与定性评价相结合的方法，可以对研究结果进行评价，也可以对研究过程进行评价。量化评价是对研究结果和自身价值进行评价，定性评价是对研究结果和研究过程的综合评价。

教育研究的量化评价标准一般包括以下几个方面：(1)课题的价值（10%）。课题是否有理论和实践依据，是否为客观实际所需要，对教育改革是否有现实意义。(2)研究的方法（20%）。研究方案是否科学、严密，研究方法是否规范，定性与定量分析是否合理。(3)资料的收集整理（20%）。资料和数据是否客观、可靠和完整。(4)文字的表述（10%）。要求文字简明、准确、通畅，结构严谨，符合科学研究的论文形式。(5) 研究的结论 (40%)。观点是否正确，结论是否有新意，能否符合客观实际的教育规律，是否具有推广价值和指导作用。

教育研究的定性评价可考虑以下几个方面：(1) 研究主题的明确程度；(2) 成果逻辑结构的严谨程度；(3) 研究内容的充实程度；(4) 研究成果的推广价值等。每一指标又可分成五个等级进行评价。

三、教育研究成果的推广应用

教育研究成果的推广应用是指有组织、有计划、有步骤地将教育研究成果的结论、内容和方法进行传播，并在一定范围内应用，使之转化为教育效益的过程。教育研究成果的推广应用有着重要的意义：第一，它是教育研究效益的直接体现。通过研究取得的研究成果物化为教育效益，将对提高教育质量、促进教育事业的发展具有一定的价值。第二，它可使教育研究成果的科学性、适用范围和可行性得到检验，并丰富和发展教育研究成果的理论观点和方法。第三，它有助于锻炼研究队伍，肯定研究成果。实践表明，对于教育研究工作者来说，教育研究成果的推广应用是学习教育研究知识、熟悉科研方法、开展教育研究的有效途径。

教育研究成果的推广应用应具备这样一些条件：一是教育研究成果反映了有价值的教育理念和方法；二是教育研究成果揭示了教育规律或提出改进建议；三是教育研究成果具有实践应用价值，并具有可操作性。

教育研究成果的推广常用的方式有：(1) 利用报纸、杂志或学术专著等介绍科研成果；(2) 利用学术论坛、学术交流会议、学术报告会议等推广科研成果；(3) 利用培训班、展览会、博览会等推广教育科研成果；(4) 设立教育科研成果推广奖。对于在推广中有创新意识、提出新观点、新见解和新方法，充实、丰富原有教育科研成果的应给予一定的表彰和奖励。

☆本章要点

本章概述了教育研究的过程，整体介绍了教育研究的一般程序和教育研究的几个主要步骤。

1. 教育研究的选题与设计。包括教育研究选题的主要来源；教育研究选题的基本要求；教育研究假设的作用与类型；教育研究选题与设计的论证等。

2. 教育文献检索与综述。包括教育文献的作用；教育文献的种类与分布；教育文献检索的过程与方法；教育文献综述的撰写等。

3. 教育研究资料的收集、整理与分析。包括教育研究资料收集的基本方法；教育研究资料的整理；教育研究资料的分析等。

4. 教育研究报告的撰写。包括教育研究报告的类型；撰写教育研究报告的要求等。

5. 教育研究的总结与评价。包括教育研究的总结；教育研究的评价；教育研究成果的推广应用等。

☆概念图

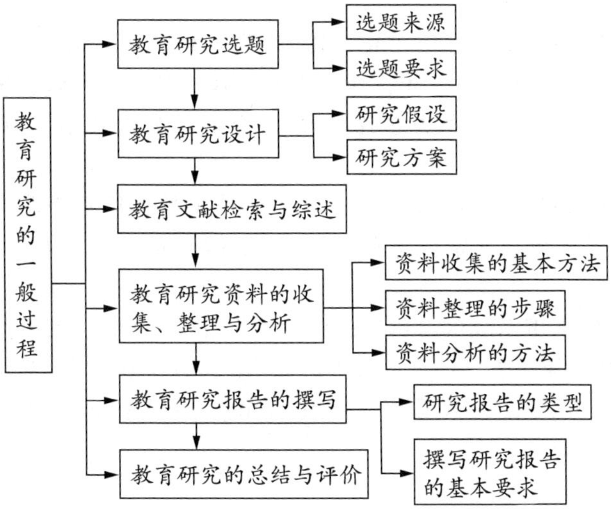

☆学习效果自测

1. 简述教育研究的几个基本阶段。
2. 确定教育研究问题的基本要求是什么。
3. 说明搜集文献的基本方法，并作一个问题的文献综述。

☆拓展练习

1. 用一个实例说明教育研究的基本过程。
2. 确定一个研究范围，用恰当的方法搜集至少 20 篇相关的文献，并写出 1000 字左右的综述。

☆参考文献

1. 丁锐．中国内地小学数学课堂环境探究［M］．长春：东北师范大学出版社，2010.

2. 刘良华．教育研究方法：专题与案例［M］．上海：华东师范大学出版社，2007.

3. 威廉·维尔斯曼．教育研究方法导论［M］．袁振国，主译．北京：教育科学出版社，2000.

4. 马云鹏，孔凡哲．教育研究方法［M］．长春：东北师范大学出版社，2006.

☆后续学习资料

必读部分

1. 梅雷迪斯·D. 高尔，沃尔特·R. 博格，乔伊斯·R. 高尔. 教育研究方法导论［M］. 6版. 许庆豫，等，译. 南京：江苏教育出版社，2002：第四章.

2. 裴娣娜. 教育研究方法导论［M］. 合肥：安徽教育出版社，2000：第四章.

3. 杰克·R. 弗林克尔，诺曼·E. 瓦伦. 美国教育研究的设计与评估［M］. 4版. 蔡永红，等，译. 北京：华夏出版社，2004：第四章，第六章，第十二章.

选读部分

1. 约翰·W. 克雷斯威尔. 研究设计与写作指导：定性、定量与混合研究的路径［M］. 崔延强，译. 重庆：重庆大学出版社，2007：第一章，第二章，第六章.

2. 马云鹏，孔凡哲. 教育研究方法［M］. 长春：东北师范大学出版社，2006：第二章，第三章，第四章.

第三章　教育的哲学研究

☆ 内容概览

凡是对教育问题进行哲学方式的探索，都可以属于教育的哲学研究领域。这个领域的研究在长期发展中不断学科化，形成了独立的教育哲学学科。可以说，教育哲学学科汇聚了这个研究领域比较专门而系统的研究。现在看来，以教育哲学学科为代表的教育的哲学研究领域正在遭遇方法上的质疑，理由是教育的哲学研究并没有应用现代研究所推崇的规范化研究方法。理解教育的哲学研究需要回应三个问题：首先，教育的哲学研究的基本认识问题。从目的和方法的关系来看，教育的哲学研究在根本上追求教育智慧，而教育智慧又需要通过对教育事物的整体性把握来获得。因此，教育的哲学研究对整体性把握教育事物的追求决定其在方法上具有以下基本定位：教育的哲学研究方法是整体性把握教育事物的方法；教育的哲学研究的基本加工对象是有关教育事物的各种命题；教育的哲学研究的基本环节是命题收集、加工和再表达。其次，教育的哲学研究的基本方法问题。教育的哲学研究方法的基本定位最终决定了其在根本上是逻辑推理方法，即传统的演绎逻辑方法和归纳逻辑方法。再次，教育的哲学研究的现代方法问题。受哲学理论发展的影响，当代教育研究也越来越多地使用以逻辑推理为内核的概念分析法和现象学方法等。

☆ 学习目标

1. 了解教育的哲学研究方法困境及其根源。
2. 理解教育的哲学研究追求与教育的哲学研究方法的基本特征。
3. 掌握教育的哲学研究的基本方法。
4. 熟悉教育的哲学研究的现代方法。

☆ 核心概念

教育智慧　整体性把握　演绎逻辑方法　归纳逻辑方法

国内某大学为鼓励学生做科研，推出了研究资助计划，学生们都积极拟订研究计划并填写申请书。对哲学问题非常感兴趣的教育学专业学生王同学也积极地选择了“当代中小学生人性假设研究”的研究主题，但却在填写申请书的时候遇到了难题，她不清楚如何填写申请书中的研究方法部分。因为这个研究需要借助对现实问题的深入反思和对相关哲学理论的演绎来进行，而这种研究方法并没有出现在常见的研究方法教科书中，研究团队的同学在讨论中也以“不是方法而是方法论”的理由而否定了王同学直接填写演绎法的想法。王同学于是向老师提出了一个问题：教育的哲学研究有研究方法吗？教育的哲学研究又有哪些具体的研究方法？王同学的老师其实早已了解了这种困境，因为自己在申报项目的时候也经常遇到这样的问题。当王同学的老师反思这个问题时，他发现：不能说教育的哲学研究没有方法，因为教育的哲学研究的每一个步骤并不是随意的，是有着严密的逻辑顺序的，正是这些基本的逻辑构成了教育的哲学研究的基本程序。因此，王同学在老师的指导下把方法部分用概念分析、归纳、演绎等概念最终阐明了这个研究的基本程序。

第一节 教育哲学研究的方法问题

由于严格的学科界限和大量综合性研究的存在，因此，并非所有的有关教育问题的哲学研究目前都属于教育哲学学科，但这些研究在研究目的和研究方法的性质上与学科化的教育哲学研究没有实质的区别。本部分内容在探讨教育哲学研究方法问题时，没有对教育的哲学研究与教育哲学的研究作出区分，本部分内容所使用的“教育哲学研究”也同时对应“教育的哲学研究”和“教育哲学的研究”。

一、教育哲学研究方法的困惑

自教育学家洛森克兰兹（J. Rosenkcranz）1848 年出版《教育学的体系》一书算起，教育哲学学科已经有着一百六十多年的历史。虽然教育哲学在学科发展历程中一直伴随着独立性和价值性上的质疑，但是现在教育哲学作为教育研究领域不可或缺的一部分已经是不争的事实，教育哲学研究者已经成为教育学研究“大家庭”中的基本成员。在现代学科体制下，教育哲学研究者遭遇到了“规范性”和“研究性”的质疑，这种质疑既来自教育学术领域之外，更来自教育学术领域之内。正如教育哲学学者斯滕伯格（R. J. Sternberg）所看到的那样：“我所工作的大学是一所研究型大学，这类大学根据研究人员对‘研究’的贡献来评估他们。在英国，研究评估意味着不被命名为‘研究’的学术工作，并不能计算在内。尽管教育哲学比‘研究’更加具有‘学术性’和‘探索性’，但‘研究’话语的强大影响还是使教育哲学的研究特征被谨慎地检验和解释”，“但是，即便把哲学作为研究的想法是好的，但是方法呢?”①

从教育哲学研究所受到的质疑来看，教育哲学的“研究性”质疑显然来自于方法的问题，因为一个没有方法体系的学科很难让人确信能够开展“研究”工作。在一般情况下，教育哲学研究者通常工作于教育研究机构，教育哲学和教育社会学、教育政治学、教育经济学等教育研究者共存于这类机构。这种共存的状态使教育哲学学者经常面对教育研究同行（特别是从社会科学层面研究教育问题的同行）关于方法的疑问：教育哲学用什么方法进行研究并保障结论的可靠性?特别是在教育研究同行都非常强调“数据”，并把研究方法简化为数据采集、数据分析和数据表达的时候。显然，教育哲学学者并没有像同行们那样精细的数据采集、分析和表述的手段，而且教育哲学研究也不打算通过数据采集和分析来实现对教育知识基础和价值基础进行反思的宗旨。

教育哲学并不会甘于承认自身是没有方法的学科。但是，教育哲学如何回应同行对教育哲学方法和研究性的质疑?这个问题需要回到教育哲学内涵上来。

二、教育哲学研究方法的基本内涵与价值追求

（一）基本内涵

探讨教育哲学研究方法，首先需要明确教育哲学本身的内涵。在教育哲学的发展历史中，教育哲学学者对教育哲学提出了很多不同的理解。

专栏3-1

关于教育哲学的不同理解

范寿康认为：“研究教育学的假定的哲学，我们叫它‘教育哲学’。”

吴俊升认为：“教育哲学，乃是应用哲学之一种，把哲学的基本原则应用到教育的理论和实施方面，便是教育哲学。”

黄济认为：“对教育哲学的定义虽然如此分歧，但是其中却有一点是共同的，就是大家都公认教育哲学的研究对象，应当是用哲学的观点和方法来分析和研究教育中的根本理论问题。”

刁培萼和丁沅认为：“教育哲学是用哲学的观点和方法研究教育基本问题的一门学科。”

朗特里（D. Rowntree）认为：“教育哲学是哲学的一个分支。其内涵一是建立有关知识、认识与作为制度化社会活动的教育的思想体系；二是澄清教育概念的含义。”

石中英认为：“21世纪的教育哲学则应体现新的哲学精神，把自己看成从

① Ruitenberg, C.. Introduction: the question of method in philosophy of education [J]. Journal of Philosophy of Education, 2009 (3).

‘哲学的角度’帮助教育者对困扰自己的任何教育问题的理论‘批判’与‘反思’，其目的不是获得‘高级的教育知识’，也不是实验教育哲学家们的某些理论观点，而是唤醒并促使教育者更好地理解与他们密切相关的教育生活，使之不断获得认识、了解和重建教育生活的意识、知识、能力与信念。”

[资料来源] 宋恩荣. 范寿康教育文集 [M]. 杭州：浙江教育出版社，1989：6；吴俊升. 教育哲学大纲 [M]. 北京：商务印书馆，1934：33－35；黄济. 教育哲学通论 [M]. 太原：山西教育出版社，1998：318；马克思主义教育哲学 [M]. 上海：华东师范大学出版社，1987：3；朗特里. 英汉双解教育词典 [M]. 北京：教育科学出版社，1992：346－347；石中英. 教育哲学导论 [M]. 北京：北京师范大学出版社，2002：29.

关于教育哲学的多样定义可谓见仁见智，学者们基于不同的哲学观对教育哲学提出了不同的理解。虽然从这些定义中很难得出一个共识的、具体的教育哲学定义，但对教育哲学的一些基本共识还是非常明显的：教育哲学是研究教育问题的学科；教育哲学是以哲学的方式研究教育问题的学科；教育哲学追求教育智慧。①这些共识让我们认识到，教育哲学是以哲学方式追求教育智慧的学科，追求教育智慧是第一位的。从根本上说，教育的哲学研究方法就是追求教育智慧的途径和程序，那么其具体研究方法的选择和设计要围绕追求教育智慧这一核心任务，对教育的哲学研究方法的理解也需要回到对教育智慧的理解上来。

《辞海》对智慧解释为：“对事物能认识、辨析、判断处理和发明创造的能力”“智谋”。这个解释进一步意味着智慧是个体能够明智行动的内在基础，是对事物进行整体性把握的能力，虽然这种能力是无限发展的，但唯一不变的是对事物整体性把握的追求。教育智慧就是个体能够采用明智教育行动的内在基础，是对教育进行整体性把握的能力。显然，教育智慧完全不同于对教育的片段性认识（主要是指通过数据分析或单一材料分析获得的有限认识），因为片段性认识可以从某个角度对教育的某个部分进行认识，但教育智慧的追求却需要对教育进行整体性把握；对教育的片段性认识完全可以满足于认识的层次，而教育智慧却需要完成从知到行的过渡，且要达到行动的明智。正因为教育哲学所追求的教育智慧有这样不同于一般教育认识的特点，因此教育哲学获取教育智慧的方法也应有不同的取向。

（二）价值追求

为实现获得教育智慧这一价值追求，教育的哲学研究方法满足以下三个方面要求。

1. 教育的哲学研究方法是整体性把握教育事物的方法

教育哲学追求智慧的目标使教育哲学研究要使用能够把握教育事物整体的

① 从这些共识也能看出，“教育的哲学研究”与“教育哲学的研究”在本章的理解中可以不作具体的区分。

方法，因为基于有限数据只能获得对教育事物的有限认识，而对教育事物的有限认识只能对应教育事物的片段或单维特征，这些片段或单维特征对形成教育智慧虽有益但并不充分。因此，教育哲学研究要采用的是那些真正能够整体性把握教育的方法，教育的各种片段或单维性认识可以通过这类方法得到加工和集中。虽然对教育的整体性认识无止境，但这种整体性的标准是动态的，其判断的根本标准是不断趋向整体性把握的追求和开放性。

2. 教育的哲学研究方法的基本处理对象是教育命题

由于教育哲学需要获得对事物的整体性把握，这种目标就要求教育哲学不能以直接描述事物某一细小特征的数据为处理对象，因为对事物整体性的认识需要根本不可能获取的海量数据。因此，教育的哲学研究方法的基本处理对象是表示各种片段性教育认识的命题，这些教育命题从不同的角度切入教育，但都未能把握教育整体。教育的哲学研究方法正是把这些代表片段性教育认识的命题统合起来的方法，是深入加工这些命题的方法。

3. 教育的哲学研究方法的基本环节是命题收集、加工和再表达

教育的哲学研究要处理代表片段性教育认识的命题，最终统合成对教育更加整体性的把握。因此，教育的哲学研究方法首先需要收集这些代表片段性教育认识的命题；其次，教育的哲学研究方法还要对这些从不同维度、层面切入教育并可能相互冲突的命题进行加工，这特别需要各种思维技巧对命题进行分析、综合和演绎等；再次，教育的哲学研究方法需要在加工片段性教育命题的基础上形成新的命题，这是一种更整体性的教育概念和命题，更贴近于对教育的整体性把握。

教育的哲学研究方法的特殊性使教育哲学不能把问卷法、访谈法、实验法等方法当作核心的研究方法，因为通过这些方法固然能够认识教育，但这些认识还不能达到整体性认识事物的要求，这些研究的认识将止步于数据论证和话语说明的边界。当教育哲学以概念与命题作为基本方法对象时，教育的哲学研究方法领域就非常明确了，教育的哲学研究方法存在于以概念和命题作为基本对象的逻辑学范畴，逻辑学所探讨的推理和论证正是教育哲学研究的核心技术——教育命题加工环节。以逻辑学基本方法作为教育哲学研究的基本方法，这是由教育哲学对教育智慧的核心追求决定的。虽然逻辑学基本方法经常作为其他研究方法的指导思想，但这对教育哲学来说可以直接作为达到目的的方法存在。所以，教育哲学史上关于教育哲学研究方法为数不少的主张虽然很多样，但这些纷繁复杂的方法观背后也存在着把逻辑学方法作为教育的哲学研究方法的空间。

专栏 3－2

关于教育哲学研究方法的若干主张

吴俊升的《教育哲学大纲》主张：历史的、比较的、批判的方法。

孟宪承的《教育哲学之一解》主张：彻底的思考、综合的眼光。

傅统先的《教育哲学讲话》主张：历史研究法、基础研究法、问题研究法、派别研究法。

黄济的《教育哲学》主张：历史的方法、比较的方法、抽象的方法、批判的方法。

刁培萼、丁沅的《马克思主义教育哲学》主张：综合—分析性、批判性的思索。

曾成平的《现代教育哲学新论》主张：系统科学的方法、历史分析的方法、阶级分析的方法、心理分析的方法、理论联系实际的方法。

田玉敏的《当代教育哲学》主张：批判继承法、历史分析法、分类比较法、抽象归纳法、演绎推导法。

王为农的《教育哲学》主张：主要是采取抽象概括与分析批判的方法。

刘文霞的《论教育哲学研究的趋向与方法论体系》主张：哲学方法、逻辑方法、其他科学方法，包括文献法、历史法、信息方法、系统方法、解释学方法、猜想、直觉等。

［资料来源］黄济．教育哲学通论［M］．太原：山西教育出版社，1998：647.

第二节　教育哲学的两类基本研究方法

与一般哲学一样，教育哲学为了形成对教育事物的整体性把握，需要在逻辑学层面上寻求建立自身的方法体系。从逻辑学的发展现状来看，教育哲学可以用来处理命题的方法类型主要有两类：一类是从若干前提命题获得必然性结论命题的演绎逻辑（方法），另一类是从若干前提命题获得或然性结论的归纳逻辑（方法）。由于当代逻辑学是一个比较成熟的学科体系，故本节主要参照袁正校主编的《逻辑学教程》一书中基础逻辑学知识来具体描述教育哲学研究的基本方法体系。

一、演绎逻辑方法

除前提和结论之间的必然性联系之外，演绎逻辑还可以被解释为“通过研究推理形式来研究推理的有效性的科学，因此，演绎逻辑又被称为形式逻辑”。①

基于演绎逻辑前提和结论之间的必然对应关系，演绎逻辑本身必然具有三个方面的特征②：（1）有效性。由于演绎逻辑强调前提和结论的必然对应关系，所以前提是真时，结论也必然为真。这种前提有效地保障了结论的真实性。（2）可推演性。在演绎逻辑中，推理规则控制着从前提得到结论的路径，遵守规则的

①② 袁正校．逻辑学基础教程［M］．北京：高等教育出版社，2007：11，11－12.

演绎逻辑就是正确的。（3）可靠性。对一个演绎推理来说，如果前提为真，形式有效，那么这个推理就是有效的、可靠的。从演绎逻辑（方法）的基本立场来看，演绎逻辑（方法）是推理形式的方法，是不需要借助经验现象的方法。

从这些特点来看，这类方法在教育研究中的应用主要是根据已有的确定性（教育）命题作出推论，进而得出新的教育命题。由于教育是培养人的社会实践活动，有关人和社会的确定性命题都可能产生丰富的教育知识。而且，社会中确立的已有教育命题，也可能作为基础产生更具体的教育知识。

本节对这类方法的说明，主要是明确这类方法背后的基本规则。但因这类规则众多，故这里只是举出常用的规则。虽然每个规则都可以对应一个可以称为方法的推理方式，但这些都可以统称为演绎逻辑。演绎逻辑体系的推理方法是非常众多的，下面介绍教育哲学研究比较经常使用的基本演绎推理方法——直言命题的直接推理、直言命题的变形推理、三段论、联言命题推理、选言命题推理、反证法和归谬法。

1. 直言命题的直接推理

直言命题是反映事物是否具有某种性质的命题，分为全称肯定（即所有主项S都具有谓项P的特征，记为SAP，S、P为命题的主、谓项，如“人是动物”中“人”是主项S，“动物”是谓项P）、全称否定（SEP）、特称肯定（SIP）和特称否定（SOP）。这四种直言命题在逻辑上可以形成四种真假制约关系[①]，如图3-1所示。

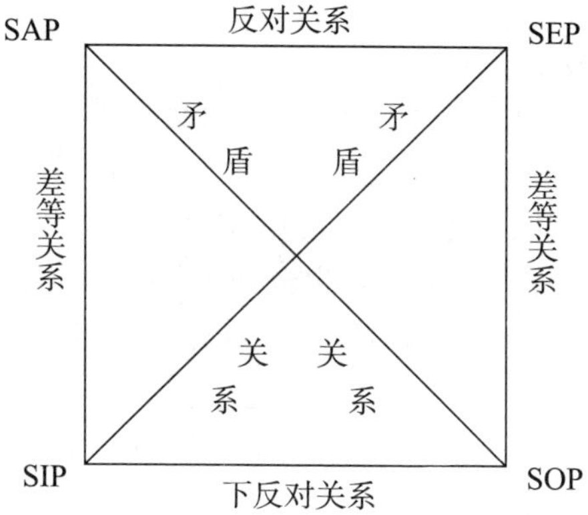

图3-1 直言命题的逻辑方阵

① 袁正校．逻辑学基础教程［M］．北京：高等教育出版社，2007：86.

如图3-1所示，主谓项的四种直言命题形成了四种关系，分别形成四种推理①。

（1）反对关系及推理。全称肯定命题（SAP）和全称否定命题（SEP）之间是一种反对关系，即两者可以同假，但不能同真。例如，当“所有学校都有教师”为真时，“所有学校都没有教师”一定为假；当“所有学校都有食堂”为假时，“所有学校都没有食堂”也能为假。

（2）矛盾关系及推理。全称肯定命题（SAP）与特称否定命题（SOP）以及全称否定命题（SEP）与特称肯定命题（SIP）之间是一种矛盾关系，即不能同真，也不能同假。例如，当“所有学生都有主体性”为真时，“有的学生没有主体性”一定为假；当“所有教师都没有创新性”为假时，“有的教师有创新性”就为真。

（3）差等关系及推理。全称肯定命题（SAP）与特称肯定命题（SIP）以及全称否定命题（SEP）与特称否定命题（SOP）之间是一种差等关系，即如果特称命题为假，则全称命题必然为假；如果特称命题为真，则全称命题真假不定。例如，当“有的学生没有创造性”为假，则“所有学生都没有创造性”也为假；当“有的学生有学习兴趣”为真，则“所有学生都有学习兴趣”真假不定。

（4）下反对关系及推理。特称肯定命题（SIP）与特称否定命题（SOP）之间是一种下反对关系，即两者可以同真，但不能同假。例如，当“有的学生有学习兴趣”为真时，“有的学生没有学习兴趣”可以为真也可以为假；当“有的学生没有生命活力”为假时，“有的学生有生命活力”不能为假。

2. 直言命题的变形推理

直言命题可以通过改变作为前提的直言命题的联项（即肯定或否定），或改变主项与谓项的位置，或同时改变这两者得出新的命题②。这种推理主要有两种形式：一为换质法，即改变一个性质命题的联项；二为换位法，即交换一个命题的主谓项。例如，从“所有学生都有生命活力”可以换质为“所有学生不是没有生命活力”；从“学生不是欺骗者”可以换位为“欺骗者不是学生”。

3. 三段论

三段论是以包含三个不同词项的两个直言命题为前提，推出一个直言命题为结论，而且每两个直言命题都有一个共同词项的推理③。三段论是一种非常严谨的逻辑推理，其结构可以表达为：三段论中结论的主项和谓项分别为小项和大项，在两个前提中都出现的词项为中项。有效的三段论推理必须遵从三个规则：①中项在前提中至少周延（即使用全部外延）一次；②在前提中不周延的项，在结论中也不周延；③前提与结论中否定命题的数目必须相同。④ 教育哲学研究中，三段论的使用广泛。例如：

---

①②③④ 袁正校．逻辑学基础教程［M］．北京：高等教育出版社，2007：85，88，90，94．

人都是向往自由的，
学生是人，
所以，学生是向往自由的。

4. 联言命题推理

联言命题是一种合取命题，是用“并且”联结两个支命题形成的复合命题[①]。联言命题的基本推理规则是合取命题为真，反过来也成立。例如，“教师是专业”为真，当且仅当支命题“教师是专门的”和“教师是职业”都为真。

5. 选言命题推理

选言命题是用“或者”“要么”等命题联结词联结两个支命题而形成的复合命题[②]，具体可以分为相容选言命题和不相容选言命题。相容选言命题是使用“或者”联结，不相容选言命题是使用“要么”联结。相容选言命题可以这样推理：选言命题为真，至少一个选言支为真；只有两个选言支为假，选言命题才为假。不相容选择命题可以这样推理：选言支有且只有一个为真，不相容选言命题为真。例如，相容选言命题“教师或者布置作业，或者组织考试”，在这个命题中，教师可以布置作业，可以组织考试，也可以两者都进行；不相容选言命题“学校要么发放住房津贴，要么建设教师公寓”，在这个命题中，学校只能选择一种做法才能证明命题真伪。

6. 反证法和归谬法

反证法是一种命题的间接证明，主要是通过假定与欲证明的结论相反的命题为真时，通过推理得到与条件相反的命题；归谬法通过假定某一欲证明为假的命题成立，通过推理得出与条件相反的命题，最终用以说明假定成立的命题为假。反证法和归谬法也是教育哲学研究经常使用的演绎推理方法。例如，在反证法中，我们可以假设“不给学生自主探索的空间”，然后推理出“学生因缺少自主探索的空间而不能真正具有面对未来的素质”，最终可以说明“学生需要自主探索的空间”。如果上述例子通过归谬法来证明，基本的逻辑是先假定“学生不需要自主探索的空间”，可以通过“学生还是面临很多选择”和“学生作出合理的选择必须要自主探索”来最终得到“学生还是需要自主探索的空间”。

二、归纳逻辑方法

归纳逻辑方法是伴随着近代科学发展而逐渐确立的逻辑方法。与演绎逻辑探索必然性联系相对，归纳逻辑是主要讨论前提和结论之间具有或然性联系的推理和方法的逻辑。[③]这其中的或然性推理主要包括传统和现代归纳推理、回溯推理和类比推理。

①②③　袁正校．逻辑学基础教程［M］．北京：高等教育出版社，2007：109，113，146－148.

因此，对归纳逻辑（方法）的认识可以包含本书其他章节详细介绍的观察、实验、调查等收集经验材料的方法，以及比较、分类、分析、综合等加工经验材料的方法。在经验材料收集和加工的基础上，教育的哲学研究主要通过这类方法寻求获得更为整体性的结论。在归纳逻辑（方法）中，教育的哲学研究经常使用归纳法、类比法、回溯法。

（一）归纳法

教育哲学研究比较经常使用的归纳法主要有两种类型，即完全归纳法和简单枚举法。两者的区别是：根据归纳所使用的前提是对应某类事物的每一个体，还是对应某类事物的部分个体。

1. 完全归纳法

这种方法也被称为完全归纳推理，是根据某类事物的每一个体都具有某类属性，推出该类全部事物都具有这个属性的推理[①]。这种归纳推理是以比较可信的方式把对一类事物个体的认识上升为对该类事物一般的认识。

完全归纳推理的可靠性需具有三个方面的条件：第一，前提和结论的逻辑联系是必然的；第二，前提和结论互为充要条件；第三，只能使用于有限事物并能逐一考察的情况。[②]

完全归纳法的例子如下：

在一个课堂上：

上课的老师很有创造性；

学生 1 很有创造性；

学生 2 很有创造性；

学生 3 很有创造性；

……

全部学生很有创造性；

因此，我们可以得出这样一个结论：

这个课堂的师生都很有创造性。

2. 简单枚举法

这是一种不完全的归纳推理法，这种方法主要根据某类事物的部分构成具有某种属性，并且在列举过程中也没有碰到相反的事例，从而作出某类事物都具有某种属性的推理[③]。因此，简单枚举法也是把认识从个别推广到一般。

简单枚举法要取得更为可信的结论，需要具有三个方面的条件：第一，尽可能增加被考察对象的数量；第二，尽可能扩大被考察对象的范围，特别是对可能推翻结论的反例考察；第三，正确对待反例，积极寻找反例来断定结论真假。[④]

---

①②③④ 袁正校．逻辑学基础教程［M］．北京：高等教育出版社，2007：223－224，224，225，226.

简单枚举法的例子如下：

在日常的师生交往实践中，师生也经常会做出这种行为：一些副科老师在遇到某个“刺头”学生时会求助于班主任；一些班主任在遇到“棘手”的学生时也会求助于年级主任、德育主任，甚至会求助于一些社会工作人员；一些学生在与老师交往中遇到困难时也会经常求助于其他同学、老师、学校领导以及家长，特别是在自认为受到老师“不公正”对待时。这些现象都表明：师生经常会借助与他人的关系来把他人拉入到师生交往中，从而利用他人拥有的各种资源来影响作用于对方。

上述例子中，很多“一些”就是一种简单枚举。

（二）类比法

类比法也被称为类比推理，是根据两个（类）事物在若干属性上相似，推出它们在其他属性上也相似的推理①。

类比法要取得更大的可信性，需要在三个方面进行努力：第一，从量上看，相似的属性越多，结论越可靠；第二，从质上看，类比法的可靠性取决于已知的相似属性与推出属性之间的相关程度；第三，寻找有无与推出属性相排斥的属性。②

类比法在教育哲学研究中的例子如下：③

借用一个未必很恰当的比喻，教育实践，如同人类的其他实践，像科学研究等一样，是一列“自带轨道的火车”，不断地按照自己的方向而非编制好的列车运行图驶向下一个站点。教育实践的这一逻辑特征说明，在教育改革的过程中，人们期望通过理论学习和培训的方式来达到彻底变革实践的目的，恐怕是有些单纯或天真了。如果这种主观的努力不触及经年累月形成的习性，并同时伴随着客观情境以及时间和空间结构的改造，其有效性是会大打折扣的。纵观中外以纯粹理性的实践观为基础的教育改革，尽管能够使得教育实践列车的方向发生一些暂时的偏离，但最终强大的惯性还会使教育实践的列车回到自己的轨道上来。

在例子中，“教育实践”与“自带轨道的火车”是一种类比。

（三）回溯法

回溯法亦称溯因推理，是根据事物间的因果关系，由结果推导出原因的推理④。在这个推理中，对事物间因果关系的把握是背景，推导出的原则也不一定是事物的真正原因。

回溯法要取得更大的可靠性，需要在两个方面进行努力：第一，回溯推理必须以可靠的因果关系作为基础；第二，尽力寻求真正的原因。

①②④　袁正校．逻辑学基础教程［M］．北京：高等教育出版社，2007：232，234，235．

③　石中英．论教育实践的逻辑［J］．教育研究，2006（1）．

回溯法在教育哲学研究中的例子如下：

一个人实施道德行为无非是内在和外在两方面的原因：一个人从内在需要来实施道德行为无非就是寻求一种心理上或物质上的满足或成就；一个人因感觉外在压力来实施道德行为也无非是在保护自身在心理上或物质上的状态不受侵犯。

在这个例子中，所谓“心理上或物质上的满足或成就”和“心理上或物质上的状态不受侵犯”都是一种回溯的推理结果。

第三节　教育哲学的两种现代研究方法

除了逻辑学范畴的基本方法之外，教育哲学随着现代哲学的发展也创新出一些复杂的研究方法，这些研究方法的一个突出特点是它们都根植于特定的教育哲学思想流派，是特定教育哲学思想在研究方法上的体现。因此，这些教育的哲学研究方法可以说是一种综合型教育哲学研究方法，因为这些研究方法都是对教育哲学研究的基本研究方法的组合使用，是演绎逻辑和归纳逻辑根据特定思路组合的结果。

在现代教育哲学研究中，对研究方法有较深理解的流派不少，这里主要介绍形成较为广泛影响的流派，主要有分析教育哲学和现象学教育学的研究方法。

一、概念分析法

概念分析法是源于分析教育哲学的基本方法，是分析哲学流派的语言分析精神在教育研究上的一种方法应用。国内对教育哲学研究的概念分析法进行系统探索的教育学者是石中英，他在《教育学研究中的概念分析》一文中对概念分析法进行了较为具体的阐释。[①] 石中英认为，教育学研究中的概念分析可以从日常用法、定义、词源、隐喻、跨文化和条件等六个方面进行。同时，他也认为，教育学研究中的概念分析既可以作为一个研究又可以作为研究的一部分；六种分析既可以综合使用，也可以单独使用；既不能过于简单，也不能过于烦琐；既是认识论的，也是实践论的。下面基于石中英《教育学研究中的概念分析》一文的主要观点来简要介绍这六个方面的概念分析。

（一）日常用法分析

教育概念的生命力展现在人们对它的日常使用中，因此对教育概念进行日常用法分析是人们理解一个教育概念的基本方法之一。事实上，人们在日常生活中使用的教育概念内涵与词典上的定义都有或多或少的差别。对教育概念进行日常用法分析主要是为了澄清某一概念在日常教育实践中是如何被理解的，而这种理解也构成了日常教育生活方式的思想基础。教育概念的日常用法分析具体分为以下四个环节：

---

① 石中英．教育学研究中的概念分析［J］．北京师范大学学报：社会科学版，2009（3）：29－38.

第一，收集一个教育概念在日常教育实践领域中的各种使用方法；

第二，对不同的使用方法进行分类，力图对各种具体的使用方法从类型学上有所把握；

第三，在仔细的分类之后，认真分析每一种用法所赋予该概念的内涵，反复地比较该内涵与其他用法所赋予的内涵之间的相似性和区别性；

第四，找出不同用法所赋予的词语意义之间的关联性，阐明它们之间的相互关系。

石中英在文中还引用了维特根斯坦（L. Wittgenstein）对游戏概念分析的例子直接展示日常用法分析的应用。

维特根斯坦分析了各种各样的游戏，比如棋类游戏、智力游戏、运动游戏等。他发现，在两个游戏之间可能有某种相似之处，但是，这个相似之处要应用到第三个游戏上的时候，这种相似性就不存在了。第三个游戏和第一个游戏又可能在别的地方有相似之处，依此类推。所以，人们很难找出一种游戏作为“游戏”这个概念的确定不移的经验内容，也很难在多种游戏之中概括出一个所谓的“游戏的共相”。可是，在日常生活中，每一个人都能正确地使用“游戏”这个概念，别人也能从具体的语境中理解概念使用者所说的“游戏”究竟是什么意思，无需依赖于权威学者的专业化的“游戏”定义。根据这种新的认识，维特根斯坦改变了前期对于日常语言的认识，不再把日常语言中一些词语的多义性看成日常语言之病，转而认为正是源于不同语境中一个词语的不同用法，才使得人类的语言显得生气勃勃、富于创造精神。

（二）定义分析

对教育概念进行分析少不了定义上的分析。无论日常生活中教育概念被理解得多么多样，但教育概念的规范性定义还是理解一个概念及其隐含的思想内容的重要基础。教育概念的定义分析主要分为收集概念定义、筛选出关键定义、思考定义中的关系、形成新的认识等四个步骤。对关键定义的思考角度有：定义/定义者；定义/已有的定义；定义/意图影响或产生的人类行为等。需要思考的具体问题是：这是谁的定义？定义的视角是什么？什么时间下的定义？他/她的定义有何与众不同？各定义项之间有什么关系？他/她为什么如此这般地给某一个教育学概念下定义？定义性陈述中的关键词汇是什么，为什么用这些词汇来定义某一个概念？等等。

教育概念的定义分析可以参考下面这个探讨：

经济学的博弈论者把人与人之间的交往当作利益的博弈。在这种观点中，博弈被理解为“人们遵循一定规则下的活动，进行活动的人的目的是使自己‘赢’”。因此，这种交往观实际上把人的交往行为看作一种在对方影响下的逐利行为。在利益最大化目标的支配下，交往的参与者在认识或预测对方行为的基础上筹划自身的交往行为，从而去实施自身认为最有利的交往行为。所以，这种博弈交往观注意到了交往双方行为之间的利益联系，对这种利益联系的强调突出了交往活动中个体交往行为之间的联系机制。但是，这种交往观可能会把那些没有直接针对对方的逐利行为纳入到交往之中，从而扩大了交往的内涵；另一方面狭隘的利益观和其经常隐含的“理性人”“平等人”假设使这种博弈交往观在一定程度上脱离了现实生活中人与人之间相互往来的现实，又在一定程度上缩小了交往的内涵。因此，博弈论对交往的理解具有一定的片面性。

（三）词源分析

教育概念一般都有较为长久的历史，对教育概念进行起源和演变的分析也是认识教育概念及其隐含的思想体系的基本方式。因此，概念的词源分析既要分析概念的起源，也要分析概念的流变。对概念进行词源分析的基本路径包括以下三个环节：

第一，使用工具书查找这个词的中文词源；

第二，使用西文工具书查找这个概念的西文词源；

第三，比较中西方词源的不同和概念意义的差别。

关于词源分析，可以参考下面这个研究：

在甲骨文中，“交”的形象是一个人两小腿交叉。在《说文解字》中，“交”解释为“交胫也”，也就是两小腿交叉的意思。在《辞海》中，“交”有十种意思，其中可能与“交往”意义相关的有“交叉交错”“互相接触”“结交”“接合”等。

“往”在《说文解字》中的意思为“之也”，也就是“去”的意思。在《易·系辞下》中，关于“往”有“寒往则暑来，暑往则寒来”的说法。这里的“往”在日常生活中也表示人与人之间进行接触的行为，如“来往”或“一来二往”。

《辞海》中并没有直接对“交往”进行解释，但“交往”分别出现在“交往方式”和“交往行为”中。《辞海》对“交往方式”的解释有两种：一是指“人们在生产过程中所发生的社会关系”；二是指“人与人之间各种社会交往及其形式”。这两种含义都没有对“交往”的具体含义进行更深入的解释，只能表明“交往”与“社会”“人与人”等词有一定的联系。《现代汉语词典》直接把“交往”解释为“相互往来”，这里的“交”作“相互”理解，而“往”作为“往来”理解。

表示交往、交流的英文单词是 communication，其动词形式是 communicate。在英语中，communicate 是 commune 的变形，commune 在英语构词中由两个部分组成：com-的意思是“共同”；“mun（e）”的意思是“一个”。所以，“交往”在英语中是“共同构成一个（整体）”的意思。commune 一词源自于拉丁语 communia，这个拉丁语单词在中世纪时是 communis，unis 是“公社”的意思，所以这里也是表达“共同构成群体（公社）”的意思。

（四）隐喻分析

有些教育概念具有深刻的隐喻精神，因此对这些概念进行隐喻内涵的分析是理解这些概念及其隐含的思想体系非常重要的环节。隐喻分析包括以下四个基本环节：

第一，要找到那些包含着隐喻的教育论述；

第二，要找出喻体和比喻的对象，把握二者的相似点；

第三，分析隐喻本身所赋予某一概念的新意义，看看隐喻的使用在哪些方面增加或者丰富了人们对比喻对象的认识；

第四，在以上工作的基础上，准确地把握隐喻概念的实质和相关口号、命题的思想主张。

关于隐喻分析，可以参考下面这个研究：①

与上述工业模式相对应，“教师是园丁”这个隐喻反映的是一种农业模式，认为学生像种子，有自己发展的胚胎和自然生长的可能性，但需要教师来浇水、培土。与工程师论相比，园丁论更加重视学生的生长性，既考虑了学生发展的共同规律（可生长性），又照顾了学生个体发展的差异性（每一颗种子可能开出不同的花儿）。同时，这个模式也考虑到了教育的过程性，而不仅仅是结果。教育学生就像是培育花朵，需要经常、定时地浇水、施肥、松土。

“园丁论”所反映的教育观点在西方人本主义心理学所推崇的“镜子论”里被推到了极端，教师被认为是学生的一面镜子，为学生提供一个相对清澄的、观照自己的工具，帮助学生看清自己、了解自己，进而设计和促进自己的发展。学生有自己发展的潜能，教师的作用只是为其创设条件，提供互动的机会，让学生在与他人的交往中发展自己。

然而，“园丁论”似乎隐含着学生的发展类型和阶段基本上是不变的，教师的作用只是辅助其生长。园丁无论多么努力浇水施肥，都无法将一株玫瑰培育成一棵紫荆；他们能够做的就是顺其自然，使这株玫瑰长得枝繁叶茂，花开似锦。而且，学生与花儿一样，其发展是有阶段性的；如果前一阶段发育不良，下一阶段将很难弥补，“过了这个村就没有这个店了”。

（五）跨文化分析

文化背景也是影响概念内涵的重要因素，因此对特定概念需要进行跨文化分析。概念的跨文化分析就是要把一个学习者和研究者关注的概念放到一个多元文化背景中加以审视。对概念进行跨文化分析有以下三个步骤：

第一，把需要分析的概念放到它原来所在的文化系统中来理解，将整个文化系统当成理解某一个概念的框架；

第二，比较分析不同文化系统中同一概念的不同意义，进一步理解概念意义对于其文化系统的高度依存性；

---

① 陈向明．教师的作用是什么——对教师隐喻的分析［J］．教育研究与实验，2001（1）：13－19.

第三，在文化比较的背景下理解一个概念及其所构造的命题在跨文化翻译时所产生的意义变化。

石中英在《教育学研究中的概念分析》一文中还用了下面这个例子展示概念的跨文化分析：

在我国，一谈到“教育”似乎总是令人想到成人对青少年儿童的要求、规范和控制。而在英语国家，一谈到“教育”，儿童的权利、经验和发展总是被放在前面，教师的“教育行为”主要是帮助每一个孩子完成自己的学习任务，“引导”的味道比较浓。而在德国，尽管也有和英语 education 同根的 Erziehung 一词，但是在德国真正有特色的“教育”概念却是 Bildung。这个概念的意思是在个体与集体、现在与未来、物质与精神之间建立起积极的联系，引导学习者从个体走向集体、从现在走向未来、从物质世界走入精神王国等。这种理解与英语国家关于 education 的理解差别很大。

（六）条件分析

不少教育概念只有在特定的条件或标准下才能成立，因此分析概念的成立条件是深刻理解特定概念及其隐含的思想体系的重要途径。从分析教育哲学家已经提供的条件分析案例来看，对一个概念进行条件分析大致要经过如下四个步骤。

第一，分析者要从思想态度上放弃经验主义、理性主义或逻辑实证主义有关概念意义的理论，从条件或标准的角度来理解概念或概念的意义。

第二，给要分析的概念下一个最宽泛、没有疑义、能够得到每个人认同的定义，或者呈现一个日常生活中人们都熟知的定义。

第三，对一个概念能够被合理使用的诸多条件进行记录和分析，看看哪些条件是必不可少的，缺少了它们，概念使用的恰当性就出了问题；哪些条件是区分性的，条件自身的变化会引起概念定义与理解的歧义；哪些条件是成就性的，关涉恰当使用某个概念预期实现的目的。

石中英在《教育学研究中的概念分析》一文中使用彼得斯对教育概念的条件分析作为范例：

英国分析教育哲学家彼得斯（R. S. Peters）分析了“教育”概念应该具备的几个条件或标准：第一，一个受过教育的人是这样的人，他和他的教师在一段时间内参与活动的某项任务被完成了；第二，如果某种事情被看成“教育”，学习上的内容必须被看作有价值的，就像学习的方式必须在道德上是无可非议一样；第三，一个活动如果称得上是“教育”，则不仅仅帮助学习者掌握知识和技巧，而且还帮助他们获得健康的“生活形式”，帮助他们形成一般的世界观；第四，能够称得上是“教育”的活动必须使学生知道他/她正在做什么，尊重学生的自主性。根据第一个条件或标准，“教育”是一个“成就动词”，意味着某种预期结果的达成；根据第二个条件或标准，“教育”获得了它的价值属性，与“教唆”“欺骗”“蒙蔽”等行为相区分；根据第三个条件或标准，“教育”不同于职业训练，有其人文的意义；根据第四个条件或标准，“教育”与“灌输”“宣传”相区别。

二、现象学方法

在哲学现象学运动的强大影响下，教育哲学学者也开始探索现象学中的教育哲学问题。在现象学哲学“回到事物本身”精神的引导下，现象学教育哲学在研究上呈现出四个特点：（1）关注普通日常生活经验，而不是沉重的认识论、本体论或形而上学的问题；（2）具有规范性倾向，而不是坚持社会科学的价值中立；（3）着重具体经验的反思而不是理论的抽象；（4）现象学研究有一种不言自明的共识，即要求兼具写作深刻文本的高超才能和反思想的学识。①

结合现象学方法理论，现象学教育哲学研究使用的现象学方法可以这样表述。②

第一，考察个别现象。具体途径为现象学直观、现象学分析和现象学描述。现象学直观是从专注于现象的某一点开始而生发开来的自由联想，直到对这一现象一切可能的方面、性质和形态都获得清晰的观念；现象学分析是把呈现于直观中的各种观念加以分类的过程；现象学描述既要在分析中获得概念、名称对直观内容进行描述，又要在语言中把思想观念明确化、固定化。

第二，考察一般本质。这种考察以现象学描述使用的概念和语言为对象，理解其意义。

第三，理解本质联系。本质联系即概念间的联系，理解概念联系的直观称为范畴直观。

第四，关注事物现实的方式。在以上过程中，事物或显示在感性直觉之中，或显示在联想之中，或显示在概念意义之中，或显示在概念联系之中，方式不同，清晰程度也不同。

第五，探讨现象在意识中的构造。

第六，“悬搁”对现实性的信念。现象学方法处理的是所有直观材料，对于它们，不作本体论的区分，即把对它们存在或不存在的判断“悬搁”起来。

第七，解释被蒙蔽了的意义，还事物以真面目。

国内学者朱晓宏曾使用现象学方法对教学进行了研究，得出了不同于传统认识的结论。③

故事：一首词

记忆中的语文课总是很没意思的！读小学时，总是在认字——看小学课后的生词表，让人讨厌。读初中后，任务转移了，改成学读课文了，初一的老师一上课就读课文，有时要读上半节课，真是无聊。到了初二，学校给我们换了个新语

---

① 宁虹，钟亚妮．现象学教育学探析［J］．教育研究，2002（8）：32－37.

② 赵敦华．现代西方哲学新编［M］．北京：北京大学出版社，2001：93－94.

③ 朱晓宏．学生眼中的教——现象学视野中的课堂生活世界［J］．宁波大学学报：教育科学版，2005（12）：14－17.

文老师！其实他长得不像个语文老师，做事雷厉风行的，在我的印象里，语文老师应该是柔弱的样子才对。

这个老师姓王，王老师不再读课文了，改成让学生读，但也只是读精彩片段。他也会在课堂上让我们讨论一些人物，加深印象。也许是他觉得我们文学素养不够吧，有一天竟莫名其妙地为我们讲起了宋词，他在给我们留了一个小作业后，在黑板上由右至左写下了《虞美人》这首词。

让我感动的不只是这首词，还有老师那漂亮的字体。老师给我讲了许多关于这首词的事，作者、意境及作者由这首词所带来的杀身之祸。后来，我在高中的语文课上又学了一次这首词，印象深刻。由此，我爱上了诗词，虽然我并未读过许多书。但若不是这首词，我也许连这种书瞄都不会瞄上一眼。从此以后，我也不再反感语文了，也爱上了这个科目，其实更重要的是因为老师的缘故吧！

在一个孩子的眼中，语文课从小学的学生字到初中的读课文，他的感受是从讨厌到无聊。但是，一位语文老师的出现，一首词的出现，改变了他对语文学习的态度。老师以独特的方式呈现一首宋词，以及老师讲述词作者的故事，学生在那一刻感受到语言的无限魅力，并因此“爱上了诗词”“爱上了这个科目”。语文课上，老师书写宋词的漂亮字体，以及那感人的故事，永远印在学生的记忆里，触动并引发了学生对语文的喜爱，并影响了学生阅读的兴趣。当语文课被生字词概念化时，就远离了学生的理解。语文教学忘记了学生，学生也就无法感受语言所表达的丰富人生。如果老师把语文的生命力呈现给学生，一切就都发生了变化，而真正改变学生生活世界的，是一个热爱中国古诗词的人，他的生活中流淌着文明的气息。

学生倾心讲述的故事是对特定课堂学习生活体验的一种本性的描述，它以一种更加深刻或充分的方式向我们呈现了教师之“教”的丰富内涵，更呈现了教育意义的本质。因此，我们可以通过孩子课堂学习生活的体验直接地把握教师之“教”的本质。

1. 教是一种唤醒

通过一节课，学生发现数学的奇妙，物理的有趣，喜欢古诗……正是这样的教，唤起学生的好奇。教师唤醒了孩子的好奇心，就唤醒了一个心灵，这是一种精神的召唤，就像孔子、苏格拉底对他们的学生所进行的教。这样的教不局限于认知领域，不是知识的简单堆砌，而是指向人的精神世界。

如果说教师之教要实现教育性原则，那么这个原则可就如雅斯贝尔斯(K. Jaspers) 所说：“通过现存世界的全部文化导向人的灵魂觉醒之本源和根基。”仅仅就爱智慧和追寻神之根而言，这种教，把人的潜力最大限度地调动起来。正是由于人类的好奇心，驱使我们天天作大量的考证。好奇心是人类了解自己及其周围环境的一种基本需要。纵观人类文明史，哲学的起源不是为了某种实用的目的，而是起源于古代先哲们对世间万物的惊讶与好奇。没有好奇心，人类仍然停留在懵懂无知的状态。

2. 教是一种敞亮

因为老师的一节课，孩子看世界的眼光发生了改变。“原来字还能写得那么漂亮，原来古诗词里还有丰富的人生”；“原来音乐不仅仅是唱歌，音乐还可以表达这个世界”；“原来数还可以通过形来理解”；“原来语文课那么有趣，与生活很接近”……这一切之所以发生，均来自于教师之教。教师之教触动了学生，他们认识世界的方式因此发生了改变，或说他们的眼光发生了变化，于是他们眼前的世界变“敞亮”起来。

从此，学生的眼光不再被无知或错觉所遮蔽，“学之‘思’也不会误入歧途，而是导向事物的本源”。

3. 教是一种引领

教师作为人类文明的传递者，其职业使命之一即领着学生探索人类文明宝藏。这种引领既是精神的，又是方法的。教，给予学生方法上的帮助，即“授之渔”。语文课不仅是学习生字词、读课文，语言的意义在于它的使用，教师引导学生阅读古典诗词和小说，学生们在使用语言的过程中整体感受语言文字的魅力。

如果说教育的本质是实践，那么教就实践着教育意义。关心这种教的教育学可以说是一种实践哲学，这种教育学不仅仅关心我们认识到什么，更关心我们实现着什么，而这个我们所实现的“什么”，正是我们所说的教育意义。仅从这种教育学的角度上来看，最重要的问题始终是，学生对具体的情境、关系或事件的体会是怎样的？既然教的对象是学生，就必须考虑教的形式及内容对学生的影响如何。仅基于对教育学这种解，我们还可以说，“中小学课堂是教育学的故乡”。

☆本章要点

1. 教育的哲学研究在方法上被质疑的原因是没有使用现代学科意义上的方法。

2. 教育的哲学研究追求的是教育智慧，而教育智慧又需要通过对教育事物的整体性把握来获得。

3. 教育的哲学研究方法是整体性把握教育事物的方法；教育的哲学研究的基本处理对象是教育命题；教育的哲学研究的基本环节是教育命题收集、加工和再表达。

4. 教育的哲学研究的基本研究方法是逻辑学方法，包括演绎逻辑方法和归纳逻辑方法。

5. 概念分析法和现象学方法是现代教育的哲学研究经常使用的两种研究方法。

☆概念图

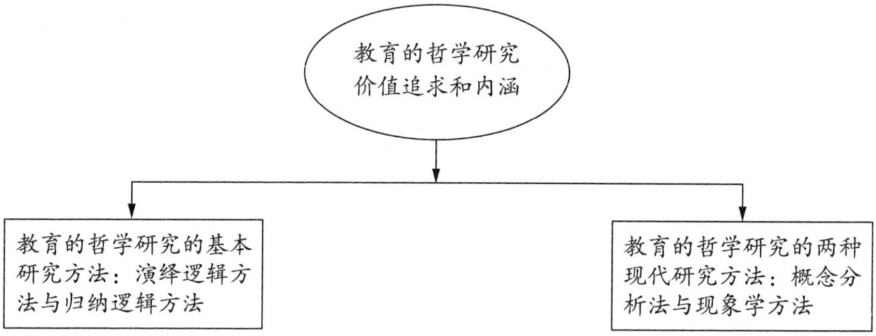

☆学习效果自测

1. 使用演绎逻辑方法研究“人性复杂”的教育结论。
2. 使用概念分析法分析“教育”一词的内涵。
3. 如何理解演绎逻辑方法和归纳逻辑方法的适用范围？

☆拓展练习

尝试通过综合多样调查结果对当代教师或学生进行整体性认识。

☆参考文献

1. 袁正校．逻辑学基础教程［M］．北京：高等教育出版社，2007.
2. 黄济．教育哲学通论［M］．太原：山西教育出版社，1998.
3. 石中英．教育学研究中的概念分析［J］．北京师范大学学报：社会科学版，2009（3）.
4. 石中英．教育哲学导论［M］．北京：北京师范大学出版社，2002.
5. 宁虹，钟亚妮．现象学教育学探析［J］．教育研究，2002（8）.

☆后续学习资料

必读部分

1. 石中英．教育哲学［M］．北京：北京师范大学出版社，2007：第一章，第二章，第三章.
2. 石中英．教育学研究中的概念分析［J］．北京师范大学学报：社会科学版，2009（3）.
3. 宁虹，钟亚妮．现象学教育学探析［J］．教育研究，2002（8）.

选读部分

袁正校．逻辑学基础教程［M］．北京：高等教育出版社，2007：第四章，第七章.

第二编　实证主义的研究

第四章　教育调查研究

☆内容概览

调查研究是历史上最为悠久的一种研究方法，也是现在使用最为广泛的一种研究方法。近一个世纪以来，它在教育研究领域得到广泛运用，并取得了很大进步。教育调查研究是一种有目的、有计划、有系统的研究活动，其理论基础是实证主义哲学。根据研究课题的性质，教育调查研究可以分为现状调查、相关调查、原因调查、跟踪调查。教育调查研究有严格的研究过程，一般包括确定调查课题、选择调查对象、编制和选用研究工具、制订调查计划、实施调查、整理和分析调查资料、撰写调查报告。此外，问卷在调查研究中运用最为广泛，问卷设计过程包括建立理论框架和设计问题两个基本步骤，在设计问卷时，问题设计和答案设计都必须遵循一些基本的原则。

☆学习目标

1. 了解教育调查研究的概念、作用及优缺点。
2. 了解教育调查研究的理论基础、历史发展。
3. 理解问卷的类型、结构及内容。
4. 掌握教育调查研究的基本过程，能设计一份教育调查研究计划。
5. 掌握教育问卷的编制技术，并能根据自己关心的教育问题动手设计一份教育问卷，并有效实施。

☆核心概念

教育调查研究　抽样　问卷

小王是刚从师范院校毕业的新教师，平时爱琢磨身边的教育问题。春节回校后，他发现很多学生都对自己过年期间收到的压岁钱津津乐道，一些学生甚至开始比较谁的压岁钱多，讨论用压岁钱买什么东西，这在学生中间产生了一些不好的影响。小王老师问了一些同行，大家都反映这个问题比较严重。于是，他想好好研究这个问题，了解现在孩子们一般能收到多少压岁钱，孩子们如何看待压岁钱，又是如何处理这些压岁钱的？他告诉学校领导，说自己想申请一个关于压岁钱的校级课题，并想邀请感兴趣的老师共同来研究，学校领导表示支持。小王组织了一个研究小组，研究的题目定为“某市小学生压岁钱现状调查分析”。但接下来小王老师则遇到了困难：如果研究全市小学生压岁钱的现状，这么多学生，应该如何抽样？调查本校的学生就够了吗？本校的学生能代表全市的学生吗？如果不能，又该选择哪些学校的学生来进行调查？如果要进行调查，应该设计哪些问题以获取自己想要的信息？这些问题又应该如何来编排？

上述研究应该属于何种类型的研究？这一研究应该如何设计研究过程？又该如何设计调查问卷？我们将运用本章所介绍的内容来解决小王老师的困难。

第一节　教育调查研究概述

一、教育调查研究的定义

在教育研究中，调查作为一种收集、处理教育信息的基本方法，具有越来越重要的作用。教育研究人员必须学会和掌握教育调查研究的方法，以提高自己的研究能力。教育调查研究是在定量研究和定性研究中都被广泛运用的一种研究方法，它是通过对教育事实的考察、现状的了解、材料的收集来认识教育问题或探讨教育现象之间联系而采取的有目的、有计划、有系统的研究方法。

二、教育调查研究的发展历程与理论基础

(一) 发展历程

走在大街上，有人递过来一张纸，希望你能停下脚步，填写一份调查表。当你想了解更多人的观点和态度时，你可能会说：“来，让我们来作一个调查吧！”这样的经历估计很多人都会有，可见调查研究经常被使用。调查研究不仅是现在使用最为广泛的一种研究方法，也是历史最为悠久的一种研究方法。

现代的调查研究可以追溯到古时候各种形式的人口调查。例如，《圣经·旧约》就曾提到：瘟疫之后，上帝对摩西和亚伦的儿子以利撒神父说：“对20岁以上的以色列子民进行普查……”① 后来，调查研究法在西方被用作社会研究，始于社会改革运动以及社会服务业记录都市贫穷状况。调查研究通过问卷以及其他资料来获得某个地区的整体概况，但并没有用到科学的抽样与统计分析。从19世纪末到20世纪初，社会调查成了西方国家社会调查运动中的主要方法。第二次世界大战期间，特别是在美国，调查研究得到长足发展并逐渐成熟。

近一个世纪以来，调查研究在教育研究领域得到广泛运用，并取得了很大进步。纵观教育研究的整个历程，我们可以发现，定量研究与定性研究是贯串教育

① 劳伦斯·纽曼．社会研究方法［M］．郝大海，译．北京：中国人民大学出版社，2007：333.

研究的两条主线。瑞典教育学家胡森早在20世纪初就提出了教育研究中存在两种主要的研究方法："一种是模仿自然科学，强调适合于数学工具来分析的、经验的、可定量化的研究，研究目的在于确定因果关系，并作出解释。另一种是从人文科学推演而来的，所注重的是整体和定性的信息、通讯说明的方法。"① 定量研究的方法有很多种，比如我们非常熟悉的实验法、问卷法、测量法等。在定量研究中，问卷调查研究因其独特的魅力而在各种研究方法中独占鳌头，成为定量研究中最具代表性的一种研究方法，也是最具量化色彩的一种研究方法。在整个20世纪，问卷调查研究处于研究方法中的主流。正是定量研究登峰造极的发展，刺激了教育调查研究的发展，更多的人开始学习它、使用它。特别是现在电脑技术的普及，使得这种研究方法得到了更快的发展。

（二）理论基础

教育调查研究的理论基础是实证主义哲学。实证主义认为，现实事物是不以人的意志为转移的，是客观存在的，且不受主观价值因素的影响。主体和客体是两个截然分开的实体，主体可以通过对一套工具的操作而获得对客体的认识，但其认识必须建立在经验的基础之上。社会现象可以被经验地感知，一切要领必须还原为直接的经验内容，理论的真理性必须由经验来验证。在认识论上，实证主义极力推崇经验的作用，认为主体对客体的认识必须建立在经验的基础之上，一切概念必须还原为直接的经验内容，理论的真理性必须由经验来验证，认为"知识"有其客观的规律，具有可重复性。研究者只要遵循一定的方法规范，就可以将研究的结果在更大的范围内推广。在方法论上，实证主义倾向于夸大科学方法的作用，视自然科学的方法论为科学理论合理性的依据，试图将自然科学的方法运用于包括哲学、人文科学和社会科学在内的一切研究领域，强调真理的一元性及经验的客观真实性，认为对经验作数字的统计分析，将可以帮助我们发现和揭示这个真正的世界。

三、教育调查研究的类型

从不同角度看，教育调查研究有多种分类标准。根据研究课题的性质，教育调查研究可以分为现状调查、相关调查、原因调查、跟踪调查。

（一）现状调查

现状调查旨在了解研究对象的现实状态和教育现象的真实情况，探寻某类现象的基本特征，发现其中存在的问题，为今后改进教育教学工作提供依据等。如中学生消费心理调查，某地区教师心理健康状况调查等。这类调查是最基本的调查，难度小、层次低，但实用价值高，主要回答"是什么"的问题。

---

① 瞿葆奎．教育学文集·教育学方法［M］．北京：人民教育出版社，1988：179，383．

（二）相关调查

相关调查旨在探讨两个变量相互联系的性质和程度。相关调查首先要获取两个变量的数据资料，然后计算其相关系数，再根据相关系数的值，来判断两个变量之间存在的关系，以便探讨出解决问题的方法。如小学生语文阅读能力与写作水平相关性的调查等。这类调查难度很大，主要回答“是否有关系”“有什么关系”的问题。

（三）原因调查

原因调查旨在探讨某种问题或现象的形成原因。原因调查可将与研究内容有关的可能因素罗列，然后核实筛选；也可调查两组不同对象，对调查资料分组整理、比较，找出不同的原因。但是仅凭调查的结果还不足以说明因果关系，要确证因果关系还需其他研究方法的配合、辅证。如中小学生近视原因调查，农村学生流失的原因调查等。这类调查主要回答“为什么”的问题。

（四）跟踪调查

跟踪调查旨在探讨某种现象或问题随时间推移而发展变化的情况。如果研究的目的在于了解改变时，就有必要进行跟踪调查。例如了解学生的态度、信仰、行为是否随时间而有所改变。这类调查主要是回答“是否发生了变化”和“发生了什么变化”的问题。

根据调查的目的，教育调查研究还可分为描述性调查、探索性调查、预测性调查、评价性调查。按取样范围的不同，教育调查研究也可分为全面调查、典型调查、抽样调查。调查的具体方法可分为问卷法、访谈法、预测法、测验法、个案法、投射法等。这里不再详述。总之，研究者需要根据研究的问题和目的来选择适合的调查类型。

四、教育调查研究的优缺点

教育调查研究是推广最快、应用最广的研究方法。例如，美国社会学家艾尔·巴比（Earl Babbie）称“问卷是社会调查的支柱”。教育调查研究是研究者用统一、严格设计的调查表来收集资料的一种调查方式。这种研究方法的优点体现在多个方面，同时不可避免地存在一些缺点。

（一）教育调查研究的优点

1. 客观性强

教育调查研究一般采用无记名的方式，在调查过程中被调查者顾虑较少，能自由地表达意见，这样利于保证调查的客观性。教育调查研究可使被调查者有充分考虑的时间，不受别人干扰，被调查者可在方便时填答，这些都将保证调查结果更为可靠。

2. 收集资料快捷

用调查研究收集资料，可不受人数限制，因此抽样范围较广。同时，调查研究只需印刷费、邮费，在经费方面较为经济，且不需太多人力，易实施，是一种快捷、方便、经济的收集资料的方式。

3. 调查结果便于定量处理和分析

教育调查研究的对象通常是经过科学抽样方法选取的，且其样本量往往大于其他研究方法。因此，只要调查表设计科学，其结果就能较好地代表总体，具有较强的说服力。特别是对于结构型的问卷调查资料，便于进行定量分析和研究。如果运用计算机作为统计分析的工具，调查研究大可成为一种大容量、高效率的调查方法。

（二）教育调查研究的缺点

1. 缺乏对复杂问题的深入了解

教育调查研究大多只能获得数量化的资料信息，但面对复杂的现象，不能了解到生动、具体的事物和情境，调查的作用就显得非常有限。

2. 对调查者、被调查者提出较高的要求

教育调查研究对研究工具的设计要求非常高。如果问题设计得含糊不清，便不能得到确实的回答；如果问题设计得散乱，便不易整理，且难以应用统计方法进行分析和对结果进行科学的解释；如果问题设计得太多，便会令被调查者生厌，故而置之不理，如果问题设计得太少，却又无法达到研究的目的。

3. 结果有时并不可靠

如果所选样本不能代表总体的特征，其结果将不可靠；如果调查表的回收率较低，也很难保证样本的代表性。因此，教育调查研究要注意样本选取的代表性。

在进行教育调查研究时，如对被调查者难以进行有效的指导，很可能会对调查研究的效果产生较大的干扰作用。例如，在调查中，调查者难以了解被调查者是认真填写还是敷衍了事，被调查者对问题的理解程度如何，等等，这些都会影响回答的真实性和准确性，从而影响所得结果的可靠性。

正是因为教育调查研究存在一些不足，因此需要研究者在研究过程中通过各种方式进行弥补。

五、与教育调查研究相关的几个重要概念

研究者在进行教育调查研究时，都会使用研究工具进行调查，收集与研究主题相关的资料。在资料收集阶段，研究工具的选择是未来研究能有效进行的重要因素。而决定选择研究工具是否合适的两个指标就是“信度”与“效度”，这两者在教育调查研究中具有举足轻重的地位。同样，有效地选择研究样本将有助于把研究结果推论到总体。因此，三者在教育调查研究中扮演着重要角色。

（一）信度与效度

信度就是指测量数据和结论的可靠性程度，也就是说，测量工具能否稳定地测量到它所要测量的事项的程度。研究结果一致性与稳定性的程度愈高，代表其信度愈高；反之，则信度愈低。

效度就是指正确性程度，即一项测试在何种程度上测试了它欲测试的东西。这包括两个方面的意思：一是测查了什么特性，二是测查到何种程度。教育调查研究中常用“效度”这一概念来衡量研究结果的可靠性，即研究的结果是否反映了研究对象的真实情况。效度越高，即表示测量结果越能显示其所要测量对象的真实性。

信度是效度的必要条件，但不是充分条件。一个测量的效度高，其信度必然高；而一个测量的信度高时，效度并不一定高。假设现有一把尺子，它每次丈量某物体的长度得出的结论都是 130 厘米，这就代表这把尺子具有高信度。但是若该物体事实上是 140 厘米，而该尺子却总是量出 130 厘米的结果，那么我们就说这把尺子虽有高信度，但其效度却低，因为它与事实不一致。效度与信度之间的关系主要体现在：信度低，效度不可能高，因为如果测量的数据不准确，也就不能有效地说明所研究的对象；信度高，效度未必高，效度低，信度很可能高，效度高，信度也必然高。

（二）抽样

抽样就是从一个总体中抽取部分具有代表性的个体作为样本，然后用这一样本的结果去推断总体。在这里，总体指研究对象的全体，样本是指从总体中抽取的部分个体。例如，在前面“某市小学生压岁钱现状调查分析”案例中，如果小王老师确定是对某市小学生压岁钱的现状进行研究，那么全市小学生就是研究的总体。但由于研究经费、精力的限制，小王老师不可能也没有必要对全市的小学生都进行调查，他只需抽取一部分小学生来进行调查就可以了，那么被抽取的这部分学生就是样本。从总体中抽取样本的过程就是抽样。抽样的作用是为了合理地减少研究对象，既可以节约人力、物力、时间，又可以使研究力量相对集中，使研究深入、细致，从而提高研究的准确性和可靠性。

抽样的形态可分成随机抽样和目的抽样两种主要的类型。随着研究者的研究主题和研究计划的不同，所应选择的抽样方法也不同，研究者应根据现实情况及研究性质来选择最适合的抽样方法，以避免误差的产生。在前面“某市小学生压岁钱现状调查分析”案例中，小王老师为了保证样本的代表性就必须采用随机抽样。

第二节　教育调查研究的一般过程

教育调查研究是一种有目的、有计划、有系统的研究活动，需要有严格的研究过程。就调查研究的程序而言，一般包括以下步骤。

一、确定调查课题

每种研究方法都有自己独特的优势，也存在不足。在教育研究中，教育研究者应该根据自己所研究的问题选择合适的研究方法。调查研究是在社会科学的实证主义影响下发展出的研究方式，询问被访者关于自己的信仰、意见、态度，以及过去或现在的行为。因此，选择什么样的课题进行调查研究，是我们在调查研究中首先遇到的问题。一般情况下，关于“为什么”的问题不是很适合调查研究，而关于“是什么”“怎么样”的问题则比较适合调查研究。例如，在前面“某市小学生压岁钱现状调查分析”案例中，小王老师是为了了解当前小学生压岁钱的现状问题，因此比较适合采用调查研究法。

二、选择调查对象

当调查课题确定好以后，接下来就需要选择调查对象。调查对象就是被调查的单位或个人。有的课题调查对象是固定的，如某些特殊人群的研究，这类调查对象是不需要进行选择的；有的课题调查对象会有很多，如果无法逐一进行调查，就需要用抽样的方法去选取调查对象。选择被试样本，要注意到样本的代表性。如果所选择的样本不能很好地代表整体，将使研究的结果失去真实。

对样本代表性的最大威胁是抽样偏差。常为人引用的例子是：1936 年，美国《文摘》杂志上的一项有关总统大选的民意调查，调查结果预测兰登将在总统选举中获胜，罗斯福落选。但事实正好相反。虽然民意调查是随机抽样的，而且样本数也不少，但调查者的样本主要是从电话号码簿和汽车登记册中抽取的。1936 年有电话和汽车的人仅代表了美国选民中的某个特定阶层，对于选民总体来说不具有代表性。因此，样本没有代表性，抽取的样本在质上与总体特征不相吻合。[①] 例如，在前面“某市小学生压岁钱现状调查分析”案例中，小王老师在选择调查对象时，就必须考虑样本的代表性。在一个城市中，不同区域的经济是有差异的，郊区的经济会比城市中心的经济差一些，农村的经济则比郊区的经济差一些。因此，小王老师在选择样本时，就必须考虑这些问题，使选择的学生能代表整个城市的学生。

三、编制和选用研究工具

确定好教育调查研究课题、调查对象后，研究者就应该编制和选用研究工具。研究者可以根据实际情况自行编制研究工具，也可以采用别人所编制的一些研究工具，还可以对已有的研究工具进行改编。在前面“某市小学生压岁钱现状调查分析”案例中，小王老师可以通过对文献的收集来寻找关于压岁钱调查的研究工具，也可以根据自己的研究目的和内容来设计研究工具。问卷是教育调查研究中一种非常常用的工具，关于如何编制调查问卷将在第三节中详细介绍。

四、制订调查计划

教育调查研究是一项较为复杂的研究，特别是对于一些大型的调查研究来说

① 华国栋．教育研究方法［M］．南京：南京大学出版社，2005：52.

更是如此。因此在进行教育调查研究时，研究者应制订调查计划。调查计划是调查工作的程序安排，一般应包括调查课题和目的、调查对象及范围、调查地点及时间、调查的方式方法、调查的经费预算、调查的步骤及日程安排、调查的组织领导及人员分工、调查报告完成的日期等，这些都是必须考虑的事情。调查计划的制订要切合实际，尽可能详细、周密。在前面“某市小学生压岁钱现状调查分析”案例中，小王老师就应该对整个研究进行设计，如对哪些学校的哪些学生进行调查，什么时间进行调查，采用什么方法进行调查，研究课题小组内成员如何分工，各项任务什么时间完成等，都应作出具体、细致的规划。

五、实施调查

实施调查应该包括预调查和正式调查两个环节。因为无论研究者在研究工具的设计上多么认真，整个教育调查研究也都存在着错误的可能性。因此，一种好的研究工具要经过反复多次的修改并试用，才能用于正式调查。因此在正式调查前，很有必要将研究工具初稿打印若干份，在正式调查的总体中抽取一个小样本进行预调查，看看调查是否可行，题目是否恰当，研究工具的内容和形式是否有错误，填答是否完整，是否能满足调查的要求，问卷的编码、录入等过程是否有问题。此外，还可以将设计好的研究工具初稿寄送给有关专家、研究人员及一些被调查者，请他们阅读和分析初稿，并根据他们的经验和认识对研究工具进行评论，提出存在的问题和修改建议。例如，在前面“某市小学生压岁钱现状调查分析”案例中，小王老师可以在问卷初稿制定出来后，在自己所在的小学进行预调查，然后根据预调查结果对问卷存在的问题进行修改。

研究者根据预调查的结果及一些反馈信息，可以对每个题目进行项目分析，发现其优劣，为筛选题目提供一些有用的资料。在研究工具初稿经过修改后，就可以实施正式的调查了。实施调查的过程涉及研究工具的发放和收集等重要环节。其中，研究工具的发放可采用邮寄、有组织地发放或当场填写等形式。关于研究工具发放的方式可以根据现实情况，灵活选择。在问卷调查中，为了提高问卷的回收率，研究者可以采用多种办法，如可采用赠送调查纪念品；邮寄问卷时附回件邮资或跟踪发送信函；强调主办单位，可以使被调查者相信研究的合法性和价值；提供诱因，可以引起被调查者的兴趣。

专栏 4-1

调查问卷的前测

与其他调查研究工具相比，自我填答问卷调查工具应更多作些前测，原因是调查者可以解决一些研究者设计调查工具时没有解决的问题。不幸的是，对自我填答测量工具进行前测也有一定难度，因为理解上的问题和答问时的困难不很明显。

或许对自我填答问卷进行前测的最好方法就是亲自与一组可能的受访者交流。首先，受访者应就像自己是调查的一部分一样完成调查问卷，然后研究者可以组织关于调查工具的讨论。第一个话题当然是指导语是否明确，第二个话题是问题是否明晰，第三个话题是在理解期望的答案或按预期回答问题方面是否有困难。

[资料来源] 弗洛德·J. 福勒. 调查研究方法 [M]. 孙振龙，等，译. 重庆：重庆大学出版社，2004：113.（选入时有改编）

六、整理和分析调查资料

整理材料是指及时地将收集来的资料加以提炼、归类、系统化。在对收集来的资料进行整理时，应注意：（1）挑选出不合乎要求的问卷，包括事实资料与态度资料填写不全，理解错误等问卷；（2）按所选统计方法的要求登录分数或次数；（3）对于无结构型问卷，则按被调查者的内容划分到不同的类别中去；（4）对于属于“事实”性的问卷，一般按照题目登记次数（是、否或其他类别）；（5）对于尺度式则登记分数，对于态度量表则可登记总分。

分析材料是指对材料的去伪存真、去粗取精、分析比较、抽象概括的过程。对于调查结果的解释，主要是看这些结果是否验证了某些假设，如果没有，还要提出一些新的假设或新的研究课题。研究结论不能简单地依据调查的结果，还需要一定的教育理论、心理学理论等为依据。

七、撰写调查报告

调查材料整理结束后，应当对调查事实进行分析和讨论，并在此基础上得出结论、提出建议。结论要准确、突出概括性；建议要从实际出发，中肯可行，并写成文字报告。问卷调查研究报告的格式与实验研究报告的格式基本一致，重点在于说明调查的目的、理论基础、调查的设计、调查结论等。调查报告的格式请参照第二章第四节的相关内容。

调查报告写好后，可通过各种形式及时提供给有关部门。如提供给上级领导作为制定政策的依据；提供给科学研究机构，作为预测未来、形成理论的情报资料；提供给下级部门，作为开展工作的指导；提供给某些职能部门，作为解决问题的措施；提供给资料情报部门，作为参考的材料和信息。在前面“某市小学生压岁钱现状调查分析”案例中，小王老师可以根据前面的数据等，撰写一份调查报告，这份报告可以递交给学校领导、家长、老师，为学校、老师、家长等在解决压岁钱问题时提供依据和措施。

第三节　问卷的编制

问卷（questionnaire）是指研究者为了收集人们对某个特定问题的态度、价值观、观点或信念等信息而设计的一系列问题，是一种研究工具。由于问卷在调查研究中是一种非常重要的研究工具，因此，问卷的编制对于研究者来说就是一项非常重要的实践技巧。

一、问卷设计的基本步骤

在调查中，问卷设计的过程一般包括建立理论框架和设计问题两个基本步骤。

（一）建立理论框架

问卷设计的第一步就是建立理论框架。所谓理论框架，就是根据调查研究课题，确定调查的变量或概念。例如，在本节“教师调查问卷”中，调查者把教师自身素质、教师眼中的学校工作和教师对学校的满意度确定为问题的三个变量。这样，问卷的设计就有了一个理论的框架。

一些初次采用问卷调查的研究者，刚开始时往往忽视建立整个研究课题的理论框架这一过程，以为编写问卷就是直接设计问题，这往往会导致后期的问题设计出现偏颇、问题考虑不全面。因此，有经验的问卷调查者非常重视对于理论框架的思考。只有设计一个科学、准确的理论框架，提出问题才会既具有针对性，又不会杂乱无序，从而保证问卷的科学性和客观性。

（二）根据变量设计问题

调查问卷的理论框架建立以后，也就是所要调查的变量确定以后，就要根据这些变量设计问题。如何把各种变量再分解为若干具体的问题呢？调查者应从各种变量或概念入手，找出与这些变量或概念相联系的行为、态度、价值观念等方面的表现，然后再根据调查的需要及问卷的容量表述为若干具体的问题。

设计具体问题时，要注意设计的问题与所反映的变量的操作定义的性质一致。例如，在本节“教师调查问卷”中，调查者把教师自身素质、教师眼中的学校工作和教师对学校的满意度确定为该问卷的三个变量，然后再对这些变量具体化，在每一个大的变量下又设计了几个更小的变量。如教师眼中的学校工作这一个变量又具体体现为：变量 1 领导团队效能、变量 2 教学质量管理和教研活动、变量 3 教师队伍、变量 4 学校文化建设。因此，具体问题的设计就应根据这三种变量分别进行。

在具体设计问卷中的问题之前，必须有一段探索性的研究工作。按照问题逻辑结构设计的要求（如图4－1），明晰调查的概念，确定调查问题的变量，在此基础上设计调查的问题。如研究“中小学教师的素质”，首先应明确中心概念“素质”的含义，在此基础上，根据研究的目的确定研究哪些素质。由于一些抽象的、复杂的概念包含的内容多，不同人理解的层面可能不一致，因此更有必要根据研究的目的和要求对其规范化，以确定研究的内容和范围。

↗　概念 1→变量 1/2/3 … n→指标 1/2…n
调查课题→理论假设→　概念 2→变量 1/2/3 … n→指标 1/2…n
↘　概念 3→变量 1/2/3 … n→指标 1/2…n

图4－1　问题逻辑结构设计

二、问卷设计的原则

一般来说，在设计问卷时，问题设计与答案设计都必须遵循一些基本的原则。

（一）问卷问题设计的原则

问卷调查一般是自填式的书面调查，被调查者只能根据书面问卷来理解问题和回答问题，因此，问题的表述就成为问卷设计的重点和难点。要提高问卷回收率、有效率和回答质量，问题的设计应遵循以下原则。

1. 必要性原则

即必须围绕调查课题和研究假设设计最必要的问题。设计的问题数量不宜过少、过于简略，这样无法说明调查所要说明的问题；设计的问题数量也不宜过多、过于繁杂，这样不仅会大大增加工作量和调查成本，而且会降低回答质量、降低问卷的回收率和有效率，也不利于正确说明调查所要说明的问题。问题的设计和研究目的要一致，对于与研究课题无关的问题，就不应在问卷中提出，否则既浪费时间，又影响资料的整理和统计。当然，如果是把某一个需要调查的问题遗漏了，结果就会因缺乏某一方面的资料而影响研究。因此，问卷中问题的设计应根据已有的研究理论框架来设计。

一般情况下，问卷的长度应控制在30～40分钟的回答时间，问题的数量要根据研究内容、样本的性质、分析的方法、拥有的人力和财力等多种因素而定。总的来说，问卷不宜太长，一般以回答者在30分钟内完成为宜。

2. 可能性原则

即必须符合被调查者回答问题的能力。凡是超越被调查者理解能力、记忆能力、计算能力、回答能力的问题，都不应该提出。同时，表述问题的语言要通俗，不要使用被调查者感到陌生的语言，特别是不要使用过于专业化的术语。

例如，“作为一名中学生，你赞成高考时运用标准分数吗？”“标准分数”属于学术上的专有名词，不是所有人都能理解的。因此，深奥难懂的学术词语应尽量少用。对于这样一些问题，被调查者不能理解或回答，即使勉强回答了，也可能反映不了真实情况。

3. 自愿性原则

题目凡是涉及社会禁忌、宗教、个人隐私、爱好、道德、政治等问题时，都必须考虑被调查者是否自愿真实地回答问题。凡被调查者不可能自愿真实地回答的问题，都不应该正面提出。

例如，有的问卷提出这样的问题：“考试时，你会偷看别人的试卷吗？”对于这类问题，被调查者一般都不可能自愿作出真实回答，或者干脆不予理睬，因此不宜正面提出。

4. 具体性原则

问卷题目含混不清，容易引起歧义。因此在设计问卷时，问题的内容要具体，不要提抽象、笼统的问题。因为对于抽象、笼统的问题，人们的看法往往很不相同，在没有明确操作定义的情况下，被调查者是无法回答的，即使勉强回答，也无法进行科学分析。

例如，“你认为玩具的发展会对你产生影响吗？”这个问题太空泛，范围太大，玩具对儿童有哪些方面的影响？是好影响还是坏影响？

例如，你在哪里读书？“哪里”是指学校还是指城市？由于指代不明，会影响被调查者准确地回答问题。

5. 准确性原则

即表述问题的语言要准确，不要使用模棱两可、含混不清、容易产生歧义的语言或概念。例如，应该避免使用“也许”“好像”“可能”这些模棱两可的语言。对“经常”“有时”“偶尔”这些含混不清的词语应作具体说明。如“经常”指每周一次或更多，“有时”指每月 1～2 次，“偶尔”指每季一次或更少等。

在研究中，人们对于一些概念的理解和认识往往不一致，如什么是合作、谦让、创造力，这样的概念容易产生歧义，因此在问卷设计中应设计出明确的操作定义。例如，谦让行为在分配玩具时可以分成三种水平：“主动谦让”指没有任何人的提醒或暗示，都能将玩具让给别人；“被动谦让”是指在旁人的提醒或暗示下，才能将玩具让给别人；“不谦让”是指经旁人再三提醒，都不愿意将玩具让给别人。

6. 简明性原则

被调查者通常不愿意为了理解问题而去认真分析问卷的问题，因此，问卷的设计最好能让被调查者迅速阅读、理解其内容。所以在设计问卷问题时，表述问题的语言应尽可能简单明确，不要冗长、啰唆。而且问题的内容要单一，不要把两个或两个以上的问题合在一起提。对于把两个或两个以上问题合在一起的复合问题，被调查者是无法准确回答的。因为被调查者对于复合问题的任何回答，都可以说是对的，也可以说是错的。实践证明，清楚简明问题的回答率和有效率一般都较高；冗长、啰唆的问题容易含混不清、产生歧义，回答率和有效率会大大下降。

例如，“你喜欢数学和物理吗?”这个问题实际上出现了两个选项，如果答题人只喜欢其中一项就不知如何回答。因此，对于这一类问题，最好把两个问题分开表述。

7. 客观性原则

即表述问题的态度要客观，不要有诱导性或倾向性语言。如“您喜欢教师这一受人尊敬的职业吗?”“有很多专家呼吁不应择校，你同意吗?”这种表述方式包含了明显的倾向或诱导的含义，被调查者在趋同心理支配下往往作出肯定回答，但却不一定是他自己的真实看法。另外，问题的表述要避免出现那些有权威的、享有盛誉的人或机构的名称，更不宜直接引用他们的原话。对于这类问题，被调查者一般都很难作出否定回答。

8. 非否定性原则

即要避免使用否定句形式表述问题。由于人们一般习惯于用肯定句形式提出问题和回答问题，因而用否定句形式表述问题往往会造成一些误解。

例如，“您是否认为有不想好好学习的学生?”这个问题是双重否定句。双重否定句在叙述问题时，题意往往比较隐含，会使被调查者感到费解。因此，问卷中问题的题意应直接表达出来为好。如果改为“您认为学生都想好好学习吗?”问题就更加清晰了。

9. 问题序列原则

问卷是用来测量被调查者的反应，顺序的安排是否合理，会对被调查者产生不同的影响。因此，一套优秀的问卷还需对问题的序列进行编排。一般来说，问卷在编排时，在结构方面应注意问题的顺序、性质等，在形式方面应注意问题的圈选、安排方式等。因此，在编排问题序列时可以作如下考虑。

（1）同类组合。同类组合是把性质相同的问题编排在一起，既便于被调查者回答问题，又便于研究者进行统计分析。

（2）由浅入深。即反映被调查者的基本情况，并将一些较简单、容易回答、熟悉的问题放在前面，而将较复杂、生疏、特殊的或专门安排的问题放在问卷靠后的位置。

（3）由大到小。即把概括性、背景性的问题排在前面，把涉及具体细节的问题放在后面。

（4）由一般到特殊。即把被调查者感兴趣的或者愿意回答的问题放在前面，把容易引起被调查者情绪反应的问题放在后面。

（5）由事实到态度。即把被调查者依据客观事实可直接回答的问题放在前面，而把被调查者需要经过思考才能回答的态度性问题放在后面。

（6）由封闭型到开放型。在同一类问题中，封闭型问题应放在问卷的开头部分，开放型问题应出现在封闭型问题的最后。

（二）问卷答案设计的原则

1. 相关性原则

即设计的答案必须与所问问题具有相关关系。例如，如果询问“学校领导干部应该具有哪些能力?”其答案就应该列举与领导工作相关的调查研究能力、科学决策能力、使用干部能力、协调服务能力等，而不应该列举文艺写作能力、音乐欣赏能力、古玩鉴别能力等。因为后面几种能力与领导工作没有直接的相关关系。

2. 同层性原则

即设计的答案必须具有相同层次的关系。例如，如果询问“您希望自己从事什么职业?”其答案就应该是工人、农民、商业人员和服务员、专业技术人员、管理人员等职业类别，而不应该包括清洁工、营业员等工种类别，也不应该包括粮农、菜农等种植业类别，因为“职业类别”与“工种类别”“种植业类别”是不同层次的类别。

3. 完整性原则

即设计的答案应该穷尽一切可能的、起码是一切主要的答案。例如，如果询问“您是什么文化程度?”如果答案只设计小学、中学和大学，就违背了完整性原则。但是，如果改为小学及以下、中等教育、大专及以上，就符合完整性原则了。当答案过多时，可以只设计几种主要答案，然后加一个“其他”，这样就达到了完整性的要求。

4. 互斥性原则

即设计的答案必须是互相排斥的。例如，如果询问“您专业技术职称是什么?”如果设计的答案是初级、中级、副高级、高级，就不符合互斥性原则，因为“副高级”与“高级”不是互相排斥的，而是兼容的。只有设计为初级、中级、高级才符合互斥性原则。

5. 可能性原则

即设计的答案必须是被调查者能够回答、也愿意回答的。如果设计的答案是一些一般调查者难以理解、回忆、计算和难以表达的答案，或者是被调查者不能够、不愿意回答的隐私性、敏感性的答案，就违背了可能性原则。

三、问卷的结构及内容

（一）问卷的结构

一份完整的调查问卷通常包括标题、前言、指导语、问题及答案、编码和结束语等几个部分，每一部分都有其特定的内容。问题及答案是问卷的主体部分。

1. 标题

标题是调查内容高度概括的反映，它既要与研究内容一致，又要注意对被调查者的影响。

2. 前言

前言主要向被调查者介绍和说明调查者的身份，对调查目的、调查内容进行简要说明，以引起被调查者回答问题的热情，消除顾虑。

3. 指导语

指导语是对如何填写问卷、如何回答问题的说明。其主要是用来指导被调查者如何填写问卷及注意事项，有时还在这一部分附有例题，以帮助被调查者理解填写问卷的方法与要求。指导语要简洁、明了，用词要恰当，以便于理解。指导语部分有时与前言部分合在一起。

4. 问题及答案

这是问卷的主要部分。问题是表达问卷的主要内容，它主要分为开放型和封闭型两种。

开放型问题只提问题不提供答案，没有固定的回答格式与要求，被调查者可以根据题意自由回答。开放型问题多用在研究者对某些问题尚不清楚的探索性研究中。对于被调查者来说，可以与其他被访问者回答相同，也可以与其他被访问者回答完全不相同。开放型问题只需在问题下面留下适当空白即可。

例如，您认为在家校合作中还存在哪些问题？

____

封闭型问题不仅要提出问题，而且还要提供答案，以便被调查者进行选择。封闭型问题有许多优点：它的答案是预先设计的、标准化的，不仅有利于被调查者正确理解和回答问题、节约回答时间，而且有利于提高问卷的回收率和有效率，还有利于对回答进行统计和定量研究。此外，封闭型回答还便于询问一些敏感问题，被调查者对这类问题往往不愿写出自己的看法，但对已有的答案却有可能进行认真的选择。封闭型问题也有一些缺点：它的设计比较困难，特别是一些比较复杂的、答案多或不太清楚的问题，很难设计得完整、周全，一旦设计有缺陷，被调查者就无法正确回答问题；它的回答方式比较机械，没有弹性，难以适应复杂的情况，不能发挥被调查者的主观能动性；它的填写比较容易，被调查者可能对自己不熟悉甚至根本不了解的问题任意填写，从而降低了回答的真实性和可靠性。封闭型问题根据答案的不同形式还可以划分为不同形式。

（1）是否式。是否式是让答卷人在调查者事先提供的两种相反的答案中选择其中一种，如“是”与“否”、“同意”与“不同意”、“赞成”与“不赞成”等。

如，以下题目用“1”表示“是”，用“2”表示“否”。

1. 你会按时完成家庭作业吗？　　□

2. 你会主动复习吗？　　□

3. 你认为学生必须服从老师吗？　　　□

（2）单选式。即可供选择的答案至少三个以上，被调查者可根据实际情况选择其中一项。

如，你报考师范院校最主要的原因是（　　）。

A. 喜欢教师这个职业

B. 听从父母的安排

C. 听老师的建议

D. 受同学、朋友的影响

E. 其他

（3）多选式。即在可供选择的答案中可以选多个答案。

如，你认为影响教师科研成果的因素大体上有以下几项，请你按重要程度排序。

A. 个人的学术水平

B. 人际网络

C. 个人兴趣与重视程度

D. 制度因素如学校的规定

E. 环境因素如科研氛围

F. 教学工作量饱满程度

G. 其他

（4）尺度式。问题的答案是用 1～5 或 1～7 或 1～其他数字表示，填答者将反应显示在一个评价量尺上，让填答者选择一个或几个能表述自己实际情况的数字。填答者在选择答案时，可选一个数字。（如表 4－1）

表 4－1　对教师工作满意度调查问卷

	1 很满意	2 满意	3 不满意	4 很不满意
教师的工作环境				
教师的工作待遇				
教师的工作内容				
教师的工作时间				

专栏 4－2

同意—不同意选项：一个特例

在调查研究中，同意—不同意选项的使用十分频繁，因此要特别注意。在这些选项中，被调查者的任务不同于他们将自己归属于某个类别顺序。最常用的方法就是将一个观点呈现给被调查者，然后问他们是否同意那个观点。通过指出他们的感受与观点的相似度或者同观点的背离度来推测出被调查者的反应在连续体中的位置。

等级量表把被调查者分为五类，而同意—不同意问题的分析几乎总是把问题分为两个组（同意的人或不同意的人）。因此，在分等级中可以得到更多的信息。同意—不同意问题只能对一个连续体的极端情况进行提问。如果陈述是“我的健康状况一般”，被调查者会无法回答，因为健康状况只能是“好”或者是“不好”。这就限制了把人们排在连续体中间的能力。研究表明，当问题以同意—不同意的方式提出时，有些被调查者特别喜欢说“同意”。

同意—不同意形式是设计问题的一种相当简单的方法，而事实上，要用这种方式进行可靠、有用的测量是困难的，并且需要非常小心谨慎。通常，如果研究者避免使用同意—不同意的问题方式，那么就能得到更可靠、更有效和更容易阐明的资料。

［资料来源］弗洛德·J. 福勒. 调查研究方法［M］. 孙振龙，等，译. 重庆：重庆大学出版社，2004：93－95.（选入时有改编）

（5）顺序式。即列出多种答案，被调查者按要求排列出答案的先后顺序。

如，请将下列科目按照你喜欢的程度依次编号。

（　　）语文　　（　　）数学　　（　　）英语
（　　）物理　　（　　）化学　　（　　）历史
（　　）地理　　（　　）美术　　（　　）音乐
（　　）生物　　（　　）体育　　（　　）政治

开放式问题与封闭式问题各有优缺点，具体如表4－2。

表4－2　开放式问题与封闭式问题的优缺点对比

	开放式问题	封闭式问题
优　点	1. 给被调查者较多的创造机会和自我表达的机会 2. 可能得到研究者未考虑到的结果，有利于探索性研究	1. 答案规范，便于统计分析 2. 容易回答，回收率高 3. 问题具体清楚，所得材料的可信度高
缺　点	1. 得到的信息不集中 2. 答案因人而异，难于整理和量化 3. 回答者可能没有主见，无法作答或不愿花时间作答	1. 不存在随便作答 2. 没有符合的答案而拒绝作答 3. 有时给的答案不全

5. 编码

编码就是对每一份问卷中的每一个问题、每一个答案编定一个唯一的代码，并以此作为依据对问卷进行数据处理。这是将各种回答转换成数字，以便于进行计算机处理。一般来说，编码放在问题的右边，编码的序号与问题的序号相一致。对于样本数量较小的问卷调查，可采用手工汇总的方法，不用设立编码栏；对于样本数量较大的问卷调查，为了便于计算机的统计、汇总和分类，一般应设立编码栏。

6. 结束语

结束语是问卷的最后一部分，一般包括两个方面的内容：提出几个开放式问题由被调查者自由回答，或者由被调查者对该调查提出意见，同时还可以表示谢意。调查者可根据实际情况，确定具体内容。

（二）问卷的内容

就问卷的内容而言，一般包括基本资料、事实问题和态度问题三个部分。

1. 基本资料

一般来说，调查者在进行问卷调查时，总要根据需要收集一些基本情况，以便统计分析。如住所、性别、年龄、教育程度、民族、职业、经历、宗教信仰、政治面貌、婚姻状况、父母亲职业与教育程度、家庭人数和家庭设备等。一般不要求答卷者写出姓名。

2. 事实问题

这一部分内容主要是询问被调查者的某些实际行为（不论是过去或是现在），或实际行为的制度化等一类问题。

3. 态度问题

态度问题包括两个层面：一是有关意见方面的，如意见、信仰、情感、动机之类；二是有关价值或人格方面的，如道德观念、进取性格之类。意见与态度有时很难分辨，一般而论，“意见”属于比较表面的、暂时的看法；“态度”属于比较深层而持久性的认知。无论是事实问题还是态度问题方面的资料，都是由调查者以问题的形式提出，要求被调查者如实回答。

（三）问卷调查样例及说明①

1. 样例：教师调查问卷

亲爱的老师：

您好！为了进一步了解学校的发展现状水平，特开展本调查研究。本调查只供研究、分析使用，填写时您不必有任何顾虑，如实填写，不用署名。本问卷填写方式为选择式回答，请您在认为合适的选项前的［　］内画“√”。衷心感谢您对本调查的大力支持与合作！

课题组

2008 年 9 月

① 本问卷由首都师范大学教育学院杨朝辉教授提供，选入时有删节，特此致谢。

一、请您在选择的括号内画“√”，除特别说明外，每题都选择一个答案。

1. 您的身份为：[　] (1) 班主任　[　] (2) 科任教师

2. 您的教龄为：________ 年

3. 您到该校工作的时间为：________ 年

4. 您原来从教的学校为

[　] (1) 重点校　[　] (2) 一般校　[　] (3) 薄弱校

[　] (4) 其他

5. 如果政策允许，您希望继续在该校工作吗？

[　] (1) 非常希望　[　] (2) 一般　[　] (3) 不太希望

二、以下题目请根据自己的实际情况，在相应的□内画“√”。

序号	调查内容	完全不符合	不符合	一般	符合	完全符合
1	我觉得当教师非常光荣。	□	□	□	□	□
2	一想到跟学生在一起，我心里就厌烦。	□	□	□	□	□
3	我为了孩子们付出了很多额外的精力。	□	□	□	□	□
4	我愿意外出参加各种学习活动。	□	□	□	□	□
5	并不是每一个学生都能教好的，所以要着力培养那些有前途的学生，就算为国家作了贡献。	□	□	□	□	□
6	当我看到有学生被请家长受到其他教师的批评时，我有时并不感到非常同情这些学生。	□	□	□	□	□
7	学校的领导经常主动听取教师的意见。	□	□	□	□	□
8	学校领导经常询问我们的生活状况。	□	□	□	□	□
9	学校领导经常深入课堂听课，研究指导我们的教育教学工作。	□	□	□	□	□
10	我们经常被领导布置做一些重复性甚至相互矛盾的事情。	□	□	□	□	□
11	每学期学校都要求我们必须去听别人的课。	□	□	□	□	□
12	学校十分鼓励我们进行教育研究。	□	□	□	□	□

续表

序号	调查内容	完全不符合	不符合	一般	符合	完全符合
13	我认为上完课后，让大家评头品足是一件很难为情的事。	□	□	□	□	□
14	我和我的同事经常在一起研究教材。	□	□	□	□	□
15	我非常愿意参加我们组的教研活动，因为我从中受益匪浅。	□	□	□	□	□
16	我们的教研活动只是走走形式而已，没有什么实际效果。	□	□	□	□	□
17	学校对教师参加培训和学习的激励机制很到位。	□	□	□	□	□
18	我经常难以同意本校对待教师的升迁、福利等措施。	□	□	□	□	□
19	学校经常对我们进行校本培训。	□	□	□	□	□
20	学校能经常针对教学中存在的问题引领我们进行研讨。	□	□	□	□	□
21	校长经常向我们宣讲他的办学理念。	□	□	□	□	□
22	学校的领导经常为我们教师推荐一些学习的材料。	□	□	□	□	□
23	学校树立了很多我学习的榜样。	□	□	□	□	□
24	我觉得一些不良作风在这所学校没有什么市场。	□	□	□	□	□
25	学校教师之间经常互相“下绊儿”。	□	□	□	□	□
26	我很愿意亲近我们学校的“头头们”。	□	□	□	□	□
27	我认为自己在这里工作得很出色。	□	□	□	□	□
28	我觉得在这所学校服务，能使我充分发挥自己的才能。	□	□	□	□	□
29	我为这所学校学生在各方面的出色表现感到骄傲。	□	□	□	□	□
30	我们学校学生的成绩令我感到满意。	□	□	□	□	□

续表

序号	调查内容	完全不符合	不符合	一般	符合	完全符合
31	我会因本校获得某种荣誉而感到特别的高兴。	□	□	□	□	□
32	当学校出现问题时，我会非常主动地向学校献计献策。	□	□	□	□	□
33	我认为学校的发展与我个人的发展似乎关系不大。	□	□	□	□	□
34	我觉得目前所服务的学校是一所相当理想的学校。	□	□	□	□	□
35	我感觉在这所学校工作心情很舒畅。	□	□	□	□	□
36	学校对教师有很多责任要求，让我们感到不堪重负。	□	□	□	□	□

谢谢您的合作！

2. 样例问卷的说明

本问卷结构清晰完整，包括标题、前言、指导语、问题及答案、编码和结束语几个部分。其中，前言和指导语合为一个部分，问题分为两个部分：第一部分是调查被调查者的基本资料，设计了5个问题；第二部分为事实问题和态度问题，这一部分共分为三个变量，即教师自身素质、教师眼中的学校工作和对学校的满意度，其中，在每个变量下又分了几个变量，在每个更小的变量下又分别设计了问题进行调查。具体的问卷设计提纲请参考表4－3。

表4－3　教师调查问卷设计提纲

调查项目	对应题目	备　注
基本资料	Ⅰ：1～5	Ⅰ/Ⅱ表示问卷的两个部分
一、教师自身素质	Ⅱ：1～6	
1. 职业情感	Ⅱ：1～2	
2. 职业态度	Ⅱ：3～4	
3. 价值理念	Ⅱ：5～6	
二、教师眼中的学校工作	Ⅱ：7～26	
1. 领导团队效能	Ⅱ：7～10	

续表

调查项目	对应题目	备　注
2. 教学质量管理和教研活动	Ⅱ：11～16	
3. 教师队伍	Ⅱ：17～20	
4. 学校文化建设	Ⅱ：21～26	
三、对学校的满意度	Ⅱ：27～36	
1. 自我效能感	Ⅱ：27～28	
2. 成就感	Ⅱ：29～30	
3. 归属感	Ⅱ：31～32	
4. 认同感	Ⅱ：33～34	
5. 幸福感	Ⅱ：35～36	

☆本章要点

1. 教育调查研究是通过对教育事实的考察、现状的了解、材料的收集来认识教育问题或探讨教育现象之间联系而采取的有目的、有计划、有系统的研究方法。

2. 问卷是指研究者为了收集人们对某个特定问题的态度、价值观、观点或信念等信息而设计的一系列问题，它是一种研究工具。运用问卷作为收集资料工具来进行调查研究的方法，便是问卷调查研究法。问卷调查研究是许多学科领域常用的研究方法，也是最普遍使用的研究方法。

3. 从不同角度来看，教育调查研究有多种分类标准。根据研究课题的性质，教育调查研究可以分为现状调查、相关调查、原因调查、跟踪调查。

4. 教育调查研究法的一般过程包括确定调查课题；选择调查对象；编制和选用研究工具；制订调查计划；实施调查；整理和分析调查资料；撰写调查报告。

5. 问卷的内容一般包括基本资料、事实问题和态度问题三部分。问卷的结构通常包括标题、前言、指导语、问题及答案、编码和结束语等几个部分，每一部分都有其特定的内容。问题及答案是问卷的主体部分。

6. 问卷设计的过程一般包括建立理论框架和根据变量设计问题两个基本环节。

7. 问卷问题设计应遵循必要性原则、可能性原则、自愿性原则、具体性原则、准确性原则、简明性原则、客观性原则、非否定性原则和问题序列原则。问卷答案设计应遵循相关性原则、同层性原则、完整性原则、互斥性原则和可能性原则。

☆概念图

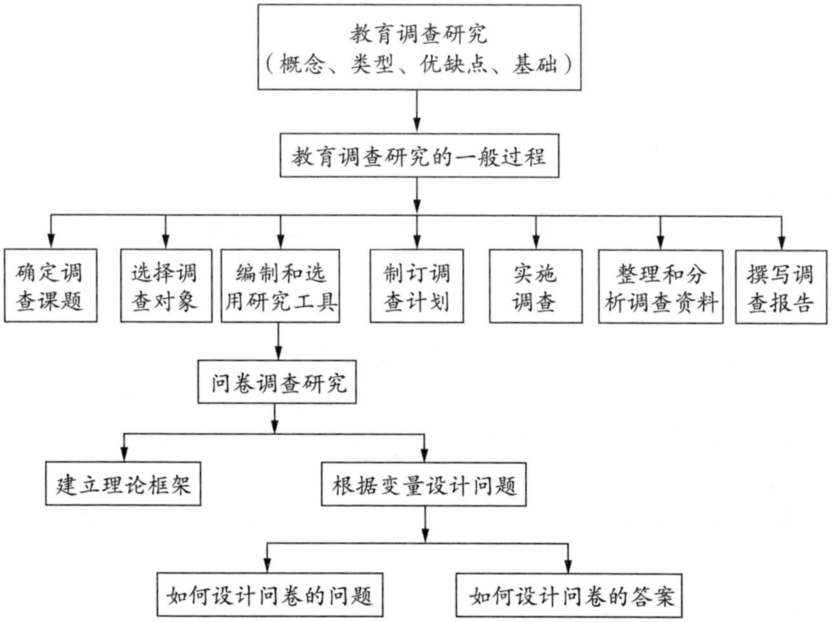

☆学习效果自测

1. 简述教育调查研究的特点和适用范围。
2. 简述教育调查研究的理论基础。
3. 教育调查研究包括哪些基本研究步骤？
4. 问卷的基本结构包括哪些？
5. 问卷设计的过程包括哪些环节？
6. 问卷设计的原则和要求有哪些？

☆拓展练习

1. 针对你自己的研究问题和研究目的，根据问卷研究法的要求作一个简单的研究设计（约2000字）。

2. 针对你自己的研究问题，设计一个问卷调查表。

3. 选择一个问卷调查表，根据本章内容对该问卷进行分析，指出该问卷的优点、不足和改进建议。

4. 请查阅陈向明教授的《王小刚为什么不上学了——一位辍学生的个案调查》（该文发表在《教育研究与实验》1996年第一期，选编在《在行动中学作质的研究》一书，教育科学出版社，2003）和袁桂林教授的《农村初中辍学现状调查及控制辍学对策思考》（该文发表在《中国教育学刊》2004年第二期）。

两篇文章都是研究农村辍学生问题，指出两种研究的不同之处及你的感想。

☆参考文献

1. 艾尔·巴比．社会研究方法［M］．11 版．邱泽奇，译．北京：华夏出版社，2006.

2. 劳伦斯·纽曼．社会研究方法［M］．郝大海，译．北京：中国人民大学出版社，2007.

3. 李方．现代教育研究方法［M］．广州：广东高等教育出版社，2007.

4. 潘慧玲．教育研究的取径：概念与应用［M］．上海：华东师范大学出版社，2005.

5. 华国栋．教育研究方法［M］．南京：南京大学出版社，2005.

6. 杨小微．教育研究方法［M］．北京：人民教育出版社，2005.

7. 瞿葆奎．教育学文集·教育学方法［M］．北京：人民教育出版社，1988.

8. 裴娣娜．教育研究方法导论［M］．合肥：安徽教育出版社，1995.

9. 弗洛德·J. 福勒．调查研究方法［M］．孙振龙，等，译．重庆：重庆大学出版社，2004.

☆后续学习资料

必读部分

1. 劳伦斯·纽曼．社会研究方法［M］．郝大海，译．北京：中国人民大学出版社，2007：第十章.

2. 李方．现代教育研究方法［M］．广州：广东高等教育出版社，2007：第五章.

选读部分

1. 艾尔·巴比．社会研究方法［M］．11 版．邱泽奇，译．北京：华夏出版社，2006：第九章.

2. 风笑天．现代社会调查方法［M］．武汉：华中科技大学出版社，2009：第六章.

第五章　教育测量研究

☆内容概览

教育测量已经成为教育研究和教育实践中必不可少的工具。教育测量的研究对象主要是学生，研究内容常常围绕学生的知识、思维、想象、能力和学业成绩。研究中测量的许多内容都涉及人的个性、外在特征、内在特征等，因此，教育研究中也就有多种测量的类型和方法。本章重点阐述了教育测量的含义、测量量表的类型、测验的编制和具体的实施步骤，并对确定测量工具适用性必须考虑的信度、效度、难度、区分度问题进行了详细介绍。

☆学习目标

1. 识记教育测量的含义及其特点。
2. 了解教育测量的四种水平和主要类型。
3. 掌握测量工具的评价指标及其计算方法，即信度、效度、难度、区分度，并能进行评估。
4. 掌握标准化测验的编制步骤及其实施标准化测验的具体步骤。

☆核心概念

教育测量　信度　效度　难度　区分度

2011 年 2 月 14 日，《京华时报》报道了一篇题为《小学生大盆测北京降雪 672 万吨，方法获认可》的文章。

昨天，北京市丰台区鸿业兴园小区的几名小学生聚在一起，利用小学知识测量出北京当日降雪 672 万吨。昨天一早，张亦驰、崔鸣歧、史博文等 7 名小朋友准备了大盆、塑料桶、笤帚、记录本、软尺等工具。他们在家长的帮助下，在小区的雪地上用软尺量出一个长 2.4 米、宽 2 米的长方形区域。上午 11 点多雪停后，小朋友们很快测量出雪的厚度是 16 厘米。由于第一次画的范围太大，洗澡盆装不下那么多雪，最后他们只量了 1 米见方区域，然后把雪装进了大盆，经过称重，发现 1 平方米雪的重量约 4 千克。小朋友们根据北京市土地面积约 16800 平方千米，每平方米雪重约 4 千克，最终得出北京全市昨天降雪 672 万吨。

固然小学生们通过实践活动去分析和解决问题的态度值得赞扬，然而，针对这种测量方法本身，存在以下问题。

（1）测量工具是否标准？众所周知，专业测量对测量工具的要求非常严格，测量雪的专用工具为雨量筒，其边缘要求非常整齐，以保证测量的准确性。而孩子们使用的大盆显然不行。

（2）测量结果是否准确？例如，孩子们在地点的选择上，选择的是小区，而小区内有楼房、树木等的遮挡，收集的雪量往往会受到影响，其测量结果也不够准确。

（3）测量标准是否有效？孩子们是用积雪的厚度来推算北京市的降雪量。这个测量结果显然是无效的，因为专业的方法是用收集到的雪融化后测量出的量度为降雪量。

（4）测量的计算方法是否可信？孩子们进行的研究存在的最大问题是在计算上，仅以某一处的降雪量去推算整个北京市的降雪量，这种以点带面的方法太片面，不科学。降雪量往往地域性很强，有的地方大，有的地方小，很难均衡。而专业气象台的观测点遍布城区、郊区，气象部门要综合这些测量点的数据，最后计算出北京市的平均降雪量。

以上几个问题，对于我们科学地进行教育测量非常关键。我们在进行教育测量过程中，如何选择测量工具？如何确保测量的数据和结果真实、有效？如何实施标准化测量，以确保测量结果一致？上述问题在本章中可以找到答案。

第一节　教育测量概述

一、教育测量的定义

测量通常是指数字和概念或变量之间的对应关系，它是根据一定规则用数字表示事物的属性和特征的过程。所谓规则，是指测量的准则和方法，规则的好坏将决定测量结果的质量。从上述定义可以看出，测量主要包括三个方面：（1）事物的属性和特征，即测量对象；（2）规则，即给事物的属性和特征分派数字的依据；（3）数字，即描述事物属性的符号。以教师对学生的创造力采用 1 ~ 5 个等级进行主观评定为例，这时测量的对象是学生的创造力，测量的规则是教师主观地对不同创造力水平的学生评定不同的等级，而 1 ~ 5 个等级是用来描述学生创造力水平高低的数字。

那什么是教育测量呢？从广义上讲，教育测量是对教育领域内的事物或现象，根据一定的客观标准，作缜密的考核，并依据一定的规则将考核的结果给予数量的描述。[①] 在教育工作中，教育测量不仅包括对学生学业成绩和知识水平的

① 王孝玲．教育测量［M］．上海：华东师范大学出版社，2005：4.

测量，而且包括对教育领域中其他教育方面的测量。如对教师教学水平的测量、对学校管理水平的测量、对整个学校办学质量的测量等。

从狭义上说，教育测量是指对学生某些学科经过学习和训练以后，所获得的知识、技能的测量，又称学业成绩测量。它是按照教育测验的规则，对学生掌握某些学科的知识、技能给予数的描述。①

二、教育测量的要素

任何测量都要具备参照点和单位两个要素，教育测量也不例外。

（一）参照点

测量过程中需要有一个测量的起点，这个起点就叫参照点。参照点不同，测量的结果就会因其所代表的意义不同而无法比较。

参照点有两种：一种是绝对参照点，即以绝对的零点作为测量的起点。如长度、重量和面积等的测量就是建立在以绝对的零点为参照点的基础上的测量。另一种是相对参照点，即以人为确定的零点为测量的起点。如对经纬度的测量是以赤道为零点，对地势高低的测量是以海平面为测量的起点等。理想的参照点应该是绝对零点，但是由于在许多情况下人们难以找到绝对参照点，所以必须改用相对参照点。

在教育测量中，由于所要测量的特质常常很模糊，很难找到绝对零点，故参照点一般采用人为的相对零点，并随其所参照的标准而发生变化。例如，学生成绩、智商等。一个人的智力测验为零，并不代表他没有智商，而只能说这个人的智力与其所在团体的大多数人的智力相比偏低。相对于零点的局限是其计算的结果不能进行乘除运算，而只能进行加减运算。比如期末考试中甲同学语文得了90分，而乙同学语文得了45分，我们不能断定甲同学的语文成绩是乙同学的2倍，而只能说甲同学的语文成绩比乙同学高。

（二）单位

单位是测量的基础，没有单位就无法进行测量。理想的单位应该具有两个条件：第一，要有确定的解释，即所有人看同一单位时，意义应相同，不能有不同的解释。例如，米是长度单位，人们不会将其看作重量单位。第二，具有相等的价值，即相邻两个单位点之间的距离差总是相同的。例如，100千克与90千克之差等于50千克与40千克之差。

但值得注意的是，与物理测量的单位相比，教育测量中的单位往往很难达到上述条件。第一，教育测量中的单位意义比较模糊。例如，在编制智力测验时，由于测量学家对于智力本身的性质和构成存在不同的看法，因此在一种智力测验上得到的分数与在另外一种智力测验上得到的分数可能具有不同的意义。第二，相同的测量单位不等值。例如，由于很难保证语文测验和数学测验的难度完全相

① 王孝玲．教育测量［M］．上海：华东师范大学出版社，2005：4．

等，因此语文测验中的“1 分”不一定等于数学测验中的“1 分”。即使同一次考试的“1 分”，也不一定完全等值。再如判断题的“1 分”就不等于选择题的“1 分”。因此，一般而言，教育测量的单位是不能直接加减乘除的。

三、教育测量的可能性与特点

（一）教育测量的可能性①

从教育测量的广义概念上讲，它所测量的属性虽然也包括了物理属性，如学生的身体、体重等，但它测量的主要对象是心理属性，如学生的逻辑思维能力、创造力、语言表达能力等。

物理属性测量的可能性已经被大家所公认，如用尺量学生身高，用秤称学生体重等。这些都是客观的测量方法，其测量工具已经达到相当精确的程度。与物理属性测量相比，心理属性的测量是抽象的，测量依据的法则在很大程度上只是一种理论，很难达到如物理测量依据的法则那样普遍被人们接受的水平。例如，教育测量通过采用由有关领域的专家编写而成，经过长期的试用、修订、完善而逐渐形成的标准化测验来对人的心理特质和教育成就进行定量分析，但是这种定量分析的精确程度远远不及物理测量的精确度高。因此，有人对心理属性的测量产生了怀疑。其实，心理属性与物理属性一样，都是可以测量的。20 世纪初期，美国心理学家和测量学者已经为心理属性测量的可能性提出了两个理论基础。

1. 凡物的存在必有其数量

美国心理学家桑代克（E. L. Thorndike）于 1918 年提出了“凡物的存在必有其数量”②。世界上的事物现象都有程度上的不同，程度上的不同也就是数量上的差异，既然有数量上的差异，就可以进行数量化的测定，这为教育测量提供了可能和理论基础。例如，学生的学习成绩有优劣之别、人的智力有高低之分，这种高低之间、优劣之间存在着程度的不同。这种程度的不同就是数量的不同。

2. 凡有其数量的事物都可测量

美国测量学者麦柯尔（W. A. McCall）于 1923 年提出了“凡有其数量的事物都可测量”③，说明人的心理属性也是可以测量的。虽然我们不能用尺来量它，也不能用秤来称它，但是它必定会反映在某种活动之中，或表现在某种行为之中，于是我们就可以通过对人的行为的测量来推断其某种心理属性。例如，学生的心情可以用仪器从脉搏、呼吸、血压、心跳和外部行为的表现中测量出其差异程度。

当然，教育与心理测量的准确性、可靠性和精确度与其他一切测量技术一样

---

① 王孝玲．教育测量［M］．上海：华东师范大学出版社，2005：4.

② Thorndike，E. L．. The nature，purposes，and general methods of measurements of educational products［J］. National Society for the Study of Educational Products：Seventeenth Yearbook，1918：16－24.

③ McCall，W. A．. How to experiment in education［M］. New York：Macmillan，1923：4－5.

都是相对的，也同其他一切测量技术一样必然随着科学技术的进步和发展而逐步提高。如目前对学生智力、创造力、知识、技能、态度等方面测量的科学性已经大大提高。

（二）教育测量的特点

与物理测量相比，教育测量有其固有的特点。

1. 相对性

教育测量依据的法则在很大程度上只是一种理论，很难达到如同物理测量依据的法则那样普遍被人们接受的水平。例如，测量学家在编制智力测验时对智力本身的性质存有不同的看法，对智力的结构成分有不同的理解。因此，从一种智力测验上得到的测量分数与从另一种智力测验上得到的测量分数可能具有不同的意义。由于所依据的法则不够成熟，即使使用同一种测量，所得结果也不像物理测量那样准确、可靠。因此，教育测量的难度主要在于，人们难以制定一个清晰而又易于操作的法则。物理对象的相对稳定性较高，因此其测量结果也比较稳定。而教育测量的对象是人，会受主观和客观因素的共同影响，而且因素是多变的、复杂的。因此，教育测量比物理测量要困难得多。例如，要测量桌子的重量，我们去称一下，一般情况下桌子的高度和温度不会影响重量。但如果我们测量人的智力，他们的情绪等本不应该影响到人的智力，然而在实际测量中，人的情绪好坏、动机、身体状况、主考官的态度等都会影响到最终的智力测验结果。

2. 间接性

教育测量的对象是人的教育成就和心理特质。教育成就的含义比较明显，是指一个人通过接受教育而获得的知识水平。心理特质的含义则比较模糊，不大能够给予清楚的界定。心理学上通常将“特质”理解为相对稳定的、对个人的行为具有持久的调节作用的心理特征，如智力、兴趣、态度、人格等可以视为特质。在测量过程中，将其具体为可操作的测量对象本身就是一件非常复杂的工作。心理特质显然具有内隐性，我们不可能像测量重量或长度那样直接测量人的心理特质的量，而是通过测量个人在特定情境中的外显行为来推断其心理特质，这就决定了教育测量只能是一种间接测量。

3. 客观性

教育测量的主要研究工具是测验，而测验要遵循一定的标准和程序，不是凭主观经验来进行的。例如，测量人的智力，应当根据智力结构理论来编制测验，根据被试在测验上的得分来判断其智力水平。其中，测验在编制、施测、评分和解释方面都有一套严格的程序，尽可能减少了无关因素对测验目的的影响。

四、教育测量的应用形式

教育测量广泛应用于教育研究中，主要有直接应用和综合应用两种形式。

（一）直接应用

直接应用，即直接选取某个测验作为收集资料的工具，其测验结果就是研究的成果。比如，采用韦克斯勒智力量表对学生智商进行测试，其测验结果就是学生的智力水平。再比如，采用数学标准化成绩测验或者自行设计的数学测验对某学校小学 6 年级数学教学法进行评价。

（二）综合应用

在教育研究中，教育测量也可以灵活地与多种方法结合起来形成一个有机的方法组合。例如，对中小学生创造性倾向与学业成绩的相关性研究，需要利用创造性倾向量表对学生创造力进行测量，然后再分析与学生学业成绩之间的相关性。

由经济合作与发展组织开发的国际学生评估项目是目前世界上最具影响力、涉及范围最广的国际学生评估项目之一，也是教育测量综合应用的典型案例。

专栏 5 - 1

国际学生评估项目

英国人将 PISA 喻为“教育界的世界杯”竞赛，我国上海市学生在 2009 年第四次国际学生评估项目测试中取得阅读、数学和科学素养三个领域第一的佳绩，引发外界持续关注。该项目主要对即将完成义务教育的 15 岁学生进行评估，测试学生是否具有现实生活和终身学习所必需的知识、技能等基本素养，并由此分析学生成绩与教育背景、学校因素以及情感态度价值观之间的关系，其评估结果对多国的教育改革产生了深远的影响。

PISA 将教育系统分为四个层次：教育与学习中的个人参与者、教学背景、教育服务的提供者、作为整体的教育系统。PISA 的测评模型即是围绕教育系统的四个层次展开的。这四个层次从宏观、中观、微观三个方面出发，不仅关注国家的经济、人口等因素，而且也关注学校的因素；此外，还关注学生个人的家庭、移民、兴趣、爱好等因素。（如图 5 - 1）

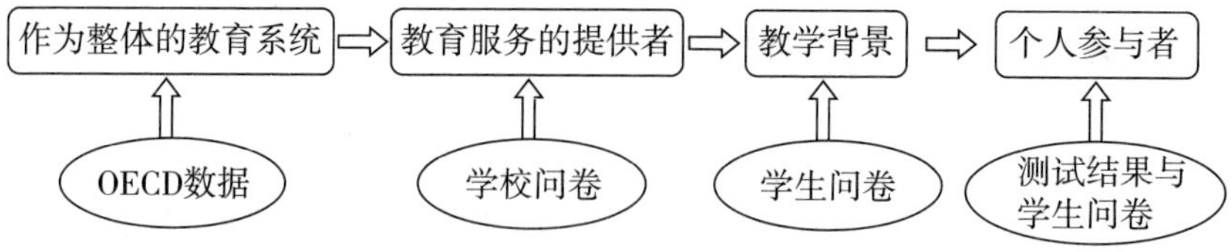

图 5 - 1　PISA 的评价模型

PISA 的测评形式为纸笔测试，测试均在学生所就读学校内进行。测评包括两部分：素养测试和个人背景与学习情况问卷。每个学生的素养测试时间为 2 小时，但由于有不同的题本组合，因此总测评时间加起来一共约 390 分钟。在每位学生素养测试的 2 小时内，每轮测评重点领域（如 2009 年为阅读素养）的测试时间占总测试时间的 2/3。此外，PISA 2009 年还加入了额外的大多数国家（地区）参与的学生电子文本阅读测评，时间为40分钟。

素养测试题目由问答题与选择题相结合，题目通常以单元形式组织。每个单元包含一段文字或一个图表，都是学生在现实生活中可能遇到的问题。学生的个人背景与学习情况问卷约为30分钟，主要涉及学生的背景、学习习惯和对学习环境的认知，以及参与学习的程度和动机；学校校长则要做一份20～30分钟的问卷，回答学校的人口分布特征及学校学习环境等问题。PISA还提供参与国（地区）可供选择的家长问卷，以获得学生学习的更多信息。

［资料来源］http：//www. pceec. cn/news_ 2744. html，2012－07－15.

五、教育测量的主要类型

教育测量的对象和内容非常丰富，测验作为教育测量的主要工具，可按不同标准加以分类。（如图5－2）

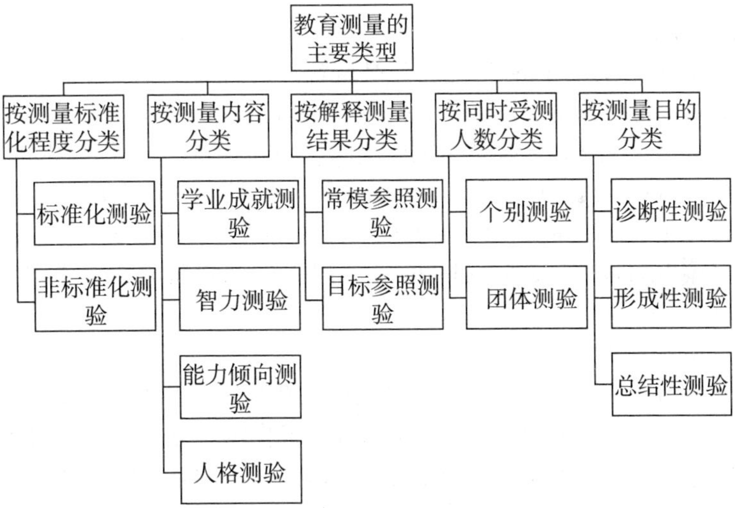

图5－2　教育测量的主要类型

（一）根据测量的标准化程度分类

1. 标准化测验

标准化测验（standardized test）主要是指所用的测验是由学科专家、测验编制专家或者专业机构按照标准化的科学程序设计和编制，其实施过程和评分及分数解释等一系列程序按照统一的标准操作。它的测量结果比较客观、可靠，具有一定的可比性，所以应用范围比较广。一般测量调查大多选用标准化的测验工具，如高考。

2. 非标准化测验

非标准化测验（non-standardized test）主要是指测验的编制和施测没有统一的标准程序，通常是教师自己编写的测验，如课堂测验、考试等。其客观性和标准性程度不如标准化测验，编制不如标准化测验那样精细周密，一般不求信度、效度和常模；测验的实施、记分也不像标准化测验那样严格。当需要教师对所教某个单元的掌握程度、对某一学科所教内容的接受能力或对地方规定的一些课程目标所取得的进展作出评价时，教师自编测量则更为合适。

（二）根据测量的内容分类

1. 学业成就测验

学业成就测验（academic achievement test），又称学绩测验，是测试被试经某种形式的学习或训练后对知识、技能的掌握程度或熟练水平，如识字量、阅读、算术测验等。它既可使用经过认真编制、有充分依据的标准化测验，又可使用教师自编的非标准化测验。这类测验按学科特征可分为单科成就测验和综合成就测验。

2. 智力测验

智力测验（intelligent test）是测试被试智力的高低，多以言语推理测验为主要内容，如对词汇、词的异同及类比等项目进行测量，另外还包括一些测量一般常识、数值推理、记忆以及感知技能与组织技能的项目，其结果常以智商（Intelligence Quotient，简称 IQ）来表示。此类测验比较多，其中比较著名的有斯坦福—比纳智力量表（Stanford-Binet Intelligence Scale）、韦克斯勒儿童智力量表（Wechsler Intelligence Scale for Children）、瑞文推理测验（Raven's Standard Progressive Matrices）等。

3. 能力倾向测验

能力倾向测验（aptitude test）是测试被试潜在的某种能力，以了解其未来发展的可能性，预测个人能力的发展倾向。能力倾向测验分为一般能力倾向测验和特殊能力倾向测验。一般能力倾向测验是评定一个人能力倾向程度的标准化测验，主要是测量个人多方面的潜能，从知觉速度与准确度、数学运用能力、言语理解能力、逻辑推理能力、资料分析能力等五个维度测查一个人的能力倾向；而特殊能力倾向测验则是测量个人的特殊潜在能力，如西肖尔音乐才能测验（Seashore Measures of Musical Talents）、梅尔艺术判断测验（Meier Art Judgment Test）等。

4. 人格测验

人格测验（personality test），又称个性测量，主要测试被试的兴趣、态度、气质、性格、人际关系、品德、信念、价值观等人格心理特征。人格测验主要有两种类型，即结构明确的问卷测查（自陈量表和评定量表）和结构不太明确的投射测验。

（1）自陈量表：又称自陈问卷，依据所测量的人格特征编制客观问题，要求被试根据自己的实际情况或感受逐一回答，以此衡量个人的性格特征。它是测量人格最常用的方法和形式。

（2）评定量表：通常是由一组描述个体特征或特质的词或句子组成，要求他人经过观察对个体的某种行为或特质作出评价。

（3）投射测验：向被试提供一些未经组织的刺激情境，让被试在不受限制的情境下，自由表现他的反应。通过分析反应的结果，便可推断被试的人格特征。

较为著名的人格测验有：明尼苏达多项人格问卷（Minnesota Multiphasic Personality Inventory，简称 MMPI）、艾森克人格问卷（Eysenck Personality Questionnaire，简称 EPQ）、卡特尔 16 种人格因素测验（Cattell 16 Personality Factor Test，简称 16PF）等。

（三）根据解释测量结果分类

1. 常模参照测验

常模参照测验（norm-referenced test）是参照被测群体的实际水平解释分数的测验。常模是指群体的平均分数，它一般可以反映群体的水平。其具体方法是以常模为参照点，将被测者的成绩与常模比较，并把比较结果所反映出来的差异数量化，作为导出分数，以区分个体的成绩水准，属于相对评价的范畴。参照常模解释分数便于进行比较和选拔，这种测验对分数的分布和试题的区分度有一定要求，测得的分数变异性要大，得分的范围要广，能充分显示个别差异；另外，还要求试题有很强的鉴别力。例如，在升学考试中，按标准化的要求进行的分数转换就是参照常模得出的。

2. 目标参照测验

目标参照测验（criterion-referenced test）是参照被试达到目标的程度来解释分数的测验，也称作标准参照测验。在被评价的集体之外预先制定评价标准，通过与评价标准相比较，可以确定被评价对象达到目标的程度，属于绝对评价的范畴。它主要用于合格性和达标性的考试，评价时，个体只与目标所决定的绝对标准相比较而不进行相互比较。通常采用原始分数预先制定教学目标，如“优分”“良好”“及格”和“低分”等分数线，量化指标为相应的“优分率”“良好率”“及格率”和“低分率”等。这种测验的试题必须正确地反映教学目标，方可作为评价的标准，即要求试题在数量上和质量上同所要测定的内容和范围一致，而不必关心题目的难易和区分度。例如，毕业考试就是以某一学段的教育目标为标准，衡量学生的达标情况而进行的。

表 5-1　常模参照测验和目标参照测验对照

种　类	参照标准	评价范畴	评价作用	理想分布
常模参照测验	群体水平	相对评价	比较选拔	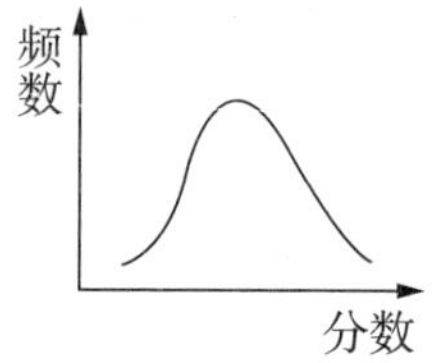
目标参照测验	教育目标	绝对评价	达标鉴定	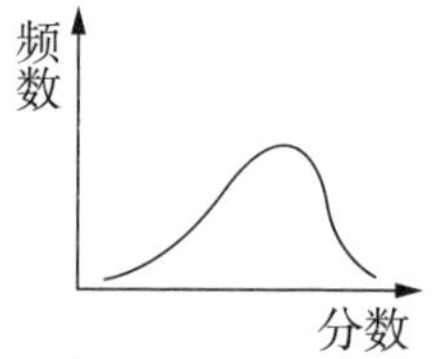

(四) 根据同时受测人数分类

1. 个别测验

个别测验（individual test）是指同一主试在同一时间内只能测量一个被试。个别测验的优点主要有：一是主试对被试的行为有仔细的观测，有机会获得测量分数之外的信息；二是面对面沟通交流的机会较多，容易与被试建立融洽的合作关系，保证测验结果的可靠性；三是对于一些特殊被试（如幼儿、文盲），只能采用个别测量，以便主试代替被试记录其行为反应。个别测验的缺点主要有：一是时间花费比较大，难以在短时间内收集大量的测量资料，效率比较低；二是测验手续比较复杂，对主试的水平要求比较高。斯坦福—比纳量表、韦氏儿童智力量表等大多数儿童智力测验都属于个别测验。

2. 团体测验

团体测验（group test）是指同一主试在同一时间内能够测量许多被试。例如，"瑞文推理测验"和绝大多数自陈人格问卷均属于团体测验。团体测验的优点：一是节省时间，可以在较短时间内收集到大量的测量数据；二是主试无须接受严格的专业训练，所以在教育测量研究中被广泛使用。其缺点是由于同一时间内接受测量的被试较多，很难有效控制被试的行为，容易产生测量误差，从而影响测量的信度和效度。

(五) 根据测量目的分类

1. 诊断性测验

诊断性测验（diagnostic evaluation），又称准备性测验，一般是在教育教学或学习计划的前期阶段开展的测评，重在对学生已经形成的知识、能力、情感等发展状况作出合理的评价，了解学生对未来教学活动的准备状态，为计划的有效实施提供可靠的信息资源，以获取更好的效果。这些信息资源的获取可以通过查阅被试在此之前的有关成绩记录、摸底测验等方式获得，如入学初期的班级摸底考试。

2. 形成性测验

形成性测验（formative evaluation）是指在教学过程中，对尚在进行、发展中的教学活动进行相应的价值判断。其主要目的是了解学生在教学过程中达到教学目标要求的程度，根据提供的反馈信息，探究教学中存在的问题或缺陷，使教师后续课堂教学能够顺利进行，提高教学的自觉性和主动性。形成性测验是教学过程的一个基本组成部分，测评的内容为正在进行的教学过程，如一个单元、一个章节等，它以教学目标作为评价的参照系，包括教师所进行的非正式的观察、课堂问题的回答、课堂及家庭作业、小型测验等。

3. 总结性测验

总结性测验（summative evaluation）是在教育教学活动结束后进行的测评，是对最终学习结果的检测，往往以成绩报告单的形式对学生的学习作出较全面的总结。总结性测验的主要目的不是调整教学方法或纠正学习中的不足，而是对整个教育活动所取得的较大成果进行更为全面的评价，考察教学目标达到何种程度，判明是否有必要修订教学目标，重新进行补救教学，同时检查教学活动的组织是否得当、教材的安排是否合理等。一般以期中、期末考试来对学生学习的总体效果进行评判。

表 5－2　诊断、形成、总结三种测验对照

种　类	评价目的	评价特点	评价方法	评价作用	评价时间
诊断性测验	预测、摸底	比较正规	作业分析法、前测验、调查法	诊断学习准备情况，并进行分析	教学前
形成性测验	矫正、改进	灵活	练习、提问、实际操作、作业	确定学习效果	教学中
总结性测验	评价、鉴定	正规	考察、考试	评定学习成绩	教学结束后

六、教育测量的量表

要进行测量，首先需要设计测量工具，通常称之为量表（scale）。所谓量表，就是确定了测量单位和参照点并具有取值系统的测量工具。例如，尺是测量长度的量表，血压计是测量血压高低的量表，智力测验是测量智商高低的量表。由于指定量表所用的单位和参照点不同，量表的种类不同，其精确程度也不同。史蒂文斯（1951）构造了现被广为采用的测量的水平分类，即定类（nominal）、定序（ordinal）、定距（interval）和定比（ratio）①。史蒂文斯根据

① Stevens, S. S. . Mathematics, measurement and psychophysics [M] //S. S. Stevens. Handbook of experimental psychology (ed.). New York: Wiley, 1951: 1－49.

测量的精确程度将量表分为：类别（命名）量表、等级（顺序）量表、等距（间隔）量表、等比（比率）量表四种，相应的就有四种水平的数据。

表 5－3　测量的水平和对应的量表

定类	类别量表
定序	顺序量表
定距	等距量表
定比	比率量表

以上四种量表是依从低到高的次序排列的。量表的次序越高，对于描述事物的数所允许的算术运算越多。后面每一种量表的性质，除包括前面每一种量表的性质之外，还具有其特殊的性质。

由于测量中所使用的单位和参照点的水平不同，就会有不同水平的测量量表。那么，教育测量的量表属于哪一种水平呢？

专栏 5－2

教育测量的量表属于哪一种水平？

从本质上讲，教育测量的量表属于顺序量表。这是因为：(1) 从使用的参照点来看，教育测量领域的参照点均为相对参照点。例如，在学期末的学科考试中，通常的做法是把学生的成绩确定在 0～100 分。显然，这个 0 分是人为假定的起点，因为即使某个学生得了 0 分，我们也不能说该生在本学期内没有学到任何知识，或者说该生的知识水平为零。(2) 从所使用的单位来看，教育测量的单位意义不明确、不等值。一是教育测量所使用的单位意义不太明确。例如，在各种形式的考试中，虽然使用单位都是“分”，但实际上，数学考试中的“分”和语文考试中的“分”的意义是不相同的。二是教育测量中的单位常常不等值。例如，同一次数学考试，学生做对一道较简单的题目得到 1 分，同样做对一道较复杂的题目也得到 1 分。从表面上看，前者的 1 分和后者的 1 分是等值的。但实际上，它们所反映的学生的知识水平是不相等的。由于顺序量表的参照点没有绝对零点，而且它的单位不相等，大量的统计方法不能直接应用到顺序量表中，所以常常采用的统计方法是将教育测验分数转换到一个具有相等单位的量表上去，最常用的方法是把原始分数（也就是测验分数）转换成标准分数。

第二节　教育测量工具的评价指标

俗话说，“工欲善其事，必先利其器”。在测量工具正式使用之前，对它进行科学的质量分析是很有必要的。要衡量教育测量的质量，可以采用四个指标，即信度、效度、难度和区分度。前两个指标主要是对整个测量而言的，后两个指标主要是对测量的项目而言的。（如图5－3）

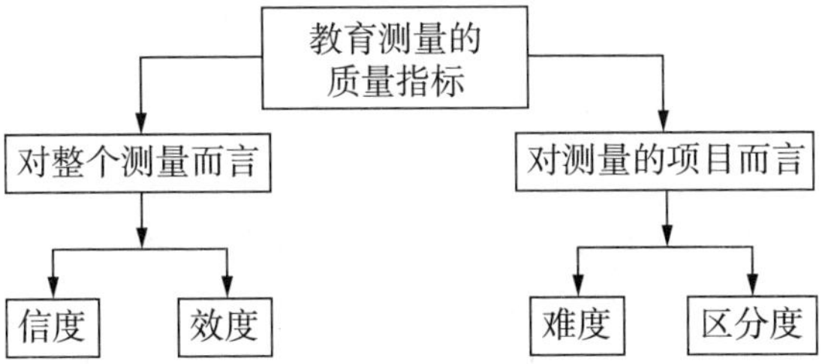

图5－3　教育测量的质量指标评估框架

一、测量的误差

对测验进行信度和效度研究之前，了解测量的误差是非常必要的。

测量误差是指在测量过程中由与目的无关的因素而产生的不准确的或不一致的结果。教育测量要尽可能地准确，就必须对测量误差进行控制。各种误差对研究结果所造成的危害程度以及我们能够消除它或矫正它的能力是不同的。

误差有两种主要形式：系统误差和随机误差。系统误差是由与测量目的无关的因素而引起的恒定的有规律的误差，它稳定地存在于每一次测量中。随机误差则是由与测量目的无关的偶然因素而引起的变化无规律的误差，它使得多次测量的结果不一致，其大小和方向是随机的。在许多情况下，我们喜欢假定误差，例如，由在实验中不能控制的因素所引起的误差是随机的，或者是没有任何特定模式的。因此，一些误差将对一些变量产生高估的值，而另一些误差将对另一些变量产生低估的值。假如样本足够大，这些随机误差将趋向于彼此互相抵消，从而对研究的整体结果伤害不大。因此，随机误差常常被认为是可以容忍的。但是，系统误差不是随机的，而是有某种模式，因此难以彼此抵消。可是，既然这种误差有某种模式，那么有时候人们是可以找出这种模式并消除或矫正它的。例如，假定你用问卷作为调查工具，研究的主要变量是被调查者的教育程度，而只有60%的问卷返回率，意味着40%的人没有返回，你也许猜测这些没有回音的人在教育程度上不是随机分布的而主要是教育程度较低的人。通过对一些没有回音的人的访谈，你可以对误差量进行估计并且矫正它。其他的系统误差还包括录入员总是把 1 打成 2，这种误差可以很容易地得到矫正。

一般地，研究者都会尽可能地移除误差。但是假如不可能，有时可以估计它并矫正它。在一些情况下，误差可以被假定为随机的，忽略不计。这里有一个矫正误差的常见例子：某个问题的可选答案只有 1 ~ 5，可是录入后却出现了 6，9 等。这类误差明显是由录入、编码以及填写者误填造成的，因此一般可以重新查看问卷，通过和有关问题的对比和逻辑分析进行矫正。可是在答案取值可以接受的范围（如 1 ~ 5）内发生的误差就难以查出来了，在这种情况下，只有通过对问卷有关问题的对比和逻辑判断来加以矫正。

在测量学中，测验的观察分数 X 可以被看作真分数 T 和测验误差分数 E 的函数：$X = T + E$。T 是一个理论上的构想，指测量工具在测量没有误差时的真值，但在实际中是无法得到的。E 是随机误差（不包含系统误差，系统误差的变异包含在真分数的变异中），E 的数学期望是 0。因此，真分数是一个在大量同等测试中所得到的观察分数的期望值。任何两次测量所产生的误差相互独立，并服从均值为零的正态分布。满足以上条件的时候，观察分数方差等于真分数的方差与误差方差之和：$S_X^2 = S_T^2 + S_E^2$。在测试中，一些教育测试的题型选择不当、指导语不清晰、评分标准不一致等都会引起随机误差，而测试人员的偏见、题型选择不当、指导语不恰当等也有可能引起系统误差。

测量误差的来源可以分成四种：（1）测验自身。当测试的题目过少并缺乏代表性，以及概念和假设的构造（包括操作化的定义）缺少表面效度的时候；当题型是多项选择，被试可能凭猜测回答的时候；问题的提法不清晰的时候。（2）研究工具的构造。比如问卷缺少可靠性（比如当题目的表述模棱两可的时候），抽样缺少外部效度（比如抽样误差）。（3）施测过程。包括测试的时间安排、环境不适宜（温度、空气等）；测量工具的缺陷（音像器材质量等），测试过程中管理者的特征和行为（对被试所提问题回答不当等），打分标准不一致，数据记录不正确（编码错误，对遗失数据记录不当等）。（4）被试本身。包括被试的应试动机、经验、心理承受力和技巧、身体状况（疲劳程度等），应试前的准备工作等。

测试应该让所有的被试有相同的机会表现出真正的水平和特征，因此应该尽量控制可能引起误差的因素，使测试结果更加可信、有效。

二、信度

（一）信度的定义

信度（reliability）意味着测量的稳定性、可预测性、一致性。当一个测验多次测量的结果一致时，它就被认为是可靠的。估计测量一致性的指标被称为信度。如果说可靠性即为一致性（或相容性），那么测量工具虽然可以是无效的，但却仍然可以是一致的（一致的不准确），因而是可靠的；但是反过来则不成立，因为测量若有效，它每一次都将是准确的，因此必然是可靠的。可靠性和有效性之间不是对称关系。

在测量学中，信度被定义为一组测量的真值分数方差与实得分数方差的比率。即

$$R_{XX} = \frac{S_T^2}{S_X^2} \tag{5.2.1}$$

其中，R_{XX}代表测量的信度，S_T^2 代表真值分数方差，S_X^2 代表实得分数方差。但在实际测量中，因为真值是未知的，所以信度系数只能根据一组实得分数作出估计。

（二）评价信度的方法

1. 再测信度

再测信度（test-retest reliability）有时也被称作重测信度，是指用同一个测验对同一组被试在一定的时间间隔内施测两次，两次分数之间的相关系数称为再测信度。它度量了测验跨时间的一致性，也叫作稳定性系数（coefficient of stability）。

再测信度的计算只有当满足以下条件时才具有较好的解释性：（1）所测量的特性必须是稳定的；（2）遗忘与练习对于两次测试的结果不起什么作用；（3）两次测量之间，一些其他因素（如被试的自然成长所带来的能力提高、环境等）没有发生重大变化；（4）它比较适合于评价速度测验，而不是难度测验。其公式为：

$$R_{XX} = \frac{[\sum (X - \overline{X})(Y - \overline{Y})]}{\sqrt{\sum (X - \overline{X})^2 \times \sum (Y - \overline{Y})^2}} \tag{5.2.2}$$

其中，X 和 $\overline{X}$ 是第一次测量的实得分数和实得分数的平均值，Y 和 $\overline{Y}$ 是第二次测量的实得分数和实得分数的平均值，R_{XX}是再测信度。

当信度值较大时，说明前、后两次测量的结果比较一致。值得注意的是，同样一个量表，随着第二次测量的时间不同，它可以有不同的再测信度。因此，在报告再测信度时，应说明两次施测的间隔以及在此期间内被试的有关经历。

2. 复本信度

复本信度（alternate-form reliability）是指两个平等的测验测量同一批被试所得结果的一致性程度。只要可以获得两个或者多个平等的测验，就可以使用这种方法计算信度。复本信度被广泛应用于标准化测验。它是根据一组被试在两个等价测验上的得分计算的相关系数来评估测量信度。它反映的是两个测验之间的等价程度。这种方法可以在一定程度上避免再测法的缺陷，但需要编制两份等价的试卷，并且要求两份试卷在内容、形式、数量、难度、区分度等方面相等，因此也具有一定的难度。

再测信度和复本信度主要是通过计算两次测验分数的相关系数来解释信度的高低。这种方法适用于多选题目，比如信仰（佛教、道教、回教、基督教等）、态度（非常喜欢、喜欢、一般、不喜欢、非常不喜欢）等。

3. 内部一致性信度

内部一致性信度（homogeneity reliability）也叫同质性信度，指测验内部所有题目之间的一致性，或者理解为一个测验所测内容的相同程度。如果在一个测验中各试题得分有较大的正相关，则称该测试是同质的，即该测试中所有的项目都测量相同的特质。

估计内部一致性的常用方法有多种，最常用的方法之一就是分半法（split-half correlation）。分半法是按照正常的程序实施测验，然后将全部试题分成相等的两半，被试组在这两半测验分数之间的相关系数。但如何将试题分成两半是一个需要认真考虑的问题。一般试卷题目在类型和难度上的排列是不同的，而且还应考虑到被试受疲劳、练习等因素的影响，因此通常采用奇偶分半法。使用奇偶分半法还需要注意一个问题，即一份测试的题目无论是总题数还是每一内容、类型的题都应力求是偶数，这样才有分半的可能。其分半信度系数计算公式为：

$$R_h = \frac{[(X_O - \overline{X}_O)(X_E - \overline{X}_E)]}{N \times S_O \times S_E} \tag{5.2.3}$$

其中，R_h 为分半信度系数，N 为考生数，X_O 为题号为奇数的试题所得分数，$\overline{X}_O$ 为题号为奇数的试题所得分数的平均分数，X_E 为题号为偶数的试题所得分数，$\overline{X}_E$ 为题号为偶数的试题所得分数的平均分数，S_O 为题号为奇数的试题所得分数的标准差，S_E 为题号为偶数的试题所得分数的标准差。

当两半测验等价时，它们应该具有相同的平均数和标准差。由于这样求得的只是半个测验的信度，根据相关系数值解释信度高低很容易低估信度，因此要得到整个测验的信度，还需要校正。可用斯皮尔曼—布朗（Spearman-Brown）公式校正，其公式为：

$$R_{XX'} = \frac{g \times R_h}{1 + (g - 1) \times R_h} \tag{5.2.4}$$

其中，$R_{XX'}$ 为完整测验的估计信度，R_h 为分半信度系数，g 是测验增加或减少题目数量的倍数。

分半法估计的信度确实比前两种简单，并减少了疲劳、厌烦等因素的干扰。但它只度量了两半试题的等价程度，不能提供时间稳定性的信息。

此外，库德—理查逊法（Kuder-Richardson method of rational equivalence）也可以检测内部一致性信度。该方法适合二元计分，即适用于答对得 1 分、答错得 0 分这种题目组成的测验。最常用的是 $K - R_{20}$ 公式和 $K - R_{21}$ 公式。其表达式如下：

$$R_{K-R_{20}} = \frac{K}{K-1}\left(1 - \frac{\sum P_i Q_i}{S_X^2}\right) \tag{5.2.5}$$

$$R_{K-R_{21}} = \frac{KS_X^2 - \overline{X}(K-\overline{X})}{(K-1)S_X^2} \tag{5.2.6}$$

其中，K 表示测验的题目数，P_i 为通过第 i 题的人数比例，Q_i 是未通过第 i 题的人数比例，S_X^2 为测验分数的方差，$\overline{X}$ 为测验分数的平均数。

库德—理查逊法只适用于非对即错的测验，但是不少测验计分属于多重计分的方式，如态度量表中，答“非常满意”记5分，“满意”记4分，“一般”记3分，“不满意”记2分，“非常不满意”记1分。像这样的记分方式就必须采用克伦巴赫（Cronbach）1951年所创的α系数，其公式为：

$$\alpha = \frac{K}{K-1}\left(1 - \frac{\sum S_i^2}{S_X^2}\right) \tag{5.2.7}$$

其中，K 表示测验的题目数，S_X^2 为测验分数的方差，S_i^2 为第 i 题分数的方差。

4. 评分者信度

如果测验属于客观性题目，那计分就比较客观，很少有评分者的误差在内。但是如果测验是主观性试题，计分就会存在评分者主观判断的误差，则需检验评分者信度（inter-rater reliability）。评分者信度的检测方法是从测验卷中抽取一些样本，单独由两位评分者在每份测验卷上评分，然后根据他们评的分数求相关。两者的相关系数就是评分者信度。这种信度所说明的误差来源为评分者的评分差异。评分者信度适用于命名量表、顺序量表、等距量表和比率量表。根据数值解读评分者间的评分结果一致性。

既然信度系数是衡量测验好坏的一个重要标准，那么信度应该达到多少才可以接受呢？一般认为，能力与学习成绩测验的信度系数应该在0.90以上，性格、兴趣、态度等人格测验的信度在0.80～0.85，教师自编学习成绩测量的信度应该达到0.60以上。

影响信度的因素很多，被试、主试、测验内容和施测环境等都能带来随机误差，导致分数不一致，从而降低测试的信度。一般来说，题量越大，信度会越高。原因在于题目越多，试题的取样越适当，分数受被试猜测因素的影响越小。信度系数对不同特性的人群可能是不同的。一个群体分数分布的范围越大，测验的信度就越高。当一个测验对被试来说太难或太易时，分数分布的范围都将缩小，其信度也随之降低。

以上介绍了评估信度的四种方法，其各种方法的比较参见专栏5－3。

专栏5-3

各种信度计算方法的比较

每种信度的评价方法都有其独特之处。通常情况下，只有当研究者计划使用两个版本的测验来测量同一批被试的时候，才需要计算复本信度。但是，无论是对复本信度还是对内部一致性信度而言，都存在一个十分关键的条件，即在测量同一批被试的具体内容时，研究者需要设计多个题目。在一些特定情况下，例如数学测验，研究者很容易设计出大量的题目来考察被试的算术能力，但是对于一些更为复杂和主观的题目，要想做到这一点就比较困难。在观测研究中，使用评分者信度是最恰当的。然而，使用这种方法需要有多名评价者或观测者有时也有难度。在大多数实验研究中，再测信度是比较可靠的。研究者选择的实验对照组和实验组都是不需要做任何实验处理的，但是这种方法存在的一个主要问题是在收集到前测数据前，研究者无法获得有关信度的任何信息，如果前测的结果显示出比较低的信度，研究者的研究可能受到很大的影响。

采用不同的计算方法计算同一测量工具的信度，研究者得到的结果可能在数值上存在差异。总的来说，再测信度和评分者信度在数值上可能会低于复本信度和内部一致性信度，这是因为在再测信度中包含了测量时间带来的差异，而在评分者信度中则包含了不同评分者之间的差异。

三、效度

（一）效度的定义

任何类型的测量手段，包括测验、问卷、访谈提纲、调查表、人格量表等，都称为工具（instrument）。在研究报告或论文中，研究者使用“研究工具（instrumentation）”做标题来介绍其研究使用的测量工具。对于工具而言，重要的是其效度问题。

效度（validity）是指测量的有效性，即一个测量对它所要测量的特性准确测量的程度。效度与测量的目的有关。如果测量的目的在于测量学生的批判性思维能力，那么一个全是关于知识掌握情况的测量则是缺乏效度的；如果测量强调的是知识点的掌握，那么同样的测量则是非常有效的。因此，在我们讨论某测量工具的有效性时，首先要确定测量的目的是什么。

效度不仅关注测量是否有效，而且有效的程度也非常重要。可以说，没有一个测量能够达到100%的效度。为什么没有一个测量可以达到完美的效度？首先，所有的测量只是测量行为的某些方面。例如，建构一个测量大学时期学习成就的测验，大学成就测验强调词汇和数学能力，其他方面如使用计算机的能力、使用图书馆的情况、学习毅力等可能就不能包含在内。如果包含在内了，由于测验的长度有限，可能许多方面只能使用很少的题目，这就会影响测量的效度。

其次，某些我们想测量的特征根本无法由测量得到。例如，测量“快乐”。我们知道快乐是有传染性的，即使我们看到了快乐，我们如何用一个系统的方法去测量这种特征以便能够研究它呢？一方面，我们可以问一系列问题，如问调查对象如何与别人交往。另一方面，我们可以观察研究对象，然后给他们在与人交往中表现出来的快乐打分。比如，他们微笑了吗？他们说话的语调愉快吗？等等。然而，这些过程可能仅仅探询到快乐的某些方面，快乐特征的所有内涵并没有完全触及。

在测量理论中，效度被定义为：在一系列测量中，与测量目的有关的真实变异数（由所要测量的变量引起的有效变异）与总变异数（实得变异数）的比率，即

$$R_{XY}^2 = \frac{S_V^2}{S_X^2} \tag{5.2.8}$$

其中，R_{XY}代表测量的效度系数，S_V^2 代表有效变异数，S_X^2 代表总变异数。

（二）评价效度的方法

1. 内容效度

要决定一个测量工具的效度，我们需要判断其内容的适宜性。对于知识测验来说，内容效度非常重要。内容效度（content validity）是指对预测的内容或行为范围取样的适当程度。例如，教师在讲授了一段时间课程之后就要进行考试，而试卷不可能包含所有内容，只能从中选出一个代表性样本来测试，再根据分数来推论学生在该范围内的知识、技能的掌握情况。如果测试题目是该范围内容的样本，推论就有效。

例如，你是某门课的老师，为测验学生对知识的掌握情况，你打算设计一个知识测验。你需要采取什么样的步骤最大化该测验的内容效度？首先，你需要考虑测验的时间长度和题目的类型。在一个给定的时间长度约束下，使用多项选择可能比要求写文章更有效。假设你决定让学生在 50 分钟的测验时间内做 35 道多项选择题，而你的课程一共有 25 讲，那么每一讲要有一道题，剩下的 10 道题可以分配给最重要的授课内容。其次，你需要决定测量的知识技能水平。你是主要测量知识点和定义，还是主要测量更高水平的知识技能。

尽管上面的例子非常简单，但这个例子足以勾画出具有高内容效度的知识测验的三个原理。第一，涉及的测验内容面宽要比窄好。第二，重要的内容要被强调出来。第三，测验中的问题要测量需要的特定知识技能。例如，测验是对定义的描述还是对定义的应用、推理、判别。有了这些判断知识测验内容效度的依据，你就能够判断任何一个知识测验的内容效度。

内容效度主要应用于学业成就测验，它有时也可以用于评价其他类型的测量工具。例如，如果你想测量“自我概念”，那么你可以从生理自我概念、学术自我概念、社会自我概念等不同方面来构建测量题目。如果你认为对你的研究目的来说，某一类型的自我概念比其他类型的自我概念更重要（例如，学术自我概念

对学校中取得的成绩更重要），那么你可以强调某一种类型的自我概念，设计更多关于这一类自我概念的题目。最后，你需要用明确的语言将你的测量题目书写出来。这时，你需要考虑测量对象的教育水平，他们在多大程度上能够理解你的问题？会有一些用词特别让人难以理解吗？对问题表述的仔细推敲可以提高测量的效度。值得注意的是，内容效度不适合用于能力倾向测验和人格测验。

在使用内容效度时，要避免与表面效度（face validity）相混淆。表面效度并不是一种真正的效度。顾名思义，表面效度就是测量看上去是否有效。换句话说，测量工具呈现出来的是否是想测量的事物。以“学生阅读理解力调查”为例，如果测试中包含大量研究对象没有学过的词汇和专业术语，则难以检测出学生阅读理解能力的现状，可以认为该项测试缺乏表面效度。有时，表面效度会影响被试的测试动机。有时，为了研究的需要，我们特地使用具有低的表面效度的测量工具。例如，测量的是比较敏感的问题，还有一些不想让被试知道测验目的的心理测验。值得注意的是，人格测验要求表面效度不宜过高。

确定内容效度的主要方法有：（1）专家判断法。既由专家对测验项目与所涉及的内容范围进行符合性判断，这是一种定性分析的方法。（2）复本法。即根据一组被试在取自同样内容范围的两个测验复本上得分的相关来估计。如果相关低，则两个测验中至少有一个缺少内容效度；如果相关高，一般推论测验具有内容效度，但也可能出现两个测验有相同偏差的情况。（3）再测法。在进行教学或训练之前实测某一测验，然后对他们进行教学训练，结束时再测一次。如果成绩提高很大，则说明测验对教学具有较高的内容效度。（4）经验推断法。通过实践检验内容效度，比如要检验儿童发展量表的有效性，通过对不同年龄阶段的儿童进行测查，观察不同年龄阶段的儿童对每个题目的反应是否依年龄的发展而有所不同，如果通过率随着年龄的增加而增加，就可以推断测验有内容效度。

2. 实证效度

实证效度（empirical validity）是指一个测验对处于特定情境中的个体的行为进行估计的有效性。也就是说，一个测验是否有效，应该以实践的效果来作为检验标准。例如，军队在选拔汽车驾驶兵时，若用测验选出来的兵在学习驾驶技术以及在日后驾驶过程中的表现都大大好于以前未用测验随意指派的汽车兵，则表明该测验具有较高的实证效度。

要确定一个测量的实证效度，我们需要将某一个测量与一个效标或准则（criterion）相比较。效标是衡量一个测验是否有效的外在标准，它是独立于测验并可以从实践中直接获得的我们感兴趣的行为。值得注意的是，我们感兴趣的行为往往是一个观念上的东西，它必须用一个数字或等级来进行表达。例如，我们感兴趣的是大学生学习情况，这是一个观念上的东西，它的一种常用的效标测量是大学头两年或一年相关学科的平均成绩。在教育测量中，常用的效标主要有学业成就、等级评定、专门的训练成绩、实际的工作表现、对团体的区分能力以及其他现成的有效测验。这些效标可以是连续型变量，也可以是离散型变量；可以是自然的现成指标，也可以是人为设计的指标；可以是主观判断，也可以是客观测量；可以是自我评定，也可以是他人评定。

例如，某科研机构公开招聘9名研究人员，从事相同课题的科研任务。该机构用了一份新的科研人员招聘测试表，所得分数区间为15～35。由于急需研究人员，且劳动力市场供应不足，所以尽管有的人测验分数比较低，仍然被录用。工作6个月后，该机构领导对这些研究人员的工作业绩进行考核、打分，分值区间为1～10。1表示最差，10表示最好。表5-4是他们应聘时的测验分数和考核成绩表。

表5-4　研究人员应聘时的测验分数与考核成绩

研究人员	测验分数	考核成绩	
张三	35	9	测验前三名
李四	32	10	
王五	29	8	
赵六	27	8	测验中间三名
周七	25	7	
钱八	22	8	
刘九	21	6	测验最后三名
吴一	18	4	
郑二	15	5	

比较测验分数和考核成绩可以获得关于新的研究人员招聘测试表的效度。考核成绩可以被称为效标或准则，是评判新测验效度的标准。因为研究人员招聘测试的目的在于预测研究人员未来的工作业绩，所以该测验的效度被称为预测效度。预测效度指的是某测量的预测与将来实际发生事件的接近程度。

那么，上例中新的研究人员招聘测试表是否有效呢？从表5-4中我们可以回答这个问题。第一，测验分数排在最后三位的，考核成绩也排在最后三位。说明，测验对于预测谁在工作中会得到较低的业绩评价是比较有效的。第二，测验分数排在第三位的，考核成绩为8，与测验分数排在第二方阵的研究人员比较接近。这说明，该测验对评价高的业绩表现有一定的效度，但与评价低的业绩表现相比，其效度要低一些。按照分数高低把所有人进行排列，对照后我们发现，两个测验的基本得分顺序是一致的，尽管有些许的差别。这说明，新测验的效度还可以。评判效度的方法主要是看效度系数（validity coefficient）。效度系数通常是相关系数。效度系数通常为0.00～1.00区间上的一个数。1.00表示完美效度，在社会科学研究中是不可能的。0.00表示测验分数与准则分数没有任何关系，测验在预测某行为或某事件方面完全无效。在上述例子中，效度系数的值为0.88，表明该测验具有较高的效度（其效度系数值大于同类测验的效度系数）。

预测效度系数应该达到多大？当然，越大越好。但是，实际上有多大呢？招聘研究人员的测验如果其效度系数能达到0.60，就相当不错了。如果我们得到的效度系数是0.20，也不足为奇。为什么招聘测验的效度比较低呢？主要有两个原因：第一，工作达到业绩是一个复杂的问题，包括很多因素，如人际交往的技能、工作习惯、心理适应情况等。一份简单的纸笔测验就可以预测工作成功的期望是不合情理的。第二，准则本身的信度和效度有限。因此，即使纸笔测验的效度很高，而准则的效度不高，则这两者的相关系数也不会太高。

有时，我们评价一个测量的效度时，评价的不是它的预测效度。有两种情况：第一，用一个新的省时省钱的测验取代一个费时费钱的测验。原来的测验已被广泛接受，且具有比较高的效度，可作为准则。这样两个测验之间的效度系数如果在0.60以上，就表明新测验的效度比较高。第二，两个不同的测验测量同一个特征。比如，TOEFL（托福）与另一个英语能力测试，相关系数可以达到0.70以上。

如果收集测验分数数据和准则分数数据是同时进行的，这样得到的效度系数叫作同时效度（concurrent validity）。预测效度和同时效度都被称为效标关联效度（criterion-related validity）。

实证效度有多种评估方法，常用的主要是相关法。相关法是评估效标效度最常用的方法，它是求测验分数与效标资料间的相关，这一相关系数被称为效度系数。常用的效标资料包括专业训练的成绩与实际工作的成果等。例如，对被试实施某一能力倾向测量，而后再对他们的工作成绩进行考核，计算出某一倾向的测验分数与工作成绩的相关系数，就可以从能力倾向测验来预测工作成绩。计算效标关联效度系数一般采用积差相关法，其公式如下：

$$R_{XY} = \frac{N\sum XY - \sum X\sum Y}{\sqrt{N\sum X^2 - (\sum X)^2} \times \sqrt{N\sum Y^2 - (\sum Y)^2}} \qquad (5.2.9)$$

其中，N 为成对变量数目，$\sum X$ 为 X 变量的总和，$\sum Y$ 为 Y 变量的总和，$\sum X^2$ 为 X 变量平方的和，$\sum Y^2$ 为 Y 变量平方的和，$\sum XY$ 为 X 变量与 Y 变量积的总和。

例如，仍然采用表5-4的例子，计算招聘测试表的效度系数。

解：

$$R_{XY} = \frac{9 \times 1707 - 224 \times 65}{\sqrt{9 \times 5918 - 50176} \times \sqrt{9 \times 499 - 4225}} = 0.87$$

9 名研究人员的测验成绩和考核成绩的相关系数为 0.87，指招聘测验成绩对于考核成绩的预测度为 0.87（相关的参考数值见表 5－5）。

表 5－5　研究人员应聘时测验分数与考核成绩参数

研究人员	测验分数（X）	考核成绩（Y）	X^2	Y^2	XY
张三	35	9	1225	81	315
李四	32	10	1024	100	320
王五	29	8	841	64	232
赵六	27	8	729	64	216
周七	25	7	625	49	175
钱八	22	8	484	64	176
刘九	21	6	441	36	126
吴一	18	4	324	16	72
郑二	15	5	225	25	75
$N=9$	$\sum X=224$	$\sum Y=65$	$\sum X^2=5918$	$\sum Y^2=499$	$\sum XY=1707$

此外，评估实证效度的方法还有区分法和命中率法。区分法是根据效标测量将被试分为两个极端组，然后检验这两组测验分数是否具有统计意义上的显著性差异，若两组测验分数差异显著，则说明该测验有较高的效度。命中率法则是当测验用来做取舍的依据时，用其正确决定的比例作为效度指标的一种方法。

3. 建构效度

既要进行主观判断，又要进行实证检测的效度叫作建构效度。建构效度（construct validity）是指测验对理论上的构想或特征的测量程度，即测验提供的数据同理论假设的符合程度。一个测量表明测量了一个“假设”的概念，那么就称它具有建构效度。例如，智力、创造性、焦虑等概念被认为是“假设”的概念，因为不能直接去观察它们，而只能根据它们所导致的一些可观察的行为去推断它们。为了评价建构效度，研究者一开始需建立一些假设，假设在测量上获得高分数的人们和获得低分数的人们应具有哪些不同的特性。例如，研究者设计的测量是测量“焦虑”这个概念。那么如何确定测量确实测量了这个概念？一种方法是看测量是否区分了正常组和精神变态组的被试，既然理论家假定焦虑在精神变态上起了关键作用。假如测试确实区分了这两组人，我们就有证据说它测量了焦虑这个概念，即该测试有建构效度。建构效度反映了编制量表所依据理论的程度，因此，另一种方法是看量表是否符合原来预计的理论框架，即用建构效度进行检验。

例如，在构建了“工作满意度”的测量后，评估它的效度。应该有一定的理论预期，即工作满意度和其他变量之间的关系。比如推断：与对工作不满意的人相比，对工作满意的人的劳动生产率更高。如果工作满意度测量正如所期望的与劳动生产率呈正相关，那么就证明了测量具有建构效度；否则，测量的建构效度就有待商榷了。

另一个例子是假设我们构造了社会阶层的两类指标，并有理论：社会阶层越高，则偏见越少，并通过第一类指标验证了该理论。如果用第二类指标得出的结果与前面使用的第一类指标得出的结果相同，则说第二个测量有建构效度。比如，Rosenkerg（1965）认为：学生的自我评价程度与其参与学校活动成正比的关系①。若要评价 Rosenkerg 自我评价量表的建构效度，研究者将 Rosenkerg 量表给一组学生并测量了其在校参加活动的程度，若这两个测量呈正相关，则有证据支持了 Rosenkerg 自我评价量表的建构效度。

建构效度包含三个步骤：（1）必须确定概念间的理论关系；（2）概念测量间的实证关系必须是可被观察的；（3）实证证据必须被解释成它如何说明了某测量的建构效度。

最后，通过图 5 - 4，我们可以更加清晰地理解三种效度类型。内容效度指一个单一的概念（X）和一个对它单一的测量工具（Y）之间的效度关系，因此它是效度评估中最简单的鉴定程序。实证效度也需要一个概念（X）以及测量这个概念的两个工具（X_1 和 X_2），并且这两个工具是相关的。建构效度不仅仅需要一个概念（X）以及测量这个概念的两个工具（X_1 和 X_2），而且还需要其他概念（Y）和测量这个概念的工具（Y_1），概念 Y 和测量工具 Y_1 与所要测量的概念 X 和测量工具 X_1、X_2 相关。

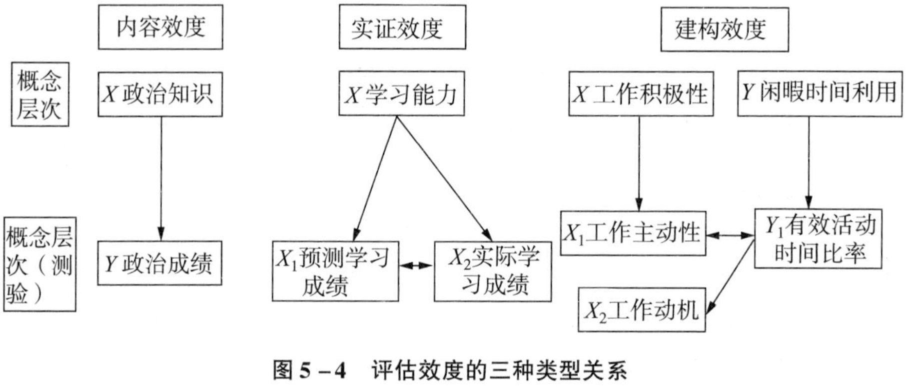

图 5 - 4　评估效度的三种类型关系

以上三种效度要求越来越高，建构效度要求比实证效度有更多的信息，而实证效度要求又比内容效度有更多的信息，建构效度经常被看成最强的效度。

---

① Rosenberg, M. . Society and the adolescent self-image [M] . Princeton, NJ: Princeton University Press, 1965.

专栏5-4

信度和效度的关系

信度和效度是一项教育科学研究的活动和结果具有科学价值和意义的保证。研究信度是研究效度的一个必要前提，没有信度，效度不可能单独存在，信度是效度的必要条件，但不是充分条件。也就是说，无信度一定无效度，但有信度不保证一定有效度，一个可靠的研究程序并不证明内容一定有效，而一个有效度的研究一定是一个有信度的研究。与之相对，效度是信度的充分而非必要条件，有效度必定有信度，效度高，信度必定也高，因为不可能存在唯有效度而没有信度的情况。信度是为效度服务的，因而效度是信度的目的；效度不能脱离信度而单独存在，所以信度是效度的基础。从图5-5可以看出，A是高信度、低效度；B是高效度、低信度；C是低信度、低效度；D是高效度、高信度。值得注意的是，我们评价有效性和可靠性的程度直接依靠于所要求的精度，在给定的误差范围内则是可接受的。

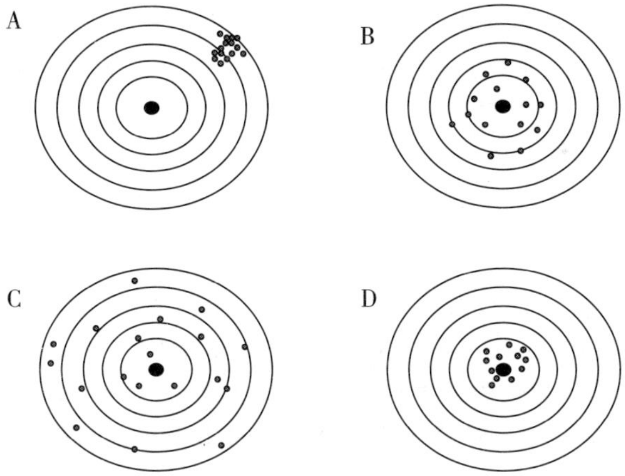

图5-5　信度与效度的关系

四、难度

（一）难度的定义

难度（item difficulty）是指试题的难易程度，一般用试题的得分率或答对率（P）表示。事实上，难度是容易度。P 值在0~1之间，数值越大，表示得分高或答对的人数越多，说明试题越容易。测验的计分方法不同，试题难度的计算方法也有所不同。

（二）估计难度的方法

1. 对于是非题、选择题等二值计分项目（答对得分，答错不得分）的难度

如果不考虑被试作答是猜测成功的概率，二值计分项目的难度通常以通过率来表示，即以答对或通过该项目人数的百分比来表示：

$$P = \frac{R}{N} \times 100\% \qquad (5.2.10)$$

其中，P 为项目难度，N 为全体被试数，R 为答对通过该项目的人数。

例如，在 1000 个学生中，答对某项目的人数为 750 人，则该项目的难度为：

$$P = \frac{750}{1000} \times 100\% = 75\%$$

以通过率表示项目的难度时，通过的人数越多，则 P 值越大，表示其难度越小；通过的人数越少，则 P 值越小，表示其难度越大。

还可以使用极端分组法来衡量题目的难易程度。当被试人数较多时，则可以先将被试依照测验总分从高到低排列，分成三组，总分最高的 27% 被试成为高分组（N_H），总分最低的 27% 被试成为低分组（N_L），分别计算高分组和低分组的通过率，然后求项目的难度。

$$P = \frac{P_H + P_L}{2} \text{或} \frac{1}{2}\left(\frac{R_H}{N_H} + \frac{R_L}{N_L}\right) \qquad (5.2.11)$$

其中，P_H、P_L 分别表示高分组和低分组的通过率；R_H、R_L 分别表示高分组和低分组通过该项目的人数；N_H、N_L 分别表示高分组和低分组的人数。

例如，在 1000 名被试中，选为高分组和低分组的被试各有 270 人，其中高分组有 200 人答对第一题，低分组有 100 人答对第一题，则第一题的难度为：

$$P = \frac{1}{2}\left(\frac{200}{270} + \frac{100}{270}\right) \approx \frac{1}{2}(0.74 + 0.37) \approx 0.56$$

2. 对于非二值计分项目的难度

对于论述题，每个项目不只有答对和答错两种可能的结果，而是从满分至零分之间有多种可能的结果。对于这类项目，难度等于平均分与满分之比，其计算公式为：

$$P = \frac{\overline{X}}{X_{\max}} \qquad (5.2.12)$$

其中，$\overline{X}$ 为被试在某一项目上的平均得分，$X_{\max}$ 为该项目的满分。

例如，某数学测验的第七题满分25分，该题考生的平均得分为13分，则该题的难度为：

$$P=\frac{13}{25}=0.52$$

进行难度分析的主要目的是筛选项目，项目的难度多高合适取决于测验目的的项目形式以及测验的性质。在教育工作中，若测验的目的是了解学生在某方面知识技能的掌握情况，可以不必过多地考虑难度，只要教育者认为重要的内容就可以选用，那些100%通过或者通过率为0的项目都可以采用。如果测验的目的是选拔录用人员，就应该将项目的难度控制在接近录取率左右，即较多地采用那些难度值接近录取率的项目。例如，要从高中生中选拔15%的人参加全市的数学竞赛，就应提高项目的难度，使 P 值接近0.15。

一般情况下，测验的平均难度接近0.50时，分数趋于正态分布，否则分数将出现偏态分布。就整个测验而言，在平均难度为0.5且题目组间的相关为零的情况下，分数呈正态分布。难度值越小，则题目越难，低分段的人数必然较多；而难度值越大，题目越容易，分数将大部分集中在高分区。这样，在分数的分布上就会呈现出两种不同的偏向，前者为正偏态，后者为负偏态。正偏态是指由于缺少难度高的项目，所以大部分被试的分数集中于左侧低分端，说明测验过于困难；而负偏态则表示大多数被试的分数集中在右侧高分端，接近满分，这说明测验的很多项目太容易，缺少难度低的项目。

五、区分度

（一）区分度的定义

区分度（item discrimination）是试题对不同考生的知识、能力水平的鉴别程度，常记为 D。如果一个题目的测试结果使水平高的考生答对（得高分），而使水平低的考生答错（得低分），则它的区分度就高，反之就低。题目的区分度反映了这种试题区分能力的高低。区分度（D）的取值范围介于 $-1.00\sim+1.00$，其 D 值越大，区分的效果越好。一般认为，区分度的数值达到0.3便可以接受；达到0.3以上为好的题目；在0.4以上为优秀题目；低于0.3的题目，区分能力差。

题目区分度的实质是用以鉴定一个题目有效性的指标，它的高低变化对测验的质量具有深刻的影响。与题目的难度相比，人们更关注题目区分度的高低，并以此作为筛选和修改试题的主要依据。

（二）估计区分度的方法

1. 得分率求差法

将受测群体按题目得分的高低排列，高分组（取得分最高的27%）被试在该题上的通过率记为 P_H，低分组（取得分最低的27%）被试在该题上的通过率记为 P_L，用 D 表示区分度，则该题的区分度为

$$D = P_H - P_L \tag{5.2.13}$$

例如，高分组在某一项目的通过率为 0.85，低分组的通过率为 0.45，则该项目的区分指数为：$D=0.85-0.45=0.40$。

1965 年，美国测验专家伊贝尔（R. L. Ebel）根据长期的经验提出用得分率求差法评价题目性能的标准如表 5－6 所示[①]。

表 5－6　题目鉴别指数与评价

鉴别指数 D	题目评价
0.40 以上	很好
0.30～0.39	良好，修改会更好
0.20～0.29	尚可，仍需修改
0.19 以下	差，必须淘汰

2. 得分求差法

将受测群体按题目得分的高低进行排列，取得高分人数的 27% 为一组，取得低分人数的 27% 为另一组，D 表示区分度，H 表示高分组得分总和，L 表示低分组得分总和，n 表示高分组（低分组）人数，X_H 表示该题的最高得分，X_L 表示该题的最低得分，则

$$D = \frac{H-L}{n(X_H - X_L)} \tag{5.2.14}$$

在实际测试工作中需要注意的是：一方面，区分样本比率不宜太小，否则所选出来的两组过于极端，二者之间的差异非常明显，人为夸大了题目的区分程度。另一方面，当样本群体人数过少时（$N<100$），则不宜用 27% 的规则，可以用 50% 作为分界点，即将上、下两半被试作为高分组与低分组。

3. 相关法

以上虽然易于理解，计算方便，但结果不精确。在大规模或标准化的测验中，多采用相关法，即以项目分数与效标分数或测验总分的相关作为项目区分度的指标。相关越高，项目区分度越高。最常用的方法有点二列相关、二列相关、φ 相关、积差相关。关于这四种方法的具体计算公式和内容请参见本书第七章。

难度和区分度是评估测量项目的两个主要指标，二者之间存在着密切的关系。区分度的高低主要是通过控制试题的难度实现的。如果试题太难或太易，学优生和学困生的得分都低或都高，就没有区分度可言，只有适宜的难度才会有很

① Ebel, R. L. Measuring educational achievement [M]. Englewood Cliffs, NJ: Prentice-Hall, 1965.

好的区分度。从理论上讲，0.50难度的试题具有最好的区分度。但在实际编制试卷时，不能要求所有题目的难度均为0.50。因为一般来说，较难的试题对高水平的考生区分度高，较易的试题对低水平的考生区分度高，中等难度的试题对中等水平的考生区分度高。当我们要求考生的成绩呈正态分布时，试题难度的分布也以正态为好，即特别难与特别容易的试题较少，越接近中等难度的试题越多，所有试题的平均难度为0.50，这样的试卷才具有较高的区分度。

表5-7　项目难度和区分度之间的关系①

项目难度最大值（P）	项目区分度最大值（D）
1.00	0.00
0.90	0.20
0.70	0.60
0.60	0.80
0.50	**1.00**
0.40	0.80
0.30	0.60
0.10	0.20
0.00	0.00

第三节　教育测量的实施

在了解测量并掌握测量评价指标的基础上，我们可以在实际教学工作中实施教育测量，监控教学过程，保证教学效果，完成教学目标。

一、测验的编制

（一）编制原则

测验的编制需要遵循以下五个基本原则。

1. 科学性原则

编制的测验必须具有较高的信度和效度，测验指标能有效地测量到某种拟测属性，保证该测验对同一批被试进行重复测验时能得到前后一致的结果，不同测试者施测于同一被试能取得较为一致的测验结果，使得测验本身确实能测出所拟定的目标程度，测验结果能真实地反映被试的实际水平。只有符合科学性的要求，才能最大限度地减少测验误差，准确、有效、客观地测量到拟定测量事物的真实属性。

① 张敏强．教育测量学［M］．北京：人民教育出版社，1998：93.

2. 可比性原则

必须按照标准化测验来编制程序，根据测量与评价的理论编制规范化测验。首先确定测量指标和对象的可比性，再考虑编制标准化的测验程序。一般要尽可能地选用国际或国内通用的标准化测量手段。如果确定需要设计新的测量方法，必须从测量与评价的理论和测量的有关规定来编制规范化的测验，对测验的内容和实施细节作出统一、明确的说明和规定。

3. 适用性原则

编制的测验必须符合被试的特点和实施测量的环境条件，从主、客观的实际情况出发，编制科学实用的测验。它需要具备一定的人力、物力、财力等条件，同时还必须考虑被试的年龄、性别、文化背景等适用性条件。

4. 鉴别性原则

编制的测验能区别出不同能力和水平的被试。一个测验的强度、负荷量、操作难度及测验操作要求等，都直接影响着测验的鉴别力和区分度。在编制测验的过程中，必须全面地考虑影响测验鉴别力和区分度的各种因素，编制出具有良好鉴别力和区分度的测验。测验能解释实际测得的分数，能评价被试的水平和程度。

5. 相关性与独立性原则

在成套的测验中，各个测验或指标要与总体属性之间有一定的相关关系；同时，每一个测验又都能独立测量拟测总体属性的某一结构成分，而这是其他测验所测量不到的。

（二）编制程序

编制过程会因测验的内容、性质的不同而有所不同。但是，由于测验原理大致相同，测验编制大致可分为以下七个步骤。

1. 确定测验目的

确定测验目的，一般情况下要将目的转化成可操作的术语，明确测验对象和测验内容，确定测验的功用，该功用常与评价目标结合在一起。

2. 制订编题计划

通过分析测验目标，设计测验的项目、采用的方法、各项内容所占的比重等。

3. 编制测验题目

搜集相关资料，确定题目的数量、类型计分方法和分数分配，根据测验的目的和材料的性质、接受测验群体的特点等因素选择测验的形式，确定时间安排。为增加实际的效用，一项测验至少要有等值的两份。而要做到等值，其要求包括各份测验测量的是同一种心理特征，各份测验具有相同的内容和形式，各份测验的题目不应有重复的地方，各份测验的题目数量相等，并且有答题相同的难度和区分度，各份测验的分数分布（平均分和差异度）大致相等。

4. 试测和项目分析

试测的样本要取自将来正式测验准备应用的群体，试测的实施过程与情境应与正式测验相近似，试测的时限可适当稍宽，尽量使每个被试答完，试测过程中应随时记录被试的反应；进行项目分析，评估题目的难度、区分度、答案的合适度。

5. 修订、筛选测验题目并标准化

根据试测和项目分析的结果，对测试题目进行修订和筛选，要注意筛选那些只测定所需要的特征，并能对该特征加以有效区分的难度合适的题目，题目的难度符合测验的目的，题目的说明要清楚明白。测验的标准化包括内容的标准化，对所有受测者施测相同或等值的题目；施测的标准化，测验实施过程要有相同的指导语、时限和客观的情境；评分的标准化。

6. 组成正式测验

建立常模，作为测验使用者解释测验分数的依据，测验分数只有与常模进行比较才能显示出它所代表的意义。编制测验手册，说明测验的目的和功用、编制测验的理论背景以及选择题目的根据、测验的实施方法、时限及注意事项、测验的标准答案和评分方法、常模资料（包括常模表、常模适用的群体及对分数的解释）。

7. 分析测验的信度、效度

通过分析测验的信度、效度资料（包括信度系数、效度系数及数据获取情境），评估测验的可靠性或一致性，测验所测量的是不是它所要测的内容。

以上七个步骤可以用图 5 -6 简要表示：

图 5 -6　测验编制程序

二、实施测验的具体步骤

测验的编制有标准化的程序，测验的实施也有标准化的要求。从测量调查实施人员的角度，实施标准化测验包括以下几个方面。

（一）选择合适的测验工具

一方面，在教育调查研究中，研究人员常常找不到合适的测验量表来收集所需的实证资料，而且又没有可能自行编制测验量表，以致最后不得不放弃很多有价值的研究课题。因此，收集测验量表是进行研究的一项基础工作。在国外，有关教育、心理的测验量表比较多，可以从心理测验年鉴、手册等参考资料上查找。比较重要的资料有《心理测验年鉴》（*Mental Measurement Yearbook*）、《测验出版目录》（*Test in Print*）、《儿童发展测验及评价手册》（*Test and Measurements in Child Development*）。国内尚无专业书籍汇编有关测验量表，有关测验量表主要集中在心理学领域，还有一些自编的测验量表常见于网络，因此需要研究人员留心收集，注意积累。另一方面，教育测验种类繁多，功能特点各不相同。因此，研究者应根据研究目的，从测验工具的性能和价值两个方面选择合适的测验工具。

（二）按标准化测验的要求施测

由于标准化测验的编制专业、严谨、要求高，所以在施测前，要仔细阅读测验手册，熟悉测验手册中的内容要求，并按要求准备好测验所需的材料，熟练掌握测验的操作程序，选择适宜的测验环境，避免各种偶然因素可能带来的误差。同时，要与被试建立良好的信任关系，解除被试的过度紧张和不适感等，确保测验正确、顺利地实施。在施测过程中，要严格按照测验手册上规定的标准化程序执行，指导语的解说要统一，不应以测验手册以外的词语去解释被试的疑问，避免给予被试以任何暗示，同时要严格控制测验时间。

（三）客观、准确地记录被试的反应

测验过程中，研究人员要公平地对待每一个被试，评分标准要统一、客观准确、前后一致。通常，标准化测验都有标准答案或评分标准供测试人员对照使用，测试人员应熟记于心，严格执行。必要时还需对评分人员进行必要的培训，以统一评分标准，确保记录结果的客观性。测验结果的整理分析也应按照测验手册提示的方法执行。只有按照标准化的程序实施测验，测验结果才可靠，获得的资料才有意义。

（四）合理解释测验结果

标准化测验是一项严肃的、学术性很强的工作，尤其是对测验结果的解释，通常要求由经过专业培训的人员来主持。要选用恰当的常模，多数对标准化测验结果的解释都是参照常模的解释，选取或制订的常模不同，对测验分数的解释会有很大不同。例如，用学优生常模来解释学困生问题解决能力的测验结果就肯定不行，所以选取适当的常模非常重要。考虑测验本身的信度和效度，如果测验本身存在问题，即使测验结果的解释非常客观科学，也会有误差出现。另外，在解释测验结果时，要做到有依据、有分寸，不作绝对性的结论，也不作无根据的推论。

在教育测量调查过程中，还需要注意以下事项：（1）遵守测验的职业道德。对涉及个人隐私的问题要为被试严守秘密并尊重每一位被试。（2）做好测验试题的保密工作。教育测验量表不能在被试身上反复使用，教育测验内容一旦泄露，测验就失去了价值。因此，测验量表不宜在杂志、书籍、网站等公开媒体上刊登、披露。（3）测验主试应具备必要的专业知识。教育测验专业化程度高，要保证测验操作的规范、结果解释的准确，要求从事测验的人员必须具备一定的专业基础知识，或经过专门的培训。（4）确保测验过程的标准化。测验的实施要求尽力做到标准化，为每一个被试提供尽可能相同的测验条件，严格按照测验手册中规定的要求和步骤实施操作，不能随意变动，避免影响测验的结果。

☆本章要点

1. 教育测量必须具备两个要素：参照点和单位。由于在许多情况下，人们难以找到绝对参照点，所以教育测量一般采用人为的参照点。

2. 教育的心理属性是可以通过测量人的外显行为来间接推断人的心理属性。

3. 教育测量具有定类、定序、定距和定比四种水平。

4. 教育测量具有间接性、相对性和客观性等特点。由于教育测量的单位意义不明确、不等值，所以教育测量的量表属于顺序量表。

5. 教育测量可以按照测量的标准化程度、测量的内容、解释测量结果的标准、同时受测的人数和测量的目的类型进行分类。

6. 教育测量工具有信度、效度、难度和区分度四个评价指标。评估信度的方法主要有再测信度、复本信度和内部一致性信度；评价效度的方法主要由内容效度、实证效度和建构效度；测量测验项目的难度需要针对具体项目的题型选择不同的评估方法，比如对于二值计分项目，可以采用通过率来衡量难易程度等；测量测验项目的区分度可以通过得分率求差法、得分求差法和相关法来评估。

☆概念图

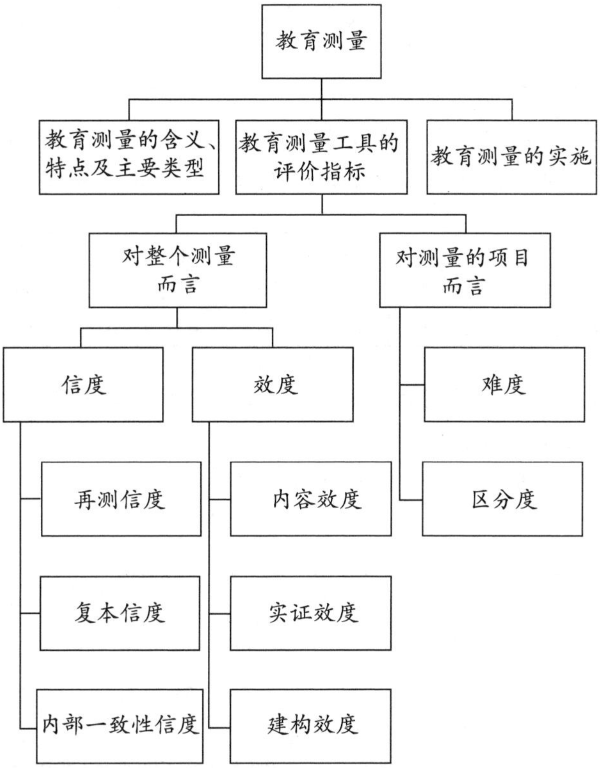

☆学习效果自测

1. 你的研究要使用什么样的研究工具（测验、问卷、访谈、量表）？你要测量的是什么变量（或概念）？

2. 你的研究是否要评价测量工具的效度？如是，是采用内容效度还是采用实证性效度，或是建构效度？

3. 你是否检测你的测量工具的信度？你将检验测量工具的哪一种（或几种）信度？

4. 构建一个测量创造力（或就业能力）的量表，评价其建构效度和内部一致性信度。

☆拓展练习

1. 用某测验对10个学生进行测验，得分记为 X。为了考查测验结果的可靠性，两周后再用这个测验对这10个学生重测一次，得分记为 Y。请问该测验的信度如何？

学生序号	1	2	3	4	5	6	7	8	9	10
得分（X）	8	11	10	8	10	9	7	8	9	5
得分（Y）	9	11	10	8	10	9	6	9	11	5

2. 用一套高中数学成就测验对某校高二10个学生施测，其测验分数（X）如下，并以这些学生的化学学科考试成绩（Y）为效标，试估计高中数学成就测验的效标关联效度系数，且检验数学和化学两成绩变量是否相关？效度如何？

学生序号	1	2	3	4	5	6	7	8	9	10
数学（X）	93	85	73	65	96	37	37	69	69	80
化学（Y）	99	83	61	53	75	43	67	83	75	87

3. 在100个学生中，答对第一题有30人，答对第二题有60人，求第一题与第二题的难度并比较这两道题的难度。

4. 有15个学生的数学测验总分以及在计算题和一道选择题上的得分情况，假设计算题45分（包括45分）算通过，试计算计算题的区分度。

学生序号	1	2	3	4	5	6	7	8	9	10	11	12	13	14	15
总分	89	55	97	75	68	25	79	86	83	78	79	76	65	94	50
计算题得分	55	42	55	35	30	18	43	50	54	44	48	49	46	60	29
选择题得分	1	0	0	1	1	0	0	1	1	1	1	0	1	1	0

☆参考文献

1. 王孝玲．教育测量［M］．上海：华东师范大学出版社，2005.

2. 杨小微．教育研究方法［M］．北京：人民教育出版社，2005.

3. 侯怀银．教育研究方法［M］．北京：高等教育出版社，2009.

4. 艾尔·巴比．社会研究方法［M］．11 版．邱泽奇，译．北京：华夏出版社，2009.

5. 张敏强．教育测量学［M］．北京：人民教育出版社，1998.

6. 陶保平．研究设计指导［M］．北京：教育科学出版社，2004.

7. Patten，M. L.．Understanding research methods：an overview of the essentials (fifth edition)［M］．California，USA：Pyrczak Publishing，2005.

☆后续学习资料

必读部分

1. 威廉·维尔斯曼．教育研究方法导论［M］．袁振国，主译．北京：教育科学出版社，2000：第十五章.

2. 艾尔·巴比．社会研究方法［M］．11 版．邱泽奇，译．北京：华夏出版社，2009：第五章，第六章.

选读部分

1. 戴海崎，等．心理与教育测量［M］．山东：济南大学出版社，2007.

2. Delbert Miller & Neil，Salkind. 研究设计与社会测量引导［M］．风笑天，等，译．重庆：重庆大学出版社，2004.

3. 梅雷迪斯·D. 高尔，沃尔特·R. 博格，乔伊斯·R. 高尔．教育研究方法导论（第六版）［M］．许庆豫，等，译．南京：江苏教育出版社，2002.

第六章　教育实验研究

☆ 内容概览

实验法是教育研究中最重要的实证性方法之一，教育实验的要义就在于考察实验变量（自变量、因变量及无关变量）之间的因果关系，并以教育实践加以检验，因而，研究结论具有说服力。尤其在发现和证明教育活动中的因果关系方面，实验法被认为优于其他方法。然而，由于教育活动的特殊性和复杂性，实验法也表现出它的局限性，要求人们在运用实验法的过程中充分考虑教育活动的特质，并能有效地加以变通。

教育实验的效度有内在效度和外在效度之分，教育实验的变量控制主要体现在因变量的确立、自变量的选择与操纵以及无关变量的控制。根据实验设计中对变量控制的程度，大抵可分为前实验、准实验和真实验三大类型，不同类型的教育实验有不同的设计格式；教育实验实施主要由准备、实施与总结评价三个基本阶段构成，每一阶段包括一系列具体的措施。

我国改革开放以来对于教育实验的高度重视，是对教育改革实践科学化要求的回应，教育实验的界定、性质、评价以及教育实验法应用的局限性等，国内学术界尚存在争议。展望未来，教育实验将在扬弃的基础上得以重建和发展。

☆ 学习目标

1. 理解实验和教育实验的概念及特征，并能用自己的话语表达。
2. 了解教育实验的效度、变量控制及前实验、准实验和真实验等基本类型。
3. 掌握教育实验的设计与实施要领，并能提出适于小型或微型实验研究的选题，写出实验研究方案。

☆ 核心概念

教育实验　效度　控制　设计　实施

某研究者想探明教学方式与学生思维品质之间的因果关系，于是在一所小学随机选择了一个班作为实验班，并采用新的应用题教学方式实施教学，如以口算练习（每节课3分钟）培养学生思维的敏捷性，以自编应用题（一题多变）和解应用题（一题多解）培养学生思维的灵活性，以应用题归类教学培养学生思维的深刻性，等等。实验前后分别对该班进行了难度相当的测试。该班前后测试平均成绩的差异被视为实验产生的效果。

上述实验属于何种类型？研究者想证明什么样的研究假设？这一实验设计存在什么问题？应如何改进？这些问题可在本章中找到答案。

第一节　教育实验研究概述

一、教育实验的含义及特点

自然科学研究中开发的实验方法，在近几个世纪获得了长足的发展，其标志之一就是向着社会科学研究领域渗透和转移。而教育研究中植入实验方法，便有了一种新的研究类型——教育实验。

实验法本身已具有集观察、测量、统计和理论描述于一体的综合性特点，当其被运用于教育研究时，又因教育活动的特点而具有了若干特殊性。在此，我们把教育实验不仅作为一种方法，也作为一类综合性研究活动来展开探讨，阐述教育实验的特征及局限性、假说的形成与表述、选题及方案设计、变量控制及效度提高、实验的类型及评价等基本原理和方法问题。

（一）教育实验的含义

1. 什么是实验

实验是人们根据研究的目的，利用科学仪器、设备，人为地控制或模拟自然现象，排除干扰，突出主要因素，在有利的条件下去研究自然规律。

如果实验者的实验手段直接作用于研究对象，这种实验被称为直接实验；如果实验手段是通过与原型相似的模拟对象间接作用于研究对象（现象），这种实验则被称为模拟实验；如果实验者和实验的仪器设备纯属想象和虚构，但所作的讨论是严肃认真的，且遵循物理世界的真实自然定律，那么，这种实验就是一种理想实验。

当然也可以根据实验控制的严密程度不同，将其划分为自然状态实验和实验室实验。

2. 什么是教育实验

教育实验是运用科学实验的原理和具体方法来研究教育现象和问题，并试图揭示教育活动规律或某些教育内容、措施的有效性，是一种综合性研究活动。它在其科学发现的内在逻辑和外部操作形态上，与科学实验有较高的一致性；同时，它也必然要接受某些改造或修正，以适应其研究对象的特殊性。

对教育实验活动展开的形态，可描述为一个从提出理论假说、选择论证课题、控制实验变量、进行实地观察测量，直至统计分析、验证结果、形成实验报告的基本过程；从操作特征上下定义，教育实验则是一个操纵自变量、控制无关变量、使教育行为朝着有利于因变量发生预期变化的方向运动的过程。（三大变量将在本章第二节展开阐述）

有人把观察与实验形象地称为“人与自然的对话”，观察、实验运用于教育研究，则形成了“人与人的对话”，其复杂性远远超过了探索自然的活动，尤其是教育行为与教育结果之间的因果联系错综复杂，且教育外部环境对教育活动的干扰也极难控制，因而很难达到经典科学实验所要求的“封闭度”（如无法将实验环境与外部环境完全隔离）。故人们一般认为教育实验是一种自然状态下的实验；也有人认为可以把一个班、一所学校或一个学区看作一种广义的实验室，但这种解释本身并不能解决教育实验的封闭度问题。

（二）教育实验的特征

实验法的产生，标志着人们对客观世界的研究由自然观察和纯粹思辨进入到了一个富有预见和主动干预的新阶段。预见性和干预性是实验法最显著的特征，也是它与观察、测量、统计等方法最根本的区别所在。实验法被运用于教育研究的诸多领域，成为当今教育研究的主导性方法，其原因也正在于此。教育实验的种种特征，既蕴含着实验法的共性，又体现着教育实验研究的个性、特殊性。

1. 实验的预见表现为对事物之间因果关系的推测

人们对各种事物、现象或行为之间关系的探究方式一般有两种：一是相关分析，二是因果分析。通过相关研究可了解到，在某一条件下两种现象或行为同时出现的概率大小，正如观察和测量所能做到的那样，但这只是一种表层联系的描述，并不能很好地解释其同时出现、概率大小的原因。为使理论对现实有更强的解释力和指导性，人们还需要进行深入的因果研究，即对事物之间那些尚未知晓的深层因果联系作出推测，并在经一定控制后的条件下进行观察和分析推理。教育实验正是着眼于因果关系的揭示，着手建立有更强解释力的理论体系，进而为指导实践奠定基础。不过，限于教育活动的特点，教育实验只是作出了一种广义的因果推测，即某一类行为（条件集）将导致某一类结果（事件集）。

2. 实验的预见以假设的方式表现出来

当所要研究的变量关系以一种假设的方式提出之后，整个研究活动就围绕假设展开。如进行变量的控制、操纵等一系列干预活动，经观察、分析，最后以结果来对照假设，得出结论。这种探索未知的科学发现模式在逻辑学上被称为假设演绎法。（如图 6－1）

在观察和测量等其他类型的研究中，也会提出类似假设的“前设”，只不过验证这些前设的具体方法不同，即用观察、问卷、访谈或者测量等方法得到的事实描述或数据来验证假说是否成立。

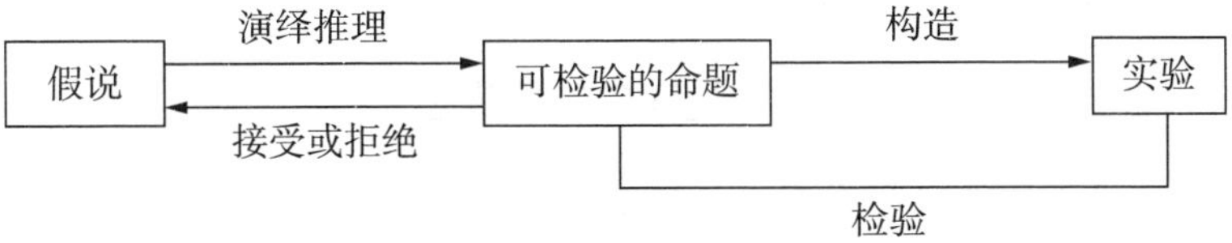

图6－1　实验的内在逻辑

3. 实验是以主动干预的方式来检验实验假设的过程

为了探索预期的因果联系，实验采取了一系列控制（或干预）手段，如主动地突出并操纵某些变量，排除某些干扰变量（无关变量），以提高研究结论的可靠性。也就是说，对事物的客观过程进行了主动的干预。调查法、文献法也研究因果关系，却因研究过程中的外部干扰因素太多，没有（也无法）控制，其误差显然要大于实验法。

（三）教育实验的局限性

如前所述，教育实验对因果关系的预见性、推理模式的完整性、对教育活动的主动干预性以及在时间维度上对事物变化的洞察力等，是它的主要优点，但也应看到，教育实验也存在诸多局限性。

1. 由严格控制带来的环境“失真”

实验通过严格控制环境条件，简化和“纯化”了实验环境，有利于准确地“溯因”，但这一优点反过来看则是致命的弱点。也就是说，实验条件控制得越严格，离真实的教育活动环境就越远，那么它在非自然条件下的教育活动中重复验证的可能性就越低。而且，实验的“人造环境”本身也构成了新的教育因素。

2. 由实验人员和实验过程带来的副效应

这类副效应可以举出许多，如实验人员的期望会影响实验的效果（罗森塔尔效应），实验对象因知道自己参加实验而引起的积极性提高（霍桑效应），对比组师生对实验组实验措施的暗中模仿或“较劲”（约翰·亨利效应），还有由于教育实验过程较长而引起的“生成效应”（被试身心成熟）和主试的时间累积效应等。这些效应中，有些可能对提高教育活动效率有利，但最终对探索真理无益甚至有损。

3. 不可避免的样本不足和选择误差

教育实验基本上属于社会科学实验，所进行的一般都是关于群体的研究，群体越大，则控制的难度越大，但样本较小，则不足以将结论推广到总体；再由于种种社会因素影响，实验往往只能在指定（给定）的学校和班级进行。这样，样本所来自的母体不能代表更大范围（如不同学区、不同省市）的总体，导致“选择误差”。

专栏6－1

实验过程中的副效应

教育实验的作用对象和观察对象通常是人的行为反应，这些行为反应既受控于实验的条件和结构，又受控于实验客体的思维与情感。在实验中，实验客体往往会对实验过程进行自觉不自觉的辨析推测，然后给出经过主观意志和情感的某种程度的"调整"反应。另外，实验主试也会在实验过程中自觉不自觉地掺进一些主观意愿和情感。我们把这些来自实验主客体且最终影响到实验结果的主动"调整"，称为"副效应"。它们并非实验设计中实验者所预期并加以关注的"主效应"，是出乎实验设计者期望之外的效应。教育实验中通常发生的副效应主要有如下几种。

"霍桑效应"是指参加实验的被试因得知自己参与实验、受到关注而提高了活动积极性，有较之平时更佳的表现或发挥。这种效应不仅干扰了对教育行为与教育效果之间的准确归因，也因推广后该效应消失而影响实验的外在效度。

"期望效应"，亦称"皮格马利翁效应"或"罗森塔尔效应"，是指实验主试因被告知某些或全部被试具有潜在能力或发展可能性而不自觉地表现出特别的关注。这种效应也同霍桑效应一样，对实验内外效度均有影响。

"约翰·亨利效应"，也称"实验措施的扩散与模仿"，是来自控制组的干扰变量。它使对照组在实验中的表现与实验前有显著的变化，导致实验组与控制组在实验处理上的区别模糊不清，进而影响了实验的内效度，即干扰了对因果关系的正确认识。

此外，来自实验时间推移的"履历效应""成熟效应"（学生身心发展会随时间的推移而逐渐自然成熟），来自被试的疲劳与生理变化的"生成效应"，以及主试因实验时间长失却新鲜感而怠于坚持实验措施的"不忠实"现象等，都对实验内效度有一定影响。

二、教育实验的缘起与发展

（一）缘起

科学实验法最早是由英国哲学家罗吉尔·培根（Roger Bacon，1214—1292）提出的。意大利物理学家、天文学家伽利略（Galileo，1564—1642）第一个将实验运用于自然现象的研究，他认为实验方法是发现知识和证明知识的重要手段，并主张实验方法与数学方法相结合。英国哲学家弗兰西斯·培根（Francis Bacon，1561—1626）进一步提出了变化法、重复法、倒转法、转移法、消除法、应用法、连接法和偶获法等"实验八法"，并制定了相应的实验方法论原则。19世纪上半叶，实验方法被运用于以人为研究对象的生理学、医学等领域。1879年，德国生理学家、哲学家冯特（W. Wundt，1832—1920）在莱比锡大学建立了世界上第一个心理学实验室。这不仅使心理学成为一门独立的学科，而且也直接引起了运用实验法研究人的感觉、记忆、思维等心理现象的实验研究潮流。

在教育研究中，实验法的运用也是由来已久。从一般教育实践中的实验到19世纪末20世纪初科学的教育实验的形成，大约经历了两百多年的历史。教育实验研究法的产生和发展来源于两个方面的原因：一方面是由于自然科学实验方法的启示，另一方面是由于教育实践活动自身不断发展的结果。教育实验法的产生和发展有两条基本线索：一是由自然科学实验经由心理学而引入教育研究之中；二是随着现代教育的产生和发展，从一般教育活动的本身分化而形成的教育实验。追溯教育实验法产生和发展的历史轨迹，有助于认识和把握教育实验法的实质及特点。

专栏6－2

弗朗西斯·培根的“实验八法”

被马克思尊为“英国唯物主义和整个近代实验科学的真正始祖”的英国哲学家弗朗西斯·培根，通过对亚里士多德方法的批判，发展了实验方法。他认为，运用亚里士多德的归纳方法从观察中得出一般原理容易导致错误，要避免错误，不能只局限于被动的观察，而是要扩大科学认识的经验基础，运用实验方法。他指出：“一般说来，要窥探大自然的奥秘，除了实验之外，别无其他门径可入。”① 他认为只有通过精心设计和巧妙安排的实验才能揭示人的感官所无法把握的自然界的一些内在过程。他在对实验方法进行系统的研究之后，制定了实验方法的原则，即所谓的实验八法：变化法（改变实验对象的各个方面）、重复法（重复进行实验）、倒转法（就一实验的反面情况再做实验）、转移法（不同实验方法加以转移）、消除法（消除某些因素的干扰）、应用法（将一种实验方法应用于另一实验）、连接法（将单个无用的事物结合起来）、偶获法（用理性对待偶然实验）。培根虽然不像伽利略那样亲自设计和参加实验，但他是一个科学实验的倡导者，不仅对科学实验的必要性和重要性作了充分的论述，而且他制定的实验方法原则为实验工作避免盲目性和偶然性有着重要的指导意义。

（二）发展

实验研究方法通过实验生理学和实验心理学的发展，逐步扩展到以人为研究对象的教育领域之中。20世纪初，对教育问题进行实验研究也成为一种教育研究潮流，实验教育学派应运而生。实验教育学派主张以自然科学实验方法论为理论基础，通过观察、实验、统计等方法来研究教育行为，反对完全建立在感觉和

① 周昌忠．西方科学方法论史［M］．上海：上海人民出版社，1986：78．

演绎基础上的传统的教育学。其代表人物是德国心理学家、教育学家梅伊曼（E. Meumann，1862—1915）和拉伊（W. A. Lay，1862—1926）。1901 年，梅伊曼首次提出了“实验教育学”的概念，并进行了相关的实验研究。1903 年，拉伊出版了《实验教育学》一书，主张在对生理和心理进行实验研究的基础上，进一步通过实验研究阐明教育现象中各种复杂的因果关系。由此，梅伊曼和拉伊被称为教育实验法的创始人。20 世纪 50 年代以来，教育实验法中引入了数理统计、心理测量、逻辑演绎等方法，教育实验法从原理到操作不断成熟。

教育实验法不仅是自然科学实验方法论移植到教育领域的结果，而且也是人们的教育思想和教育实践活动不断深化的直接结果。18 世纪中叶以后，西方一些教育思想家如裴斯泰洛齐（J. H. Pestalozzi，1746—1827）、福禄贝尔（F. Froebel，1782—1852）、罗素（B. Russell，1872—1970）、蒙台梭利（M. Montessori，1870—1952）等，纷纷创办不同形式的实验学校，并按照自己的教育观念和理论，长期从事教育实验活动。19 世纪末 20 世纪初，美国教育家杜威（J. Dewey，1859—1952）在芝加哥创办了后人称为“杜威学校”的芝加哥大学附属实验学校，并以实用主义教育理论为指导，进行了为期八年的实验研究。他从学校生活、课程、教材、教法等方面对传统教育进行了彻底的改革。杜威的实验研究以课程、教材、教法、师生关系、学校生活为自变量，以教育现场情境为实验背景，以学生探究能力和动机与兴趣等方面的发展为因变量，有目的地改革教育现实。此后，关于课程分科实验、设计教学法、文纳特卡制、道尔顿制等一系列教育实验层出不穷。20 世纪 20 年代以来，在中国，陶行知进行了乡村教育实验、晏阳初开展了平民教育运动实验、梁漱溟实施了乡村教育改革实验。20 世纪五六十年代以来，世界各国教育实验得到广泛开展。随着现代教育的不断发展，教育实验不仅成为一种研究方法，而且本身也日益成为一种教育活动。

教育实验法的产生和发展过程表明，教育实验是自然科学实验方法论与教育活动相结合的产物，是现代教育发展的结果。但教育实验由于涉及人的问题，因此在性质上不同于自然科学的纯实验。

专栏 6 – 3

中国教育实验的先驱与前奏

教育实验的先驱在西方以拉伊、梅伊曼的实验教育学、实验教学论，杜威学派的进步主义教育和欧洲新教育的学校实验为代表，国内有学者称前者为“科学主义”，而称后者为“整体主义”，并把后来美国关于课程和评价的“八年研究”称为两种主义的“第一次合流”。

欧美教育改革家们的实验尝试，为 20 世纪上半叶我国教育实验的先驱者们提供了烛照并诊疗旧教育之具。正如陶行知所认为的那样，缺乏实证性的科学研究是中国旧教育的重大弊病之一，要克服浮泛笼统之弊就必须输入在欧美教育革新中取得巨大成功的“科学的方法”和“科学的工具”。所谓科学的方法，就是指杜威的实用主义研究方法；所谓科学的工具，主要指教育统计和教育测验。陶行知真切地相信，如果每人都存用科学方法去办教育的决心，每人都去研究或解决一个小的问题，“不出三十年，中国教育准有好的成效”。

刘廷芳在美国哥伦比亚大学时所做的汉字心理实验，俞子夷模仿桑代克的书法量表而进行的小学生书法测验以及为制定小学国文书法量表而进行的写字心理学实验，龚启昌等人进行的阅读生理基础实验及阅读兴趣实验，艾伟进行的汉字识字实验和默读实验等，都具有较为浓厚的“科学工具”应用色彩。俞子夷在中国试行的设计教学法、李廉方创行的“廉方教学法”、陈鹤琴的幼儿教育实验、陶行知的生活教育实验、晏阳初的平民教育实验等，则主要在研究方法层面和学校（乃至社会）教育整体变革层面力图体现科学的思想和精神。

概言之，20 世纪上半叶我国教育实验在方法论上的特点基本上可以用“移植、改造、融合、创新”八个字加以总括，前期以移植、改造为主，后期则有了更多的融合与创新。

三、教育实验的功能及分类

（一）基本功能

国内学者对教育实验功能有不同的认识，对其功能的多样化也有不同的归纳和梳理。① 概括起来不外乎“通过发现和证明事物间的因果关系来发展和验证理论”和“通过尝试新的路径、方法或手段来改进实践”两大方面。如果说这些功能都属于“正向功能”的话，那么教育实验是否具有“负向功能”也是一个值得思考的问题。

归结起来，教育实验的功能大体可归纳为以下方面。

1. 求真的功能

即通过揭示教育活动中的因果关系获得对教育事实的认识，进而为建构理论提供依据。

2. 求善的功能

这里的善是指“效用”，取其“改善”“完善”之意，发现新的策略、路径和方法，以改进、改善教育实践。

3. 育人的功能

这里有两层意思：一是教育实验本身也是教育活动，起着培育年轻一代的作用；二是教育实验对主持和参与它的研究者来说，无论是价值取向还是思维品质

---

① 恽昭世．教育实验科学化的探索［J］．教育研究，1992（6）；靳玉乐，和学新．教育实验论［M］．重庆：西南师范大学出版社，1994：158；吴康宁．教育的负向功能刍议［J］．教育研究，1992（6）．

都是一个磨炼的过程。

当然，认识教育实验的功能不能一概而论，不同性质的实验在功能上有不同的侧重，如探索性实验的主要功能在于发现，而验证性实验的功能在于验证。

（二）主要类型

教育实验是一种极其复杂的社会性实验，它本身的复杂性和特殊性决定了教育实验具有不同的类型。我们可以根据实验场地、实验目的、实验变量控制的程度和水平、实验内容和变量的多少等不同的标准，把教育实验划分为不同的类型。了解不同类型的实验，有利于提高研究者把握实验性质与功能的准确性和进行实验设计的针对性。

1. 实验室实验与自然实验

根据实验场地的不同，可把实验分为实验室实验和自然实验两种。教育实验一般是自然实验。实验室实验是指在高度精确的人工控制的环境中进行的实验。这种实验的特点是对无关变量能够进行精密的控制，对因变量能够加以精确地观测和计算，能够揭示出自变量与因变量之间准确的函数关系，相关分析和因果分析十分明确。自然科学的各种实验大多属于此类。而教育实验由于对象的特殊性，难以达到这种实验的实施规范和评价标准。自然实验是指在实际自然情境和现实活动情境中进行的实验。这种实验由于自然情境和现实活动的复杂性，往往只能对无关变量作一定程度的控制，实验的情境不是经过人工高度、精确控制的环境，而是人们实践活动的现实情境。这种实验的优点是实验结果能够在一定范围内推广。

2. 探索实验、改革实验与验证实验

根据实验目的的不同，可将教育实验分为探索实验、改革实验与验证实验三种。

探索实验是把研究放在第一位，按预先的研究目的操纵实验变量，目的是搞清楚所要研究的某个问题的状况，即将某个教育问题弄个水落石出，探索教育规律。例如，探索对学生进行自觉纪律教育良好方法的实验即为探索实验。

改革实验的做法是按事先制订的改革计划进行实验，看改革的方案是否可行。例如，进行教育整体改革实验，或进行单项的课程改革实验。

验证实验是对已取得的实验结果进行重复实验，是在一定理论基础上进行的，目的是通过实验，验证某些教育经验或研究成果是否可以推广。

3. 单因素实验与多因素实验

根据实验自变量的多少来分，教育实验分为单因素实验和多因素实验两大类。在教育实验中，单科单项实验一般采取单因素实验，学校整体改革实验和区域性的教育改革实验一般采取多因素实验。

单因素实验是指只操纵一个自变量的实验。单因素实验的变量少，实验的难度小，一因一果或一因多果的因果关系相对较明确。如“初中数学自学辅导法的实验研究”“小学数学探究—研讨教学法实验”等，就属于单因素实验。

多因素实验是指需要操纵两个或两个以上自变量的实验。多因素实验中自变量与因变量的因果关系往往是多因一果或多因多果。由于实验要操纵的实验因素较多，多因素实验往往实施要求高，难度较大。例如，“小学生主体性教育实验研究”“教育体制改革实验”“小学生语文能力整体发展的实验”等，就是多因素实验。多因素实验往往适用于一些复杂的、价值意义重大的教育实验研究项目。

4. 前实验、准实验和真实验

美国教育实验专家坎贝尔（D. T. Campbell）和斯坦利（J. C. Stanley）根据实验变量的控制程度，将教育实验分为三类：前实验、准实验、真实验①。

前实验（pre-experiment）可以进行观察和比较，但对无关因素的干扰和混淆因素则缺乏应有的控制，因而无法验证自变量与因变量之间的因果关系，也很难将实验结果推论到实验以外的其他情形，内外效度均很差。

准实验（quasi-experiment）是不能随机分派实验对象，无法像真实验那样完全控制误差来源，只尽可能予以条件控制。准实验是在教育的实际情境中进行的，因而具有推广到其他教育实际中去的可行性。之所以说教育实验大多属于准实验，是因为教育实验的情境和教育实验对象的特殊性，教育实验难以满足一般科学实验的规范要求，在许多教育实验中，实验对象是处于正常的自然状态的。

真实验（true-experiment）是能随机分派被试，能完全控制无关变量来源，能系统地操作自变量的实验。相对于前实验和准实验来讲，真实验是最规范的。从相关文献中可以看到国外一些学者的真实验设计，如雷恩的“编序教学手册”实验、罗森塔尔的“期望效应”实验等，但就我国目前教育实验的水平看，能称得上“真实验”的，确实很少。

第二节 教育实验的效度与变量控制

一、教育实验的效度

实验效度是指一个实验的有效性，它是衡量教育实验成败优劣的关键性质量指标。美国学者坎贝尔和斯坦利在 1963 年把教育实验效度分为内在效度和外在效度两类②。

（一）内在效度

内在效度是指实验者所操纵的实验变量对因变量所造成的影响的真正程度。影响教育实验内在效度的因素有以下八种。

---

①② Donald T. Campbell & Julian. C. Stanley. Experimental and quasi-experimental designs for research ［M］. Chicago：Houghton Mifflin，1966：5－16，5.

1. 历史（或同时事件）

即指除了实验变量之外，一些未经控制的因素会介入周期较长的实验过程，引起实验结果的变化。例如，教育工作者想试验一种新的数学教学法，显然，实验变量是新的数学教学方法，实验处理后，紧接着测验学生的数学成绩。在实验过程中，部分参加实验的学生同时参加了课外数学兴趣小组学习，这一“同时事件”可能和新的数学教学方法同时发生作用而混淆实验结果，如果学生的数学水平有所提高，也许并非单纯是由新的数学教学方法所致。一般说来，实验的时间越长，实验处理外其他事件的影响可能性就越大。

2. 成熟

在实验期间，实验对象的身心发生变化也会影响实验变量对因变量的作用。例如，实验对象在实验期间变得更成熟、更健壮，或出现疲劳、饥饿、分心、厌倦等状态，这些变化都会影响实验结果。若以小学低年级学生作为实验对象，测验的时候，由于学生身心成熟程度低，施测 60 分钟后，因疲劳而令成绩下降。在这种情形下，实验变量对因变量的影响程度如何，不容易分辨。再如，教育工作者要试验一种新的阅读方法的效果，在为期一年使用新的阅读方法的过程中，实验对象因年龄增长而在认知能力方面的自然发展和成熟或词汇的自然增长，都可能干扰实验处理的效果，所以阅读能力的提高就难以单纯地归因于新的阅读教学法。

3. 测验

即指前测的暗示对实验因变量的影响。有些教育实验，为了比较实验前后的情况，往往在实验处理之前进行测验（称“前测”），而前测的经验常常有助于实验处理之后的测验（称“后测”）分数的提高，尤其是前后测的题型基本相同时。因为实验对象在经过前测之后，会熟悉测验的技巧和题型。所以，即使没有实验处理的效果，也可能因前测经验的影响，而导致后测分数的提高。

4. 工具

即指测量手段对实验因变量的影响。实验的测量工具（如试卷、仪器等）、测量主持者、评判者（如评卷人员）的不同或不一致，都可能使测量的标准不统一，从而影响测量结果的准确性，使实验处理作用的效果被混淆。例如，如果教育实验的实验班和对照班的测量主持者和评判者分别以不同的标准和测量工具对自己班进行测量，那么这两种测量的结果是不能加以比较的。因为“工具”的差异可能会造成两个班成绩的差异，而两个班成绩的差异又不一定是由实验处理所导致。

5. 统计回归

在有前测与后测的教育实验中，若以极端分数（高或低）的学生为对象，就容易产生统计回归现象，从而使实验结果难以解释。所谓统计回归现象，是指某次测验中成绩特别高或特别低的学生，不管是否接受实验处理，均可能使第二次测量的成绩向团体平均数回归。即高分组的学生在第二次测量时，其分数由于向平均数回归而有降低的趋势，低分组学生的分数却有升高的趋势。例如，我们如果选择一些阅读测验分数极低的学生进行教学实验，经过一段时间的实验后，再以相同或相似的阅读测验测量他们的阅读能力，由于统计回归现象，这些受试者的分数会有升高的趋势。如以阅读测验分数最高的学生作为实验对象，其分数则会有降低的现象。这种统计回归现象很容易混淆实验处理对因变量的效果。

6. 差异的选择

所选择的两组或几组实验对象，在未受实验处理之前，本来各方面的能力就有所偏差或不相等，那么实验结果的差异就不能说是单纯由于实验处理所造成的。例如，进行英语教学实验，在实验方案要实施之前，实验组学生的英语基础就明显地高于对照组的学生，在实施实验方案后，测量的结果如果显示实验组成绩显著高于对照组成绩，这种差异就可能并非完全是由实验处理所造成的，而是由实验组和对照组原来的英语基础的差异所导致。所以，在采用两组或多组的实验中，实验者必须考虑不同组别实验对象在各项特质上是否一样。如果组别之间实验对象的特质不一样，实验效果就有可能是原来实验组之间所存在的差异，而非实验处理的结果。有的教育研究人员在教育实验中往往忽略“差异的选择”这一因素，如有的实验在实验对象的选择问题上不是按随机抽样、均等分组之原则，而是从实验学校中挑最好的班级，为实验班挑最好的学生，实验班教师也配备最好的教师，这种实验对象的优化选择使得所得到的实验结果一般会令人较满意。但把这满意的结果解释为实验处理所造成的，显然是不科学的。

7. 实验对象的流失

实验对象在实验期间的流失，如择校、转学、迁居、退学、死亡等，则可能使实验结果难以解释。例如，研究者随机对两组小学一年级新生进行某一新课程的新方法教学实验，假定实验一年期间，不少智力低的学生从实验组退出，而控制组却无此现象，实验结果如发现实验组成绩优于控制组，此结果很可能不是因实验处理所造成，而是因实验组多数低能力的学生中途退出实验而导致。当实验组和控制组有不同比率的实验对象退出实验时，就会导致结果的偏差。

8. 交互作用

即选择与成熟的交互作用、选择与历史的交互作用等。上述七项因素的彼此交互作用，是影响内在效度的另一个因素。例如，实验者要试验某种心理教育方法的效果，于是分别选择一组心理正常的学生和一组心理异常的学生做实验，两组实验前的条件本来就不同，这是“差异的选择”因素；实验处理后，异常组学生发生了自然恢复，正常组学生则无变化，这是“成熟”因素。这两种因素的交互作用，干扰了实验的效果。这是“选择与成熟的相互作用”因素影响了实验的内在效度。

（二）外在效度

外在效度是指实验结果的概括性和代表性。具体来说，就是指实验结果是否可推论到实验对象以外的其他受试者或实验情境以外的其他情境。一个实验越能实现这个目的，就表示该实验越有良好的外在效度。

坎贝尔和斯坦利认为，有四个因素影响实验的外在效度。

1. 测验的反作用或交互作用效果

测验的反作用指前测对后测的作用；测验的交互作用指前测与后测的交互作用。在有前测和后测的实验设计中，前测的经验往往会限制研究结果的推论性。因为实验对象对实验处理具有敏感性，平常情境下未曾注意到的问题或现象，这时变得更加敏感和警觉，以致实验效果可能部分来自于前测实验所产生的敏感性。

2. 选择偏差与实验变量的交互作用效果

当我们选取一些具有独特心理素质的实验对象做实验时，选择偏差与实验变量的交互作用效果就容易产生。因为这些独特的心理素质有利于对实验处理造成较佳的反应。例如，如果选择一些具有高智力的学生进行启发式教学和灌输式教学的比较，实验结果发现前种教学法优于后种教学法。但这一结果不能推论到实验以外的其他一般的学生中去，因为选择参加实验的对象具有高智力的独特心理素质（选择偏差），他们也许比这种特质低的学生（如低智力学生）更能从启发式教学法（实验变量）中获益。如果将这种结果随意推论到智力一般或较低的学生中，显然会造成推论的错误。

3. 实验安排的反作用效果

由于实验情境的安排，实验对象知道自己正在被观察或正在参加实验，他们所表现出来的行为自然而然地与他们不知道正在被观察或不是参加实验时有很大不同。这时，他们往往为投实验者之所好，可能改变正常的行为方式，努力表现实验者所期望的行为，以获得实验者的欢悦。但他们在非实验情境中的表现，可能与此完全不同。例如，学生知道自己被选择参加一项新的教学方法的实验，因而在实验期间表现出比平时更高的兴趣和动机、更大的学习主动性和积极性，结果使实验效果产生很大的改变。由此可见，在实验情境下所得的结果可能和自然情境下的结果大不相同，这就是为什么教育实验结果常不能适用于日常教育情境的原因。

实验安排的反作用效果，即“霍桑效应”（Hawthorne Effect）。所谓“霍桑效应”，是指 1924 年在美国西部电器公司的霍桑工厂进行的一项实验研究所产生的效应。该项实验的目的是：探索照明以及其他物理变量对工人生产率的影响。实验结果表明：实验组的工人对一些不在研究之列的变动有着明显的反应，这些工人由于管理部门的支持和关怀产生了心理上的满足，由于被安排参加这项研究工作而引起了作为实验组成员和居于特殊地位的自我感觉，于是产生工作积极性。这种通过实验人员和实验对象之间的相互作用而诱导出积极变化的情况就叫“霍桑效应”。在我国开展的教育实验也有这样的现象，如有些实验常常指定实验班和实验教师并大力宣传动员，使参加实验的师生有清晰的实验意识，知道自己在搞实验，这样，实验对象自然会情绪高涨、干劲倍增。或者实验对象投实验者之所好，努力表现实验者所期望的行为，因此学习成绩提高了。这样的实验结果不能推论到其他一般的教育情境中去。所以，在教育实验中，我们必须巧妙地选择和安排好教育实验的情境，尽量减少“霍桑效应”。

4. 多重实验处理的干扰

当同样的受试者重复接受两种或多种实验处理时，由于前面的处理通常不易完全消失，以致几项实验处理间会产生相互干扰的作用。因此，这种实验的结果只能推论到类似这种重复实验处理的情况。例如，试验集中学习法、分散学习法、整体学习法和部分学习法的效率时，让每位受试者重复采用这四种学习方法，如果发现其中的整体学习法效果最好时，研究者并不能将这种结果推论到仅仅接受一种整体学习法的处理情境，因为整体学习法之所以取得良好的效果，可能是和其他三种方法共同交互作用的结果①。

美国教育实验研究专家布拉切特和格拉斯（C. H. Bracht & C. V. Glass）于1968 年发表了《实验的外部效度》，对实验的外部效度的性质作了区分，提出了两种性质的外部效度，即总体效度和生态效度。

1. 总体效度

总体效度是指实验的结果能推论到何种总体。实验结果可以从实验样本推论到既定总体。例如，从一个特定的学区随机抽取 100 名小学生进行活动教学的实验，实验结果显示活动教学法比常规教学法效果较佳。这一实验结果一般只能推广到作为样本来源的总体，即那个特定的学区。布拉切特和格拉斯称这一有限群体为“实验切近总体”。如果样本是随机抽样的，实验结果就完全可以推论到“实验切近总体”。有时我们想把实验结果从“实验切近总体”进一步推广到更大的群体，如上例进一步推广到全国的小学生，“全国小学生”这一更大的群体则被称为“目标总体”。但如果作这样的推广，就需要比较“实验切近总体”与“目标总体”之间的相同程度。如果“切近总体”与“目标总体”的重要特征相类似，那么，由“切近总体”推广到“目标总体”也是可以的。

2. 生态效度

生态效度是指一种情境或条件下的实验结果推广到其他情境或条件的程度。如果实验结果受实验情境或条件限制，那么它的推广也要受到同样的限制。要提高生态效度，应注意如下问题：（1）应完整地描述实验所涉及的操作和实验背景；（2）推广实验结果时应考虑实验安排，尽量减少“霍桑效应”；（3）应考虑变量的代表性；（4）避免相互作用的效果影响，如前测提高实验对象的敏感性，其所获结果就难以推广到无前测的总体；（5）减少测量工具的影响。

二、教育实验的变量控制

要使实验获得成功，必须事先进行周密的思考和策划，考虑如何控制实验条

① 李方．现代教育科学研究方法［M］．广州：广东高等教育出版社，1989：198.

件、如何安排实验进程，这种谋划活动一般被称为实验设计。在实验设计中，最核心的问题就是考虑如何对实验变量进行控制。

教育研究中的变量主要有三大类，即自变量、因变量（或称“应变量”“倚变量”）和无关变量，教育实验的设计也要涉及这三大变量。变量控制，从广义上讲，对无关变量的控制和对自变量的操纵都可叫作变量控制。对无关变量的控制是指采用消除、恒定、抵消或平衡等方式限制乃至排除某些条件对实验进程及其结果的影响；对自变量的操纵是一种主动支配，即由实验者决定将自变量施加于何人、如何施加。从狭义上理解，变量控制仅指对无关变量的控制，而对自变量则使用“操纵”一词。

（一）教育实验因变量的确立

如前所述，因变量与教育目的有关，是实验设计者期望通过自变量的作用而在实验对象身上可能产生的效果。由于教育实验的对象在大多数情况下是学生，所以，因变量常常表现在学生身心变化的速度和质量上。教育实验中因变量的确立与分解，有一个从模糊到清晰、从笼统到精细的过程，这个过程可大致描述为三个步骤。

1. 制定实验目标，聚集研究焦点

任何一项教育实验，只要是稍具规模，总是可以产生相当广泛的效果。但为保证研究质量，集中研究力量，又必须在若干可能的效果中有所倾斜，也就是说要确定重点目标。比如，以五年为一周期的小学整体改革实验的总体效果，可概括为三个“一”：一批合格的小学生、一套有效的教育模式、一支高素质的教育管理者和实验教师队伍。一般说来，第一个“一”是最主要的，教育总是以培养人为最根本的目的，有了第一个“一”，后两个“一”便是必然产生的副产品。而且，人们希望有一套模式、一支队伍，最终也是为了有一批批合格的小学毕业生。再就单项实验而言，人们的实验目标也总是集中指向重点问题或热点问题，如“思维品质”“自学能力”“良好个性”等。目标唯其集中，突破和深化才有可能。

2. 分解实验目标

作为实验对象的学生，其实质是一个活生生的、由各种素质因素构成的有机整体，但为了便于观察，有必要将各种素质条分缕析。例如，在整体实验中将学生发展质量分为知识、技能、智力、品德、个性和体质六个方面，每一个方面再作细分；又如在某个单项实验中把思维品质分为深刻性、灵活性、独创性、批判性、敏捷性五种，再将它们与语文的听、说、读、写能力，数学的运算、空间想象、逻辑思维能力结合，形成若干个交叉点。这些可称为目标的横向分解。

又由于实验的周期长，目标需要一步步地实现。换言之，因变量的变化是逐渐发生的，表现为一种时间序列状态，因此要使实验的方向明确、自变量的作用始终如一，还应当对实验目标作纵向的分解。小学整体实验不仅要在低中高三个年段为学生素质发展各方面制定阶段目标，而且每学年（期）、每一教学单元乃

至每课时都应给出具体目标；前述思维品质与语数能力的若干交叉点，在中小学不同年级均有不同的表现形式，只有给予具体描述，才可以测量出来，以判断预期目标是否正一步步地实现。

3. 对目标要素进行具体描述

为便于观察和测量，还必须对每一阶段上每一目标要素作定性的和定量的描述。如我们给小学五年级毕业生知识要素之一的“字词量”作出如下具体描述：（1）认识常用汉字3000个，其中掌握（即达到“四会”）2500个；（2）常用词及词组按1（字）比2.5～3（词）计。这种描述既为编制评价工具提供准确的依据，也为最后的评定提供参数。当然，有些难以精确描述的要素，也可给出几个粗略的等级标准。

（二）教育实验自变量的选择与操纵

为促成某个因变量的变化，往往有多种方法和途径，何者可作为主动操纵的自变量呢？这首先就有个选择问题，而后才是怎样支配的问题。

1. 寻找共变关系，探求因果联系

如前文所述，实验要探求事物之间的因果联系。人们在教育实验中，通常要推测某种教育措施与某种教育效果之间的因果联系，而要认定变量 X 是变量 Y 的原因，变量 Y 是变量 X 的结果，首先要查明 X 与 Y 之间是否存在共变关系，即两个变量同时出现、同时消失或者同时显现的规律性变化。譬如：教材中知识结构体系与学习者认知结构方式，获得知识的过程与认识能力形成，生活常规训练与良好习惯养成，乃至学生座位编排方式与学习效率等，都存有这种共变关系。

然而，教育活动的诸多变量之间的内在因果联系并非机械地一一对应，常常是一因多果、多因一果，错综复杂。比如，学习材料和教学方式是形成学生某种认知结构的共同原因，而某种座位排列方式不仅影响学习效率，也影响学习者的思想、观念和性格。这样，我们除了要通过控制某些变量来突出某些变量之外，还要致力于寻找最典型、最重要的变量，即从各种原因变量中找出最有影响力的变量，从诸种结果变量中找出最值得关注的变量。这就需要对变量进行筛选、改组或创设。

2. 筛选、改组或创设自变量

应该说，教育者所采取的一切措施都对学生的素质养成有着或多或少、或正或负的影响。显然，教育实验要致力于寻找有尽可能大的积极影响的措施，这里就有个比较、筛选的问题。上海青浦区教研室从本县教师众多教学经验中比较筛选出两种有效的教育措施：尝试指导和效果回授，进而就需要明确两种措施各有什么最典型、最独特的效用？两种措施叠加会不会有更好的效果？于是他们开展了小范围的先期探索，在不同的班级进行叠加和非叠加的实验探索。非叠加实验有两种：（1）有“尝试指导”而无“效果回授”；（2）有“效果回授”而无“尝试指导”。实验结果表明，尝试指导有利于学生探索兴趣和思维能力的发展，效果回授有助于学习成绩大幅度提高。只“回授”不“尝试”，成绩虽有提高但不利于能力培养；只“尝试”不“回授”，会使尝试效果得不到巩固，知识技能方面无法落实。两种措施叠加，则可相辅相成，效果最佳。

值得注意的是，教育中许多实验的自变量都不是单一的，如布鲁纳（J. S. Bruner，1915— ）的结构课程加上发现法教学，兰本达（Brenda Lansdown，1904—1990）的结构发生性材料加上探究—研讨程序，我国卢仲衡的“三本子”加上自学辅导程序等，都体现了对自变量的改组和创设。

3. 拟订具体措施

这一步实际上是对实验执行者如何操纵自变量作出具体的规范或提示，诸如如何组织教材、如何控制学习进程、什么时候给予指导等，其目的都是保证自变量对因变量发生预期的影响。例如，在拼写教育实验中，将自变量（单词表长度）设计成10个、25个、40个、60个、100个单词，将学生随机分成5个小组，实验人员应事先准备好单词，提供各组使用。

（三）教育实验中无关变量的控制

1. 控制变量影响的方法

无关变量是指实验变量之外一切可能影响实验结果的变量，包括外部干扰的变量和中介变量。控制的方法可用排除法、纳入法、物理法、随机法、配对法、测选法等。

（1）排除法。在实验设计时，预先将可能影响结果的变量排除于实验条件之外，使自变量简化。例如，在试验启发式教学法和演讲式教学法的优劣时，如果认为智力因素会影响结果，则只选高智力生为实验变量（或只选中等智力生，或只选低智力生为实验变量），这样智力因素对实验结果的影响被排除了。同样，如果认为性别因素对实验有影响，则可采用单一性别（如只用男生或只用女生为实验变量），这样性别因素对实验结果的影响可排除掉。

排除法能很有效地控制无关变量，但所得的实验结果缺乏普遍的推广性。例如，只用男生为研究对象，将来结果就不适用于女生。因此，在实验设计时，排除法并不常用。

（2）纳入法。把影响实验结果的某种（或某些）因素也当作自变量来处理，并将其纳入实验设计中，成为多因素实验设计。这样，不但可以收到控制之效，而且还可以进一步了解变量间的交互作用。例如，在试验启发式教学法和演讲式教学法的优劣时，可将智力因素分为高、中、低三个层次纳入设计中，这时，原设计就变为2（两种教学法）×3（三个层次的智力水平）×2（两种性别）的三因素实验设计。

（3）物理法。实验情境的控制常用物理控制法。物理控制法就是注意实验情境的物理条件（如温度、湿度、照明度等）是否保持恒定，以及实验的记录是否客观一致等物理性因素的控制。

（4）随机法。随机控制法是将参与实验的受试者以随机分派的方式，分为实验组与控制组或各种不同的实验组。在实际使用时，随机分派法可分为两个步骤：第一步是用随机的方法将参加实验的所有学生进行均等分组；第二步再以随机的方法决定哪一组为实验组，哪一组为控制组。随机控制的方法，虽然在事实上未必各方面都完全相等，但理论上他们相等的机会却比较多。

（5）配对法。运用配对法的目的主要是使实验组和控制组在一些重要条件上相等或接近，从而控制无关因素对实验结果的影响。具体要求是：①根据实验控制的目的和要求，将实验对象中有关条件相等或接近者分配在一起，组成对子。②将对子一组一个分派给实验组和控制组。配对法的关键是配对的特征和条件，因此配对时应考虑以学生的何种特征作为配对的条件。假定实验因素是教法，无关因素可能有智力、基础成绩、非智力因素（态度积极性等）、性别等，研究者应以欲控制的无关因素为配对条件。诚然，配对的条件越多，则越难配对；但若不全面考虑各种因素，则可能因某些因素不作为配对条件而成为未能控制的无关因素影响实验结果。例如，要在八年级 200 名学生中抽取 30 名学生分成两组，试验两种新的语文教学方法。拟控制学生的基础成绩及勤奋程度这两个无关因素对实验结果的影响，可用配对法。具体做法是：①将 200 名学生按他们平时的勤奋程度分为上、中、下三类。考察学生的学习勤奋程度可请班主任协助进行。②计算抽样比例，然后按比例计算出每类学生该抽取的大致人数（应为偶数）。③分别在这三类学生中按基础成绩配对成子。以同分者为对，如果同分对未达到每类应抽的对数，则以分数接近者配对。④将各对子分派给两个实验组。分派对子时，要将不同分的对子按成绩高低搭配分派，使两个实验组的基础成绩相等或接近；同时，也要考虑两个实验组学生的其他特质（如性别、智力）尽可能相同或接近。

在理论上，配对后的实验组和控制组的实验对象在用以配对的特质方面可达到相等的程度，但在实际上却很难做到完全相等。因为，首先，配对的变量若超过两个时，要找到几个变量同时相等的实验对象是十分困难的；其次，对于中介变量，如动机、态度等内在的因素，根本无法找到可靠的根据去进行配对。

配对法常与前测结合使用，一般先前测后配对。

（6）测选法。测选法是把参加实验的对象于实验处理之前全部测量一下，然后根据测量的结果，予以合理的选择与分配。为了使各组均等而编制或采用的测验，必须合乎实验处理的要求。例如，如果打算用两个组做实验以比较两种数学教学方法的效果，那么所要测量的就是学生原有的数学水平。测量的结果出来后，就按分数高低的顺序排列好，然后再按排列顺序上的位置，用高低分搭配的方式把他们均等地分在各组里面。

2. 控制测量工具的方法

根据实验的需要，要科学地选择、编制和使用测量工具。无论是选用现成的测量工具（如“瑞文智力量表”“卡特尔人格量表”等较为公认和权威的测量工具），还是自行编制测量工具，都要有较高的信度和效度，而且要正确使用各种测量工具，想方设法地降低测量的误差。此外，还可以运用物理控制法，降低测量工具的误差。

综上所述，教育实验控制的内容、原则、方法如表6－1所示。

表6－1 教育实验控制的内容、原则和方法

内容	原则（最大最小）	方法
实验变量（实验因素）	变化差异最大	①选择差异最大的实验处理方法，以便于比较。②明确界定实验变量并给出操作性定义，严格按预先界定的实验变量的含义去进行实验。
无关变量	干扰结果最小	排除法、纳入法、物理法、随机法、配对法、测选法。
测量工具	误差最小	在选择或编制、使用等环节上，确保工具的信度和效度。

第三节 教育实验的设计与实施

一、不同类型教育实验的设计

为了简化叙述，我们将引入下面一些符号：

X——自变量，即实验处理；

Y——因变量；

Y_1，Y_2——实验组前测、后测的平均成绩；

Y_1'，Y_2'——控制组前测、后测的平均成绩；

R——随机分派；

MR——配对后随机分派；

虚线表示上、下两组未作等组化处理；

实线表示上、下两组为等组。

根据前文，对教育实验可以从不同维度进行分类。这里依据实验控制的严格程度，按前实验、准实验和真实验三大类介绍一些常见的实验设计形式。

（一）前实验设计

前实验（pre-experiment）设计主要有三种形式。

1. 单组仅后测实验

格式：X　　　　　　Y

特点：无控制组（对比班），也无前测；X在先，Y在后，即先进行实验处理，再对其结果作观察和测验，是一种只有观察而无比较的实验。

实例：我国许多中小学进行的语文、数学、英语等单科改革实验，还有德育、教学手段、教学组织形式等单项改革实验，或者一些优秀教师在自己的教学、教育岗位上所作的探索性尝试，大多处于前实验水平。

评价：这类实验没有什么科学发现意义，但有实践意义。也就是说，通过引进新的不同于常规的实验处理（或教育措施），能改进原有的教育教学工作。由于缺乏对无关变量的控制，因此实验处理本身往往不一定就是工作改进之“因”，或者说不是唯一的“因”。

2. 单组前后测实验

格式：$Y_1 \quad X \quad Y_2$

特点：这类实验无专门的控制组，或者说以自身为控制组，有前测、后测。

实例：为了研究口算练习对计算能力的影响，取一组有代表性的学生，先测量其计算水平（前测）。然后进行一个月口算训练，每日随堂练习 10 分钟。一个月训练完毕后再用难度相等的另一套测试题测量实验对象计算水平（后测）。前测、后测的平均成绩之差 $d = Y_2 - Y_1$ 被归因于自变量 X 的作用。

评价：此设计中前后测成绩之差异也可能由前测的练习作用、身心成熟、前后测验不等值、统计回归等因素造成。实验设计如果对这些因素未加控制，则实验内在效度不高，其科学性仍较差。只有当实验时间很短，环境相当稳定时才可采用，或用作预备性研究。①

如果前测和后测均不止一次，该实验设计则变为“时间序列设计”，即在实验处理之前，对受试者进行一系列定时的重复观测；在实验处理之后，再作同样的一系列定时重复观测，并对前后系列观测结果加以比较，分析自变量与因变量的关系。其格式如：

$$Y_1 \quad Y_2 \quad Y_3 \quad Y_4 \quad X \quad Y_5 \quad Y_6 \quad Y_7 \quad Y_8$$

在这样的设计中，就前测而言，可以测得较为稳定的反映实验处理之前受试者真实状态的数据；对后测来说，可以避免一次后测的偶然性。无论是前测还是后测，多次获取数据也便于观察其变化的趋势。

3. 非随机分派一组控制仅后测设计

非随机分派一组控制仅后测设计，又称静态组比较实验。

格式：$X \qquad Y_2$

– – – – – – – – – –

$\qquad\qquad Y_2'$

特点：这种形式的实验无前测，仅后测，有控制组，但不是使用随机分派的方式分组而成，而是从静态的教育情境选择而来。

实例：某校为探索小学数学新授课更有效的课堂教学结构，在某班试用“尝试教学法”作为一种实验处理。为观察实验结果，用实验班参加本地区统一命题

① 刘华山. 教育实验设计与条件控制［A］//旷习模，等. 教育实验. 长沙：湖南教育出版社，1990：106.

考试成绩作为后测结果，由于事先未指定对比班，只好与参加同题考试的本校（或他校）同年级自然班学生成绩作比较，考察尝试教学法与传统讲授法有无显著性差异。

评价：此类实验设计较优于“单组前后测实验”。首先，消除了前测对后测的影响；其次，可通过横向比较（而不是与自身作纵向比较）判断自变量的有效性。但是，由于未进行随机分派，两组实验对象在进行实验处理之前就可能存在很大差异，故实验结果 Y 不能完全归因于实验处理 X，内在效度仍较差。

进行这类实验，有利于改进教育教学工作，简便易行，在中小学实验技术水平尚不高的情形下，容易施行。但对这类实验的结果不宜普遍推广，不能盲目效法。

如果也像前实验第二种设计形式那样，将一次前测、后测变为多次系列观测，则可得到如下格式：

Y_1　Y_2　Y_3　Y_4　X　Y_5　Y_6　Y_7　Y_8

Y_{11}'　Y_{12}'　Y_{13}'　Y_{14}'　　Y_{15}'　Y_{16}'　Y_{17}'　Y_{18}'

如果再考虑两组都进行实验处理，例如一组学生进行“面批指导、及时反馈”的教学方式（X_1），另一组采用“尝试指导、效果回授”的教学方式（X_2），则可以得到如下格式：

Y_1　Y_2　Y_3　Y_4　X_1　Y_5　Y_6　Y_7　Y_8

Y_{11}'　Y_{12}'　Y_{13}'　Y_{14}'　X_2　Y_{15}'　Y_{16}'　Y_{17}'　Y_{18}'

设想采用 X_1 实验处理的一组学生第一次后测成绩高于采用 X_2 实验处理的另一组学生，然而第二、三次后测时两组成绩趋于接近，到第四次后测时，X_1 组成绩反而落后于 X_2 组，那么我们大概可以得出判断，采用 X_1（即“面批指导、及时反馈”）这种教学方式可以较迅速地提高成绩，但“后劲”显然不如 X_2（即“尝试指导、效果回授”）。

（二）准实验设计

准实验（quasi-experiment）有多种设计形式，其中较普遍的典型形式是“非随机分派一组控制前后测实验”。

格式：Y_1　X　Y_2

– – – – – – – – –

Y_1'　　Y_2'

特点：有一个控制组，有前后测，但没有用随机分派方法划分实验对象组，而是选用两个自然的近似班组分别充任实验组与控制组。前测可以证实两组的近似程度。

实例：卢仲衡主持的初中数学自学辅导实验，1973 年在人民大学附属中学实施实验研究时，以该校体育班为实验班，文艺班为控制班；1978 年以北京市三中一个较好的班为实验班，以另一所中学程度相当的班为控制班。

评价：由于对实验对象未采用适当方式作等组化处理，故内在效度有可能受到怀疑。当然，我们可以尽量地选用条件近似的班组，并通过前测对其近似程度予以证实；还可以用抽签等随机手段决定哪一组为实验组，哪一组为控制组，避免主观偏差，以增强研究成果的说服力。但这一实验设计有不打乱自然班组、实施方便的优点，易于为普通学校领导与教师所接受。又因为实验情境与教学环境相似，所以外在效度高。因而，它实际是最为常用的一种教育实验设计模式①。

（三）真实验设计

真实验（true-experiment）设计主要有如下几种。

1. 随机分派一组控制前后测实验

格式：$R\,\dfrac{Y_1 \qquad X \qquad Y_2}{Y_1' \qquad\qquad\quad Y_2'}$

特点：因实行了随机分派，故两组在统计上可视作相等，有前后测。

实例：以心理学家罗森塔尔所做的关于“教师对学生的期待可以变为现实”的实验研究为例。在这项研究中，罗森塔尔先对小学 1 ~6 年级每年级三个班学生进行一次智力测验，然后谎称根据智力测验成绩将每班学生分成两组。其中一组占班级人数的 20%，称为实验组。实验主持者将该组学生名单交给所在班级教师，并告诉他们，预测表明，这部分学生“在智力上有很大的发展可能性”“具有在不久的将来产生学业冲刺的能力”。各班其余 80% 的学生组成控制组。实验上各班学生是用随机分派的方法分成两组的。也就是说，分组时根本未考虑到事先进行的智力测验，实验前各班内实验组与控制组学生的智力在统计上是相等的。经 8 个月教学后，发现实验组学生比控制组学生的智商有了更大的增长。

评价：这是一种典型的实验设计。由于实行了随机分组，两组学生的有关条件可看作相等或近似。前测的影响、统计回归、实验对象身心成熟等无关变量也得到控制，因为它们对两组实验对象的作用是相同的，可以互相平衡。在我们所引用的这个实例中，对象不知道自己在参与一项实验，教师也不了解实验的目的，因而是一种“双盲设计”。加之两组的教师、教学状况都相同，我们就可以较有把握地把两组实验对象在后测上的差异（$Y_2 - Y_2'$）归因于自变量的作用，故这种实验设计内在效度较高。当教育实验以入学新生为对象时，采用随机分派方法来设置等组比较方便。而当实验对象人数较少时，随机分派就很难保证两组对象在有关条件上相等。

这种实验设计可以推广到多组的情况，即自变量有多种水平的场合。例如，为了研究教师评价、强化及其方式对学生学习的影响，将自变量设计为四种状态（或四种水平），再用随机分派的方法得到四个实验对象组：受表扬组；受训斥组；静听组（不受表扬，也不受训斥，但静听他人受表扬、受训斥，从而受到一

① 刘华山．教育实验设计与条件控制［A］//旷习模，等．教育实验．长沙：湖南教育出版社，1990：106－107．

种“替代性强化”)；无强化组。最后一组为控制组，前三组为实验组。①

2. 随机分派一组仅后测实验

格式：$R \frac{X \quad Y_2}{\quad Y_2'}$

特点：本设计与上一种相比，区别仅在于没有前测。因为既已采取随机分派，我们对两组实验对象条件的相等就有了相当的把握，故此时前测对于实验研究并非绝对必需。

实例：如果要研究电视教学对七年级学生英语学习成绩的影响，我们可将拟做对象的100名入学新生随机分为两组。实验组采用电视教学，控制组采用一般课堂教学。在这里我们有一定根据认为两组对象条件在统计上是相等的，故不一定非要举行前测不可，因为前测在此时不过是对两组近似程度的进一步确认。同时，如果这些初中新生在小学没有学过英语，则对他们进行英语前测也不可能。

评价：这也是一种较为常用的实验设计。由于取消了前测，则可消除前测与自变量间的相互影响，故内在效度可望提高。但当选用的对象人数较少时，随机分派很难保证两组对象条件相等或接近，不如增加前测，改用“随机分派一组控制前后测设计”，做到对两组对象实验前的差别有所了解，以便在对实验研究结果的统计分析中予以考虑。②

为了查清第一种实验的前测对后测有无影响，还可以采用所罗门四组设计，即

RY_1	X	Y_2
RY_1'		Y_2'
R	X	Y_3
R		Y_3'

这实质上是第一、二两种实验的合并，将（$Y_2 + Y_2'$）和（$Y_3 + Y_3'$）进行比较即可显示出受不受前测的影响。当然，这种实验颇费时力。

由于真实验设计的精度要求高，在教育情境中极难达到，故有人认为，教育实验只能是准实验③。但也有人认为，从理论和技术上说，把教育实验提高到真实验水平是可能的，且在实践中确已大量存在“真实验”。其中，雷恩关于闭路电视教学中使用“编序教学手册”为补充教材的实验便是一个典型例证④。

①② 刘华山．教育实验设计与条件控制［A］//旷习模，等．教育实验．长沙：湖南教育出版社，1990：107－108，108－109．

③ 郑继伟．教育实验只可能是准实验［J］．教育研究与实验，1989（1）．

④ 张武升．教育实验评价问题探讨［J］．教育研究与实验，1990（2）．

3. 配对后随机分派一组控制仅后测实验设计

格式：$MR \quad \frac{X \quad Y_2}{\quad\quad Y_2'}$

特点：先将实验对象按某些标准两两配对，然后用随机分派的方法决定哪个为实验组，哪个为控制组。

实例：为了研究“按阶段形成”与“一般讲解练习”的方法对学生应用题解题技能形成的影响，可按智力和数学成绩用对偶法将对象分成两个等组，经过一段不同形式的解题技能教学后，再对实验组与控制组学生应用题解题技能进行测验。

评价：配对后随机分派是划分等组的一种较精确的方法，内在效度较高，但不易实施。

4. 随机分派多因设计

格式：$R \frac{Y_1 \quad\quad X_1 + X_2 \quad\quad Y_2}{Y_1' \quad\quad\quad\quad\quad\quad Y_2'}$

特点：这种设计能同时探查几个因素之间的相互关系，所以尤其适合综合性教育实验。由于需要同时操纵两个及以上的自变量，因而操作上比较复杂。

实例：要比较两种教学方法（讲授法与讨论法）对学生学习成绩的影响；同时又要比较两种教材（通用教材与自学教材）之优劣，这时共有两个自变量（教法为自变量 X_1，教材为自变量 X_2）；每个自变量又各有两种水平，共有 $2 \times 2 = 4$ 种实验处理。我们可以将对象用随机分派的方式分为 A、B、C、D 四人等组，使他们分别接受不同的实验处理。一学期后，测得成绩如下（假设四个组人数相等）。

教学法（X_1）	教材（X_2）		平均成绩
	通用教材	自学教材	
讲授法	72	73	72.5
讨论法	81	83	82.0
平均成绩	76.5	78.0	

评价：本设计的优点是能同时回答几个问题：①讲授法与讨论法效果有无真实差异；②两种教材对学生学习成绩的影响有无真实差异；③教材与教法之间有无交互作用。所谓交互作用，是指讲授法与讨论法教学效果的优劣是否以采用何种教材为转移，或者两种教材教学效果的比较是否因采用何种教法而不同。多因设计可以使一个自变量不同水平的作用的比较被置于另一个自变量的同一水平之上，因而避免了两种自变量作用的互相混淆和干扰，提高了实验设计的效度。①

① 刘华山．教育实验设计与条件控制［A］//旷习模，等．教育实验．长沙：湖南教育出版社，1990：109－110.

二、教育实验的准备、实施与总结评价

教育实验研究的全过程一般分为实验准备、实验实施、实验总结与评价三个基本阶段，每一阶段包括一系列具体的措施。下面结合本章开篇的实验研究案例作简略的说明。

（一）教育实验的准备

教育实验准备阶段的总体任务是制订实验研究的方案，实验方案是否合理、可行，直接影响着实验的结论。其具体任务包括以下几个方面。

1. 确定实验研究课题，明确实验研究目的

要研究什么、试图达到哪些目的，是进行实验之前必须明确的。实验研究课题应明确，课题中涉及的基本概念应含义清晰。如开篇案例中，研究的主题是教学方式与学生思维品质之间的关系，任务是探明二者之间确切的因果关系。其中，教学方式选择了口算练习和应用题教学，研究者对思维品质的描述包括了思维的敏捷性、灵活性、深刻性和独创性，本章介绍的是该项研究的一小部分，研究者还在语文教学中进行了针对小学生思维品质发展的实验。

2. 明确实验的理论基础，确定实验研究的理论假设

任何一个教育实验课题，都应明确其理论基础。理论基础是提出假设的依据，也是实验过程的指导性理论，对实验研究的方向、范围乃至实验资料的搜集都会产生影响。如教学方式与学生思维品质关系的实验，其理论基础是研究者坚持的智力发展理论。如研究者坚持认为，能力的核心是智力，智力的核心是思维力，思维发展的重点是思维品质，而思维品质是在学生的学科能力（如语文的听、说、读、写能力，数学的计算能力、逻辑思维能力、空间想象能力）发展过程中得到培育的。这一理论基础决定了研究者提出了以学科教学和学科能力发展来促进学生思维品质养成的假设。

3. 选择实验对象，分解实验变量，进行实验设计

这是准备阶段的核心工作。实验课题、理论假设提出后，就要明确和分解实验变量。实验的自变量是什么？有多少个自变量？因变量是哪些？有哪些无关变量？这些问题都应在实验之前确定。变量分解后，还应对变量的操纵、控制，以及变量的呈现顺序、实验的辅助手段、条件等实验过程进行规定，根据实验课题的性质、任务和类型，选择实验设计类型，进行合理的实验设计。如教学方式与学生思维品质关系的实验，选择了北京幸福村学区二至八年级的 8 个班，每个年级各选择 2 个班（一个实验班、一个控制班）。为便于统计，每班定 35 名学生，共有被试 280 名。控制班采用通常的教学方法，实验班则采取一系列实验措施，如坚持计算速度要求、教速算要领和方法、鼓励解应用题的“一题多解”和自编应用题的“一题多变”等，这些便作为实验自变量，而思维的敏捷性、灵活性、深刻性和独创性则是作为实验的因变量，实验研究的任务是实施新的针对思维品质的教学方法，在过程中观测思维品质四种性质的变化情况。

4. 选择或编制合适的统计测量工具和手段

采用哪些统计和测量工具观测因变量？这是实验之前要准备好的。统计、测量工具和手段，应根据实验课题的要求选择已有的合适量表，或者重新编制有关量表，如调查问卷、观测指标、考试试卷，从而准确地描述和评价因变量的状况。如在教学方式与学生思维品质关系的实验中，研究者围绕思维的敏捷性、灵活性、深刻性和独创性这几个主要的因变量，设定了一系列测定指标，并根据这些指标编制了大量的测试题，作为检测、搜集信息的工具和手段。

（二）教育实验的实施

实施阶段是实验的实质性阶段，能否按照实验设计有条不紊地展开实验过程，是决定能否得出可靠的实验结论的关键。实施阶段的具体任务主要包括以下三个方面。

1. 按照实验设计，操纵自变量

即进行实验处理，有步骤地改变所要研究的实验条件，向实验对象呈现自变量。如“教学方式与学生思维品质关系”实验以口算练习（每节课3分钟）培养学生思维的敏捷性，以自编应用题（一题多变）和解应用题（一题多解）培养学生思维的灵活性，以应用题归类教学培养学生思维的深刻性等。

2. 控制无关变量

采取有效方法，消除无关变量对实验对象的影响，或者使无关变量对对象的影响相对稳定，甚至恒定。上述“教学方式与学生思维品质关系”的实验研究者对实验班教师进行了系统培训，要求在实验过程中不得增加学生的练习量等，都属于对无关变量的控制。

3. 随时观察和测量因变量，搜集实验数据和其他重要实验资料

在实验前、实验中、实验结束时，分阶段搜集实验对象和因变量的数据等资料。如“教学方式与学生思维品质关系的实验”在实施过程中逐条观察和记录学生的反应，如练习的正确率和速度，对多变、多解习题的反应，解题时思路的自述等，将这些记录及时整理，发现共性和经验，调整教学的方式方法。

（三）教育实验的总结与评价

教育实验的总结与评价是实验的结束阶段，其任务包括以下三个方面。

1. 统计分析，得出结论

对实验数据和有关资料进行统计分析，在统计分析的基础上，对变量作相关分析、因果分析，得出实验结论。如“教学方式与学生思维品质关系”的实验在实施前后分别对实验班进行了难度相当的测试，实验班前后测平均成绩的差异被视为实验产生的效果。研究者还统计了各实验班与控制班的学年考试成绩，进行必要的比较，以数据所代表的事实表明：实验班学生的学业成绩和思维品质优于控制班，且差异显著；同时也得出“思维品质的敏捷性、灵活性、深刻性和独创性是完整的思维品质的主要组成因素，思维品质在不断发展着，又表现出一定的阶段性”这一理论上的结论。

2. 评价实验结论

通过检验实验误差，分析实验的效度。必要时，还需进行小规模的重复实验。

3. 撰写实验报告

按照实验研究报告的基本框架，即题目、前言、方法、结果、讨论这一基本格式撰写实验报告，必要时加上参考文献和附录。

三、关于教育实验若干问题的讨论

（一）教育实验成为热点的背景

20 世纪 80 年代至 90 年代上半段，是我国教育实验的实践热潮期和理论繁荣期。中小学教育实践领域的实验热情逐渐高涨，以至于不少人自信地宣称中国教育实验的第二个高潮已经到来，并且从教学内容、方法、手段及组织形式入手的学科层面的实验率先兴盛起来。例如，马芯兰、李吉林为解决小学数学、语文教学效率低下的问题，将沿用多年且基本是亦步亦趋渐进展开的统编教材顺序打乱，按照新的逻辑方式（如数学按同类题型，语文按主题、题材或体裁相同）重新编排教材、创造新的课型和教学方式，开展了颇有影响的教材教法实验，其中，马芯兰的实验达到了三年教完小学五年制教材全部内容的效果。赵宋光更是运用哲学、美学、完形心理学的研究成果，以综合建构的方式（如学习“3”的“操作完形”时，采用心想数、口念诀、手翻牌这种“镶嵌式”建构方式学习），开展了小学数学教学新体系实验，实验结果表明，学生能在两年半时间内学完小学六年的数学教材。再如卢仲衡的中学数学自学辅导实验，严格控制教师的课堂讲授时间，保证学生有充分的自学空间；顾冷沅的大面积提高初中学生数学成绩的实验，创造了区域性大面积转变学科后进生的成效；魏书生的中学语文教学实验，在提高学生语文成绩的同时，也有效地提高了学生自我管理的能力……接下来的一波高潮，就是理论工作者参与下的、以综合整体的视角开展起来的学校层面的教育改革实验，如在上海开展的愉快教育实验和成功教育实验，在上海、北京、杭州和武汉等地开展的学校整体改革实验等；再往后则出现了教育价值取向及教育学术思想鲜明、理论工作者与实践一线教师合作互动展开的教育实验，如在北方和南方分别进行的中小学主体教育实验。这些研究一方面将教育实验的对象从单一要素之间的关系拓展到多因素复杂交织的结构关系，另一方面也对教育实验的内涵进行了重新认识与重新建构。

实践的革新尝试刺激了人们的理论需求，从 20 世纪 80 年代后期起，国内一些有志于教育实验理论探索和实践尝试的研究者自动聚集起来展开学术性研讨，从 1988 年的武汉会议开始，连续五年在南通、天津、峨眉山、兰州等地举行了有关教育实验的全国性学术研讨会，先后探讨了“教育实验的理论与实践”“教育实验评价”“教育实验的设计”“教育实验的科学化”等主题。有意思的是，无论讨论什么主题，终归要聚焦到一个“化不开”的问题——“教育实验的内涵与性质”上来。也就在那五年中，出现了诸多在会议上和刊物上公开讨论和争辩的问题，如“教育实验应当宽泛定义还是严格定义”“教育实验是否只能是准实验”“教育实验是否只能成功不能失败”“整体改革能否用实验的研究方法”“教育实验需不需要/能不能/如何科学化”“教育实验如何评价”等问题均引起关注者极大的兴趣。

20 世纪 90 年代中后期以来，行动研究、叙事研究先后进入中小学实践领域，掀起一阵阵研究热潮；又因为自 2001 年起，全国进入义务教育段的新课程实施阶段，教师们运用行动研究和叙事研究，相比要求严格的教育实验来说，更加得心应手。在这种情形之下，一线教师对教育实验的热度渐渐减退也在意料之中。同时，关于教育实验的优势、局限乃至存在的合理性问题，也渐渐成为研究界反思的重点。

（二）若干核心问题的讨论

下面就教育实验学术界经常探讨的主要问题略作展开介绍。

1. 教育实验的界定是宽泛还是严格？

针对当时不少非实验教育研究活动都冠之以“实验”（其性质如同今天很多研究都要冠之以“行动”研究）二字，造成了教育实验概念的泛化，模糊了教育实验与教改试验、教育实践之间的界线，于是一部分研究者提出为了确保实验的精髓（假设、控制、可重复验证），应当严格定义实验；另一部分研究者则认为，苛刻的实验定义不切合教育活动的实际，也不利于保护实验研究者的积极性，因而主张宽泛定义实验。更有学者指出：定义的宽泛与严格之争表明我们一直在承受着自然科学实验观的压力。事实上，既然教育实验有不同类型，就应当用不同的“格”来“严”之。言下之意，定义之宽严，应从教育的实际出发，创立自己的“格”，不被动遵循自然科学实验之格，并不是降格以求。①

时至今日，理论界不再纠结于概念上的宽严，反而以更加务实的姿态使用“实验”这个“词”，如“创新示范实验区”“新课程改革实验”“社区教育实验”，等等。如有论者指出：新世纪基础教育课程改革，着眼于建立以校为本的教研制度，倡导课例研究、公开教学、网络教研、反思性教学、教学叙事、教师“个人课题”研究等多种研究方式的综合运用，而不仅仅是教改实验，不再言必称“实验”。理论工作者强调“探索教学实验自己的路子”，教育行政部门坚决取消旨在筛选收费的“实验班”，反映出一种对教改实验更为理性的科学态度。②

2. 教育实验是否只能是准实验？

在探讨教育实验能否和怎样科学化的过程中，涉及一个关乎教育实验本质的

---

① 柳微．教育实验理论问题讨论纪要［J］．教育研究与实验，1991（1）；晓苇．中国的教育实验工作者在想些什么［J］．教育研究与实验，1991（4）．

② 柳夕浪．向历史学习，走教改实验自己的路子——30 年教学改革实验的回顾与反思［J］．北京基础教育课程，2009（1－2）．

焦点问题：教育实验是否只能是准实验？受坎贝尔和斯坦利的影响，国内一些学者主张“教育实验只能是准实验”，因为我们对教育活动只能做到“准控制”；相反的意见认为，教育实验可以是真实验，不能因为目前我国教育实验研究的现实中暂时无人做到，就否定教育研究可以达到真实验的水平，并举出国外的实验例证加以证明；还有观点认为，从总体上给教育实验定性为准实验，是符合教育活动本质的，以精确控制为特征的真实验，不能适用于教育活动的研究。①

关于教育实验的本质特征，目前人们已突破了所谓“宽泛论”与“窄小论”的对峙，认同教育实验不同于严格意义上的自然科学实验，是一种基于自然情境的“准实验”，其本质特征是在验证性基础之上的变革性和创新性。②

还有论者指出：“在关注教育公平的社会，我们无法在同一学校人为地制造出小班和大班的不同教育情境。故而我们会不断诘难实验法在教育研究中的应用，20 年前就断言教育实验只能是‘准实验’。而今天恐怕连所谓的‘准实验’也很难见到，有的只是将实验作为一种‘学术包装’，甚至把它作为吸引生源的广告招牌，迫使行政部门不得不作出取消所谓实验班的决定。”③

3. 教育实验只能成功不能失败？

有论者提出：“目前教育实验的证实多于否证，这说明实验的检验功能尚未得到人们普遍理解，其实，否证同样是一种最常见的成功，而且应该是猜错的多，猜对的少。”这一观点引发了不同的意见。有的认为，由于教育伦理的约束，教育实验不容许失败，尤其不能像自然科学实验那样允许多次失败。有的则指出，实验的失败不等于教育的失败。还有论者坚持说：是否失败应具体分析，不能简单地判定没有达到实验的预期目标就是失败，假如是目标定得过高，就应当去修正目标而不是宣告失败。④

4. 教育整体改革能否采用实验法来研究？

20 世纪 80 年代至 90 年代初，是整体改革在我国中小学教育研究领域中较为盛行的时期，其中最初出现在沪汉京杭四地的一股有生力量就称“整体改革实验”，这引发了关于教育整体改革能否用实验法来研究的争论。有人在文章和研讨会的发言中提出质疑：整体改革是不是一个可大可小的幻影概念？能否把从单科单项到整体改革看作一个必然趋势？整体改革能不能使用实验的方法？一种意见是：研究整体并不是实验法的特长，对整体结构与功能进行研究的最适宜方法

① 郑继伟．教育实验只可能是准实验［J］．教育研究与实验，1989（1）；张武升．教育实验评价问题探讨［J］．教育研究与实验，1990（2）；郑继伟．再论准实验［J］．教育研究与实验，1990（4）；杨银付，瞿葆奎．教育准实验的科学规范探讨［J］．教育研究，1992（10）；武思敏，张武升，周林．提高中国教育实验的科学水平，完善教育实验模式的规范［J］．教育研究，1992（12）．

② 郝志军，田慧生．20 世纪 90 年代以来我国教育实验的新进展［J］．人民教育，2007（10）．

③ 柳夕浪．关于教育实验的中国式诘难［J］．基础教育课程，2010（8）．

④ 杨银付，瞿葆奎．教育准实验的科学规范探讨［J］．教育研究，1992（10）；张伟平．谈谈当前教改实验存在的问题及对策［J］．教育研究，1991（2）．

是系统研究法而不是实验法。另一种意见认为，总体上不妨称之为“整体改革”，但其局部仍有因果关系值得探究，尽管是多变量的复杂因果关系研究，难度很大，但不妨碍称之为“整体实验法”。①

随着行动研究、叙事研究、质性（质化）研究等研究方法的相继“走红”，实验法似乎不再流行，因而上述讨论或给人以“时过境迁”之感。但应看到，这些讨论所引起的种种关联式思考，如“教育研究要不要从教育的实际出发”“从其他学科/领域中借来的方法要不要或者怎样进行适应性改造”等，依然具有现实意义，同样可以迁移到关于行动研究、叙事研究和人种志研究等方法应用的反思上。

（三）基于反思的展望

如前所述，20 世纪 90 年代中后期，我国教育实验理论探讨曾一度淡化，教育实验似乎进入了“高原期”。这一方面表明人们对教育实验的心态更为冷静和理性，另一方面也说明思维方式的根本转换和方法论的更新已是教育实验后续发展的关键所在。概言之，正确处理科学性与人文性的关系、历史传统与现实问题的关系、国际化与本土化的关系，合理吸收其他研究方法（如行动研究方法、质的研究方法和现代信息技术方法），是我国教育实验面向未来发展的根本出路。②

1. 教育实验的反思褒贬不一

有研究者认为，我国近二十年来发生于中小学的大规模实验推进了先进的教育思想、教育理念在教育实践领域的广泛传播，在较大范围内营造了一种改革与研究、合作与交流的活跃氛围，激发了广大教育实践工作者的研究意识与改革意识，有利于有效教育经验的推广，是实现教育研究成果的外在效度的有效方式。但也存在实验设计欠规范、实验处理过程模糊、实验研究结论缺乏创新、实验评价欠客观等方面的局限性。③ 还有研究者指出：在教育实验的繁荣背后，存在“功利主义”价值追求、“山头主义”的组织管理和“盲目主义”的方式方法等问题。④

研究界对整体改革实验、主体教育实验、“做中学”实验以及一些坚持实施多年的单科单项教育实验进行了回顾与总结，有的还以专题总结方式进行反思，如认为教师的发展提高既是主体教育实验的目的又是主体教育成功的重要标志，教师作为主体教育实验的主体，最大限度地开挖出了主动性和创造性。主体教育

---

① 张定璋，刘力．教育实验的理论探讨和实践［M］．上海：南海出版公司，1990；吴康宁．对教育整体改革实验若干问题的思考［J］．教育研究，1995（1）；杨小微，旷习模．中小学整体改革实验［M］．成都：四川教育出版社，1997；晓苇．教育实验工作者的思辨与实证［J］．教育研究与实验，1993（3）．

② 郝志军，田慧生．20 世纪 90 年代以来我国教育实验的新进展［J］．人民教育，2007（10）．

③ 郭元祥．大规模教育实验：意义与局限［J］．教育研究与实验．2006（4）：68－72.

④ 喻本伐．走出迷宫：中国当代教育实验述评［J］．华中师范大学学报：人文社科版，2006（3）：120－126.

实验探索出促进现代教师自觉成长的机制，培养出一支优秀的、有创造性的、有活力的高素质教师队伍。①

2. 教育实验的未来各抒己见

面对各种关于教育实验的诘难与质疑，有研究者认为要有一种扬弃的态度，既要保留实验的种种优点，如富于想象、大胆猜想与假设，基于事实（包括数据）、以证据说话，程序规范、透明公开；也要摒弃不问对象的方法套用和唯科学主义的泛规律论，在扬弃的基础上重建教育实验观、重新定义实验行为。在实验理念上，求实重效，尊重教育活动的“实践品性”；在过程观上，直面教育过程及教育实验过程的复杂性、生成性；在对待结果的心态上，承认教育实验结论推广的条件性、再创性。一个值得憧憬的新的教育实验形态将是：以“理想类型”替代自然科学实验所必不可少的科学假设，来引领教育研究活动的持续开展；以“理论逻辑”有分寸地干预“实践逻辑”；理论工作者与实践工作者以互动方式实现“共在”与“共生”。②

有研究者主张小规模实验是教育实验研究最有效的方式。鉴于二十多年来我国大规模教育实验研究存在的诸多问题，因而要缩小教育实验规模，深化校本研究。③ 也有研究者认为，当代教育实验强调实验过程的动态生成性和实验结论的情境性，具有行动研究的特征，可称之为行动研究取向的教育实验。行动研究取向的教育实验应当成为教育实验的主流，因为实验的真正价值取决于思想而不是方法。

乐观的研究者认为，中国教育实验界能在认真总结历史经验的基础上，正视所面临的“高原现象”，强化教育实验工作者的主体意识，选择课程实验作为重心，化解“科学主义范式”与“人文主义范式”的冲突，以迎来教育实验更为璀璨的明天。

专栏 6－4

在教育实验设计中以“理想类型”替代科学假设

“理想类型”是由马克斯·韦伯（Max Weber）发明并大量使用的一个核心术语。理想类型描述的是社会中事物或现象的类型，但不一定是全然真实地存在，而是人为赋予了“意义”的多少带有想象成分的类型归纳；理想类型描述

① 郭华．我国教师专业发展的实践探索——主体教育实验 18 年回顾［J］．北京师范大学学报：社会科学版，2010（5）：21－27.

② 杨小微．科学化的梦想与回声——基于反思的教育实验观重建［J］．华中师范大学学报：人文社科版，2008（3）.

③ 汪基德，寇琼洁．走向教育实验研究的教育实验［J］．中国教育学刊，2006（6）：61－63.

的是某种结构性的关系，动机充分且客观可行；理想类型用以发现意义的更新方面，需要不断重复地尝试；理想类型还是用作“与现实进行比较和衡量现实”的概念性工具……根据马克斯·韦伯的观点，如果说自然科学研究需要假设，那么社会（学）研究则需要“理想类型”，这样一来，社会研究一方面“合法地”遵循了科学研究的“假设—验证”的规则，另一方面又“合理地”使“价值”“意义”之类“主观的”东西在研究中有了“藏身之地”。

受“理想类型”观点的启发，教育实验要从自身特性来考虑合适的研究范式与规则。任何一种教育研究活动，不可能也没必要回避价值问题，恰恰相反，教育研究就是要把自己的价值追求作为一种可被分享的“愿景”公开，并体现在自己所要探索实现的“理想类型”之中。例如，关于创建21世纪新型学校的实验，就要提出关于理想学校的整体面貌、结构形态及文化气质的想象与分类，构成新学校的“理想类型”。我国学者提出了学校转型的五个标准，即“价值提升、重心下移、结构开放、过程互动、动力内化”，可以理解为理想学校类型的概括性描述。同理，关于新课程背景下的课堂教学实验，就要提出新的课型、新的教学关系及新的课堂文化形态，构成新课堂的“理想类型”；关于班级建设的实验，则要提出包含新组织方式、新制度体系和新班级文化在内的班级理想类型。

比起自然科学“假设”来，教育实验所追求的“理想类型”有更多的“可然性”和“特殊适应性”，是“一组更迭着的可然状态图像”，而非静止刻板的图画，因而可以选择、加工、重新组合，可以不断地加以动态“调试”使之达到某一特定时间、特定场合下的最佳状态。

［资料来源］杨小微．科学化的梦想与回声——基于反思的教育实验观重建［J］．华中师范大学学报：人文社科版，2008（3）．

☆本章要点

1. 教育实验的含义和意义、缘起与发展。
2. 教育实验的特征、功能和基本类型。
3. 教育实验的内在效度和外在效度，影响实验内外效度的主要因素。
4. 教育实验因变量的确立、自变量的选择与操纵、无关变量的控制。
5. 不同类型教育实验不同的设计格式，每种设计类型的特点、长处、缺陷和适用范围。
6. 教育实验的准备、实施与总结评价过程。
7. 国内学术界关于教育实验若干问题的讨论。
8. 运用教育实验的原理理解和评论教育实验实例。

☆概念图

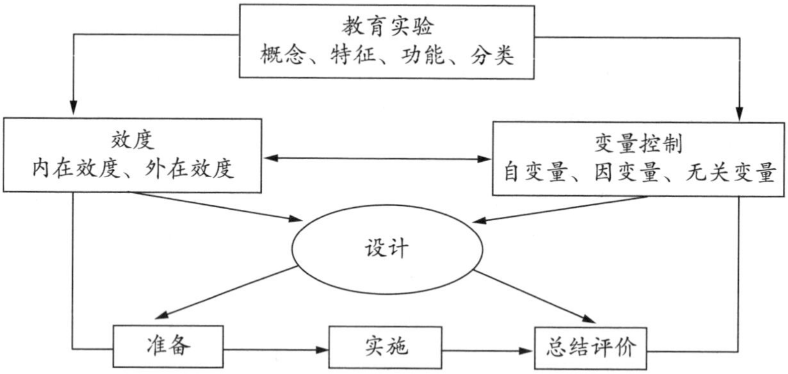

☆学习效果自测

1. 实验法与观察法、实验法与调查法、实验法与文献法、实验法与测量法，各有何区别与联系？

2. 教育实验有何特征？有哪些基本类型？

3. 教育实验内在效度和外在效度的含义是什么？哪些因素会影响实验的内在效度和外在效度？

4. 自选一篇教育实验报告，指出其因变量的确立、自变量的选择与操纵和无关变量的控制，评论其科学性及实践价值。

5. 不同类型教育实验有不同的设计形式，说出每种形式的长处、缺陷和适用范围。

6. 对于教育实验的准备、实施与总结评价过程，以及国内学术界关于教育实验若干问题的讨论，谈谈自己的看法。

☆拓展练习

1. 提出一个具有实际研究价值的微型教育实验选题，以正确的表达方式写出实验假设（至少包括自变量、因变量及其预期的因果关系）。

2. 阅读研究报告《小学生运算思维品质培养的实验研究》（林崇德著，载《教育研究》1983 年第 10 期），指出其实验性质及变量控制方法，评价其内在效度和外在效度。

☆参考文献

1. 梅雷迪斯·D. 高尔，沃尔特·R. 博格，乔伊斯·R. 高尔. 教育研究方法导论［M］. 6 版. 许庆豫，等，译. 南京：江苏教育出版社，2002.

2. 威廉·维尔斯曼. 教育研究方法导论［M］. 袁振国，主译. 北京：教育科学出版社，1997.

3. 杨小微．教育研究的原理与方法［M］．上海：华东师范大学出版社，2002.

4. 叶澜．教育研究方法论初探［M］．上海：上海教育出版社，1999.

5. 裴娣娜．教育研究方法导论［M］．合肥：安徽教育出版社，1994.

6. Donald T. Campbell & Julian C. Stanley. Experimental and quasi-experimental designs for research［M］. Chicago：Houghton Mifflin，1966.

☆后续学习资料

必读部分

1. 梅雷迪斯·D. 高尔，沃尔特·R. 博格，乔伊斯·R. 高尔. 教育研究方法导论［M］. 6 版. 许庆豫，等，译．南京：江苏教育出版社，2002：第十二章，第十三章.

2. 威廉·维尔斯曼．教育研究方法导论［M］. 袁振国，主译．北京：教育科学出版社，1997：第五章.

3. 郝德元，周谦．教育科学研究方法［M］. 北京：教育科学出版社，1990：第四章，第五章，第六章，第十一章.

4. 约翰·W. 克雷斯威尔．研究设计与写作指导：定性、定量与混合研究的路径［M］. 崔延强，译．重庆：重庆大学出版社，2007：第一章，第二章，第九章，第十一章.

选读部分

1. 王策三．教学实验论［M］. 北京：人民教育出版社，1995：第八章，第十章.

2. 靳玉乐，和学新．教育实验论［M］. 重庆：西南师范大学出版社，1994：第六章，第七章，第八章.

3. 郑继伟．教育实验只可能是准实验［J］. 教育研究与实验，1989（1）.

4. 杨银付，瞿葆奎．教育准实验的科学规范探讨［J］. 教育研究，1992（10）.

5. 杨小微．教育研究方法［M］. 北京：人民教育出版社，2005：第四章.

第七章　教育统计研究

☆ 内容概览

本章阐明了定量研究资料的整理、推断、分析的基本原理，以及利用 SPSS 对数据资料进行统计分析的基本方法。本章首先引入随机现象与随机变量、总体、样本与个体、参数与统计量、样本分布、总体分布及抽样分布等统计学中的基本概念；再逐步介绍集中量数、差异量数、地位量数、相关系数的计算方法以及频数分布表或图的绘制方法等描述性统计方法；同时，结合示例阐述参数估计、假设检验的基本原理以及独立样本 *T* 检验与配对样本 *T* 检验的一般步骤，以呈现依据样本数据对总体进行推断、估计和预测的推断统计方法。

☆ 学习目标

1. 理解随机变量、总体与样本、参数与统计量的含义，掌握正态分布的分布特征。

2. 理解并掌握集中量数、差异量数的计算方法，掌握频数分布表、直方图的绘制方法。

3. 对你感兴趣的问题进行相关研究时，清楚如何选择恰当的相关分析方法。

4. 理解假设检验的基本原理，掌握平均数差异的显著性检验的一般步骤。

5. 明晰两个独立样本的 *T* 检验与配对样本的 *T* 检验的适用范围。

6. 熟练使用 SPSS 软件中 Independent-Samples *T* Test（独立样本的 *T* 检验）以及 Paired-Samples *T* Test（配对样本的 *T* 检验）模块命令。

7. 应用平均数差异的显著性检验方法解决教育与心理实验中的实验效果差异问题。

☆ 核心概念

描述性统计　推断统计　集中量数　差异量数　假设检验

假设我们对 90 所初中刚入学的新生和初三快毕业的 10311 名学生进行学校适应性方面的调查，每人要回答涉及学生对学校的满意度、师生关系、问题行为、教师对学生的评价、数学自我概念和语文自我概念等六个方面的 16 个题目。①另外，问卷中也包括反映学生个人及家庭背景、学习成绩等方面的相关数据。问卷录入数据表格参见表 7－1。

表 7－1　部分数据文件资料

学生编号	性别	民族	年级	学校类型	是否愿意上学	是否喜欢学校	在学校是否开心
0101031721217	2	1	9	1	0	0	0
0101031721218	.	1	9	1	1	1	1
0101031721219	2	1	9	1	1	.	0
0101031721220	2	1	9	1	1	0	1
…	…	…	…	…	…	…	…
0103051321397	1	2	7	2	1	1	1
学生编号	…	…		办学条件分类	学校适应性得分	标准化数学考试成绩	标准化语文考试成绩
0101031721217	…	…	…	1	0.67	75	54
0101031721218	…	…	…	1	2.00	90	54
0101031721219	…	…	…	1	.	80	42
0101031721220	…	…	…	1	2.42	90	54
…	…	…	…	…	…	…	…
0103051321397	…	…	…	3	5.00	60	24

注：性别取值为“1”，表示男生；取值为“2”，表示女生。民族取值为“1”，表示汉族；取值为“2”，表示少数民族。年级取值为“7”，表示七年级；取值为“9”，表示九年级。学校类型取值为“1”，表示纯初中校；取值为“2”，表示 9 年一贯制学校；取值为“3”，表示完全中学；取值为“4”，表示 12 年一贯制学校。是否愿意上学、是否喜欢学校、在学校是否开心取值为“1”，均表示“是”；取值为“0”，均表示“否”。办学条件分类取值为“1”，表示条件较差；取值为“2”，表示条件中等；取值为“3”，表示条件较好。“.”表示缺失值。

我们将利用本章所介绍的描述性统计和推断统计方法解决如下问题：

1. 这些学校学生的学校适应性如何？男生、女生的学校适应性如何？汉族

---

① 这六个方面反映了学校适应性的重要内涵，反映了学生的情感、态度、价值观等方面的发展情况。对于学生的学校适应性得分，主要通过探索性因素分析的方法获得。利用因素分析提取以上所述的六个维度，六个维度的得分总和即为学生的学校适应性得分，每个维度满分为 1 分，学校适应性总得分满分为 6 分。

学生与少数民族学生的学校适应性又如何？

2. 七年级学生的学校适应性是否与学生成绩有关联性？它与学生所在学校的办学条件是否也存在关联？

3. 男、女生学校适应性是否存在显著性差异？七年级学生与九年级学生的学校适应性是否存在显著性差异？

通过对以上问题的统计分析，不仅有利于获得客观、准确的研究结论，而且可以促进我们的思考，使我们能够凭借数学的推演获得仅凭主观想象难以获得的更深刻的认识和新的发现。

第一节　统计学中的基本概念

在介绍与应用描述性统计方法解决上述问题之前，我们需要先引入统计学中的几个基本概念。

一、随机现象与随机变量

（一）随机现象

1. 什么是随机现象

如果一个实验满足以下条件：（1）实验可以在相同条件下重复进行；（2）实验的所有可能结果是明确可知的，并且不止一个；（3）每一次实验总是恰好出现这些可能结果中的一个，但是在一次实验之前却不能肯定这次实验会出现哪一个结果。我们称这样的实验是一个随机实验。为方便起见，也简称为实验。就一次实验而言，我们看不出其结果的出现有什么规律。但是，如果“多次”地重复这种实验，其结果又遵循某种规律，这种规律被称为“统计规律”。实验所代表的现象被称为随机现象。

2. 随机现象的特点

由上述定义可以得出随机现象具有以下特点：（1）随机现象的可能结果至少两个；（2）事先并不知道出现哪一个可能结果。

在教育领域，随机现象是非常普遍的。例如，某学校的体育达标率、升学率，学生某门课的考试成绩，学校获省、市级三好学生的人数等。这些随机现象的结果往往以数量的形式表现出来。例如，学生某门课的考试成绩可以用0～100分的数值来表示；达标率、升学率用百分数来表示；三好生的人数可能是0个、1个、2个……

（二）随机变量

1. 什么是随机变量

随机现象具有多种可能结果，而每一结果又往往表现为数量，因而我们会想到用变量来描述随机现象。比如，我们用变量 x 来表示某校获省、市级三好生的人数，则“$x=0$”就表示“该校没有省、市级三好生”；“$x=1$”就表示“该校只有 1 名省、市级三好生”等。这样，变量每取一个值就表示随机现象的一种结果。我们把这种能表示随机现象各种结果的变量叫作随机变量。一般用 x，y，z 等英文字母来表示。但是，有些随机现象的结果并不表现为数量性质。例如，学生的学习成绩可以分为优、良、中、及格和不及格；身体情况可以分为健康、一般和较差；考大学的结果可能是考上与没考上等。为了用随机变量表示出这些结果，可以进行数量化处理。例如，用“$x=0$”表示“未考上大学”，“$x=1$”表示“考上大学”。对于学习成绩，可以用“$x=1$”表示“成绩不及格”，“$x=2$”表示“成绩及格”，“$x=3$”表示“成绩中等”，“$x=4$”表示“成绩良好”，“$x=5$”表示“成绩优秀”。这样处理的结果就使得任何一个随机现象都能用随机变量来表示，随机变量每取一个值就表示随机现象的一种结果发生，随机变量取不同的值就表示不同结果的发生。

2. 随机变量的分类

（1）随机变量依其性质不同，可以分为称名变量、定序变量、等距变量、等比变量。①

①称名变量（nominal variable）：称名变量是用数字表示事物在属性上的不同或类别上的差异，如三好生用 1 表示，非三好生用 0 表示等。这里的 0 和 1 并不能说明事物与事物之间差异的大小，实际上只是分类的符号。对这类数据不能进行加、减、乘、除运算。

②定序变量（ordinal variable）：定序变量是根据事物某一属性的多少或大小按次序将各事物加以排列，并用数字作为名次的标志。例如，把某班学生按其期末考试的总成绩从高到低加以排列，最高分者为第 1 名，次高分者为第 2 名，依次类推，所得的 1，2，3…就是定序变量的取值。这种变量不具有相等的单位，也无绝对零点，因此，对这类数据进行统计处理时，不能运用加、减、乘、除运算。对事物的喜爱程度、品质等级、能力等级等均属于此类数据。

③等距变量（interval variable）：等距变量是有相等的单位，但没有绝对零点的变量，如温度、测验分数等。对这类变量值进行统计处理时，只能运用加、减法，而不能运用乘、除法。例如，在比较温度时，只能说今天的温度比昨天的温度高多少度或低多少度，而不能说今天的温度是昨天温度的多少倍。因为温度无绝对零点，温度计中的零度是人为规定的相对零点。再如某种能力测验，甲得 100 分，乙得 50 分，由于这类数据具有相等的单位，在比较时，我们可以说甲比乙多得 50 分，或乙比甲少得 50 分，但能力是没有绝对零点的，因此不能说甲的能力是乙的 2 倍，或乙的能力是甲的 0.5 倍。即使是某科成绩得零分的学生，我们也不能认为他在这方面的知识、能力为零。因为这类数据不是从绝对零点计算

① 对随机变量的这种划分与教育测量学中的 4 种量表（scale）——称名量表、定序量表、等距量表、等比量表相对应。

起的，它仅在某个区间里具有相等的单位，而各个个体观测值的单位数并不能代表区间内外统一观测时可能采用的等距单位数量之间的比例关系，算不出对此等距单位的比率。因而比较时，只能用加、减法，不能用乘、除法。所以，我们不能说甲是乙的知识、能力的多少倍。

④等比变量（ratio variable）：等比变量是既有相等单位又有绝对零点的变量，如身高、体重、教育经费、学校固定资产金额等。对这类变量值进行统计处理时，既可运用加、减法，也可运用乘、除法。例如身高的比较，甲身高是180厘米，乙身高是120厘米，比较时，可以运用减法，得甲比乙高60厘米的结论；也可以运用除法，即由 $180 \div 120 = 1.5$，得甲身高是乙身高的1.5倍。

（2）随机变量根据其取值情况是否连续，可以分为离散型随机变量和连续型随机变量。

①离散型随机变量（discrete random variable）：如果随机变量只能取有限个或至多可列个值（能按一定次序一一列举出来），则为离散型随机变量。例如，表示学生成绩名次的随机变量是离散型随机变量，因为它的取值是可数个自然数：1，2，3…；表示学生性别的随机变量也是离散型随机变量，因为它的可能取值只有两个：1，2。

②连续型随机变量（continuous random variable）：如果随机变量的可能取值能连续充满数轴上的某一区间，则为连续型随机变量。表示学生身高、体重、学科成绩等的随机变量是连续型的随机变量。例如，学生某科成绩的可能取值是［0，100］内的任一数值；学生身高的可能取值是［0，250］（单位为厘米）内的任一数值，因而它们都是连续型的随机变量。

二、总体、样本与个体

（一）定义

统计学中将研究对象的全体称为总体。组成总体的基本单元称为个体。例如，我们要考察某校去年高中学生的升学情况，则该校参加高考的所有考生的分数就组成一个总体，而其中每个考生的分数就是一个个体。再如，要观测某位学生三年内的身高增长情况，每个月测量一次，则所有测得的数据构成一个总体，而每次测量的数据为一个个体。显然，总体所要研究的是具有某一特征的一类事物的全体，因而总体有大有小，随所研究的对象而变。而且构成总体的个体不限于人或物，也可指个性特征、心理活动、推理能力、学习方法、反应时间等。

总体的性质是由组成总体的每一个个体的性质构成的，所以要了解总体的性质，必须对每一个个体进行观测。但是，限于人力、物力、财力等各种原因，我们通常按一定的规则只从总体中抽取一部分个体——样本，进行观测研究，利用统计学中的原理和方法对样本数据进行分析、处理，进而对总体的性质、特征进行统计推断。样本所包含的个体数量，称为样本容量，一般用 n 表示。例如，某样本包含35个个体，可记为 $n=35$。

（二）关系

总体与个体具有相对性。例如，研究某校学生身高变化，那么全校学生身高可以是总体。但是，如要研究该市各学校学生的身高情况，则一个学校的学生身高就可以作为个体。同时，总体与样本也具有相对性。例如，研究一位教师所教的一个班的教学效果，这个班就可以看成一个总体；假如要研究这位教师教学法的优劣，这个班就只能被看成从这种教学法所教的所有学生中抽出来的一个样本了。

样本有大小之分，研究者可以根据研究和实验的条件与要求决定采取大样本或小样本。大样本与小样本没有严格的数量界限。一般将样本容量小于30的样本称为小样本，容量大于30的样本称为大样本。但也有统计学家主张以样本容量为50或100作为区分大小样本的界限。样本越大，从中提取的信息就越多，它对于总体的代表性就越大。但有时根据所研究问题的需要或者限于各种条件（如人力、经费等），也抽取小样本进行研究。一般说来，样本越小，对总体的推断结论的可靠程度就越低。在教育统计中，常用样本统计量来对总体进行估计、推断。要想使抽取的样本很好地反映总体的特性，抽样的方法必须遵循随机化原则。

三、参数与统计量

反映总体数据特征的量数统称为总体参数，简称为参数。例如，总体平均数、总体方差、总体标准差、总体相关系数等，它们分别用符号 μ、σ^2、σ、ρ 表示。总体参数是常数，但大多数情况下它们是未知数。统计量是指不依赖于任何未知参数的样本函数，即它是直接从样本数据计算出的各种量数。例如，样本平均数、样本方差、样本标准差、样本相关系数等，它们分别用 $\overline{X}$、S^2、S、r 表示。统计量不是未知数，它随样本的不同而取不同的值。值得注意的是，统计量不能含有未知参数，如对于 μ 未知的正态总体来说，$\frac{1}{n}\sum_{i=1}^{n}(x_i-\mu)^2$ 不是统计量。

四、样本分布、总体分布、抽样分布

样本分布（distribution）是指样本中所有个体数值的频数结构。总体分布是指总体内所有个体数值的频数结构（严格地说，总体分布是代表总体的随机变量的概率分布）。统计量的概率分布称为抽样分布，如样本平均数的概率分布（抽样分布）在样本量充分大时近似服从正态分布（如图7-1）。许多统计检验方法的应用条件都是样本抽样分布为正态分布。

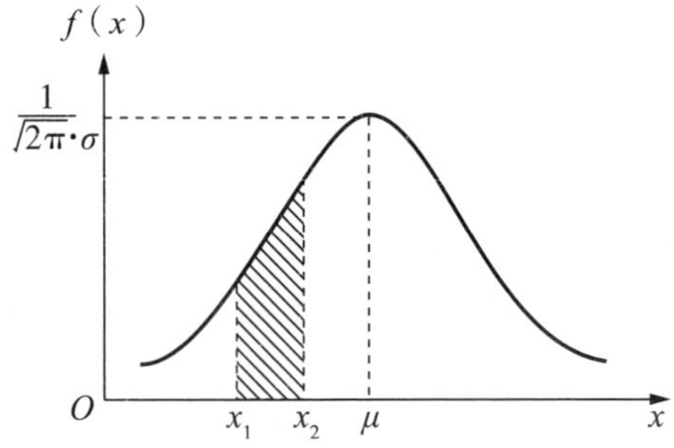

图 7－1　正态分布 $N(\mu, \sigma^2)$ 的密度函数曲线

五、正态分布

(一) 定义

正态分布是连续型随机变量分布中最重要也最常见的一种分布。例如，在人数较多的群体中，测量身高、体重、智力水平、学习成绩等得到的数值，其分布都近似于正态分布。一般说来，只要随机变量取值的结果是由多种因素决定的，而且这多种因素基本上相互独立，我们得到的数据分布就近似于正态分布。

正态分布的密度函数为：

$$f(x)=\frac{1}{\sqrt{2\pi}\sigma}e^{\frac{(x-\mu)2}{2\sigma2}}\quad(\sigma>0,\ -\infty<x<+\infty)\qquad(7.1.1)$$

其中，μ 和 σ^2 分别为正态分布的均值和方差，我们将该分布记作 $x\sim N(\mu,\sigma^2)$。当 $\mu=0$，$\sigma^2=1$ 时，分布密度为 $f(x)=\frac{1}{\sqrt{2\pi}}e^{-\frac{x^2}{2}}$。此时，我们称随机变量 x 服从标准正态分布（如图 7－2），记作 $x\sim N(0, 1)$。

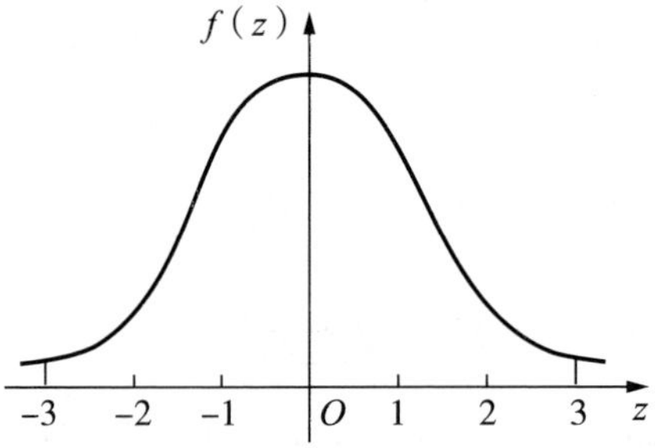

图 7－2　标准正态分布 $N(0, 1)$ 的密度曲线

(二) 特征

从正态分布的分布密度 $f(x)$ 曲线（如图 7－1）可以看出，正态分布具有以下特征。

（1）曲线呈钟形，且位于 x 轴的上方。

（2）以直线 $x=\mu$ 为对称轴，向左、右无限延伸，且以 x 轴为渐近线。即当 $x\to\pm\infty$ 时，$f(x)\to 0$，但曲线始终不与 x 轴相交。

（3）当 $x=\mu$ 时，曲线处于最高点，即当 $x=\mu$ 时，$f(\mu)=\dfrac{1}{\sqrt{2\pi}\sigma}$ 为最大值；曲线呈现“中间高，两边低”的形状。

（4）正态曲线与 x 轴之间的面积等于1，而且曲线 $f(x)$ 与两直线 $x=x_1$，$x=x_2(x_1<x_2)$ 及 x 轴所围成的面积等于随机变量 x 落入区间（x_1，x_2）的概率，即概率 $P(x_1<x<x_2)$ 为图7－1中阴影部分的面积。

（5）正态分布 $N(\mu,\sigma^2)$ 是由均值 μ 和标准差 σ 唯一决定的分布。当均值 μ 和标准差 σ 不同时，正态曲线呈现的位置和形状也就不同。均值 μ 决定曲线的位置；标准差决定曲线的形状，σ 越大，曲线越“矮胖”（即取值越分散），σ 越小，曲线越“高瘦”（即取值越集中于 μ 的附近）。（如图7－3、7－4）

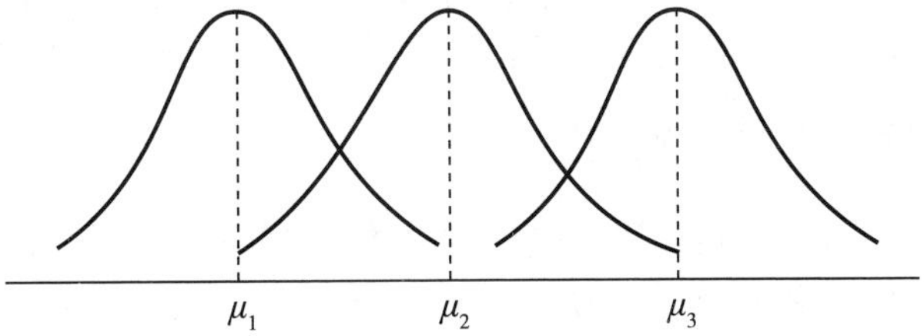

图7－3　标准差相同，均值不同，正态曲线位置不同

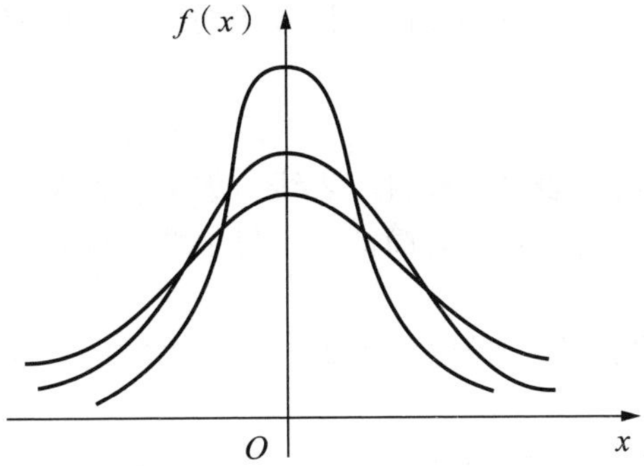

图7－4　均值为0，标准差不同，正态曲线形状比较

第二节　描述性统计方法

描述性统计是对观测数据的简缩、汇总，以概括观测数据所反映的特征。描述性统计一般包括如下四个方面。

（1）对数据分布的直观描述。常用频数分布表、直方图、条形图、饼状图等刻画观测数据分布的主要特征。

（2）对数据集中趋势、离散程度的描述。对数据集中趋势的描述包括计算平均数、中位数、众数等，以这些参数或统计量来反映观测数据的集中趋势；对数据离散程度的描述包括计算标准差、方差、极差、变异系数等，以这些参数或统计量来反映观测数据的离散程度。

（3）对数据相对位次的描述。利用百分等级、Z 分数、T 分数等地位量数来描述原始数据在样本频数分布中的相对位次。

（4）对数据之间相互关系的描述。包括计算积差相关系数、等级相关系数、点列相关系数等，以这些参数或统计量来反映观测数据之间的相互关系。

通常，研究者对直接获得的杂乱无章的数据首先进行归类，用统计图表来刻画观测数据的分布特征，然后依次采用合适的集中量数、离散量数来反映观测数据的集中趋势、离散程度，用地位量数来考察原始数据在样本频数分布中的相对位次，最后再利用相关系数计量数据之间相互关联的程度。因而，描述性统计主要是描述事物的典型性、波动性以及相互关系，揭示事物的内部规律。

一、对数据分布的直观描述

在教育测验、实验、调查问卷或量表的数据分析中，我们常常对所收集的数据使用求变量的频数和百分数的统计方法，并采用统计表或统计图的方式来表达，以方便对数据按组进行归类整理，形成各变量的不同水平（分组）的频数分布表和图形，从而对各变量的数据特征和分布状况有一个概括的认识，并进行数据分布的正态性检验，为进一步的统计方法的选取提供依据。

（一）统计表

1. 特点及制作要求

统计表一般由标题、表号、标目、表线、数字、表注几个部分组成。为了使统计表便于理解，要求统计表具有简洁、一目了然的特点。制作统计表时，应做到以下几点。

（1）统计表的题目要简明扼要地概括出表的内容，题目要写在表的上方中央。

（2）统计表要力求简明，避免表的内容资料过于庞杂；行和列的标目内容按一定的顺序排列，如果栏目数较多，要加以编号。

（3）统计表中要列出必要的总计数及每一标目下的小计，以便对数据进行检查和计算；表内数据要填写整齐，对准数位；表中暂缺的数据用“…”或者“—”表示。

（4）数据资料要注明计量单位，可分别在标题或行、列标题的后面注明。

（5）统计表的上下端线应画粗线，中间各标目内容用细线分开，表的左右两端一般不封闭。

2. 频数分布表的分类

根据数据是否具有连续性可分为离散型数据和连续型数据，对于不同的数据应采用不同形式的频数分布表。

离散型数据一般采用简单频数分布表。连续型数据可以采用简单频数分布表，也可以采用分组频数分布表。在数据量不大时，采用简单频数分布表即可；当数据量较大时，再用简单频数分布表就不能起到简化的作用，这时就需要用分组频数分布表来整理数据。

3. 频数分布表的制作方法

（1）简单频数分布表（simple frequency table）。简单频数分布表是依据每一个数值在一列数据中出现的次数或总计数资料编制成的统计表。离散型数据和连续型数据都可以制作简单频数分布表。

下面以本章开始部分提及的10311名学生的学校适应性得分为例，通过SPSS统计分析软件（16.0版）绘制简单频数分布表。

该示例数据保存在名为data7－1.sav的数据文件内，我们将绘制学校适应性得分变量schadap_08的简单频数分布表。

● 操作步骤

①读取数据文件data7－1.sav（如图7－5）。

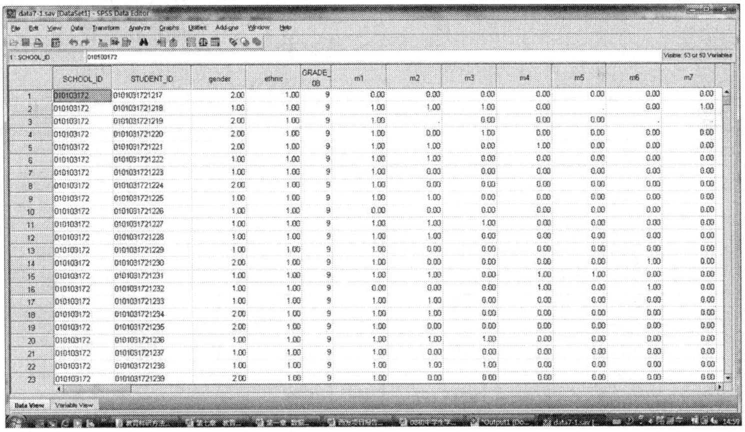

	SCHOOL_ID	STUDENT_ID	gender	ethnic	GRADE_08	m1	m2	m3	m4	m5	m6	m7
1	010103172	0101031721217	2.00	1.00	9	0.00	0.00	0.00	0.00	0.00	0.00	0.00
2	010103172	0101031721218	1.00	1.00	9	1.00	1.00	1.00	0.00	.	0.00	1.00
3	010103172	0101031721219	2.00	1.00	9	1.00	.	0.00	0.00	0.00	.	.
4	010103172	0101031721220	2.00	1.00	9	1.00	0.00	1.00	0.00	0.00	0.00	0.00
5	010103172	0101031721221	2.00	1.00	9	1.00	1.00	0.00	1.00	0.00	0.00	0.00
6	010103172	0101031721222	1.00	1.00	9	1.00	1.00	0.00	0.00	0.00	0.00	0.00
7	010103172	0101031721223	1.00	1.00	9	1.00	0.00	0.00	0.00	0.00	0.00	0.00
8	010103172	0101031721224	2.00	1.00	9	1.00	0.00	0.00	0.00	0.00	0.00	0.00
9	010103172	0101031721225	1.00	1.00	9	1.00	1.00	0.00	0.00	0.00	0.00	0.00
10	010103172	0101031721226	1.00	1.00	9	0.00	0.00	0.00	0.00	0.00	0.00	0.00
11	010103172	0101031721227	1.00	1.00	9	1.00	1.00	1.00	0.00	0.00	0.00	0.00
12	010103172	0101031721228	1.00	1.00	9	1.00	1.00	0.00	0.00	0.00	0.00	0.00
13	010103172	0101031721229	1.00	1.00	9	1.00	0.00	0.00	0.00	0.00	0.00	0.00
14	010103172	0101031721230	2.00	1.00	9	1.00	0.00	0.00	0.00	0.00	1.00	0.00
15	010103172	0101031721231	1.00	1.00	9	1.00	1.00	0.00	1.00	1.00	0.00	0.00
16	010103172	0101031721232	1.00	1.00	9	0.00	0.00	0.00	1.00	0.00	1.00	0.00
17	010103172	0101031721233	1.00	1.00	9	1.00	1.00	0.00	0.00	0.00	0.00	0.00
18	010103172	0101031721234	2.00	1.00	9	1.00	1.00	0.00	0.00	0.00	0.00	0.00
19	010103172	0101031721235	2.00	1.00	9	1.00	0.00	0.00	0.00	0.00	0.00	0.00
20	010103172	0101031721236	1.00	1.00	9	1.00	1.00	1.00	0.00	0.00	0.00	0.00
21	010103172	0101031721237	1.00	1.00	9	1.00	0.00	0.00	0.00	0.00	0.00	0.00
22	010103172	0101031721238	1.00	1.00	9	1.00	1.00	1.00	0.00	0.00	0.00	0.00
23	010103172	0101031721239	2.00	1.00	9	1.00	0.00	0.00	0.00	0.00	0.00	0.00

图7－5 读取数据文件data7－1.sav

②按Analyze →Descriptive Statistics →Frequencies…顺序逐一单击鼠标键，打开Frequencies对话框（如图7－6）。

③选择schadap_08变量进入Variable(s）框中。

④选中Display frequency tables复选项，要求显示频数分布表，并单击OK按钮，提交运行。

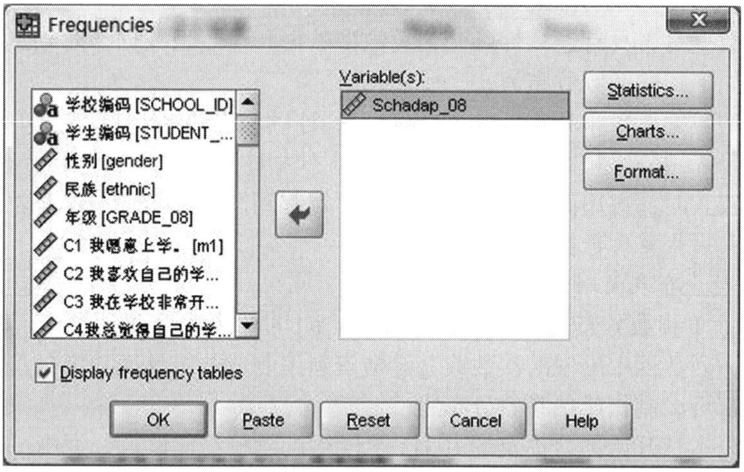

图 7－6　**Frequencies 对话框**

- 输出结果及说明

表 7－2　2008 年初中生学校适应性得分的简单频数分布

		频　数 (Frequency)	频率或频数百分比 (Percent) (%)	有效频率或有效频数百分比 (Valid Percent) (%)	累加频率或累加百分比 (Cumulative Percent) (%)
有效值 (Valid)	0	110	1. 1	1. 3	1. 3
	0. 25	15	0. 1	0. 2	1. 5
	0. 3333	183	1. 8	2. 2	3. 7
	0. 5	24	0. 2	0. 3	4. 0
	0. 5833	46	0. 4	0. 6	4. 6
	0. 6667	331	3. 2	4. 0	8. 6
	0. 75	8	0. 1	0. 1	8. 7
	0. 8333	80	0. 8	1. 0	9. 7
	0. 9167	79	0. 8	1. 0	10. 7
	1	380	3. 7	4. 6	15. 3
	1. 0833	39	0. 4	0. 5	15. 8
	1. 1667	165	1. 6	2. 0	17. 8
	1. 25	105	1. 0	1. 3	19. 0

续表

		频　数 (Frequency)	频率或频数百分比 (Percent)(%)	有效频率或有效频数百分比 (Valid Percent)(%)	累加频率或累加百分比 (Cumulative Percent)(%)
有效值 (Valid)	1.3333	421	4.1	5.1	24.2
	1.4167	78	0.8	0.9	25.1
	1.5	238	2.3	2.9	28.0
	1.5833	135	1.3	1.6	29.7
	1.6667	296	2.9	3.6	33.3
	1.75	129	1.3	1.6	34.8
	1.8333	297	2.9	3.7	38.4
	1.9167	125	1.2	1.5	40.0
	2	281	2.7	3.4	43.4
	2.0833	162	1.5	2.0	45.4
	2.1667	240	2.3	2.9	48.3
	2.25	145	1.4	1.8	50.0
	2.3333	335	3.3	4.1	54.1
	2.4167	154	1.5	1.9	56.0
	2.5	205	2.0	2.5	58.5
	2.5833	176	1.7	2.1	60.6
	2.6667	289	2.8	3.5	64.1
	2.75	114	1.1	1.4	65.5
	2.8333	205	2.0	2.5	68.0
	2.9167	165	1.6	2.0	70.0
	3	241	2.3	2.9	73.0
	3.0833	123	1.2	1.5	74.5
	3.1667	248	2.4	3.0	77.5
	3.25	132	1.3	1.6	79.1
	3.3333	140	1.3	1.7	80.8
	3.4167	114	1.1	1.4	82.2

续表

		频　数 (Frequency)	频率或频数百分比 (Percent)(%)	有效频率或有效频数百分比 (Valid Percent) (%)	累加频率或累加百分比 (Cumulative Percent)(%)
有效值 (Valid)	3. 5	197	1. 9	2. 4	84. 6
	3. 5833	46	0. 5	0. 6	85. 1
	3. 6667	152	1. 5	1. 8	87. 0
	3. 75	110	1. 1	1. 3	88. 3
	3. 8333	66	0. 6	0. 8	89. 1
	3. 9167	67	0. 6	0. 8	89. 9
	4	174	1. 7	2. 1	92. 1
	4. 0833	12	0. 1	0. 1	92. 2
	4. 1667	119	1. 2	1. 4	93. 7
	4. 25	66	0. 6	0. 8	94. 5
	4. 3333	16	0. 2	0. 2	94. 7
	4. 4167	24	0. 2	0. 3	94. 9
	4. 5	158	1. 5	1. 9	96. 9
	4. 5833	4	0. 0	0. 0	96. 9
	4. 6667	32	0. 3	0. 4	97. 3
	4. 75	32	0. 3	0. 4	97. 7
	4. 8333	7	0. 0	0. 0	97. 8
	4. 9167	4	0. 0	0. 0	97. 8
	5	93	0. 9	1. 1	99. 0
	5. 0833	1	0. 0	0. 0	99. 0
	5. 1667	14	0. 1	0. 2	99. 1
	5. 25	6	0. 1	0. 1	99. 2
	5. 3333	2	0. 0	0. 0	99. 2
	5. 5	47	0. 5	0. 6	99. 8
	5. 6667	3	0. 0	0. 0	99. 9
	5. 75	1	0. 0	0. 0	99. 9

续表

		频　数（Frequency）	频率或频数百分比（Percent）(%)	有效频率或有效频数百分比（Valid Percent）(%)	累加频率或累加百分比（Cumulative Percent）(%)
有效值（Valid）	6	11	0.1	0.1	100.0
	小计（Total）	8217	79.7	100.0	
缺失值（Missing）	系统缺失值（System）	2094	20.3		
总计（Total）		10311	100.0		

由表 7－2 知，总的样本量是 10311 名，其中有效样本是 8217 名，有效样本率是 79.7%。表 7－2 的第二列至第五列分别是频数、频率或频数百分比、有效频率或有效频数百分比（即频数除以有效样本量）、累加频率或累加百分比，从最低分至最高分方向累计。由于样本量太大，难以由简单频数分布表看清学校适应性得分的分布特征，因而需要采用分组频数分布表来描述其分布情况。

（2）分组频数分布表（grouped frequency table）。在分组频数分布表中，原始数据被归为等距的组中，分别统计各组中的数据个数及所占百分比。在希望迅速获得大样本数据的分布整体印象时，这种分组频数分布表非常有效。

由表 7－2 知，数据范围在 [0，6]，因而可以将其分为 6 个等距组，即 [0，1]、(1，2]、(2，3]、(3，4]、(4，5]、(5，6]。以这种方式整理数据时，很容易看出各组学校适应性得分的学生分布情况。SPSS 中没有 grouped frequency table，需要先对学校适应性得分进行重新编码生成一个新的分段得分变量后，再利用简单频数分布表的操作步骤绘制出分组频数分布表。

- 操作步骤

①读取数据文件 data7－1. sav（如图 7－5）。

②按 Transform →Recode →Into different Variables… 顺序逐一单击鼠标键，打开 Recode into different variables 重新编码成新变量的主对话框（如图 7－7）。

③选择 schadap_ 08 变量进入 Numeric Variable →Output Variable 列表框中，并在右边 Output Variable 输出变量栏下的 Name 框内输入新变量名：category，在变量名标签 Lable 框内输入：学校适应性分段得分，然后单击 Change 按钮，则可以看到变量 category 已经放入学校适应性得分的重新编码的 Numeric Variable →Output Variable 列表框中。

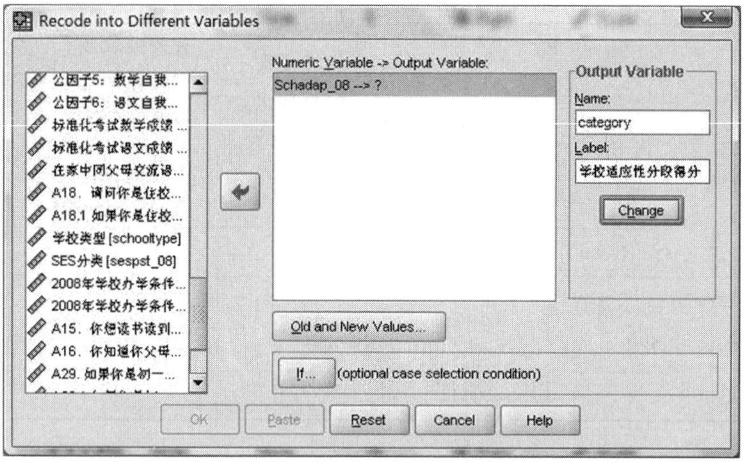

图 7－7　变量重新编码主对话框

④单击 Old and New Values 按钮，打开 Recode into Different Variables：Old and New Values 对话框。单击 Range，并在其下方的两个空白框内分别输入 0 和 1，然后在 New Value 下方的 Value 框内输入 1，并单击 Add 按钮，则在 Old →New 栏下出现：0 thru 1 →1，表明已经将学校适应性得分变量的 0 ~ 1 分别重新定义为新变量“学校适应性分段得分”的值 1，按相同方法将其他分段值录入（如图 7－8）。

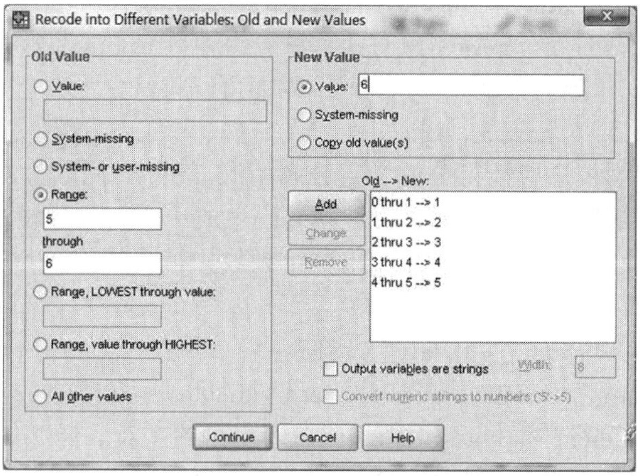

图 7－8　变量取值重新定义对话框

⑤单击 Continue 按钮，回到变量重新编码的主对话框，再单击 OK 按钮，提交运行。运行后，在 Data Editor 窗口将出现新变量 category。

⑥按照简单频数分布表的操作步骤绘制新变量 category 的简单频数分布表，输出结果见表 7－3。

- 输出结果及说明

表 7－3　学校适应性分段得分的频数分布

		频数 (Frequency)	频数百分比 (Percent)（%）	有效频数百分比 (Valid Percent)（%）	累加百分比 (Cumulative Percent)（%）
有效值 (Valid)	1	1256	12.2	15.3	15.3
	2	2309	22.4	28.1	43.4
	3	2431	23.6	29.6	73.0
	4	1569	15.2	19.1	92.1
	5	567	5.5	6.9	99.0
	6	85	0.8	1.0	100.0
	小计（Total）	8217	79.7	100.0	
缺失值 (Missing)	系统缺失值 (System)	2094	20.3		
总计 (Total)		10311	100.0		

由表 7－3 知，学校适应性得分主要集中在（1，2]、(2，3]、(3，4] 三个区间。其中，(2，3] 学生数最多，占有效样本量的 29.6%，(5，6] 学生数最少，其次是（4，5]。92.1% 的学生学校适应性得分在 4 分及以下，反映出绝大多数学生的学校适应性水平不高。

（二）统计图

1. 特点及制作要求

统计图一般由标题、图号、标目、图形、图注等组成。统计图与统计表一样，也具有直观的特点，可以简洁明了地传递数据分布信息。制作统计图时，应当注意以下几点。

（1）通常统计图具有两个坐标轴，即横轴与纵轴（或 x 轴与 y 轴）。

（2）横坐标常用来表示事物的组别或自变量 x，纵坐标常用来表示事物出现的次数或因变量 y。

（3）一般情况下，对于所有刻度，两坐标轴的交点应在 O 点。在特殊情况下，会通过切断靠近交点的相应坐标轴来展示。

（4）每个坐标轴都要有标题，整个图的名称（标题）应当简洁明了。

2. 频数分布图的分类

与制作统计表需要根据数据类型分类一样，对于离散型数据的分布情况可以采用柱形图和圆形图（或饼状图）呈现，连续型数据的分布情况可以采用直方图、频数多边形图等呈现。

3. 频数分布图的制作方法

（1）柱形图（bar chart）。柱形图一般用来呈现离散型数据分组频数对比情况，横轴表示分类，纵轴表示频数。描绘柱形图有三个要素：组数、组宽度、组限。

组数：将数据分成几个组，经验上通常分为5～10组。

组宽度：每组的宽度通常是一致的。组宽度和组数的确定不是独立的，可以按照以下公式计算组宽度：近似组宽度 =（最大值 - 最小值）/组数

组限：分为组下限（进入该组的最小可能数据）和组上限（进入该组的最大可能数据），并且一个数据只能在一个组限内。

需要说明的是，条形图与柱形图完全相似，唯一的不同在于，条形图纵轴表示分类，横轴表示频数。也有的统计学图上不区分这两者，统一称为条形图或直条图。

仍以本章开始部分的初中生学校适应性分组得分变量为例，绘制其分布的柱形图。

- 操作步骤

①读取数据文件 data7 - 1. sav。

②按 Graphs →Legacy Dialogs →Bar… 顺序逐一单击鼠标键，打开 Bar Charts 对话框。

③选择 Simple 绘制简单柱形图按钮，并选中“Summaries for groups of cases”复选项，点击“define”进入依据分组样本的频数绘制简单柱形图的对话框（如图7 -9）。在此对话框中，选中“N of cases”，并将 category 变量放入 Category Axis 下方空白栏中，最后点击“OK”按钮提交运行。

- 输出结果及说明

由学校适应性分段得分的柱形图7 - 10 可以发现，初中生的学校适应性得分大多集中在（1，2]、(2，3]、(3，4] 三个区间，其中，(2，3] 学生数最多，其次分别是（1，2]、(3，4]。

（2）饼状图（pie chart）。饼状图显示一个离散型数据系列中各分组（或类别）频数占总样本数的百分比，它是表示各分组（类别）频数相对差异的有效方法。绘制饼状图时，通常用不同颜色呈现不同分组的频数大小。仍以初中生学校适应性分段得分为例，绘制其频数分布的饼状图。

- 操作步骤

①读取数据文件 data7 - 1. sav。

②按 Graphs →Legacy Dialogs →Pie…顺序逐一单击鼠标键，打开 Pie Charts 对话框。

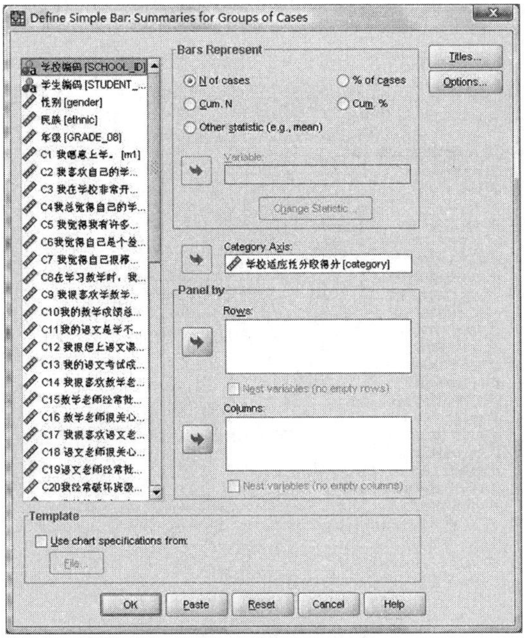

图 7－9　定义依据样本分组频数统计的简单柱形图对话框

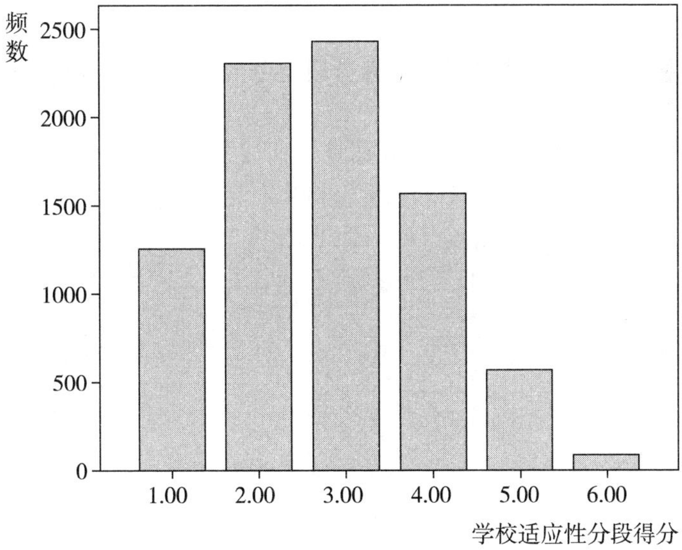

图 7－10　学校适应性分段得分的柱形图

③选择“Summaries for groups of cases”复选项，点击“define”进入依据分组样本的频数绘制饼状图的对话框（如图 7－11）。在此对话框中，选中“N of cases”，并将 category 变量放入“Define Slices by”下方空白栏中，最后点击“OK”按钮提交运行。

图 7－11　定义依据样本分组频数统计的饼状图对话框

● 输出结果及说明

与柱形图一样，可以由学校适应性分段得分的饼状图 7－12 发现，初中生的学校适应性得分大多集中在（1，2］、（2，3］、（3，4］三个区间，其中，（2，3］学生数最多，占 29.59%，其次分别是（1，2］（占 28.10%），（3，4］（占 19.09%），（5，6］学生数最少，仅占 1.03%。

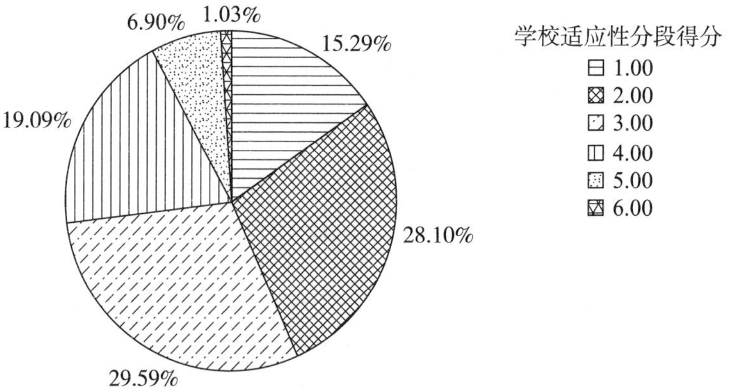

图 7－12　学校适应性分段得分的饼状图

（3）直方图（histogram chart）。直方图用来表示等距或等比数据的频数分布。直方图与柱形图类似。但直方图中每个直条被用来表示一个分组区间，分组区间依横轴排列，条形的高度对应分组区间的频数。由于分组区间是连续的，所以各直条之间是互相接触的，而不像柱形图中各直条间是彼此分离的。

下面仍以本章开始部分提及的 10311 名学生的学校适应性得分为例，通过 SPSS 统计分析软件绘制直方图。

• 操作步骤

①读取数据文件 data7 -1. sav。

②按 Graphs →Legacy Dialogs →Histogram… 顺序逐一单击鼠标键，打开 Histogram Chart 对话框。

③将 schadap_ 08 变量放入 Variable 下方的空白栏，并选中下方的描绘正态分布曲线“Display normal curve”复选项，点击“OK”按钮提交运行（如图 7 -13）。

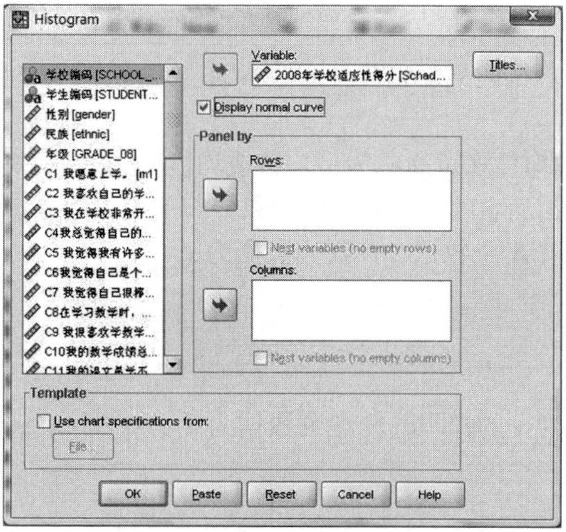

图 7 -13　直方图对话框

• 输出结果及说明

图 7 -14 中的曲线为正态拟合曲线，从直方图与正态拟合曲线的关系看，学校适应性得分的样本数据基本服从正态分布。曲线的最高峰左偏的特点表明，高分数段的学生多于低分数段的学生（这种分布称为“正偏态”；如果最高峰右偏，称之为“负偏态”）。

二、对数据集中趋势、离散程度的描述

（一）集中量数

对所收集的大量观测数据计算平均数、中位数、众数等，以这些参数（或统

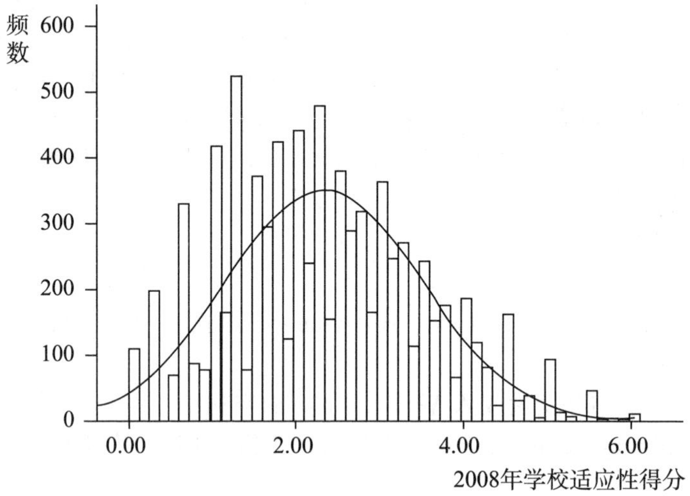

图 7－14　初中生 2008 年学校适应性得分的直方图

计量）来反映观测数据的集中趋势，这些参数（或统计量）被称为集中量数。

1. 平均数（Mean）

Mean 为算术平均数（可简称为平均数或均值），它是反映变量取值平均状况的一种数字指标，因而它的作用是度量频数分布的集中趋势。

如果一个总体有 N 个数据，其观测数据为 x_1，x_2，…，x_N，则该总体的算术平均数为：

$$\mu = \frac{x_1 + x_2 + \cdots + x_N}{N} = \frac{1}{N}\sum_{i=1}^{N} x_i \qquad (7.2.1)$$

设有一个容量为 n 的样本，其观测数据为 x_1，x_2，…，x_n，则该样本的算术平均数为：

$$\overline{X} = \frac{x_1 + x_2 + \cdots + x_n}{n} = \frac{1}{N}\sum_{i=1}^{n} x_i \qquad (7.2.2)$$

算术平均数具有计算简单的特点，它是应用最普遍的一种集中量数。在统计实践中，如果一组数据比较准确可靠又同质，并且需要每一个数据都加入计算，同时还要作进一步的代数运算时，一般使用算术平均数来表示集中趋势。但是，算术平均数具有易受极端数据（也称奇异值）影响和存在不等质数据时无法计算平均数的缺点，这应当引起注意。

2. 中位数（Median）

Median 为中位数，又称中数，符号记为 Mdn，它是指位于一个数列中间位置的那个数。将一组数据从小到大依次排列，设为 $X_{(1)} \leqslant X_{(2)} \leqslant \cdots \leqslant X_{(n)}$，则若 n 为奇数，$\text{Mdn} = X_{\left(\frac{n+1}{2}\right)}$

若 n 为偶数，　$\mathrm{Mdn}=\dfrac{X_{(\frac{n}{2})}+X_{(\frac{n}{2}+1)}}{2}$　(7.2.3)

中位数是集中量数的一种，它具有计算简单、不受极端数据影响的特点。因而在统计实践中，当一组观测数据中出现极端数据时，此时不能用算术平均数来作为这组数据的代表值，而应采用中位数。但是，由于中位数是根据数据大小的相对位置来确定的，计算时不是每个数据的值都加入计算，因而会产生较大的抽样误差，不如平均数稳定；同时，由于中位数难以作进一步的代数运算，故而在多数情况下不如平均数应用广泛。

3. 众数（Mode）

Mode 为众数，又称范数，常用符号 M_o 表示。众数是指频数分布中频数最大的那个数的数值。例如，一组数据为：1　2　3　2　1　4　5　6　1　2　2　7　4，则众数为出现次数最多的数 2。在统计实践中，当一组数据出现不同质的情况，或分布中出现极端数据时，也用众数作为集中量数的粗略估计。

（二）差异量数

方差、标准差以及极差等都是描述变量取值离散程度的参数（或统计量），称之为差异量数。它们反映了频数分布中数据间彼此差异的程度，即变异特性的大小。在研究变量的数量特征时，我们不但要了解其典型情况，还要了解它们的特殊性。集中量数描述了频数分布的典型情况，差异量数则反映了频数分布的特殊性。当我们用频数分布的集中量数作为频数分布的代表值来描述某个频数分布的典型情况时，该频数分布的差异量数就提供了这个代表值是否可靠的特殊信息。例如频数分布 A 和频数分布 B，它们的集中量数相同，但差异量数不同，如何判断这两个分布的集中量数的代表性哪一个较优呢？如果分布 A 的差异量数大于分布 B 的差异量数，则说明分布 A 的数据间的差异程度较大，分布 A 的集中量数的代表性程度不如分布 B；反之，亦然。可见，我们只有同时了解频数分布的集中量数和差异量数，才能透彻地了解频数分布。

1. 标准差（Std. Deviation）

Std. Deviation 为标准差，它是反映变量取值离散程度的一种数字指标，并且它是用与原始数据相同的单位来表示一组数据离散性的一个绝对量。设有一个容量为 N 的总体，其观测数据为 x_1，x_2，…，x_N，则总体标准差被定义为：

$$\sigma=\sqrt{\frac{1}{N}\sum_{i=1}^{N}(x_i-\mu)^2}\qquad(7.2.4)$$

设有一个容量为 n 的样本，其观测数据为 x_1，x_2，…，x_n，则样本标准差是：

$$S=\sqrt{\frac{1}{n-1}\sum_{i=1}^{n}(x_i-\bar{X})^2}\qquad(7.2.5)$$

2. 方差（Variance）

Variance 为方差，它也是反映变量取值离散程度的数字指标。总体方差和样本方差的计算公式分别为：

$$\sigma^2 = \frac{1}{N}\sum_{i=1}^{N}(x_i - \mu)^2 \qquad (7.2.6)$$

$$S^2 = \frac{1}{n-1}\sum_{i=1}^{n}(x_i - \overline{X})^2 \qquad (7.2.7)$$

方差和标准差是表示一组数据离散程度最常用的指标。其值越大，说明频数分布的离散程度越大；其值越小，说明频数分布的数据比较集中，离散程度越小。方差与标准差具有反应灵敏、计算严密、受抽样变动的影响较小等优点，在统计实践中，人们常将其与平均数一起描述一组数据的全貌。

3. 极差（Range）

Range 为极差，又称全距，它也是反映一组数据离散程度的数字指标。它的计算公式是：

$$\text{Range} = \text{Max } X_i - \text{Min } X_i \qquad (7.2.8)$$

其中，Max X_i和 Min X_i分别是这组数据的最大值和最小值。由于极差只涉及一组数据的两个数值，没有充分利用一组数据的全部信息，因而它是一个不令人满意的差异量数。

4. 四分位距（Interquartile Range，简称 IQR）

四分位距又称四分位差，是指在一个频数分布中，排在中间 50% 数据的全距的一半，反映了排在数列中间的 50% 数据的离散程度。其公式为：

$$Q = (Q_3 - Q_1)/2 \qquad (7.2.9)$$

其中，Q_3和 Q_1分别是 75% 分位数和 25% 分位数。四分位距可以反映有极端值出现、个别数据模糊不清或组限不清时中间 50% 数据的分布情况，通常和作为集中量数中的中位数配合使用。

5. 变异系数（Coefficient of Variation，简称 CV）

变异系数又称相对标准差，即标准差与平均数之比，用符号表示为 CV，公式为：

$$CV = \frac{\sigma}{\overline{x}} \times 100\% \qquad (7.2.10)$$

标准差反映的是采用同一种测量工具对同一特质进行测量时数据的离散程度。如果两个及以上样本是采用不同测量工具获得的不同特质的数据，或者虽然样本单位相同但平均数相差较大时，就需要采用变异系数来表示各组数据的离散程度。即变异系数可以消除单位不同和（或）平均数不同对两个或多个样本数据变异程度比较的影响。

（三）集中量数、差异量数的应用

下面以解答本章开头部分中 10311 名初中学生的学校适应性调查案例的第一个问题为例，阐述集中量数、差异量数的应用。

例 7－1：10311 名初中学生的学校适应性如何？男生、女生的学校适应性如何？汉族学生与少数民族学生的学校适应性又如何？

我们可以通过计算所有学生的学校适应性得分的平均数、标准差来描述他们的学校适应性得分情况，分别计算男生、女生学校适应性得分的平均数、标准差来描述男生、女生的学校适应性情况，分别计算汉族学生、少数民族学生的学校适应性得分的平均数、标准差来描述汉族学生与少数民族学生的学校适应性情况。

1. 操作步骤

（1）读取数据文件 data7 - 1. sav。

（2）按 Analyze →Descriptive Statistics →Descriptives…顺序逐一单击鼠标键，打开 Descriptives 主对话框，选择 schadap_ 08 变量进入 Variables 空白框中。

（3）单击 Options 按钮，进入 Options 对话框，选中 Mean 和 Std. deviation 复选项，并单击 Continue 按钮，返回主对话框，单击 OK 按钮，提交运行。

（4）按 Analyze →Compare Means →Means…顺序逐一单击鼠标键，打开 Means 主对话框（如图 7 - 15）。

（5）选择 schadap_ 08 变量进入 Dependent List 框中。

（6）将 gender（性别）变量放入 independent List 框中。

（7）单击 Options 按钮，打开 Options 对话框，选中 Statistics 栏中的 Mean、Number of cases、Std. deviation 复选项，将会输出平均数、有效样本量、标准差（如图 7 - 16）。

（8）在主对话框中，单击 OK 按钮，提交运行。

参照以上步骤可以计算汉族学生、少数民族学生的学校适应性得分的平均数、标准差。

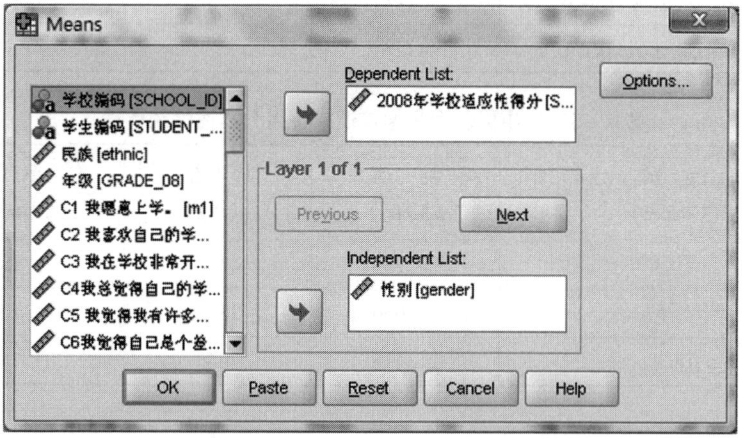

图 7 - 15 Means 主对话框

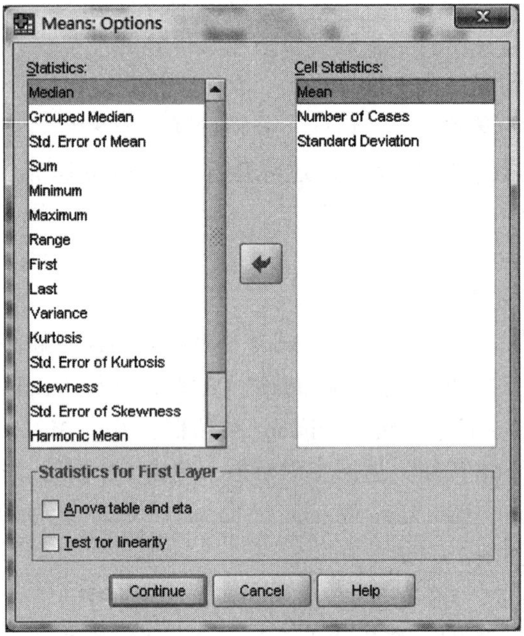

图 7－16　Options 对话框

2. 输出结果

表 7－4　初中生学校适应性得分描述性统计量

	均　值（Mean）	样本量（*N*）	标准差（Std. Deviation）
2008 年学校适应性得分	8217	2. 3365	1. 1636
有效样本量（Valid *N*）	8217		

表 7－5　初中男、女生学校适应性得分描述性统计量

性　别（Gender）	均　值（Mean）	样本量（*N*）	标准差（Std. Deviation）
男生	2. 2233	4070	1. 1828
女生	2. 4659	3876	1. 1336
Total	2. 3416	7946	1. 1653

表 7－6　初中汉族学生、少数民族学生学校适应性得分描述性统计量

民　族（Ethnic）	均　值（Mean）	样本量（*N*）	标准差（Std. Deviation）
汉族	2. 3605	6017	1. 1647
少数民族	2. 2714	2077	1. 1674
Total	2. 3376	8094	1. 1660

3. 结果解释

由表 7－4、7－5 知，8217 名初中学生的学校适应性得分的平均数为 2. 3365，男生的学校适应性得分的平均数为 2. 2233，低于女生得分的平均数（2. 4659）和所有抽样学生得分的平均数。女生得分的平均数比所有学生的平均数高出 0. 1294，说明女生的学校适应性普遍好于男生以及总体情况。而且，女生得分的标准差（1. 1336）也低于男生（1. 1828），反映了女生的学校适应性的差异情况好于男生，女生得分平均数的代表性要高于男生得分平均数的代表性。

由表 7－6 知，汉族学生的学校适应性得分的平均数为 2. 3605，高于少数民族学生得分的平均数（2. 2714），高出 0. 0891 分，说明汉族学生的学校适应性普遍略好于少数民族学生情况。汉族学生得分的标准差（1. 1647）略低于少数民族学生得分的标准差（1. 1674），反映汉族学生学校适应性的差异情况与少数民族学生基本相同。

三、对数据相对位次的描述

地位量数又称相对地位量数（relative position），描述一个人或一个分数在其所处团体中与别人或其他分数比较起来，或与某一参照点比较起来，占在什么地位，即地位量数是描述数据频数分布中各数据所处相对地位的统计量。常用的地位量数有百分等级、Z 分数、T 分数等。

1. 百分等级（Percentile Rank，简称 PR）

PR 值表示一个人在团体中所占的地位，或一个数值在其变量取值分布中所处的位置。

2. Z 分数（Z score）

Z 分数又称标准分数，它以标准差为单位，反映了一个分数在团体中所处的位置。

若已知一个总体，则这个总体中的原始分数的标准分数用下式计算：

$$Z = \frac{x - \mu}{\sigma} \qquad (7.2.11)$$

其中，Z 为标准分数，x 为原始分数，μ 为总体平均数，σ 为总体标准差。

若总体的 μ 和 σ 未知，我们通常用样本平均数和样本标准差来代替，即用如下公式计算标准分数：

$$Z = \frac{x - \bar{x}}{S} \tag{7.2.12}$$

其中，Z 为标准分数，x 为原始分数，$\bar{x}$ 为样本平均数，S 为样本标准差。

易证，标准分数 Z 的均值为 0，方差为 1。若 x 服从正态分布 $x \sim N(\mu, \sigma^2)$，则其标准分数 $Z = (x - \mu) / \sigma^2$ 服从标准正态分布，即 $Z \sim N(0, 1)$。

因而，我们可以由（7.2.11）或（7.2.12）式所算得的标准分数在正态分布表（见附表 1）中找到它所对应的百分位数，这个百分位数就是原始分数在该总体中所处的具体位置。

例 7－2：设某年某省高考成绩服从平均分数为 490，标准差为 80 的正态分布。某考生的分数为 560 分，设当年高考录取率为 15%，问该考生的成绩能否入围？

解：由（7.2.11）式得该考生成绩的标准分数为：

$$Z = \frac{560 - 490}{80} = 0.875$$

查正态分布表，当 $Z = 0.875$ 时，$P = 0.308$，则该生成绩的百分位数为 30.8% + 50% = 80.8%，这个百分位数是该生成绩在总体中所处的具体位置。即从低分到高分的排序中，他处于 80.8% 的位置；从高分到低分的排序中，他处于 19.2% 的位置。因高考录取是从高分至低分顺序录取的，故该生处于录取率 15% 之外，因而该生的成绩没有入围，不能被录取。

例 7－3：已知某班期末考试数学的平均分为 75，标准差为 20，物理的平均分为 68，标准差为 13，化学的平均分为 82，标准差为 9。其中某学生的三科成绩分别为：数学 77 分，物理 79 分，化学 85 分，问该生哪科成绩最好？

解：由（7.2.11）式得该生各科成绩的标准分数为：

$$Z_{数} = \frac{77 - 75}{20} = 0.1$$

$$Z_{物} = \frac{79 - 68}{13} = 0.846$$

$$Z_{化} = \frac{85 - 82}{9} = 0.333$$

显然，$Z_{物} > Z_{化} > Z_{数}$，所以，该生的物理成绩最好，化学成绩次之，数学成绩最差；而不是像原始分数排序得到的化学成绩最好，物理成绩次之的结果。

不管各科目原始分数的平均值和标准差的差异有多大，一经转换成标准分数就会变成平均值为 0、标准差为 1 的标准形式了。因而，标准分数的大小和正负可以反映某一考生在全体考分中所处的地位。通过各科目中每一考分在各自科目中的地位来比较其优劣应该说是合理的。这一处理方法可以消除通常计算总分时由于各科题目的难易程度以及评分标准不同所带来的不合理成分。所以，有些学校成绩总分的计算通常采用计算各科成绩的标准分数之和的方法。

3. T 分数（T score）

标准分数常常带有多位小数和负数，不大符合人们表示分数的习惯。为了避免这些，我们通常将标准分数转化到新的量制上表示分数。其转化公式是：

$$T = KZ + C \tag{7.2.13}$$

这是一种线性变换，故 T 分数仍为一种标准分数。T 分数的平均数为 C，标准差为 K。为了进行合理的转换，对系数 K 和常数 C 有以下要求：

（1）$K \geqslant \sigma$；（这是为了防止转换后出现“高分受损，低分受益”的情况）

（2）若 Z 的最小值为 -3（这常是指一般性的考试），$C \geqslant 3K$；若 Z 的最小值为 -4（这常是指大规模的考试），$C \geqslant 4K$。

因此，我们可根据上述要求选择合适的 K 和 C，并且要考虑到有利于计算和易为人们所接受。

四、对数据之间相互关系的描述

我们知道，客观事物是内在联系的统一体，各种事物或现象间都在相互联系、相互依存、相互制约中发展变化，教育与心理现象也毫无例外地服从这一规律。例如，学生对学校的态度与其学习成绩、学习成绩与智力因素、儿童性格与父母性格、性别与学习成绩、识记方法与识记效果等，都具有一定的关系。对事物或现象间关系的研究，称为相关研究；对相关研究结果的分析，通常采用相关分析的方法。我们将介绍皮尔逊（Pearson）积差相关系数、斯皮尔曼（Spearman）等级相关系数、肯德尔（Kendall）和谐系数、点二列相关系数、二列相关系数以及偏相关系数等几种常用的相关分析方法及其在教育与心理测量研究中的应用，并给出它们的 SPSS 过程。

（一）积差相关法

积差相关法是指采用英国统计学家卡尔·皮尔逊（Karl Pearson，1857—1936）提出的一种计算相关系数的方法，即积差相关系数（也称为 Pearson 相关系数）来度量双变量之间线性关系的方法。它是相关分析中最常用的一种相关量。因为大部分教育与心理测量产生的数据都是连续型变量，而且在大样本情形下，这些变量通常服从正态分布或渐近正态分布。

积差相关系数的计算公式如下：

$$Y_{XY} = \frac{\sum_{i=1}^{n}(x_i - \overline{X})(y_i - \overline{Y})}{\sqrt{\sum_{i=1}^{n}(x_i - \overline{X})^2}\sqrt{\sum_{i=1}^{n}(y_i - \overline{Y})^2}} \tag{7.2.14}$$

其中，$\overline{X}$，$\overline{Y}$ 分别是变量 X，Y 的均值，x_1，y_1 分别是变量 X，Y 的第 i 个观测值。积差相关系数适用于两个变量都是服从正态分布或两个变量服从的分布是接近正态的对称单峰分布的情形，其取值范围为 $[-1, 1]$。如果系数值大于 0，称为正相关；如果系数值小于 0，称为负相关；如果系数值为 0，称为零相关。

例 7－4：对 15 名初三学生用一套初中数学学习能力倾向测验试卷进行测试，其测验得分如下。另以这些学生的初三数学全市统考成绩为效标，试计算初中数学学习能力倾向测验的效标关联效度系数。

表 7－7　15 名初三学生的初中数学能力倾向测验成绩与全市统考成绩

学生序号	1	2	3	4	5	6	7	8	9	10	11	12	13	14	15
学习能力倾向测验得分	56	73	65	78	64	77	90	61	54	75	45	72	88	95	61
统考成绩	63	65	70	74	68	85	92	64	59	70	50	79	90	91	65

解：将上述测验得分记作变量 X 的观测值，数学统考成绩记作变量 Y 的观测值，代入（7.2.14）式，可得该套初中数学学习能力倾向测验的效标关联效度系数 $r_{XY}=0.9379$。我们既可利用具有回归（*LR*）运算功能的计算器录入这两组数据得到 r_{XY} 的值，也可用 SPSS 的双变量的相关分析程序得到 r_{XY} 的值。

（二）等级相关法

当我们研究的变量不是等距或等比数据，或者变量所服从的分布不是正态分布或近似的正态分布时，若要考察它们的相关程度就不能再使用积差相关系数，而必须采用其他的相关分析方法。等级相关法是依据具有等级顺序的测量数据（定序数据）来研究变量间相互关系的方法。研究等级相关的相关量主要有斯皮尔曼（Spearman）等级相关系数和肯德尔（Kendall）和谐系数。例如，我们可以采用斯皮尔曼等级相关系数来刻画父母的受教育程度与学生学业成绩的关系的密切程度，可以用肯德尔和谐系数研究评分者的评价一致性程度等。

1. 斯皮尔曼等级相关系数

斯皮尔曼等级相关是英国心理学家、统计学家查尔斯·爱德华·斯皮尔曼（Charles Edward Spearman，1863—1945）根据积差相关的概念推导出来的，因而有人认为斯皮尔曼等级相关是积差相关的一种特殊形式。斯皮尔曼等级相关系数用 ρ 表示，它是依据两列成对等级数（或称为秩）之差来计算相关系数，所以又称为“等级差数法”。其计算公式如下：

$$\rho=\frac{\sum_{i=1}^{n}(R_{x_i}-\overline{R}_X)(R_{y_i}-\overline{R}_Y)}{\sqrt{\sum_{i=1}^{n}(R_{x_i}-\overline{R}_X)^2}\sqrt{\sum_{i=1}^{n}(R_{y_i}-\overline{R}_Y)^2}}$$

$$=\frac{\sum_{i=1}^{n}R_{x_i}R_{y_i}-C}{\sqrt{\sum_{i=1}^{n}R_{x_i}^2-C}\sqrt{\sum_{i=1}^{n}R_{y_i}^2-C}} \tag{7.2.15}$$

式中 R_{xi}，R_{yi} 分别是 x_i，y_i 的秩，$C=\frac{1}{4}n(n+1)^2$。如果两个变量的样本数据

均无相同秩，或只存在较少的相同秩的情况，则可采用如下的简化公式计算 ρ。

$$\rho = 1 - \frac{6\sum_{i=1}^{n} D_i^2}{n(n^2 - 1)} \qquad (7.2.16)$$

式中 $D_i = R_{xi} - R_{yi}$（对偶等级之差），n 为对偶数据个数。

例 7-5：某大学一年级 14 名学生高考各科平均成绩与其父亲的受教育程度等级如表 7-8 所列。试问学生的高考成绩与其父亲的受教育程度之间的关联度如何？

表 7-8 14 名大学生高考各科平均成绩与其父亲受教育程度的数据

学生序号	高考各科平均分（X）	父亲受教育程度（Y）	等级 R_X	等级 R_Y	$D = R_X - R_Y$
1	78	2	9	2.5	-6.5
2	63	1	1	1	0
3	84	4	12	7.5	4.5
4	74	6	5.5	13.5	-8
5	76	5	8	11	-3
6	87	4	13	7.5	5.5
7	88	5	14	11	3
8	69	2	2	2.5	-0.5
9	70	3	3	4.5	-1.5
10	79	4	10	7.5	-2.5
11	83	5	11	11	0
12	75	6	7	13.5	-6.5
13	72	4	4	7.5	-3.5
14	74	3	5.5	4.5	1

注：1 = 文盲；2 = 小学文化程度；3 = 初中文化程度；4 = 高中文化程度；5 = 大专文化程度；6 = 本科及以上文化程度。

解：由于父亲受教育程度的数据属于定序变量，所以此题需要采用斯皮尔曼等级相关系数来计算学生的高考成绩与其父亲受教育程度之间的关联程度。将 $n = 14$ 及上表中的数据代入（7.2.15）式，得：

$$\rho = \frac{\sum_{i=1}^{n} R_{xi}R_{yi} - C}{\sqrt{\sum_{i=1}^{n} R_{xi}^2 - C}\sqrt{\sum_{i=1}^{n} R_{yi}^2 - C}}$$

$$\rho = \frac{\sum_{i=1}^{n} R_{xi}R_{yi} - 787.5}{\sqrt{\sum_{i=1}^{n} R_{xi}^2 - 787.5}\sqrt{\sum_{i=1}^{n} R_{yi}^2 - 787.5}}$$

$$= 0.469$$

因此，学生的高考成绩与其父亲的受教育程度的相关程度为0.469。这一结果反映学生的高考成绩与其父亲的受教育程度具有一定的正相关性，即一般来说，父亲的受教育程度越高，其子女的高考成绩也越高。

2. 肯德尔和谐系数

肯德尔和谐系数是计算多列等级变量相关程度的一种相关量。斯皮尔曼等级相关讨论的是两个等级变量的相关程度，用于评价时只适用于两个评分者评价 n 个人或 n 件作品，或是同一个人先后两次评价 n 个人或 n 件作品。而肯德尔和谐系数则适用于多列相关的等级数据，即可以是 k 个评分者评 n 个人或 n 件作品，也可以是同一个人先后 k 次评 n 个人或 n 件作品。通过求得的肯德尔和谐系数，我们可以较为客观地判断评价结果的一致性程度。

以下用 W 表示肯德尔和谐系数，我们分两种情形给出 W 的计算公式。

（1）同一评分者无相同等级评定时的 W 公式：

$$W = \frac{S}{\frac{1}{12}k^2(n^2 - n)} \tag{7.2.17}$$

式中 n 是被评的对象数目，k 是评分者的人数或等级变量的列数，S 是每一个被评对象所评等级之和 R_i 与所有这些和的平均数 $\overline{R}$ 的离差平方和，即

$$S = \sum_{i=1}^{a}(R_i - \overline{R})^2$$

$$= \sum R_i^2 - \frac{(\sum R_i)^2}{n} \tag{7.2.18}$$

当 k 个评价者对 n 个被评对象进行等级评定时，如果 k 个评价者的意见完全一致，则 n 个 R_i 分别为 k，$2k$，$3k$，…，nk，此时，$\overline{R} = k(n+1)/2$，$S = \frac{1}{12}k^2(n^3 - n)$，$W = 1$；若 k 个评价者的意见完全不一致时，则 $S = 0$，$W = 0$。因此，W 的变化范围是 $0 \leqslant W \leqslant 1$。

例7－6：某校举行初中学生作文比赛，请6位教师对入选的6篇作文评定得奖等级，结果如下表，试求其评分者的信度。

表7－9　6位教师对6篇作文的评定结果

$K=6$	论文编号（$n=6$）					
评分者	1	2	3	4	5	6
A	3	1	2	5	4	6
B	2	1	3	4	5	6
C	3	2	1	5	4	6
D	4	1	2	6	3	5
E	3	1	2	6	4	5
F	4	2	1	5	3	6
R_i	19	8	11	31	23	34

解：由教育测量学中信度理论知，求评分者的信度即是求 k 个评分者对 n 篇作文评价的一致性程度，因而我们可以求其肯德尔和谐系数。将上表中的数据代入（7.2.17）和（7.2.18）式，可得：

$$W=\frac{12S}{k^2\ (n^3-n)}=\frac{12\times 546}{36\times\ (216-6)}=0.87$$

即评分者的信度系数为 0.87，表明他们的评定结果有较大的一致性。

（2）同一评分者有相同等级评定时的 W 公式。在上例中，每个评分者对 6 篇作文的评定都无相同的等级。当同一评分者对 n 个对象的评定出现相同等级时，肯德尔和谐系数的计算公式为

$$W=\frac{S}{\frac{1}{12}\left[k^2(n^3-n)-k\sum_{i=1}^{k}T_i\right]} \quad (7.2.19)$$

其中，k，n 和 S 的意义与（7.2.19）式相同，

$$T_i=\sum_{j=1}^{m_i}(n_{ij}^3-n_{ij}) \quad (7.2.20)$$

其中，m_i 为第 i 个评价者的评定结果中有重复等级的个数，n_{ij} 为第 i 个评价者的评定结果中第 j 个重复等级的相同等级数。对于评定结果中无相同等级的评价者，$T_i=0$，因此，只需对评定结果有相同等级的评价者计算 T_i。

例 7-7：3 名专家对 6 位教师论文评定的等级见下表，试计算 3 名专家对论文评价标准掌握的一致性程度。

表 7-10　3 名专家对 6 位教师论文的评定结果

评分者	论文编号（$n=6$）					
$k=3$	1	2	3	4	5	6
A	1	4	2.5	5	6	2.5
B	2	3	1	5	6	4
C	1.5	3	1.5	4	5.5	5.5
R_i	4.5	10	5	14	17.5	12

解：本例为求有相同等级情况下的肯德尔和谐系数。根据上表可算出

$\sum R_i=63$，$\sum R_i^2=7915$，$S=7915-63^2/6=130$

$T_A=2^3-2=6$，$T_B=0$，$T_C=(2^3-2)+(2^3-2)=12$

$T_A+T_B+T_C=18$，将这些数据代入（7.2.19），可得：

$$W=\frac{130}{\frac{1}{12}\left[3^2\times(6^3-6)-3\times 18\right]}=0.85$$

所以，3 名专家评定结果的肯德尔和谐系数为 0.85，有较大的一致性。

（三）点二列相关法

在心理测量与教育调查研究中，常常有只含两个类别的变量（称名变量），例如，性别、是否文盲、正确与否、是否考上大学等。这类只有两种变化结果的称名变量称为“二分”称名变量。将 0，1 分别与两种变化结果相对应，则对“二分”称名变量的一系列观察得到一个“二分”数列。一个连续变量的一系列观测值是一个点数列。如果一个点数列中的点与一个“二分”数列中的点存在一一对应的关系，则称这两个数列为点二列或点双列。点二列相关法就是考察连续变量（其观测值为点数列）与“二分”称名变量之间相关程度的统计方法。

点二列相关是求“二分”称名变量与连续变量之间的相关系数 R_{pq}，其公式为：

$$R_{pq} = \frac{\overline{Y}_p - \overline{Y}_q}{S_Y}\sqrt{pq} \tag{7.2.21}$$

式中 p 表示“二分”称名变量中取某一值的比率；q 表示“二分”称名变量中取另一值的比率；$\overline{Y}_p$ 表示与 p 部分相对应的连续变量的观测数据的平均值；$\overline{Y}_q$ 表示与 q 部分相对应的连续变量的观测数据的平均值；S_Y 表示连续变量全部观测值的标准差，即 $S_Y = \sqrt{\frac{1}{n}\sum_{i=1}^{n}(y_i - \overline{Y})^2}$。

点二列相关在心理与教育测量研究中常作为是非题的区分度指标。

例 7－8：某校心理系 80 名学生参加大学英语四级统考，其中一道是非题答对的有 50 人，答错的有 30 人，该题答对的那些学生的统考总分的平均值 $\overline{Y}_p = 72.5$，该题答错的那些学生的统考总分的平均值 $\overline{Y}_q = 53.2$，80 名学生统考总分的标准差 $S_Y = 15.8$。试求该题的区分度。

解：由题意，答对该题的人数比率 $p = 50/80 = 0.625$，答错该题的人数比率 $q = 30/80 = 0.375$。$\overline{Y}_p = 72.5$，$\overline{Y}_q = 53.2$，$S_Y = 15.8$，将这些数据代入（7.2.21）式，可得：

$$\begin{aligned} R_{pq} &= \frac{\overline{Y}_p - \overline{Y}_q}{S_Y}\sqrt{pq} \\ &= \frac{72.5 - 53.2}{15.8}\sqrt{0.625 \times 0.375} \\ &= 0.591 \end{aligned}$$

即该是非题的区分度为 0.591。

（四）二列相关法

二列相关用于考察两个正态变量的相互关系，但一列是一个连续变量的观测值（等距或等比数据），另一列则是一个连续变量人为地按一定标准划分为两个类别的数据，即人为地被划分成一个二分变量。例如学习成绩是服从正态分布的连续变量，但我们可以按及格与否将之划分为两个类别的数据。在处理数据的形式上，二列相关与点二列相关是相同的，但是在应用这两种相关时，应注意辨明类别的划分是实质性的还是人为的划分。

二列相关系数 r_b 的计算公式是：

$$r_b = \frac{\overline{X}_p - \overline{X}_q}{S_x} \cdot \frac{pq}{Y} \qquad (7.2.22)$$

式中 p 表示二分变量中取某一值的比率；q 表示二分变量中取另一值的比率；$\overline{X}_p$ 表示与 p 部分相对应的连续变量 X 的观测数据的平均值；$\overline{X}_q$ 表示与 q 部分相对应的连续变量 X 的观测数据的平均值；S_X 表示连续变量 X 全部观测值的标准差；Y 表示标准正态曲线下 p 与 q 交界点处的纵线高度。求法是：依据 $|p-0.5|$ 的值，查标准正态分布表，P 栏中该数值所对应的 Y 值就是所求的纵线高度。

二列相关在心理与教育测量研究中常作为问答题的区分度指标。

例 7－9：下表为 12 名学生语文测验的试卷总分和一道问答题的得分，试求该问答题的区分度（该问答题满分为 10 分，得 6 分或 6 分以上则认为该题通过）。

表 7－11　12 名学生语文成绩与问答题得分

总成绩（X）	76	74	81	65	58	90	70	80	88	69	53	77
问答题得分	8	6	7	5	4	8	6	7	10	5	4	5

解：问答题被人为地划分为通过、不通过两类，因此，求该问答题的区分度须求二列相关系数 r_b。

$p=7/12=0.583$，$q=5/12=0.417$，$\overline{X}_p=79.857$，$\overline{X}_q=64.4$，$S_X=10.665$，查标准正态分布表，当 $p=0.583$，$|p-0.5|=0.083$ 时，$Y=0.390$，将这些数据代入（7.2.22）式，可得：

$$r_b = \frac{\overline{X}_p - \overline{X}_q}{S_X} \cdot \frac{pq}{Y}$$

$$= \frac{79.857-64.4}{10.665} \cdot \frac{0.583 \times 0.417}{0.390} = 0.903$$

所以，该问答题的区分度为 0.903。

（五）偏相关分析

偏相关（partial correlation）分析是研究在消除第三变量（或其他多个变量）影响之后的两个变量之间相关程度的方法。例如，数学分析、高等代数、解析几何是大学数学系学生的三门基础课。要想了解这三门课之间是否有相关关系，就要用学生这三门课的成绩来计算它们之间的相关系数。但是，它们之中的任何两门课之间的关系都或多或少地受到第三门课成绩的影响。要想知道两门课之间的真正关系必须将第三门课的影响剔除。因此，应当采用偏相关分析来研究其中任何两门课之间的相关关系。再比如，我们可以用偏相关分析来研究控制年龄和工作经验两个变量的影响之后，职员的工资收入与受教育程度之间的相关关系。

前面介绍的相关分析方法，如积差相关法所考察的两个变量之间的关系属于简单相关（simple correlation）。在教育与心理领域中，两种现象之间的关系往往受到多种因素的影响，是这些因素共同作用的结果，因而简单的相关系数可能由于其他因素的影响而反映的仅仅是表面的而非本质的联系，不能真正反映两个变量之间的相关程度。为了正确地显示出两个变量之间的本质联系，必须剔除其他变量的影响。我们把两个变量在剔除了其他变量的影响之后的相关系数叫作偏相关系数。

偏相关系数的基本计算公式如下：

$$r_{12,3}=\frac{r_{12}-r_{13}\cdot r_{23}}{\sqrt{1-r_{13}^{2}}\sqrt{1-r_{23}^{2}}} \tag{7.2.23}$$

其中，$r_{12,3}$表示在剔除了变量 X_3 的影响之后，变量 X_1 与变量 X_2 之间的偏相关系数；r_{12}表示 X_1 与 X_2 之间的简单相关系数；r_{13}表示 X_1 与 X_3 之间的简单相关系数；r_{23}表示 X_2 与 X_3 之间的简单相关系数。

与公式（7.2.23）类似，变量 X_1，X_2 在剔除变量 X_3，X_4 的影响之后的偏相关系数 $r_{12,34}$用以下公式计算：

$$r_{12,34}=\frac{r_{12,3}-r_{14,3}r_{24,3}}{\sqrt{1-r_{14,3}^{2}}\sqrt{1-r_{24,3}^{2}}} \tag{7.2.24}$$

例 7－10：数学系某班 34 人，数学分析（X_1）、高等代数（X_2）、解析几何（X_3）的考试成绩如下表。试通过该班情况分析这三门课之间的相关关系。

表 7－12　34 名学生数学分析、高等代数、解析几何的成绩

编号	1	2	3	4	5	6	7	8	9	10	11	12
X_1	304	305	262	219	247	302	309	224	302	266	309	349
X_2	151.5	147	154.5	139	123.5	182	166.5	147.5	170.5	174.5	173	183
X_3	96	76	55	50	72	71	60	75	92	42	78	90
编号	13	14	15	16	17	18	19	20	21	22	23	24
X_1	289	254	357	374	400	330	299	344	332	310	274	318
X_2	143.5	159	190	189	194	193.5	166	187.5	145.5	173.5	124	142
X_3	75	68	99	90	84	73	100	97	88	96	56	94
编号	25	26	27	28	29	30 31	32	33	34			
X_1	242	337	335	257	324	363	322	358	348	325		
X_2	153	189	187	124.5	158	164.5	136.5	181.5	187	178		
X_3	80	97	94	72	71	90	85	80	85	95		

解：由上表数据，我们可以利用具有统计运算功能（LR）的计算器得出：$r_{12}=0.679$，$r_{13}=0.597$，$r_{23}=0.385$，将这些数据代入（7.2.23）式，可得：

$$r_{12,3}=\frac{r_{12}-r_{13}\cdot r_{23}}{\sqrt{1-r_{13}^2}\sqrt{1-r_{23}^2}}=\frac{0.679-0.597\times0.385}{\sqrt{1-0.597^2}\sqrt{1-0.385^2}}=0.606$$

类似可计算出：

$$r_{13,2}=\frac{r_{13}-r_{12}\cdot r_{32}}{\sqrt{1-r_{12}^2}\sqrt{1-r_{32}^2}}=\frac{0.597-0.679\times0.385}{\sqrt{1-0.679^2}\sqrt{1-0.385^2}}=0.496$$

$$r_{23,1}=\frac{r_{23}-r_{21}\cdot r_{31}}{\sqrt{1-r_{21}^2}\sqrt{1-r_{31}^2}}=\frac{0.385-0.597\times0.679}{\sqrt{1-0.597^2}\sqrt{1-0.679^2}}=-0.035$$

从以上计算出的偏相关系数的值可以看出，数学分析和高等代数之间的相关关系比较密切（$r_{12,3}=0.606$），数学分析与解析几何之间也存在一定的相关关系（$r_{13,2}=0.496$），但是高等代数与解析几何之间没有明显的相关关系（$r_{23,1}=-0.035$）。

专栏7-1

相关与回归

相关分析是以测度两个变量之间的线性关联度为其主要目的，而回归分析则是试图根据其他变量的设定值来估计或预测某一变量的均值。在相关分析中，我们对称地对待任何（两个）变量，并且两个变量都被看作随机的。但是在回归分析中，对因变量和自变量的处理方法存在着不对称性。因变量被当作统计的、随机的，也就是说，它有一个概率分别，而自变量则通常被看作（在重复抽样中）具有固定值。另外，需要强调的是，相关分析、回归分析都不是揭示变量间具有因果关系的手段。对变量之间因果关系的认知，必须来自于统计学以外，必须诉诸先验的或理论上的思考。

（六）相关分析的 SPSS 过程

我们可以利用 SPSS 软件实现变量之间的相关分析。SPSS 主菜单的 Analyze 下拉菜单中的 Correlate 命令项具有三个相关分析功能子命令，它们分别对应着相关分析、偏相关分析和相似性测度的三个 SPSS 过程。下面以本章开头部分示例的第二个问题的解答为例，阐述相关分析的 SPSS 过程。

例 7－11：七年级学生的学校适应性是否与学生成绩有关联性？它与学生所在学校的办学条件是否也存在关联？

我们可以计算学生学校适应性得分与学生标准化考试成绩的 Pearson 积差相关系数来度量两者的关联程度，计算学生学校适应性得分与办学条件等级变量① 的 Spearman 系数来考察两者的关联性。

1. 操作步骤

（1）读取数据文件 data7－1. sav。

（2）单击 Data→Select Cases…，打开 Select Cases 对话框，点击 If condition is satisfied，将 GRADE_ 08 =7 输入选择样本的空白条件框中，点击 Continue 按钮。

（3）单击 Correlate→Bivariate…，打开 Bivariate Correlations 对话框（如图 7－17），将 schadap_ 08、mathscorehd_ 08（数学标准化考试成绩）、langscorehd_ 08（语文标准化考试成绩）放入 Variable（*s*）框中，并在 Correlation Coefficients 中选择 Pearson 相关，点击 OK 按钮。

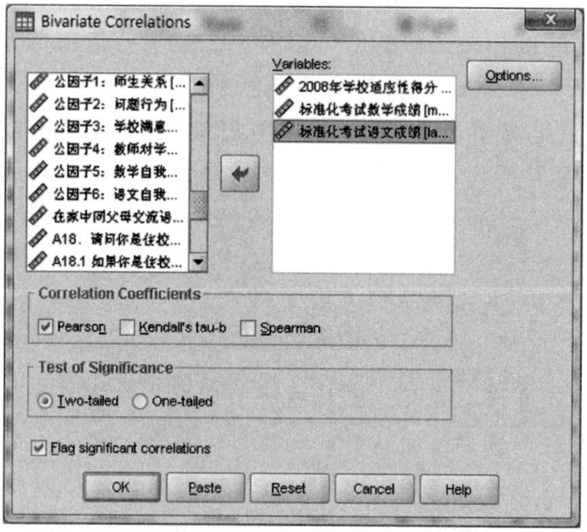

图 7－17　双变量相关分析主对话框

---

① 学校办学条件主要指的是学校为了维持正常运转而进行的硬件投入、人力资源投入和经费投入，此次综合考虑学校的人、财、物，采用因子分析的方法提取学校办学条件公因子，获得学校办学条件得分，然后依据得分将学校分成了规模相同的办学条件较差、中等和较好三类学校。

（4）在 Bivariate Correlations 对话框中，将 schadap_ 08、SFT_ 08（学校办学条件等级变量）放入 Variables 栏中，在 Correlation Coefficients 中选择 Spearman 相关，点击 OK 按钮。

2. 输出结果

表 7 – 13　学校适应性得分与数学成绩、语文成绩的 Pearson 相关系数

		2008 年学校适应性得分	标准化考试数学成绩	标准化考试语文成绩
2008 年学校适应性得分	积差相关系数 Pearson Correlation	1.000	0.154**	0.169**
	显著性水平 Sig.（2-tailed）		0.000	0.000
	样本量 *N*	3914	3914	3914
标准化考试数学成绩	积差相关系数 Pearson Correlation	0.154**	1.000	0.482**
	显著性水平 Sig.（2-tailed）	0.000		0.000
	样本量 *N*	3914	5219	5219
标准化考试语文成绩	积差相关系数 Pearson Correlation	0.169**	0.482**	1.000
	显著性水平 Sig.（2-tailed）	0.000	0.000	
	样本量 *N*	3914	5219	5219

** Correlation is significant at the 0.01 level（2-tailed）.

表 7－14　学校适应性得分与学校办学条件等级的 Spearman 相关系数

			2008 年学校适应性得分	2008 年学校办学条件分类
斯皮尔曼等级相关系数 Spearman's rho	2008 年学校适应性得分	等级相关系数（Correlation Coefficient）	1.000	0.029
		显著性水平 Sig.（2-tailed）		0.074
		样本量 *N*	3914	3914
	2008 年学校办学条件分类	等级相关系数（Correlation Coefficient）	0.029	1.000
		显著性水平 Sig.（2-tailed）	0.074	
		样本量（*N*）	3914	5219

3. 结果解释

由表 7－13 知，七年级学生学校适应性得分与学生标准化数学成绩和标准化语文成绩关联程度较高，其积差相关系数分别是 0.154，0.169，而且均在 0.01 水平上显著相关。而由表 7－14 知，学生学校适应性得分与学生所在学校办学条件等级关联程度较低，其 Spearman 等级相关系数仅为 0.029，且相关不显著。

第三节　推断统计方法

推断统计方法是研究如何利用数据去作出决策的方法。教育领域的研究与实验往往涉及面非常大，我们不可能对全体对象进行研究或实验，只能从中抽取部分有代表性的样本进行研究或实验，而推断统计则是一种依据随机样本数据，从局部推断总体，即对总体的某些特征进行推断、估计和预测。推断统计主要包括参数估计、假设检验和多元统计分析三部分。其中，参数估计可分为点估计和区间估计，假设检验分为参数假设检验与非参数假设检验，多元统计分析包括方差分析、回归分析、因子分析、聚类分析等。在此仅介绍参数估计、假设检验方法，多变量统计分析方法的介绍可参见章后所列选读资料文献。

一、参数估计

应用抽样方法解决实际问题时，常常需要利用样本资料来估计总体的平均值、方差等参数。因为在多数情况下，总体的参数是未知的。例如，要想了解北京市大学一年级学生的英语水平，我们可以采用统考的方式，得到他们的统考测试成绩，从而计算出他们的平均成绩。但是，这只是一次测试的成绩，他们真正的英语水平有多高，我们并不知道。然而，我们可以利用统考的平均成绩对之进行估计。再比如，我们要研究全国教师的计算机操作水平，由于地区条件上的差异，我们不可能对所有教师进行测试，因而只能采用抽样的方式对样本进行研究，并以样本统计量来估计总体参数。这种统计推断的方法称为参数估计。参数估计有两种：一种是点估计，另一种是区间估计。

（一）点估计

在参数估计中，如果直接用样本统计量的值作为总体参数的估计值，那么这种估计总体参数的方法称为参数的点估计。例如，用样本的算术平均值 $\overline{X}=\frac{1}{n}\sum_{i=1}^{n}x_i$ 和样本方差 $S^2=\frac{1}{n-1}\sum_{i=1}^{n}(x_i-\overline{X})^2$ 分别作为总体的均值 E_X 和方差 D_X 的估计量等。既然是对总体参数进行估计，就可能会有不同的估计方法。例如，我们也可以用样本的加权平均数 $\bar{x}=\sum_{i=1}^{n}a_ix_i$（其中，$\sum_{i=1}^{n}a_i=1$，$0<a_i<1$，$i=1$，2，…，$n$）作为 E_X 的一个估计量，用统计量 $S_n^2=\frac{1}{n}\sum_{i=1}^{n}(x_i-\overline{X})^2$ 作为 D_X 的一个估计量。如何判断这些估计量的精确性和有效性呢？请阅读章后必读资料［3］中的第五章第一节所列出的无偏性、有效性和一致性的标准。

（二）区间估计

点估计值是由样本数据计算出的一个单一数值，由于样本带有随机性，因此由计算样本统计量而得到的点估计值就有可能不是总体参数的真正数值；而且当我们用点估计值去估计总体参数的真值时，其误差大小及可靠程度如何都是不知道的。比如，我们通过测试某班 10 名学生估计该班数学平均成绩是 72.4 分。但是，这个估计值与该班学生数学的真正平均成绩相差多少分是不知道的。即我们没有给出估计误差的大小及可靠程度，这正是点估计方法的不足之处。而用区间估计方法就可以克服这一缺点，因为它所给出的不是一个单一的数值，而是一个数值区间。区间估计方法既能告诉我们参数的真正数值在什么范围内，又能告诉我们下此结论有多大把握。对参数 θ 的区间估计，就是要确定两个统计量 $\hat{\theta}_1(x_1, x_2, \cdots, x_n)$ 和 $\hat{\theta}_2(x_1, x_2, \cdots, x_n)$，使得

$$P(\hat{\theta}_1 \leqslant \theta \leqslant \hat{\theta}_2) = 1-\alpha, 0<\alpha<1 \tag{7.3.1}$$

我们称区间 $[\hat{\theta}_1, \hat{\theta}_2]$ 为参数 θ 的置信度（或置信系数）为 $1-\alpha$ 的置信区间，称 α 为置信水平。$\hat{\theta}_1$，$\hat{\theta}_2$ 分别是下、上置信限。下面我们将按方差已知和未知两种情况来讨论总体均值的区间估计问题。

1. 方差 σ^2 已知的情形

由抽样分布理论知，如果 $X\sim N(\mu, \sigma^2)$，则样本均值 $\overline{X}\sim N(\mu, \sigma^2/n)$。若令

$$u = \frac{\overline{X} - \mu}{\sqrt{\sigma^2 / n}} \tag{7.3.2}$$

则$\mu \sim N$（0，1）。由正态分布的对称性，可得$P\,(-u_{\alpha/2} \leqslant \mu \leqslant u_{\alpha/2}) = 1 - \alpha$，即

$$P\,(\overline{X} - u_{\alpha/2}\sigma/\sqrt{n} \leqslant \mu \leqslant \overline{X} + u_{\alpha/2}\sigma/\sqrt{n}) = 1 - \alpha \tag{7.3.3}$$

所以，正态总体均值μ的置信度为$1-\alpha$的置信区间，为

$$[\overline{X} - u_{\alpha/2}\sigma/\sqrt{n}, \overline{X} + u_{\alpha/2}\sigma/\sqrt{n}] \tag{7.3.4}$$

如果总体不服从正态分布，但是样本容量充分大（如样本容量$n \geqslant 50$）时，那么总体均值μ的置信度为$1-\alpha$的置信区间仍然可以用（7.3.4）估计。

2. *方差σ^2未知的情形*

当总体方差σ^2未知时，若要对总体均值μ进行区间估计时，又可分为大样本（样本容量$n \geqslant 50$）和小样本（样本容量$n < 50$）[①] 两种情形来讨论。

（1）大样本情形（样本容量$n \geqslant 50$）。当为大样本时，无论总体是否服从正态分布，均可用样本方差S^2来代替总体方差σ^3，总体均值μ的置信度为$1-\alpha$的置信区间，为

$$[\overline{X} - u_{\alpha/2}S/\sqrt{n}, \overline{X} + u_{\alpha/2}S/\sqrt{n}] \tag{7.3.5}$$

（2）小样本情形（样本容量$n < 50$）。当正态总体方差未知，且为小样本情形时，由抽样分布理论知，此时

$$t = \frac{\overline{X} - \mu}{\sqrt{S^2 / n}} \tag{7.3.6}$$

将服从自由度为$n-1$的t分布。因此，正态总体均值μ的置信度为$1-\alpha$的置信区间（参见双侧t检验示意图 7－18）：

$$[\overline{X} - t_{\frac{\alpha}{2}(n-1)}S/\sqrt{n}, \overline{X} + t_{\frac{\alpha}{2}(n-1)}S/\sqrt{n}] \tag{7.3.7}$$

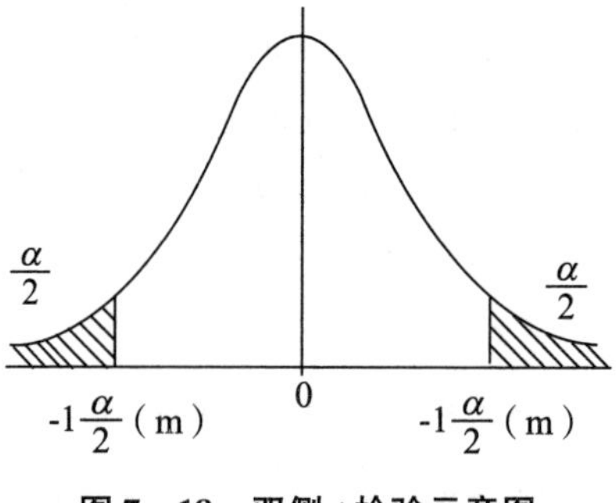

图 7－18　双侧 t 检验示意图

① 本书中称小样本均是指样本容量$n < 50$的样本。

其中，$t_{\frac{\alpha}{2}(n-1)}$是自由度为 $n-1$，显著性水平为 α 所对应的 t 分布的双侧检验的临界值（参见附表 2）。

专栏 7-2

自由度

自由度是统计学中经常见到的一个重要概念。无论是几种重要的概率分布，还是常用统计量和回归方程的有关检验等，都存在确定自由度的问题。因此，我们有必要对自由度的概念作一些解释。

在前面介绍的统计量中，我们看到样本方差的自由度为 $n-1$，S^2 的表达式中 $\frac{1}{n-1}\sum_{i=1}^{n}(x_i-\overline{X})^2$ 为 n 个量的平方和。为何自由度只有 $n-1$ 呢？这是因为 $x_1-\overline{X}$，$x_2-\overline{X}$，…，$x_n-\overline{X}$ 这 n 个量并不能自由变化，而是受到一个约束，即 $\sum_{i=1}^{n}(x_i-\overline{X})=0$ 这使得它的自由度少了一个。因此，S^2 的自由度是 $n-1$。所谓“自由度”，就是指可以自由取值的数据的个数，或者指不受任何约束，可以自由变化的变量的个数。

用矩阵秩的概念也可以解释自由度。自由度是对随机变量的二次型（可称为二次统计量）而言的，它就是二次型矩阵的秩。但用矩阵的秩来判断统计量的自由度比较困难，一般采用直观方法来作判断，即由线性代数知识可知，一个二次型的秩为它所含变量个数减去变量间独立线性约束条件的个数，从而可得到统计量的自由度。样本方差 S^2 的自由度就是因为 $\sum_{i=1}^{n}(x_i-\overline{X})^2$ 含有 n 个变量，但 n 个变量有一个线性约束条件 $\sum_{i=1}^{n}(x_i-\overline{X})=0$，故 S^2 的自由度为 $n-1$。

在回归分析中，回归方程的显著性检验用到残差平方和。确定残差平方和的自由度的一般方法是，数据的个数 n 减去必需估计的参数的个数就是自由度。例如，p 元线性回归方程的残差平方和的自由度就是 $n-p-1$，因为回归方程中有 $p+1$ 个待估参数。

在教育管理和教育研究工作中，我们常常要考察两个正态总体的均值差数情况。例如，考察两所学校英语统考的平均成绩相差多少分，或经过教改，学生某科的平均成绩提高了多少分等问题。下面我们给出总体方差已知或方差未知但属于大样本情形下的两个相互独立的正态总体均值差数的置信区间。

1. 两个正态总体方差已知的情形

设 $X\sim N(\mu_1,\sigma_1^2)$，$Y\sim N(\mu_2,\sigma_2^2)$，$X$ 与 Y 相互独立且 σ_1^2，σ_2^2 为已知

常数。

x_1，x_2，…，x_{n_1}为来自总体 X 的随机样本；y_1，y_2，…，y_{n_2}为来自总体 Y 的随机样本。$\overline{X}$ 和 $\overline{Y}$ 分别表示这两个样本的均值。我们需要计算两总体均值差数 $\mu_1-\mu_2$ 的置信度为 $1-\alpha$ 的置信区间。

由抽样分布理论知，$\overline{X}\sim N\left(\mu_1, \frac{\sigma_1^2}{n_1}\right)$，$\overline{Y}\sim N\left(\mu_2, \frac{\sigma_2^2}{n_2}\right)$，且 $\overline{X}$ 与 $\overline{Y}$ 相互独立。因此，$\overline{X}-\overline{Y}\sim N\left(\mu_1-\mu_2, \frac{\sigma_1^2}{n_1}+\frac{\sigma_2^2}{n_2}\right)$，令

$$u=\frac{(\overline{X}-\overline{Y})-(\mu_1-\mu_2)}{\sqrt{\frac{\sigma_1^2}{n_1}+\frac{\sigma_2^2}{n_2}}} \tag{7.3.8}$$

则 $u\sim N(0, 1)$。查正态分布表可得临界值 $u_{\alpha/2}$，故 $P(-u_{\alpha/2}\leqslant u\leqslant u_{\alpha/2})=1-\alpha$，即

$$P\left(-u_{\alpha/2}\leqslant\frac{(\overline{X}-\overline{Y})-(\mu_1-\mu_2)}{\sqrt{\frac{\sigma_1^2}{n_1}+\frac{\sigma_2^2}{n_2}}}\leqslant u_{\alpha/2}\right)=1-\alpha,$$

$$P\left((\overline{X}-\overline{Y})-u_{\alpha/2}\sqrt{\frac{\sigma_1^2}{n_1}+\frac{\sigma_2^2}{n_2}}\leqslant\mu_1-\mu_2\leqslant(\overline{X}-\overline{Y})+u_{\alpha/2}\sqrt{\frac{\sigma_1^2}{n_1}+\frac{\sigma_2^2}{n_2}}\right)=1-\alpha,$$

所以，$\mu_1-\mu_2$ 的置信度为 $1-\alpha$ 的置信区间是

$$\left[(\overline{X}-\overline{Y})-u_{\alpha/2}\sqrt{\frac{\sigma_1^2}{n_1}+\frac{\sigma_2^2}{n_2}},\ (\overline{X}-\overline{Y})+u_{\alpha/2}\sqrt{\frac{\sigma_1^2}{n_1}+\frac{\sigma_2^2}{n_2}}\right] \tag{7.3.9}$$

2. 两个正态总体方差未知

在这种情形下，由于是大样本，所以，可以用样本方差 S_1^2，S_2^2 来代替总体方差 σ_1^2，σ_2^2，并且令

$$u=\frac{(\overline{X}-\overline{Y})-(\mu_1-\mu_2)}{\sqrt{\frac{S_1^2}{n_1}+\frac{S_2^2}{n_2}}} \tag{7.3.10}$$

u 将近似服从 $N(0, 1)$。因此，$\mu_1-\mu_2$ 的置信度为 $1-\alpha$ 的置信区间是

$$\left[(\overline{X}-\overline{Y})-u_{\alpha/2}\sqrt{\frac{S_1^2}{n_1}+\frac{S_2^2}{n_2}},(\overline{X}-\overline{Y})+u_{\alpha/2}\sqrt{\frac{S_1^2}{n_1}+\frac{S_2^2}{n_2}}\right] \tag{7.3.11}$$

例 7－12：从甲、乙两校九年级学生中分别随机抽出 120 人，测得他们身高的平均值分别为 160.50 厘米、158.90 厘米，标准差分别为 4.30 厘米、3.86 厘米。试

对甲、乙两校九年级学生的平均身高的差数进行区间估计（置信度为 0.99）。

解：由题意知，$\overline{X}=160.50$，$S_1^2=4.30^2=18.49$，$\overline{Y}=158.90$，$S_2^2=3.86^2=14.90$，$n_1=n_2=120$，$\alpha=0.01$，查正态分布表得 $u_{\alpha/2}=2.58$。将这些数据代入（7.3.11）式可算得甲、乙两校九年级学生的平均身高的差数 $\mu_1-\mu_2$ 的置信度为 99% 的置信区间是 [0.24，2.96]。

二、假设检验

在教育和心理实验中，常常要借助统计分析方法对实验所获得的数据进行分析或对实验效果进行比较。例如，我们需要对两种不同的教学方法的实验效果进行比较，通常是对两个平行班分别采用这两种教学法，经过一段时间的教学之后，对这两个班的学生进行一次测验，从测验成绩中分别随机抽取部分成绩作为两个随机样本。利用两个随机样本平均数的差异来比较两个实验结果的均值的差异，这就属于两个正态总体均值相等的参数假设检验问题。在此我们主要介绍假设检验的基本原理与一般步骤，并分独立样本和相关样本两种情况来讨论总体均值比较的参数假设检验问题。

（一）假设检验的原理

假设检验是根据样本信息来判断总体分布是否具有指定特征的统计推断方法。假设检验的基本思路是：先建立一个零假设 H_0，然后在 H_0 成立的条件下，看看会产生什么样的后果。如果经过一系列正确的逻辑推理和分析计算之后，导致了一个不合理的现象出现，就有理由认为原先的零假设 H_0 是错误的，应当否定 H_0；如果没有出现不合理的现象，那我们就没有充分的理由否定 H_0。或者说，我们没有发现 H_0 有不合理的地方，所以，就应当接受 H_0。什么样的现象属于不合理的现象呢？“小概率事件在一次实验中不可能发生”这是我们的共识，也正是假设检验所基于的原理。如果在一次实验中，小概率事件居然发生了，我们就认为这是不合理的现象，就有充分的理由怀疑其零假设的前提是不正确的，因而应当拒绝零假设。

在统计学中，一般是将概率小于或等于 α 的事件称为小概率事件。通常规定 $\alpha=0.05$ 或 $\alpha=0.01$。在假设检验中，零假设是否成立与 α 的大小是有关系的，我们又称 α 为显著性水平。

在假设检验中，“小概率事件”是指样本统计量的值在其抽样分布上出现的概率小于或等于事先规定的显著性水平 α，这时就认为小概率事件发生了。把出现小概率的随机事件称为小概率事件。

（二）假设检验的步骤

（1）建立零假设和备择假设，如 $H_0: \mu_1=\mu_2$；$H_1: \mu_1 \neq \mu_2$。

（2）在零假设成立的前提下，选择合适的检验方法及检验统计量（例如，T 检验、F 检验、X^2 检验等）。

（3）计算给定样本的统计量值。

（4）选定显著性水平 α，查统计量所服从的分布表来确定临界值，从而确定 H_0 的拒绝域和接受域。

（5）对 H_0 作出判断，将临界值与样本统计量值相比较，若统计量值落在 H_0 的拒绝域中，则拒绝 H_0；若统计量值落在 H_0 的接受域中，则接受 H_0。

（三）两个独立样本的 *T* 检验

两个独立样本的 T 检验是用以检验服从正态分布且相互独立的两个样本的总体均值之间的差异是否显著的假设检验问题。例如，检验同一年级的汉族学生与少数民族学生的成绩是否有显著性差异；检验两种不同类型学校学生的成绩是否存在显著性差异等。

设有两个服从正态分布的相互独立的总体 X 和 Y，$X \sim N(\mu_1, \sigma_1^2)$，$Y \sim N(\mu_2, \sigma_2^2)$，分别从这两个总体中抽取两个随机样本：$x_1$，$x_2 \cdots$，$x_{n_1}$，$y_1$，$y_2 \cdots$，$y_{n_2}$。通过这两个样本的数据信息来推断出两个总体均值差异是否显著的结论，即需要检验假设 $H_0: \mu_1 = \mu_2$。

由于两个正态总体的方差相等与不等时，构造的检验统计量不同。所以，在未知两个总体的方差信息时，必须先通过 F 检验来考察一下两个总体方差之间的差异是否显著，即要先对两个总体方差进行齐性检验，检验假设 $H_0: \sigma_1^2 = \sigma_2^2$。

令 $S_1^2 = \dfrac{1}{n_1-1}\sum_{i=1}^{n_1}(x_i - \overline{X})^2$，$S_2^2 = \dfrac{1}{n_2-1}\sum_{j=1}^{n_2}(y_j - \overline{Y})^2$，如果假设 $H_0: \sigma_1^2 = \sigma_2^2$ 成立，则统计量

$$F = \frac{S_1^2}{S_2^2} \sim F(n_1 - 1, n_2 - 1) \tag{7.3.12}$$

（1）如果其相伴概率 $p \leqslant \alpha$，则拒绝 $H_0: \sigma_1^2 = \sigma_2^2$，即认为两个正态总体的方差差异显著。此时，对于 $H_0: \mu_1 = \mu_2$，我们需要进行方差非齐性下的 T 检验，构造如下的 t 检验统计量：

$$t = \frac{\overline{X} - \overline{Y}}{\sqrt{\dfrac{S_1^2}{n_1} + \dfrac{S_2^2}{n_2}}} \sim t_{(v)} \tag{7.3.13}$$

令 $k = \dfrac{S_1^2/n_1}{S_1^2/n_1 + S_2^2/n_2}$，则（7.3.13）中的自由度 $v = \dfrac{1}{k^2/n_1 + (1-k^2)/n_2}$。

如果 t 统计量的相伴概率 $p \leqslant \alpha$，则拒绝 $H_0: \mu_1 = \mu_2$；否则，接受 H_0。

（2）如果（7.3.12）中的统计量 F 的相伴概率 $p > \alpha$，则接受 $H_0: \sigma_1^2 = \sigma_2^2$，即认为两个总体的方差相等。此时，对于 $H_0: \mu_1 = \mu_2$，我们进行方差齐性下的 T 检验，构造如下的 t 检验统计量：

$$t = \frac{\overline{X} - \overline{Y}}{\sqrt{\left(\dfrac{1}{n_1} + \dfrac{1}{n_2}\right)S^2}} \sim t_{(n_1+n_2-2)} \tag{7.3.14}$$

其中，$S^2 = \dfrac{(n_1-1)S_1^2+(n_2-1)S_2^2}{n_1+n_2-2}$。

如果 t 统计量的相伴概率 $p \leqslant \alpha$，则拒绝 $H_0: \mu_1 = \mu_2$；否则，接受 H_0。

下面我们仍然通过本章开头部分的实例来说明如何利用 SPSS 中的 Independent Samples *T* Test 命令实现上述检验过程。

例 7－13：男、女生学校适应性是否存在显著性差异？七年级学生与九年级学生的学校适应性是否存在显著性差异？

解：男、女生的学校适应性得分可以认为是服从正态分布的。要检验的假设为 $H_0: \mu_1 = \mu_2$，利用 Independent Samples *T* Test 命令对此假设进行检验。

● 操作步骤

（1）读取数据文件 data7－1. sav。

（2）单击 Analyze → Compare Means → Independent Samples T Test…，打开 Independent Samples T Test 的对话框。

（3）将 schadap_ 08 从源变量栏移至 Test Variables 框内，将对此变量的数据进行 *T* 检验。

（4）将分组变量 gender 从源变量栏移至 Grouping Variable 框内，并单击 Define Groups 按钮打开定义分组对话框。在两个 Group 框内分别输入“1”和“2”两个分组变量值，即 gender = “1”为男生，gender = “2”为女生，然后单击 continue 按钮返回主对话框（如图 7－19）。

（5）在主对话框中，单击 Options 按钮，打开选择项对话框。在 Confidence 栏内输入 95，即规定显著性水平 $\alpha = 0.05$。在 Missing Values 栏下选择系统默认值 Exclude cases analysis by analysis 项，即在需要分析的变量数据中剔除含有缺失值的个案。

（6）单击 Continue 按钮，返回主对话框。单击 OK 按钮，则得到如表 7－15、7－16 两个报表。

通过类似操作过程，可以得到七年级学生与九年级学生的学校适应性得分的独立样本 *T* 检验结果（参见表 7－17、7－18）。

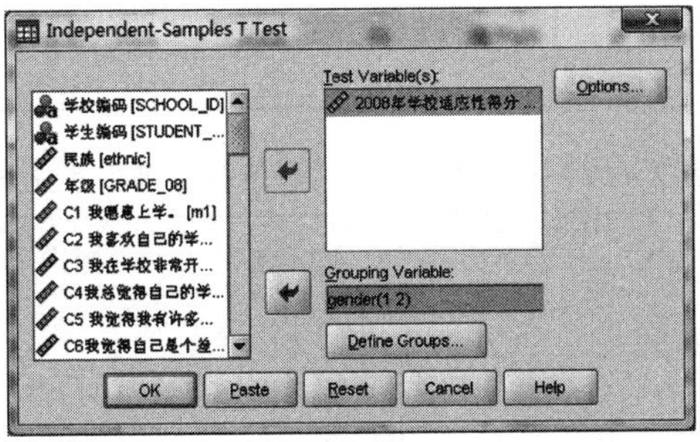

图 7－19　独立样本 *T* 检验主对话框

● 输出结果

表 7－15 初中男、女生分组描述性统计

	性别	样本量（N）	均值（Mean）	标准差（Std. Deviation）	均值的标准误（Std. Error Mean）
2008 年学校适应性得分	男生	4070	2. 2233	1. 1828	0. 0185
	女生	3876	2. 4659	1. 1336	0. 0182

表 7－16 初中男、女生独立样本 *T* 检验结果

	方差齐性检验（Levene's Test for Equality of Variances）		均值相等的 *T* 检验（t-test for Equality of Means）						
2008 年学校适应性得分	*F*	Sig.	*t*	自由度 df	Sig.（2-tailed）	均值之差（Mean Difference）	差值的标准误 Std.（Error Difference）	差值的 95% 置信区间（95% Confidence Interval of the Difference）下限 Lower	上限 Upper
假设方差相等（Equal variances assumed）	5. 196	0. 023	－9. 329	7944	0. 000	－0. 2427	0. 0260	－0. 2937	－0. 1917
假设方差不等（Equal variances not assumed）			－9. 339	7. 944 E3	0. 000	－0. 2427	0. 0260	－0. 2936	－0. 1918

表 7－17 七年级、九年级学生分组描述性统计

	年 级	样本量（N）	均 值（Mean）	标准差（Std. Deviation）	均值的标准误（Std. Error Mean）
2008 年学校适应性得分	7	3914	2. 4861	1. 1755	0. 0188
	9	4303	2. 2004	1. 1359	0. 0173

表 7 – 18 七年级、九年级学生独立样本 T 检验结果

<table>
<tr><th></th><th>方差齐性检验
(Levene's Test for Equality of Variances)</th><th colspan="7">均值相等的 T 检验
(t-test for Equality of Means)</th></tr>
<tr><td rowspan="2">2008 年学校适应性得分</td><td rowspan="2">F Sig.</td><td rowspan="2">t</td><td rowspan="2">自由度
df</td><td rowspan="2">Sig.
(2-tailed)</td><td rowspan="2">均值之差
(Mean Difference)</td><td rowspan="2">差值的标准误
(Std. Error Difference)</td><td colspan="2">差值的 95% 置信区间
(95% Confidence Interval of the Difference)</td></tr>
<tr><td>下限
Lower</td><td>上限
Upper</td></tr>
<tr><td>假设方差相等
(Equal variances assumed)</td><td rowspan="2">11.117
0.001</td><td>11.198</td><td>8215</td><td>0.000</td><td>0.2857</td><td>0.0255</td><td>0.2357</td><td>0.3357</td></tr>
<tr><td>假设方差不等
(Equal variances not assumed)</td><td>11.180</td><td>8.081
E3</td><td>0.000</td><td>0.2857</td><td>0.0256</td><td>0.2356</td><td>0.3357</td></tr>
</table>

- 结果解释

（1）表 7 – 15 给出的是学校适应性得分变量 schadap_ 08 按 gender 的值分组后的一些描述性统计量：样本容量 N，样本均值 Mean，样本标准差 Std. Deviation 以及样本均值的标准误 Std. Error Mean。从男女生学校适应性得分的样本均值来看，是有一定差距的，女生学校适应性好于男生；从样本标准差来看，女生学校适应性得分的变异性小于男生。

（2）表 7 – 16 给出的是方差齐性检验与 T 检验的计算结果。方差齐性检验（Levene 检验）结果，F 统计量的值为 5.196，其相伴概率为 $p = 0.023 < 0.05$。因此，男女生学校适应性得分变量的方差是非齐性的。T 检验结果中应该选择 Equal variances not assumed（假设方差不相等）一行的数据作为此例的 T 检验结果数据。t 统计量的值为 -9.339，相伴概率为 $p = 0.000 < 0.05$，因而我们应当拒绝 $H_0: \mu_1 = \mu_2$，即得出初中男女生学校适应性存在显著性差异的结论。

（3）表 7 – 16 还给出 Mean Difference 两组均值之差，值为 -0.2427，即初中女生的学校适应性平均得分比初中男生的学校适应性平均得分高 0.2427 分。Std. Error difference 差值的标准误为 0.0260。男女生学校适应性得分均值之差的 95% 的置信区间 [-0.2936， -0.1918] 也列在该表中。

（4）由表 7 – 17 知，七年级学生的学校适应性得分高于九年级学生，平均高

出 0.2857 分；从样本标准差来看，七年级学生的学校适应性得分的变异性大于九年级学生。

（5）由表 7－18 方差齐性检验结果知，七年级、九年级学生的学校适应性得分变量的方差是非齐性的（$p = 0.001 < 0.05$）。T 检验结果表明（$p = 0.000 < 0.05$），七年级、九年级学生的学校适应性存在显著性差异。

（四）两个配对样本的 T 检验

配对样本的 T 检验通常用于具有相关关系的两个样本，或者它们的样品能按照某种方式搭配成对。例如，比较某个班的学生在教师教授某种新的记忆策略前后识记单词的成绩是否存在显著性差异；学生在经过一学期的 PQ4R 法学习策略训练后其成绩与先前成绩相比较，是否出现显著性的提升等。这些配对样本都是对同一组被试在实验前后两次测试所获得的数据。另一种配对样本是按某些条件基本相同的原则，对经过一一配对而成的两组被试实施不同的实验处理之后，所得到的两组测试结果数据。例如，从某班根据学习成绩大致相同的原则抽出 80 名学生，配对后分为两组，每组 40 人。让这两组学生采用两种不同的学习方法学习同一种教材，学习结束后，用同一份试卷对他们进行测验，所得到的两组成绩就是这种类型的配对样本。配对样本的 T 检验实际上就是比较不同处理的效果差异是否显著，即检验服从正态分布的配对样本的总体均值是否相等，$H_0: \mu_1 = \mu_2$，其检验统计量为：

$$t = \frac{\overline{X}_1 - \overline{X}_2}{\sqrt{\frac{S_1^2 + S_2^2 - 2rS_1S_2}{n}}} \sim t(n-1) \qquad (7.3.15)$$

其中，n 为样品对数，$\overline{X}_1$，$\overline{X}_2$ 分别为两个样本的均值，S_1，S_2分别为两个样本的标准差，r 为两个样本的相关系数。如果该统计量的相伴概率 $p \leqslant \alpha$，则拒绝 $H_0: \mu_1 = \mu_2$；如果 $p > \alpha$，则接受 $H_0: \mu_1 = \mu_2$。

SPSS 中是通过调用 Paired-Samples T Test 命令来实现上述检验过程的（参阅必读资料［3］中第六章第四节）。

专栏 7－3

现代统计分析方法的趋势

现代统计分析方法最突出的发展是结构方程的发展与应用。20 世纪 80 年代，结构方程的数据分析系统与相应软件系统已经成熟，逐渐为社会科学研究人员所接受和使用。结构方程的路径分析思想拓展了社会科学研究的思路，很多学科的量化研究已由只研究单变量转变为研究多变量，由分析主效应到同时分析交互效应，由对单指标和直接观测变量进行研究到对多指标和潜变量进行研究，方法技术的改进推动了社会科学领域揭示和研究复杂现象和问题的进程。现代统计分析方法的另一大突破发展是多层分析的理论和方法。多层和嵌套分析的思想由来已久，但直到20世纪90年代才发展成一套完整而系统的理论和方法，并逐渐为教育、心理等社会学科研究人员所接受。在教育、管理、社会学、心理学等领域的研究中，取样往往呈现嵌套结构，例如学生嵌套于班级，班级嵌套于学校，学校又嵌套于社区，这种嵌套型的样本用传统的OLS回归方法分析会导致估计误差。多层分析方法不仅可以减少这种统计误差，而且可以避免由人为选择分析单位而出现的错误。在多层分析中，各层样本均可以作为分析单位，而且还可以研究它们之间的交互作用。现代统计分析方法的发展还体现在对追踪数据和发展模型的处理上。这一进展的主要特点是借助和延伸已有的方法，建构一套处理重复测量数据的具体步骤。目前，最为广泛使用的是基于结构方程的追踪数据分析方法和基于多层分析技术的发展模型方法。这些方法通过对结构方程与多层分析的应用，而各自形成了一套独立的分析系统。对于追踪数据分析方法的学习，建议参阅刘红云、张雷所著的《追踪数据分析方法及其应用》(教育科学出版社，2005年出版)。

☆本章要点

1. 描述性统计是利用统计图或表以及一些参数或统计量对测量或观测到的数据的分布特征给予概括性描述的统计方法。对数据集中趋势的描述包括计算平均数、中位数、众数等，以这些参数或统计量来反映观测数据的集中趋势；对数据离散程度的描述包括计算标准差、方差、极差、变异系数等，以这些参数或统计量来反映观测数据的离散程度。对数据之间相互关系的描述，包括计算积差相关系数、等级相关系数、点列相关系数等，以这些参数或统计量来反映观测数据之间的相互关系。

2. 推断统计是一种依据随机样本数据，从局部推断总体，即对总体的某些特征进行推断、估计和预测的方法。推断统计主要包括参数估计、假设检验和多元统计分析三部分。其中，参数估计可分为点估计和区间估计，假设检验分为参数假设检验与非参数假设检验。

3. “小概率事件”是指概率小于或等于事先规定的显著性水平 α 的事件。假设检验的推断依据是小概率事件在一次实验中不可能发生。

4. 两个独立样本的 T 检验是用以检验服从正态分布的且相互独立的两个样本的总体均值之间的差异是否显著的假设检验问题。

5. 进行配对样本的 T 检验要求被比较的两个样本具有显著的相关关系，而且它们的样本能搭配成对。配对样本的 T 检验实际上就是比较不同处理的效果差异是否显著，即检验服从正态分布的配对样本的总体均值是否相等。

☆概念图

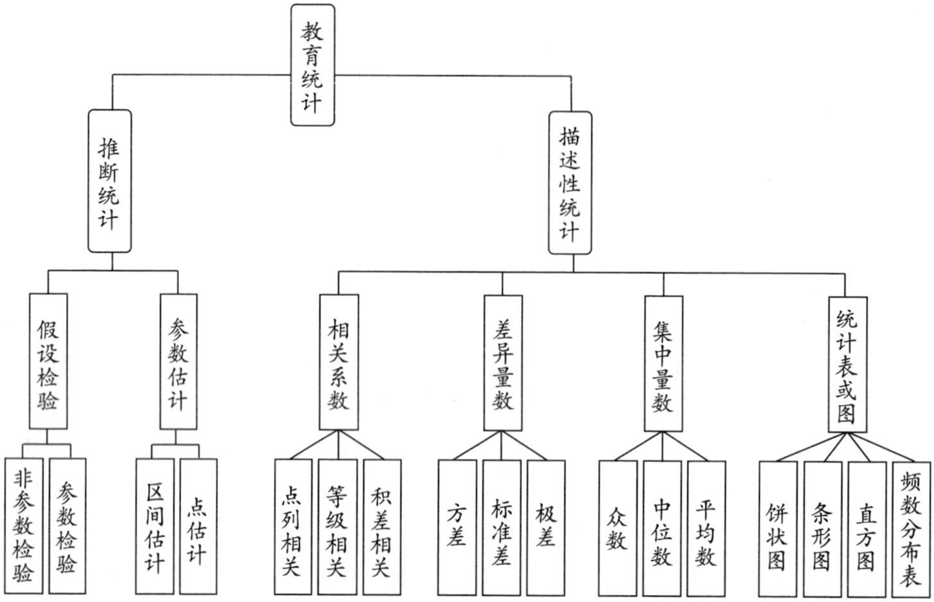

☆学习效果自测

1. 如果一个样本数据资料存在个别奇异值，选用何种集中量数较为合适？

2. 请归纳不同相关分析方法的适用条件。

3. 在一个教学方法改革实验中，实验班与控制班后测之间的比较应该选用独立样本的 t 检验还是相关样本的 t 检验？

☆拓展练习

1. 表 7－19 是教师教学基本功大赛中 8 位评委对 7 名参加复赛的教师评定等级的数据，试考察这 8 位评委评判的一致性程度。

表 7－19　8 位评委对 7 名教师的评定等级

$k=8$ 评委	参赛教师编号（$n=7$）						
	1	2	3	4	5	6	7
A	3	6	5	1	4	2	7
B	5	6	4	1	3	2	7
C	2	7	5	1	4	3	6
D	3	6	7	2	4	1	5
E	4	7	6	2	3	1	5

续表

$k=8$ 评委	参赛教师编号（$n=7$）						
	1	2	3	4	5	6	7
F	4	5	6	2	3	1	7
G	3	7	4	2	5	1	6
H	2	7	4	1	6	3	5
R_i	26	51	41	12	32	14	48

2. 某研究者试图考察学生的数学课堂教学活动参与情况对其数学统考成绩的影响。他以学生一学期在数学课堂上举手发言的次数作为测量学生参与课堂教学活动积极性的指标。此外，他考虑到学生的学习基础对其数学统考成绩的影响，因此，他又选择了学生上学期期末数学成绩作为测量学生学习基础的指标（见表7－20）。试帮助此研究者分析学生参与数学课堂教学活动的积极性与学生统考成绩之间的关联性。

表7－20　学生数学课堂教学活动参与情况及统考成绩、期末成绩

举手次数	10	12	5	23	14	8	3	17	20	13	2	17	10	9
统考成绩	83	89	93	99	94	78	69	90	94	70	73	86	84	90
期末成绩	78	80	90	95	88	65	56	94	98	59	68	78	75	87

3. 从某大学一年级理科学生中随机抽取250人，算得他们高考时的语文平均成绩为78.5分，标准差为12分；从该校文科一年级学生中随机抽取100人，算得他们高考时的语文平均成绩为81.6分，标准差为9.5分。试问文科和理科一年级学生入学时语文平均成绩至少相差多少分？至多相差多少分？（置信度为0.95）

☆参考文献

1. 程书肖，等．教育统计方法［M］．沈阳：辽宁大学出版社，1988.
2. 张敏强．教育与心理统计学［M］．北京：人民教育出版社，1993.
3. 方开泰，等．统计分布［M］．北京：科学出版社，1987.
4. 吴明隆．SPSS统计应用实务［M］．北京：中国铁道出版社，2000.
5. 卢纹岱．SPSS for Windows统计分析［M］．北京：电子工业出版社，2000.
6. 张敏强．教育测量学［M］．北京：人民教育出版社，1998.
7. 胡咏梅．教育统计学与SPSS软件应用［M］．北京：北京师范大学出版社，2002.

☆后续学习资料

必读部分

1. 张红霞. 教育科学研究方法［M］. 北京：教育科学出版社，2009：第十一章，第十二章.

2. 艾尔·巴比. 社会研究方法［M］. 11版. 邱泽奇，译. 北京：华夏出版社，2009：第十四章，第十六章.

3. 胡咏梅. 教育统计学与SPSS软件应用［M］. 北京：北京师范大学出版社，2002：第四章，第五章，第六章，第七章.

选读部分

1. 胡咏梅. 教育统计学与SPSS软件应用［M］. 北京：北京师范大学出版社，2002：第八章，第九章，第十章，第十一章，第十二章.

2. 郭志刚. 社会统计分析方法——SPSS软件应用［M］. 北京：中国人民大学出版社，2001：第五章，第六章，第七章，第十章，第十一章.

第三编　解释主义的研究

第八章　教育质性研究

☆内容概览

质性研究是“以研究者本人作为研究工具，在自然情境下采用多种资料收集方法（如深度访谈、开放式观察、实物分析等），对社会现象进行整体性探究，主要使用归纳法分析资料和形成理论，通过与研究对象互动，对其行为和意义建构获得解释性理解的一种活动”。质性研究具有探索社会现象、阐释意义以及发掘深层社会文化结构的作用。教育质性研究则是采用质性方法对教育现象进行研究的活动。教育研究者进入学校、课堂和其他教育场所，对教育问题进行长期、深入、动态、整体的探究，以求了解和理解各类教育实践者的惯常行动和思考、他们对自己行动和思考的解释以及使他们如此行动和思考的内外部条件和结构性影响。

本章对教育质性研究的定义、特征、过程、历史发展轨迹和有关理论问题进行了介绍和探讨。首先介绍了一个质性研究的案例，力图通过这个案例呈现质性研究方法适合研究的问题类型、开展这种研究的一般步骤以及需要考虑的相关问题，然后对教育质性研究的定义和特征进行了探讨；其次介绍了教育质性研究的一般过程，包括提出研究问题、明确研究目的，讨论研究背景、形成概念框架，选择研究对象、讨论研究关系，进入现场、收集资料，分析资料、形成结论，监测与评估研究的质量，撰写研究报告；再次介绍了质性研究以及教育质性研究发展的历史以及目前的发展趋势；最后对教育质性研究的一些关键问题进行了探究，如教育质性研究的理论取向以及质性研究对教育研究的适切性等。

☆学习目标

1. 了解教育质性研究的定义。
2. 掌握教育质性研究的操作方法。
3. 了解教育质性研究的历史发展轨迹和相关理论问题。
4. 能够根据自己关心的教育问题动手做简单的质性研究小课题。

☆核心概念

质性研究　解释主义　深度访谈　扎根理论　效度

在我国的中小学校里，几乎每个班都有几名学生被大家公认为是“后进生”（或“学困生”）。将这些学生称为“后进生”通常使用的是如下一些标准：(1) 学习成绩差，在各类考试中成绩排在最后几名；(2) 学习习惯不好，上课不认真听讲；(3) 不善于与同学合作，与同学关系处理得不好。大家通常认为，“后进生”的行为表现与其家庭背景有关，如家长的职业、家长的受教育程度、家长关心孩子学习的程度（如是否辅导孩子学习）、家长自己的学习习惯（如在家是否经常读书）、家庭的经济条件（如孩子是否有书房、计算机和足够的书籍），等等。也有人认为，“后进生”之所以成为“后进生”，除了上述家庭因素的影响，还与他们自己的素质有关，如不善于学习书本知识、不够勤奋、意志不够坚强、贪玩、吃不了苦，等等。

然而，“后进生”现象是一个非常复杂的社会现象，不能简单地归因为孩子的家庭背景和孩子自己的素质。如果要进行一项深入的质性研究，研究者还可能会问如下问题：(1) “后进生”现象是如何产生的？天真活泼、对世界充满好奇的孩子是如何在学校教育的过程中成为“后进生”的？国家的教育制度、社会的评价标准以及学校的筛选机制对他们成为“后进生”有什么作用？(2) 学校内的各类人群（教师、“好学生”“中等生”“后进生”）是如何看待“后进生”现象的？他们的看法有什么异同？这些异同是如何产生的？(3) 教师在课堂教学中是如何对待“后进生”的？与对待其他学生有什么不同？这种对待对“后进生”的形成有什么影响？

针对上述三类问题，研究者可以采取不同的方法收集资料。对第一类问题，研究者可以收集相关文献和政策文本，了解“后进生”现象的历史演进过程，探讨我国的教育制度、社会舆论、学校运作机制对“后进生”现象所起到的作用；也可以通过访谈了解各类人士（教育行政管理人员、教育研究者、校长、教师、家长、学生等）对这类问题的看法。通过探究，研究者还可能会发现，其实“后进生”现象是一个社会建构，只要我国的教育制度仍旧有排名和选拔机制，即使所有的孩子最终都能上大学，“后进生”现象仍然会存在，因为大学在人们眼中仍旧有“优劣”“高低”之分。

对第二类问题，研究者可以分别访谈教师、“好学生”“中等生”和“后进生”，询问他们对“后进生”现象的主观解释；必要时也可以组织焦点小组座谈，让他们彼此展开对话和辩论。通过多次的深度访谈，研究者可能会发现，不同人群对“后进生”现象的理解和价值判断是不一样的。“后进生”不一定完全否认自己的存在价值，他们可能形成了自己的“团伙”，通过认同与学校主流文化不一样的价值观（如“力气大”“讲义气”“长得帅”），而获得在这个世界上得以活下去的自尊和自信。而“好学生”和“中等生”也可能很喜欢“后进生”的某些特质，并羡慕他们能够有自己的“团伙”而获得某种伙伴归属感。

对第三类问题，研究者可以进入课堂，观察教师在教学过程中与不同学生的互动情况，观察的重点会放在教师与“后进生”的互动上，了解教师对“后进生”是否有不同于其他学生的行为。研究者可能会发现，虽然有的“后进生”在教师提问后多次举手，但教师始终不叫他们起来作答。观察过后，研究者可以对教师进行访谈，了解他们对自己行为的解释，为什么这么做而不那么做；研究者也可以访谈“后进生”，了解教师这么做对他们的学习和自我形象（自尊、自信）有什么影响；研究者还可以访谈其他学生，问他们对教师的行为作何感想和解释。研究者还可能会发现，“后进生”现象的形成与教师的行为之间有一定的联系，教师对他们的低期待部分地造成了他们学习动力的减退和学习效果的下降。

资料收集完成后，研究者会结合研究的问题、被研究者看问题的视角、研究者自己的理解以及前人的研究成果对资料进行分析。资料可以按照一定的概念（如“后进生”的定义和内涵）和主题（如“‘后进生’也有值得骄傲的品质”）进行归类；也可以按照某类“后进生”典型的发展轨迹作情境分析，完整地描述和分析几个故事。资料分析的重点主要放在：“后进生”通常所做的事情（惯常的社会行动），他们对自己思维和行动的意义所作的解释（主观经验），造成他们如此思维和行动的社会、文化、历史和教育条件，包括外在条件（如教育制度）和内在条件（如内化了“‘后进生’没有好前途”的信念）。

在资料分析的过程中，研究者会针对重要的主题撰写分析备忘录，并提供原始资料作为分析的支撑。随着研究的深入，不同主题之间会建立联系，最终形成一个或数个结论。研究者在撰写研究报告时，可能针对不同主题划分章节；可能根据不同“后进生”的典型故事写作文本；也可能结合类属法和情境法，在类别下面提供案例，或在故事情境中区分类别。写作要求“深描”，尽可能细致深入地将被研究者的“生活世界”描绘出来，并提供自己从学理角度进行的分析。

除了介绍研究的结果，研究者在研究报告中还会详细介绍自己的身份、自己与研究问题和被研究者之间的关系以及这些因素对研究的影响。也许研究者自己小时候就是一名“后进生”，被贴上这样的标签让他自己在受教育过程中吃了不少苦头；也许研究者自己的孩子现在就是一名“后进生”，他为自己的孩子非常担忧，希望了解其他“后进生”是如何应对主流教育价值和做法的。研究者的性别、职业、受教育程度、价值倾向等都会影响到他们建构研究问题、与被研究者建立关系以及具体作研究的方式，这些都需要在研究报告中加以反思和说明。

此外，研究者还需要讨论本研究的效度、信度、推广度和伦理道德问题，如本研究有关“后进生”现象的结果是真实的吗？不同的研究者来作这个研究，其结果可以被重复吗？研究的结论可以被推广到其他“后进生”吗？研究者在自愿原则、保密原则和回报原则等方面做得如何？质性研究在这些问题上都有自己独特的衡量标准，需要在研究报告中有所交代。

第一节　什么是教育质性研究

一、教育质性研究的定义

章前案例意在说明，一个教育质性研究小课题具体可以如何展开，研究问题的关注点是什么，具体操作有哪些步骤和环节，研究过程中需要注意什么事项。由于质性研究不是一个仅在教育领域使用的方法，可以被用到社会科学研究的所有领域，因此下面先对质性研究的基本定义作一简单介绍。

质性研究可以被认为是“以研究者本人作为研究工具，在自然情境下采用多种资料收集方法（如深度访谈、开放式观察、实物分析等），对社会现象进行整体性探究，主要使用归纳法分析资料和形成理论，通过与研究对象互动对其行为和意义建构获得解释性理解的一种活动”①。它具有探索社会现象、阐释意义以及发掘深层社会文化结构的作用。质性研究是一个跨学科、超学科的领域，它不是来自一种哲学、一个社会理论或一种研究传统，而是受到很多不同的社会思潮、学术理论和研究方法的影响。

教育质性研究则是采用质性方法对教育现象进行研究的活动。教育研究者进入学校、课堂和其他教育场所，对教育问题进行长期、深入、动态、整体的探究，以求了解和理解各类教育实践者的惯常行动和思考、他们对自己行动和思考的解释以及使他们如此行动和思考的内外部条件和结构性影响。

二、教育质性研究的特征

具体而言，教育质性研究具有如下特征。

（一）遵循自然主义的研究传统

研究者将自己的前设先“悬置”起来，研究问题和研究设计可根据实地情况而变化。例如，如果研究者打算研究中小学校内的“后进生”现象，他们会进入课堂进行实地观察，看教师是如何对待“后进生”和“非后进生”的，对他们的态度有什么不同，并与教师、校长、学生、家长等交谈，了解他们对“后进生”现象的看法。质性研究不像定量研究那样，对事先提出的一些假设进行验证，如“学生的家庭背景与学生的学习成绩之间存在因果关系”，而是深入现场多方调查后才形成自己的研究问题和研究结论。研究者起初可能认为教师的态度对学生的学习有影响，但如果实地调查结果与该设想不符，研究者则应该放弃该设想。

---

① 陈向明. 质的研究方法与社会科学研究［M］. 北京：教育科学出版社，2000：12. 质性研究（qualitative research，在港台也被译为“质化研究”）在中国人类学界通常被称为“文化人类学方法”，在社会学界通常被称为“定性研究”。

（二）关注有关教育现象的特殊表现或深入理解

质性研究结果不追求定量研究意义上的“可重复性”和“可推广性”。如上述对“后进生”现象的研究，研究者可能只选择一所“后进生”现象比较突出的学校进行研究，所获得的结果不一定能“自动地”适用于其他学校。但由于研究相对深入，对“后进生”现象进行了全方位的“深描”，在历史发展和社会结构的交接处探讨了“后进生”的个人体验和意义阐释，因此也有可能提出具有解释力度的结论，能够丰富人们对该现象的理解，通过认同和共鸣获得对研究结果的推广。

（三）研究结论从原始资料中产生

质性研究主要通过归纳法（不排除过程中采用演绎法），从被研究者的视角形成分析的概念和主题。质性研究的目的是了解和理解被研究者的惯常社会行动和思维方式，包括他们所使用的概念、语词和分类方式。例如，在对“后进生”现象的研究中，研究者一定要深入学校，从当事人那里收集第一手资料，了解他们用什么概念和语词来描述“后进生”现象。然而，由于研究者有自己的分析视角和学术立场，因此他们对被研究者的行为规则和意义解释的理解经过了自己思维的“过滤”，是一种对对方解释的“再解释”。研究者对“后进生”现象的理解不完全停留在当事人所使用的概念和语词层面，也渗入了他们自己的分析和解释，在“文化主位”和“文化客位”之间形成了互动的张力。

（四）研究结果主要用文字来表达

随着学术界对研究结果呈现方式多样化的宽容度不断提高，目前越来越多的另类表达方式也在被使用，如视频、概念图、过程图、戏剧和诗歌等。质性研究的结果也可以用数字来表达，但通常只是用描述性数据作为补充资料，因为质性研究者认为，社会现象非常复杂，不能完全用因果（和相关）关系来表达。例如，在上述对“后进生”现象的研究中，研究者可以使用一定的数据对“后进生”的家庭背景与其学习表现之间的关系进行描述和分析，但研究结果的主体部分会更多地采用文字或图表展示“后进生”现象产生、发展的过程以及各类相关人员对这个现象的意义解释。而且，质性研究报告的文字需要具有“感召性”，能够唤起读者的联想与共鸣。

（五）研究过程重视伦理道德问题，关注研究者与被研究者之间的关系

在研究报告中，质性研究者会详细介绍研究的过程，反思自己的个人身份、立场以及与被研究者之间的关系对研究过程和结果所产生的影响，并且会讨论自己是如何遵循保密原则和自愿原则的，是如何回报被研究者所提供的帮助的。例如，在有关“后进生”研究的报告中，研究者会详细介绍自己使用的方法，反思自己与“后进生”现象有关的经历，自己与被调查的教师和学生（“好学生”“中等生”“后进生”）之间的关系，以及这些关系对研究的过程和结果所产生的影响。研究者还会讨论如果有学生不愿意参加本研究，自己是如何处理的；在写报告时，自己为了保护被研究者是如何采用匿名等方式为其信息保密的；当被研究者付出大量时间和精力时，自己是如何回报他们的。

第二节 教育质性研究的一般过程

教育质性研究的过程一般包括提出研究问题，明确研究目的；讨论研究背景，形成概念框架；选择研究对象，讨论研究关系；进入现场，收集资料；分析资料，形成结论；监测与评估研究的质量（效度、信度、推广度和伦理道德问题）；撰写研究报告。这些步骤在实际操作时不是相互孤立、按前后序列依次进行的，而是彼此重叠、互相渗透、循环往复、不断演化发展的。在研究的过程中，研究者可以根据需要回到前面的环节，甚至修改研究的问题和研究的设计。此外，对研究质量的监测和评估贯串于研究的全过程，而不是只在研究结束时。

一、提出研究问题，明确研究目的

质性研究比较适合研究描述性问题、意义类问题和过程性问题。描述性问题能够将被研究现象的发生、发展过程以及表现状态记录下来，进行细致的刻画和分析。意义类问题能够对被研究者看待世界的方式、使用的概念和语言以及他们对自己行为和周围发生事情的解释进行研究。过程性问题能够追踪事件发生和发展的过程，深入探讨其中结构要素的变化机制。

在质性研究中，研究因果类问题需要特别谨慎。如果直接询问“为什么”，被研究者很容易落入量的研究的窠臼，对研究问题给予一些理性的因果结论，无法发挥质性研究的长处。如果描述性问题探讨得比较深入、细致，通常事情发生的原因和结果都能够得到揭示，而且是处于复杂、流动的情境中。因此，研究者没有必要专门条分缕析地研究因果关系。例如，在上述对“后进生”现象的研究中，如果研究者对“后进生”现象是什么、是如何形成和发展的问题进行了深入的探究，其原因也就隐含在其中了。

在提出研究问题的同时，需要明确研究的目的。明确研究目的是使研究者澄清自己的研究意图，了解研究的意义所在，进而提高对研究问题陈述的准确性。一般而言，质性研究的目的可以分为三类，即个人的目的、实用的目的、知识创新的目的。个人的目的指的是研究主要满足研究者个人的好奇和兴趣；实用的目的指的是研究为了解决现实中的实际问题；知识创新的目的指的是研究为了增加人类对有关现象的了解和理解，为人类积累知识财富。一个研究问题可能同时具有上述三种目的，也可能只具有其中一两种目的。如在上述“后进生”研究中，研究者可能出于对自己孩子成绩落后的关心，才决定研究“后进生”这个问题，那么他（她）的研究目的之一就是个人的。如果他（她）还希望通过这个研究改变教师和学校领导对“后进生”的看法和做法，那么他（她）的研究目的之一就是实用的。而如果他（她）研究这个问题是为了提出新的对“后进生”现象的解释，增进人们对这个现象的理解，那么他（她）的研究目的之一就是知识创新。

二、讨论研究背景，形成概念框架

在质性研究中，研究背景通常包括三方面的内容。

1. 有关研究问题的社会、经济、文化、家庭和个人背景

这个部分主要讨论的是研究者的“问题意识”，即为什么要研究这个问题，来自什么样的现实紧迫性。例如，在有关“后进生”的研究中，研究者可能会说明“后进生”现象产生和发展的历史轨迹，目前在我国中小学校内存在的普遍性，对学生身心发展所产生的负面作用，对“后进生”本人及其家庭所带来的影响，等等。

2. 有关研究问题的文献综述

这主要包括学术界所作的有关研究、已有的解释性理论和资料、仍旧需要填补的漏洞等。通常研究者会首先搜寻重要的学术刊物、网站和数据库，了解前人在这个方面已经做了什么研究。然后，根据文献的多少以及文献与自己研究问题的相关性，决定述评的起始年限和数量。最后，根据一定的主题对文献进行归纳，结合自己的研究问题进行有针对性的评介。例如，在上述有关“后进生”的研究中，研究者可能会根据研究界对“后进生”研究的主题和内容进行归类，如“后进生”的性格特征、学习习惯、学业表现、影响因素等。本部分不是仅仅介绍前人的研究，还需要说明前人的研究存在哪些不足，自己的研究可以如何改进研究的现状。

3. 研究者本人与研究问题有关的个人经历、经验、看法和预设

这方面的内容对质性研究非常重要，因为质性研究认为，研究者的个人因素对形成研究问题有着非常重要的影响，需要认真反思。例如，在对“后进生”的研究中，研究者可能自己小时候是“后进生”，与这个现象有切身的关系；自己对学校将学生分成“三六九等”心存不满，认为应该改革；或者期待着找到为“后进生”贴标签而导致学生自尊下降的例子，证实自己的预设。在研究开始之前就充分了解自己的前有、前设和前见，有利于研究者轻装上阵，更加澄明地面对研究的现象和被研究者，而不至于无意识地将自己的预设强加给对方。

在对研究的背景进行评述之后，研究者可以在前人研究的基础上，再次陈述自己的研究问题，说明自己的研究与前人的研究处于什么位置，自己的研究可能会有什么创新。在深入讨论研究问题时，需要定义其中的重要概念。例如，在上述对“后进生”现象的研究中，需要说明什么是“后进生”“中等生”“好学生”，衡量的标准是什么；“学校教育”“国家的教育制度”“社会的评价标准”“学校的筛选机制”所指各是什么；参与研究的“教师”来自什么层次的学校（小学、初中、高中）、什么类别的学校（重点、一般、薄弱）、什么学科，是什么性别、什么职称、什么受教育背景；“课堂”指的是什么，只是一个物理地点吗？包括教室外的教育教学活动吗？教师“对待”“后进生”指的是什么行为，如何归类，等等。

通常，对重要概念的定义可以从两个方面考虑：一是规范性定义，即在字典、学术著作或官方文件中出现的定义；二是操作性定义，即本研究实施时采用的、可以操作的具体定义。如在上述“后进生”研究中，“后进生”的规范性定义可以是：“在学校学习中遇到困难，学业成绩和行为表现都排名靠后的学生”；而它的操作性定义可能是：“所研究的红旗小学 5 年级所有 6 个班学业成绩排名在最后 3 名的学生，共 18 人”。

为了更清楚地看到所研究内容各部分之间的关系，还可以设计一个概念框架，用图表将研究内容及其关系更加直观、简捷地勾勒出来。它类似我们旅行前准备的地图，为出发的路线设定了范围和方向。设计该框架的依据可以是前人的研究成果（相关理论）、研究者个人的经验性知识以及研究者所作预调查的结果。如果进入现场后，发现该框架与实际情况不符，则需要适时调整。

三、选择研究对象，讨论研究关系

质性研究的样本通常都比较小，因此不可能使用随机抽样的方法。质性研究使用的是“目的性抽样”的方法，即根据研究的问题和研究的目的选择能够最大限度回答研究问题的样本。抽样时可以考虑的标准很多，如性别、年龄、职业、职称、学科、社会地位、经济地位、受教育程度、家庭背景、婚姻状态、学业表现等。需要根据研究的问题选择抽样标准，放弃一些不重要的标准，选择最重要的标准，即与研究问题最相关的标准，并对其重要性进行说明。例如，在研究“后进生”现象时，需要考虑的重要标准可能有：性别、家庭经济地位、父母受教育程度、教师的专业发展水平、所在班级等。

根据样本的特性，可以选择极端案例抽样（如“后进生”特别多的班级）、最大差异抽样（如“后进生”与“好学生”）、同质抽样（如都是来自单亲家庭的“后进生”）。根据抽样的方式，可以选择滚雪球抽样（即通过第一位“后进生”介绍认识第二位“后进生”，由此类推）、机遇抽样（根据在学校开展活动的机遇寻找“后进生”）、方便抽样（找自己认识的“后进生”或他们的家长）。不同的抽样标准和抽样方法各有利弊，需要根据研究的实际情况和特殊要求选择使用。方便抽样是最不可取的方式，不到万不得已时不应该使用。

确定了研究对象后，研究者需要思考自己的个人因素（包括生理的和社会的）、价值倾向以及与被研究者的关系将对研究产生什么影响。研究者的个人因素通常包括性别、年龄、文化背景、社会地位、受教育程度、个性特点、形象管理等。研究者的价值倾向通常包括研究者从事本研究的角色意识，是学习者、鼓动者，还是研究者；研究者看问题的立场和视角；研究者个人与研究问题有关的经历。对研究有可能产生影响的研究关系通常包括研究者是局内人还是局外人；研究者的身份是公开的还是隐蔽的；研究者与被研究者是熟人还是陌生人；就被研究的现象而言，研究者是参与者还是非参与者；研究者与对方处于什么权力关系之中：对方比研究者地位高，与研究者地位相等，还是比研究者地位低。

在对“后进生”的研究中，研究者都是处于权力的高位。作为成人，研究者相对于学生而言，本身就具有更高的地位；而相对于“后进生”，他们的权力就更为明显。另外，如果研究者与学校领导认识，被研究的“后进生”会对研究者心存顾虑，不一定愿意参与研究。而如果研究者对“后进生”不能保持中立的态度，认为他们之所以成为“后进生”是他们自己“有问题”，不好好学习，或者认为他们的家庭“有问题”，那么被研究的“后进生”可能会抵制研究者的进入，不予以配合。

四、进入现场，收集资料

进入现场在质性研究中是一个非常重要的环节，有可能影响到研究的成败。研究者如何介绍自己和自己的研究，如何与被研究者建立并保持相互信任、互惠并有成效的关系，这对研究者来说是一个挑战。例如，在对“后进生”的研究中，研究者是否需要一开始就告诉“后进生”和教师们自己的研究目的？是否可以先获得对方的信任，然后再逐步介绍自己的研究？如果“后进生”的家长不希望自己的孩子参与研究，研究者该怎么办？

收集资料的方法多种多样，各有其优缺点和适用条件，应根据研究问题的性质、被研究者的特点、研究的主客观条件等选择最适当的方法。例如，如果希望了解学生如何看待“后进生”现象，应该采用访谈法；如果希望了解课堂上的师生互动，应该采用观察法；如果希望调查教师是如何备课的，既可以对他们进行访谈，也可以收集他们的教案进行实物分析。质性研究使用得比较多的方法是访谈、观察和实物分析，即使是在实地从事人种志研究时，通常采用的也是这些方法。此外，研究者也可以根据被研究者的特点（特别是那些不善于言谈的人）以及研究的需要，使用一些投射技术（如头脑风暴、看录像后发表评论、词语排序、看图说话、画图表、角色扮演、画问题树等）；也可以使用参与式方法，与被研究者一起从事他们正在从事的活动。

（一）访谈

质性研究中的访谈通常采取开放和半开放的方式。研究者提出访谈问题之后，先让对方根据自己的理解畅所欲言，然后再根据对方提供的信息逐步聚焦，围绕一些重要的主题进行深入的交谈。访谈的结构应为被访者用自己的语言表达自己的想法留有充分的余地。研究者应注意被访者对问题的定义和思维方式，遵循他们的思路，用他们的语言表述来讨论问题。

访谈的形式可以分为正式和非正式两种。在正式访谈中，研究者与受访者约定时间和地点，并在征得受访者同意的前提下对访谈进行录音或录像。在非正式访谈中，研究者与对方一起工作或生活，随时随地进行交谈。

从双方接触的方式看，访谈还可以分为直接和间接两种。前者是双方面对面的交谈，后者则通过电话或网络进行。只要条件许可，应该采用直接的方式，间接的方式通常是不得已而为之，如双方居住距离太远无法见面，或对方不愿意暴露自己的身份等。

根据受访的人数，访谈还可以分为个别和集体两种方式。前者有利于受访者与访谈者深入沟通，在取得基本信任的基础上暴露自己的思想和情感感受。后者有利于受访者之间形成意见交锋，深入探讨问题，并为研究者观察群体互动提供了机会；但有可能压抑一些人的观点，形成“群体思维”，并可能妨碍个人情感的表达。例如，如果研究者要“后进生”与“好学生”甚至教师一起座谈，前者可能会比较沉默，不愿表达自己的想法。

访谈前研究者需要做充分的准备工作，如联系受访者，向对方介绍研究课题，与其就访谈次数、时间长短及自愿和保密原则达成协议，以方便对方来确定访谈时间和地点。如果对方不同意录像或录音，研究者需要做好笔录准备，并在访谈过后立刻追忆内容，及时补记。

访谈之前还应根据不同的访谈对象设计不同的访谈提纲，依据是研究的问题和概念框架、研究的目的以及研究对象的可行性。访谈问题不同于研究问题，需要简洁明了，一目了然。访谈提纲主要起提示作用，既需要事先设计，又需要根据访谈的进程灵活调整。访谈时不应该拘泥于提纲中的问题，而应该根据实际情况将访谈提纲中的问题转化为适合实际访谈的问题。

在访谈中，应该尽量提开放型问题，让受访者有充分表达自己的机会。封闭型问题通常在访谈结束时或者在系列访谈的最后一次访谈时使用，目的是向受访者检验研究的结论。为了避免受访者谈话内容过于抽象、概括，思维过于理性化，研究者问的问题应该尽可能具体、清晰，并详细询问事件的细节以及有关人物的反应。研究者应该注意询问被访者个人的意见，以免对方使用宏大的语言而忽略了个人的看法和感受。在访谈过程中，研究者需要对对方提供的内容适时追问，以挖掘内容背后的深刻含义以及对方无法用语言表达出来的情感感受。

访谈中研究者的倾听、回应和追问非常重要。积极关注的、共情的倾听能够使对方敞开自己的心扉，深入自己的内心。如果对方谈锋甚健，研究者不要轻易打断对方。如果对方保持沉默，研究者需要容忍沉默，给对方时间和空间思考或回忆。在倾听的同时，研究者需要作出恰当的回应，表示自己接纳并理解对方，如认可（“您介绍的这些内容正是我希望了解的”“很好，很有意思”），重复或重组对方所说的话（“你感觉自己在学校缺乏支持，很孤单”），适度的自我暴露（“我也曾经被认为是一名‘后进生’，我理解你的感受”）。研究者应该避免对对方的看法和感受进行论说和评价（如“你这样想就不对了，学校这么做是为你们好”）。研究者的适时追问能够使访谈自然过渡，并使对方感觉自己很受重视。追问的一个技巧是从受访者前面的话语中选择重要概念形成下一个问题，使访谈的话题流动自然，环环相扣（如“你刚才说‘在学校感觉很孤单’，这种孤单的状态是什么样子？能否举一个例子详细说明？”）。在对方叙述了一段自己的观点或经历后，研究者也可以进行适度的重组，用总结性的语言反馈自己的理解，以获得对方的认可和补充（如果研究者的理解是对的），或及时纠正（如果对方不认可研究者的理解)。

访谈中研究者经常面临的一个挑战是:如何既让对方自由畅谈,同时又能将对方的思路定位在自己的研究框架内?其实,研究者向对方智力上的挑战并不等于态度上的挑衅,只要研究者态度真诚,对对方真正关注,并且具有敏锐的思维和共情能力,对方是不会认为研究者傲慢无礼的。研究者必须学会既保持学习者的心态,表明自己对研究的问题确实“无知”;又要做一个“智慧的无知者”,应该对对方的话语进行聪明的回应和追问。

此外,被访者的非语言行为对于了解他们的心理活动也非常重要,在访谈过程中研究者可以同时观察被访者的面部表情和形体动作,不失时机地记录下来,并与对方所说的话进行相关检验。

(二)观察

观察并不仅仅是一种外显的行为,而且还是一种思维活动。所谓“观察”,就是一边看,一边想,“观”其实是一次“又”“见”。每个人眼里都有不同的世界,对于同样的事物,不同的人可能有不同的解释。因此,在实地进行观察时,研究者需要特别注意反思自己的观察方法和观察视角,了解自己的观察习惯、价值倾向和前设,明确自己的推理依据和过程。

观察可以分为不同的类型。根据研究者的参与程度,质性研究中的观察可以分为参与型观察与非参与型观察。在参与型观察中,研究者是被观察现象的参与者,一边参与活动一边进行观察。其优点是研究者可以深入了解事情的内幕,但弊端是研究者身兼双重角色,难以保持观察的距离和中立性,难度比较大。在非参与型观察中,研究者是旁观者,观察时不参与被观察的活动。其优点是研究者具有观察的时空距离,能够比较从容地进行观察活动,但不足是无法了解被观察者的内部规则甚至所说的话语。

根据观察的公开程度,还可以分为公开型观察和隐蔽型观察。在公开型观察中,研究者的观察活动是被公开的,被研究者知道自己在被观察。其优点是符合研究的伦理,而弊端是被观察者有可能改变自己的行为。在隐蔽型观察中,研究者的观察活动不被对方所知。其优点是对方的行为会比较自然,而不足是违背了研究伦理。只要条件许可,研究者观察时都应该让对方知情。隐蔽的方式通常是在不得已的情况下才为之的(如观察“后进生”团伙的违法行为)。

在观察正式开始之前,需要制订观察计划。计划应该包括观察的内容,如:(1)有哪些人在场,他们之间是什么(角色、地位)关系;(2)当时发生了什么事情,有什么行为表现和话语表达;(3)行为和事件是何时发生的;(4)事情在哪里发生,此地有何特点;(5)行为是如何发生的,行为相互之间有何关系;(6)为什么会发生这些事情,有关人员是如何看待这些事情的。此外,还需要对观察的方式进行设计,如打算进行什么类型的观察活动,公开的还是隐蔽的,参与的还是非参与的;观察多少次,每次多长时间;在什么位置实施观察,是否需要移动观察点。

同时，还需要考虑在观察中如何作记录，具体记录什么，记录的语言应该具体到什么程度，如何为事情命名，如果遇到不认识的东西怎么办，观察者应该采取什么叙述角度进行记录等。研究者需要事先设计观察记录表格，并事先设想一些简洁方便的记录方法，以便节省时间（如表 8－1）。记录可以分为几种类型，如描述记录（日记记录法、逸事记录法、连续记录法）、取样记录（时间取样、事件取样）、行为检核表等。观察过后，研究者需要尽早整理观察记录，及时补充遗漏的内容，对观察内容进行归档整理。

表 8－1　常用观察表举例

时　间	所观察到的事实	研究者的初步分析
8:05	教师提了一个问题，坐在后排的“后进生”举手要求发言，但教师没有提问他。	“后进生”对教学内容也有自己的看法，并勇于发言；但教师没有给他机会，是认为他无法回答这个问题吗？
8:10	教师又问了一个问题，该“后进生”再次举手要求发言，但教师还是没有提问他。	教师一再忽视该生要求发言的积极性，是否会打击该生的学习积极性？
8:15	该“后进生”开始睡觉，不再关注教师所讲的内容。	教师的低期待已经在学生身上产生作用，该生已经开始放弃努力。
8:20	小组活动时，该“后进生”也完全没有参与，一直在睡觉。教师走过他身边时也没有叫醒他。	其他同学似乎也忽视该生的存在，教师也没有进行必要的干预。
8:40	下课后，我问教师：“为什么不将睡觉的学生叫醒？”教师说：“这个孩子智力有问题，我们和家长都已经放弃了，只要他上课不影响别人就行。”	教师的放弃对学生的学习是否有不利影响？这里是否存在“皮格马利翁效应”？

（三）实物分析

实物分析包括对所有可以收集到的文字、图片、音像材料及其他各种物品的分析。这些材料可以是历史文献，也可以是现时记录，如学生的成绩单和作业、教师的评语和教案、学校的规章制度和口号标语等。实物分析比较适合研究已经发生的历史事件，但也可以用来研究当下正在发生的事情。

实物是物化了的文化形态，通过对这些物品进行分析，研究者可以了解这些物品被制作和被使用时的文化意义。例如，是什么人制作了这些物品？他们为什么要制作这些物品？什么人在使用这些物品？他们使用这些物品的意图是什么？这些物品实际上起到了什么作用？制作者与使用者的意图是否相符？

此外，对实物进行分析所获得的研究结果可以用来补充从访谈和观察中所获得的信息，以便研究者从不同渠道对研究结果的效度进行相关检验。研究者可以利用实物分析的结果，检验被研究者在访谈时传达的信息和研究者所观察到的情况是否真实，也可以在访谈时询问观察内容和实物的意义解释。例如，在对“后进生”的研究中，研究者可以查阅学生的作业和教师的评语，以便与教师访谈和课堂观察的结果进行比对。

五、分析资料，形成结论

原始资料收集上来以后，需要对其进行分类、归档和编码。传统的做法以手工操作为主，将资料写在卡片上，标以代码，然后分门别类放入档案袋。目前，随着高科技的发展，很多计算机软件已用来处理质性研究的原始资料，大大加快了分析过程。当然，设定分析框架、类别和代码的工作仍旧需要由人来做。

正式开始分析资料之前，研究者需要先认真阅读原始资料，以保证自己熟悉资料的全部内容。在阅读资料时，需要采取一种“投降”的态度，即放弃自己原有的“前设”和“偏见”，尽量将自己完全沉浸在资料所浮现的意义中，并反思自己的即兴反应。

分析资料可以采取两种不同的方法：一是分类法，二是情境法。前者是共时性的，按照一定的主题将资料进行归类，如“教师对‘后进生’的看法”“教师对‘后进生’的态度”“教师对‘后进生’的行为”“‘后进生’对自己的看法”“‘好学生’对‘后进生’的看法”“‘中等生’对‘后进生’的看法”等。对资料的归类可以逐级进行，先对资料进行开放的编码，形成一些平行的主题；然后在主题之间建立联系；最后在主题之上提升出最重要的主题，作为研究结果的统领性结论或理论。

专栏 8－1

资料分析的“分类法”

资料分析的“分类法”，指的是在资料中寻找反复出现的现象以及可以解释这些现象的重要概念和命题。在这个过程中，具有相同属性的资料被归入同一类别，并以一定的概念命名。类别的属性包括组成类别的要素、内部的形成结构、形成类属的原因以及类属发挥的作用等。

分类法的基础是比较，因为有比较才有鉴别，才能区别此事物与他事物的异同。比较可以采取很多不同的方式，如同类比较（根据资料的同一性进行比较）、异类比较（根据资料的差异性进行比较）、横向比较（在不同的资料之间进行比较）、纵向比较（对同一资料中的各个部分进行前后顺序的比较）、理论与证据比较（将研究者的初步结论与后续收集到的资料进行比较）等。

通过比较设定有关的类别后，我们还需要对类别之间的关系进行识别，如因果关系、时间前后关系、语义关系、逻辑关系、平行关系、包含关系、下属关系，等等。将类别之间的关系建立起来后，我们还可以发展出一个或数个“核心类别”，即所有类别中最上位的意义单位，它可以在意义上统领所有其他的类别。与此同时，每一个类别下面还可以进一步发展出下属类别，表示的是该类别所包含的意义维度和基本属性。

为了使资料分析直观、明了，在建立不同类别之间的关系时，还可以使用画图的方式，如树枝形主从属结构、网状连接形结构等。例如，在一项对大学毕业生就业的调查中，我们对北京市的一些人才洽谈会进行了现场观察和访谈，结果发现用人单位在挑选大学生时使用了很多重要的概念，如“做人”“做事”“敬业精神”“团队精神”“职业道德”等。经过讨论和画图，我们将“做人”与“做事”作为“合格大学生”的两个核心类属，在“做人”这个类属下面我们又列了“敬业精神”“团队精神”和“职业道德”等下属类属；在“职业道德”这个下位类属里我们又分出了“自我定位”（即不轻易“跳槽”）、“自我评价”（即正确评价自己的能力，不认为自己大材小用）、“自我约束”（即不打招呼就“跳槽”了）等。

“扎根理论”（即在研究者自己收集的第一手资料的基础上建立理论）提倡将类别分析分成三个阶段，即开放式分析、轴心式分析和选择式分析。开放式分析要求研究者以一种开放的心态，尽量排除个人的偏见和研究界的定见，将所有的资料按其本身所呈现的属性分类，特别需要注意寻找被研究者的“本土概念”。轴心式分析着重于发现和建立类别之间的各种联系，包括因果关系、时间关系、语义关系等。选择式分析是在类别中找到一个可以统领所有其他类别的类别，将所有的研究结果统一在这个类别的范围之内。

情境法是历时性的，将资料中的核心故事、关键人物、事件、关系等按照一定的线索整理出来，类似于教育叙事。具体分析时，可以先对特定的情境或事件进行描述，然后进行深入分析。例如，一位典型的“后进生”是如何成为“后进生”的，他进入学校的第一天到此时的 5 年级，他的学校生活是如何度过的，发生过什么关键事件，有什么重要的人物影响到他的学习和人际交往，等等。这种分析有利于呈现事情发生、发展的过程以及各种复杂的关系结构。

专栏8－2

资料分析的“情境法”

资料分析的“情境法”，是指将资料放置于研究现象所处的自然情境之中，按照故事发生的时序对有关事件和人物进行描述性分析。这是一种将整体先打散，然后再整合的方式。情境法首先看到资料的整体情形，然后将资料打碎、分解，最后将分解的部分整合成一个完整的、坐落于真实情境中的故事。情境法强调对事物作整体的和动态的呈现，注意寻找将资料连接成一个叙事结构的关键线索。

对资料进行情境分析的结构可以有很多不同的组成方式，如前因后果排列、时间流动序列、时空回溯、圆周反复等方式。情境分析的具体内容也十分丰富，可以是研究现象中的主题、事件、人物、社会机构、时间、地点、状态、变化等。内容的前后顺序可以按照当事人的言语、事件发生的时间或语意上的联系进行组织。

情境分析的具体手段包括轮廓勾勒（profile）、片段呈现（vignette）、个案、访谈片段、观察事件、故事等。对资料进行情境分析的具体操作方式因资料的特性不同而有所不同，既可以将一次访谈或一次观察的内容写成一个情境片段，也可以将对一个人的几次访谈写成一个故事，还可以将几个人的故事连成一体，组成一个综合个案。

需要时，也可以结合分类法和情境法对资料进行分析，归类中有情境，情境中有归类。例如，在分析教师对“后进生”的看法时，可以提供一个教师在课堂上对待某“后进生”的具体案例作为说明；或者在描述某教师处理“后进生”问题的一个具体案例时，将其中涉及的有关主题（如“藐视”“忽略”“责备”等）重点提出来进行分析。

不论采取什么方法分析资料，都应该注意寻找被研究者的“本土概念”，即对被研究者而言重要的概念，反映他们看事物的独特方式，包括对事物的概念化、命名和归类方式。例如，有学生认为“当一名‘后进生’也可以很风光”，研究者即可针对“风光”这个概念进行深入的挖掘，了解在这些学生的心目中“很风光”是什么意思？什么样的事情能够让他们感到“风光”？为什么说“当一名‘后进生’会感到‘风光’”？“风光”对一名学生有什么特殊意义？学生这么说反映了怎样更大的社会、文化、心理、教育问题？

分析资料的手段通常有以下几种：（1）针对研究的发现写反思笔记，如可以就“感觉风光”这个本土概念写一篇反思笔记。（2）就研究的初步结果写总结，如从不同的教师那里了解了他们对“后进生”的看法以后，写一个总结，梳理出几种主要的看法；如果教师的看法有不一致的地方，对产生不一致的原因进行分析。(3) 针对研究的过程写研究日志，如对教师进行访谈后，发现自己对“后进生”现象的预设可能对对方有误导，可以写一篇日志，分析自己为什么这么做，对对方可能产生了什么不良影响。(4) 画图表，将研究结果用直观的方式呈现出来。这么做一方面可以在不同概念和不同主题之间建立起关系，对其进行对比和比较；另一方面可以将研究的结果用浓缩的方式表现出来，便于一眼就看到全貌。

资料分析到一定程度后，即可为研究结果作结论。作结论时应注意资料之间的异同，避免为了使结论看上去完整精确而牺牲资料的丰富复杂性。结论应符合资料的真实，而不是为了满足研究者的需求，验证某一外在理论或个人的某种定见。质性研究在理论建树方面强调在原始资料的基础上发展理论，但也不排除借助前人的理论来深化对研究结果的理解和阐释。

六、监测与评估研究的质量

衡量质性研究结果的标准是可信、创新、有用、可共鸣。“可信”指的是研究结果具有“真实性”，值得信赖。“创新”指的是研究对现实结果有新意，对研究的现象提出了新的解释。“有用”指的是研究结果能够被运用到对现实问题的解释中，对现实的改进能够提供借鉴。“可共鸣”指的是研究结果能够引起读者的共鸣，通过读者认同而获得外部推广的作用。

质性研究质量的监测和评估通常包括效度、信度、推广度和伦理道德问题。质量的监测和评估应该贯串于研究的全过程，而不只是在研究结束时。

（一）效度问题

有学者认为在质性研究中可以使用“效度”这一概念，但是不能沿用量的研究的定义和分类；另外一些学者则认为这个概念不适合质性研究，主张用其他的词语来代替，如“真实性”（trustworthiness）和“可靠性”（authenticity）；还有一些学者认为不论是“效度”还是其他类型的概念都不适合质性研究，因为这类概念是以事物是独立自主的客观存在为前提的，并认为研究者可以识别并验证事物的客观真实。而质性研究认为“客体”不是一个固定不变的实体，它是通过与主体的互动而呈现自己的。研究者对事物的理解不是简单的主体对客体的认识，而是主体与客体在一定社会文化环境中的相互重构。在这一过程中，主体逐步获得对客体此时此地的理解。质性研究者真正感兴趣的并不是量的研究所谓的“客观现实”的“真实性”本身，而是被研究者眼中所看到的“真实”、他们看事物的角度和方法以及研究者和被研究者的互动关系对理解被研究者眼中的“真实”所产生的影响。

尽管学术界对质性研究是否应该使用和如何使用“效度”这一概念意见不一，但绝大多数质性研究者仍旧沿用“效度”这一词语来讨论研究结果的真实性问题。对效度进行分类的方法目前有很多种，一种分类法是将其分成四类①。（1）描述型效度：对外在现象或事物所进行描述的准确度。（2）解释型效度：研究者了解、理解和再现被研究者对事物所赋予意义的真实程度。（3）理论型效度：研究所依据的理论以及从研究结果中建立起来的理论是否真实地反映了所研究的现象。（4）评价型效度：研究者对研究结果所作的价值判断是否确切。

对效度进行检测的具体方法如下：（1）侦探法：对研究结果中的漏洞一步步进行侦查，找到有关线索，将线索放到一起进行对比，制订最佳处理方案。（2）证伪法：在建立了初步假设之后，想尽一切办法证明这个假设是不真实的或是不完全真实的，然后修改或排除这一假设，直至找到在现存条件下最为合理的假设。（3）三角相关检验法：将同一结论用不同的方法、在不同的情境和时间、对样本中不同的人进行检验，尽可能通过不同的渠道对已建立的结论进行检验，以求获得结论的最大真实度。（4）反馈法：广泛听取同行、同事、朋友和家人的意见，从更多的角度理解和分析研究结果。（5）参与人员检验法：将研究报告交给被研究者，了解他们对研究结果的反应。如果被研究者对结论有不同看法，或者认为研究者误解了他们的言语和行为，研究者应该对结论进行必要的修改。（6）资料佐证法：丰富的原始资料为检验初步假设提供充分的依据。（7）比较法：将研究结果与人们心目中或学术界普遍认可的定义进行比较，确定其结论是否成立。

（二）信度问题

大多数质性研究者认为，量的研究意义上的“信度”这一概念不符合质性研究的实际工作情况。质性研究将研究者作为研究的工具，强调研究者个人的背景以及研究者与被研究者之间的关系对研究结果的影响。因此，即使是在同一地点、同一时间就同一问题对同一人群所作的研究，研究的结果也有可能因不同的研究者而有所不同。研究者的职业倾向、价值偏好、信念、性格特征、年龄、性别、经济地位、家庭背景、个人经历以及与被研究者的关系等，都可能导致他们对同一研究问题采取不同的态度和不同的切入方式。更何况，所谓“同一时间”“同一地点”“同一问题”，这些概念都不是一成不变的，它们随研究的进程而变化，在与研究者的互动中重新构筑自己。

不过，也有人认为，如果研究的过程被研究者详细、真实地记录下来，后来的研究者应该是可以“照葫芦画瓢”的。此外，如果研究者队伍由数人组成，相互之间也需要经常检查研究结果的信度问题。

（三）推广度问题

质性研究中的推广度指的是研究结果是否可以推广到类似的人群和情境。质性研究不使用随机抽样的方法，因此不能像量的研究那样将从样本中得到的结果推广到总体。然而，质性研究的目的不是企图通过对样本的研究而找到一种可以

① Maxwell, J.. Qualitative research design [M]. Newbury Park: Sage Publications, 1996.

推而广之的普遍规律，而是对某一社会现象进行深入细致的调查，尽可能真切地分析该现象。由于人类行为越深入到本质层面越具有普遍性，因此可以为处于类似情形的人和事起到一种观照作用。如果这些人和事从研究结果中得到了某种认同，此研究便发挥了一种推广的作用。因此，质性研究主要是通过认同而达到推广。此外，研究者在研究结果的基础上建立起来的理论也可以通过阐释其他类似情形而达到推广的效果。

质性研究虽然不具有定量意义上的外部推广功能，但是可以进行“内部推广”。也就是说，可以将在样本中获得的结果推广到样本所包含的情境和时间，将此时此地收集到的信息推广到研究对象所描述的彼时彼地或一个时期。

（四）伦理道德问题

首先，研究者应该遵守自愿原则，给予被研究者选择不参与和不合作的权利，而不应强迫他们参与。其次，研究者必须严格遵守保密原则，不暴露被研究者的身份，特别是当被研究者提供的情况有可能对他们自身产生不利影响时。再次，研究者应该遵守回报原则，对被研究者的帮助表示感谢，但是用何种方式表示感谢目前尚无定论。很多人认为，无论是礼品还是真诚的关切都无法回报被研究者所给予的帮助。但也有很多例子说明，即使没有礼品，很多被研究者也感到研究过程对自己是一个自我发现和探索的机会。最后，研究者还应该考虑如何结束与被研究者的关系。研究在某一时刻必须结束，而研究者和被研究者可能已建立起某种友谊。研究者是应该离开对方不再联系，还是应该与其保持联系？以什么方式保持联系？保持多久？这些都是需要认真对待的问题。

七、撰写研究报告

质性研究认为，写作不只是单纯记录被研究者的故事，而是研究者重构被研究者故事的一个过程。写作本身即思考，写作即权力。质性研究报告特别强调“深描”，提供丰富的原始材料和作者的分析，行文要求细密，以便帮助读者判别研究结果的真实性和复杂性。质性研究报告中的叙事人称目前已经从传统的第三人称改变为第一人称，以便读者了解研究者是如何从事研究的。研究者对方法和研究关系系统、深刻的反省有助于读者了解研究过程，从而对研究的可靠性作出自己的判断。

质性研究报告的风格可以分成五种类型：（1）现实的故事，尽可能真实地再现当事人看问题的观点，从他们的角度使用他们的语言来描述研究结果。（2）坦诚的故事，介绍研究者使用的方法和在研究过程中所作的反省和思考，再现访谈情境和对话片段。（3）印象的故事，详细描写事件发生时的情境和当事人的反应和表情。（4）批判的故事，从社会文化大环境对研究结果进行更深入全面的探讨。（5）规范的故事，用研究结果去验证某一理论或研究者自己的某种观念。①

质性研究报告可以将类别表述和叙述体结合起来，类别中穿插小段故事或事例，叙述结构按类别层次排列。此外，研究报告在最后部分还可以讨论研究的理论意义和现实意义，指出研究的不足，并提出进一步研究的方向。

第三节　质性研究的历史发展

质性研究的历史渊源可以追溯到人类文明发源地之一的古希腊，“ethnography”（民族志）一词中的词根“ethno”就来自希腊文中的“ethnos”，意指“一个民族”“一群人”或“一个文化群体”。“ethno”作为前缀与“graphic”（画）合并组成“ethnography”以后，便成了人类学一个主要的分支，即“描绘人类学”。“民族志”是对人以及人的文化进行详细、动态、情境化描绘的一种方法，探究的是一个文化的整体性生活、态度和行为模式，它要求研究者长期地与当地人生活在一起，通过自己的切身体验获得对当地人及其文化的理解。

质性研究方法经历了一个曲折的发展过程，在其发展早期，主要依赖于研究者个人的实地经验和主观阐释，缺乏统一的理论基础和系统的操作体系。在以实证主义为指导的量的方法在社会科学研究领域占主导地位时期，质性研究方法一直受到冷落。20 世纪 60 年代末以来，社会科学家们越来越意识到：要研究复杂的社会现象，仅仅使用量的方法具有一定的局限性。量的方法适合在宏观层面大规模地进行社会调查和政策预测，但不适合对现象本身发生、发展的过程进行细微深入的研究，特别是不适合对被研究者的行为、思想和情感进行意义阐释；而质性研究方法在这些方面具有优势。近二十年来，质性研究者从本体论、认识论和方法论的角度对一些重要的理论问题进行了探讨，使得质性研究方法在很多不同学科（如人类学、社会学、民俗学、心理学、教育学、护理学、政治学、管理学、传播学等）的研究基础上逐渐发展起来，形成了一套操作方法和检测手段。目前，质性研究方法在社会科学领域运用得非常广泛，已经成为对量的研究的一种有力的补充。

一、质性研究在西方的发展状况

早期民族志研究发源于西方“发达”国家的学者对世界上其他地区残存“原始”文化的兴趣，他们认为“落后的”民族是人类进化链中的一个环节，希望通过对异文化的了解反观自己的文化发展历程，了解整个世界的“本相”，以此修正西方学界有关人类社会的知识框架。实地调查方法的发起者是德裔美国人类学家博厄斯（F. Boas）。从 1886 年始，他便经常到美国西北海岸的印第安部落去作实地调

---

① Van Maanen, J.. Tales of the field: on writing ethnography [M]. Chicago & London: The University of Chicago Press, 1988.

查，并把自己的学生赶出图书馆，从学者的安乐椅中站起来，走入实地。

在社会科学研究领域真正开创了长时期实地调查传统的当推波兰裔英国人类学家马林洛夫斯基（B. Malinowski），他于1914—1915年和1917—1918年在新几内亚和特罗比恩（Trobriand）岛上进行了长期艰苦的实地工作。通过亲身经历“在这里”“到过那里”和“回到这里”的三阶段过程，他发现：白人研究者只有离开自己的文化群体，参与到当地人的日常生活之中，才能对他们的制度风俗、行为规范以及思维方式有所了解。

博厄斯和马林洛夫斯基的实地调查方法极大地影响了后来西方的人类学家，如本尼狄克特（R. Benedict）、M. 米德（M. Mead）、莱德可里夫·布朗（Redcliff-Brown）、贝特森（G. Bateson）、罗威（R. Lowie）、克罗伯（A. Kroeber）、普利查德（Evans-Pritchard）、弗斯（R. Firth）、保德玫克（H. Powdermaker）、克洛德·列维·斯特劳斯（Claude Lévi-Strauss）等人。他们各自在非洲、太平洋岛国、美国本土以及世界其他地区进行了长期的实地研究，为实地调查方法的实施和传播起到了重要的作用。

质性研究中，实地调查的传统还可以追溯到19世纪末20世纪初西方国家的社会改革运动。如美国的杜·波依斯（Du Bois）对费城的黑人社区进行研究时，除了进行大规模的统计调查外，还组织了5000例访谈，其著作《费城的黑人》（1899/1967）被认为是早期城市民族志研究的一个典范。德国的恩格斯（F. Engels）长期深入到工厂和工人居住区，其《英国工人阶级的状况》（1845/1969）被视为实地研究的佳作。布思（C. Booth）的《伦敦人民的生活和劳动》（1927）通过统计数据、访谈和观察等方法，将伦敦划分为50个区，按照不同的标准（如贫穷率、出生率、死亡率、早婚率等）将这些区域进行了排序比较。芝加哥学派的代表人物帕克（R. Park）对城市内不同少数民族群体、亚文化群体（特别是贫困人群）进行了研究，在其著名的《城市》（1916）一文中明确地把人类学方法作为研究城市的社会学方法。托马斯（W. Thomas）和兹南尼斯基（F. Znaniecki）的《欧洲和美国的波兰农民》（1927）则通过大量个人信件，对当事人的主观心态进行了探究。林德（Lynd）夫妇将美国中部城镇居民的生活分成谋职、成家、生儿育女、闲暇、宗教、社会活动六个方面，对居民的道德观念和精神状况进行了考察，发表了《中镇——美国现代文化研究》（1929/1956）和《过渡中的中镇——文化冲突研究》（1937）。此时的研究者对自己个人的作用尚未给予足够的重视，其重点主要是放在如何从资料中挖掘当事人的观点和态度，认为那里存在“客观的现实”。即使研究的内容涉及被研究者的主观世界，这个主观世界也被认为是“客观存在”的。

从1930年到1960年的30年间，随着殖民主义的衰落以及非洲和亚洲民族国家的兴起，人类学开始受到独立国家人民的排斥，人类学家也逐渐具有了自我反省的意识，意识到自己所持有的文化进化观过于褊狭，保持“客观中立”是不可能的。他们逐渐将注意力放到对历史文献、语言学以及自己国家本土文化的研究上面。在这里，人类学与社会学开始了学科上的合流，两者均在人种志方法上找到了共同点，即长期与被研究的城市居民群体一起生活，了解他们的真切关怀和日常困扰。此时的研究者越来越多地反思和分享自己的主观性，将自己的“前见”公布于众，探讨自己对研究过程和结果的影响。如美国社会学家怀特（W. Whyte）在其《街角社会》(1943）中便直接与多克等知情人士互动，参与到对方的各种活动之中。

20 世纪 60 年代以后，质性研究受到现象学和阐释学的进一步影响，研究者越来越意识到自己与被研究者之间是一种“主体间性”的关系。研究者的自我意识不仅可以包容被研究的对象世界，而且还可以创造一个社会世界。研究不仅仅是一种意义的表现，而且是一种意义的创造。研究不再只是对一个固定不变的“客观事实”的了解，而是研究双方彼此互动、相互构成、共同理解的一个过程。这种理解不仅仅涉及研究者在认知层面上“了解”对方，而且需要研究者通过自己亲身体验去“理解”对方，并通过“语言”这一具有人类共同性的中介，将研究结果“解释”出来。只有当研究者进入对方所关切的问题域时，“意义”才可能向研究者展现。

冷战结束后，世界各地的国家意识和民族意识进一步高涨，世界政治和文化格局在逐渐地“去中心”“边缘与中心互换”。在“文化多元”的旗帜鼓舞下，质性研究也被卷入了多种相互不可通约的甚至相互冲突的价值观念和理论范式的论战之中。在后现代的今天，质性研究者意识到，研究永远不可能“客观”“中立”，“研究”其实就是在“写文化”。此时的质性研究已经从以往对自我和他人关系的反思转到了对语言、政治、历史以及社会科学家作为一种职业的反省，不仅对不同文化的人观、自我和情感的界定和经验进行探究，了解传统小型地方性社区与世界全球化之间的关系，而且将社会科学研究本身作为一种文化批评。在方法上，研究者不再像前人那样讲究研究的“客观性”“真实性”和确定性，而是采取一种“视情况而定”的态度，在关系中对“效度”“信度”“推广度”等问题进行考量。

二、质性研究在中国的发展状况

在我国，质性研究最早萌芽于 20 世纪初的社会调查，起初由一批外籍传教士、学者和教授发起。如美国传教士史密斯（A. H. Smith）于 1878—1905 年对山东农民进行了广泛调查，出版了《中国乡村生活》(1899)；1917 年美籍教授狄特莫（C. G. Ditlmer）指导清华学生对北京西郊居民的生活进行了调查；美籍教授古尔普率领学生到广东潮州凤凰村进行调查，并著有《华南乡村生活》(1925)；1921 年美籍传教士甘博（S. D. Gamble）和燕京大学教授步济时（J. B. Burgess）发表了《北京——一个时代的调查》。这些调查主要使用西方的调查方法，用外文撰写报告，并在国外发表。

20 世纪二三十年代是中国学术界社会调查发展最迅速的时期，成立了两个社会调查机构：位于北京的中华教育文化基金董事会社会调查部、位于南京的国立中央研究院社会科学研究所社会学组。这个时期的代表作有：李景汉的《北平郊外之乡村家庭》(1929) 和《定县社会概况调查》(1933)；严景耀深入监狱，通过参与式观察对犯罪问题所作的调查（1927—1930)；陈翰笙领导的对无锡、广东和保定三地区的大规模农村社会经济调查（1929—1930)；王同惠和费孝通的“花篮瑶社会组织的调查”（1934)。30 年代后期和 40 年代比较著名的研究成果有：费孝通的《江村经济》(1939)、史国衡的《昆厂劳工》(1943)、费孝通的《乡土中国》(1947)、陈达的《上海工人》等。作为革命领导人的毛泽东也是社会调查的身体力行者，他的《中国社会各阶级的分析》(1926)、《湖南农民运动考察报告》(1927)、《寻乌调查》(1930)、《长冈乡调查》(1930) 等都使用了深入、细致的实地调查方法。共产党人 40 年代在陕北地区进行了大规模的社会调查研究，写出了《绥德、米脂土地问题初步研究》和《米脂县扬家沟调查》等大批调查报告。

50 年代之后，由于种种原因，我国的社会科学研究基本处于停滞状态，社会调查工作没有取得实质性进展。但仍有少数学者到实地进行追踪调查，如费孝通于 1957 年和 1980 年重访自己 1935 年调查过的“江村”。

改革开放以来，我国的社会科学研究受到更多重视，组织更加健全，方法也更加规范。特别是 90 年代质性研究方法被系统地介绍和讨论以来，越来越多的学者和学生在使用质性研究方法开展研究。如项飚的《跨越边界的社区：北京“浙江村”的生活史》(2000)、李书磊的《村落中的“国家”——文化变迁中的乡村学校》(1999)、陶庆的《福街的现代“商人部落”：走出转型期社会重建的合法化危机》(2007) 等。一些在海外留学的中国学者纷纷使用质性方法回到中国本土进行实地研究，如王铭铭的《村落视野中的文化与权力：闽台三村五论》(1997)、吴飞的《麦芒上的圣言——一个乡村天主教群体中的信仰和生活》(2001)。也有学者用英文写作，然后用中文翻译进入国内出版界，如阎云翔的《礼物的流动：一个中国村庄里的互惠原则与社会网络》(2000) 和《私人生活的变革：一个中国村庄里的爱情、家庭与亲密关系（1949—1999)》(2006)。还有海外学者到中国作田野调查，如丹麦曹诗弟（S. Thoegersen）的《文化县：从山东邹平的乡村学校看二十世纪的中国》(2005)。20 世纪末以来，很多港澳台学者也发表了不少使用质性研究方法获得的研究成果。

此外，不少中国学者从方法论和方法的具体操作上对质性研究进行了探讨。例如早在 1934 年，林惠祥的《文化人类学》就对人类学和文化人类学的定义、对象、分科、发展和流派等进行了系统、通俗的介绍。此后，有朱红文的《人文精神与人文科学——人文科学方法论导论》(1994)，黄淑娉、龚佩华的《文化人类学理论方法研究》(1996)，水延凯的《社会调查教程（修订本)》(1996)，李德洙主编的《都市人类学与边疆城市理论研究》(1996)，夏建中的《文化人类学理论学派——文化研究的历史》(1997)，袁方主编的《社会研究方法教程》

(1997)，钟敬文的《民俗学概论》(1998)，陈向明的《质性研究方法与社会科学研究》(2000) 及其主编的《质性研究：反思与评论》系列文集 (2008—)，杨念群的《中层理论——东西方思想会通下的中国史研究》(2001)，我国台湾学者胡幼慧主编的《质性研究》(1996) 等。在历史学领域，我国学者在对质性资料的鉴别、考据和分析方面，积累了大量的经验，也可被认为是质性方法研究的一个重要知识来源。

目前，质性研究方法在大部分高等院校里已成为社会科学的必修课程。90 年代之前，质性研究大都与定量研究一起讲授，学生的实地操作机会较少；90 年代后，一些大学的院系（如北京大学教育学院和社会学系、南京大学社会学系、北京师范大学教育学部等）开始独立开设质性研究课程，并要求学生在学习过程中独立完成一项小型的实地调查。一些大学的研究生还自发编撰论文集，将学做质性研究的艰辛、喜悦和顿悟记录下来，如杨钋和林小英主编的《聆听与倾诉——质性研究方法应用论文集》(2001)。近年来，在福特基金会资助的方法高级研讨班上，我国社会科学界也对质性研究方法的有关问题展开了讨论和实际操作训练。

三、质性研究的发展趋势

从上述质性研究的历史可以看出其发展趋势：从传统到现代、后现代，从封闭到开放，从一元到多元，从事实描述到意义解释，从论证理论到建构"现实"，从追求"科学"到重视人文，从"客观性"到"主体间性"，从写语言到"写文化"，从宏大理论到地域性知识，从价值无涉到价值有涉，从学术研究到实践行动。后现代的多元文化观和世界性视野带来了学科边界的模糊，大大扩展了社会科学"研究"的定义、边界和作用。

（一）重新理解"理解"和"解释"

随着质性研究进入 21 世纪，各种不同的"理解"和"解释"立场与风格进入研究的行列，通过"对话"来检验自己的"知识宣称"。质性研究者对"理解"和"解释"的认识也发生了变化：从强调"客观""中立"，到"体验""移情"，再到在"参与"和"对话"中"共同建构"意义。

研究者意识到，自己不可能成为"他者"，不可能进入别人的皮肤、大脑思考和感受。虽然很多人仍旧在使用 1967 年由格拉塞（B. Glaser）和斯特劳斯（A. Strauss）提出的扎根理论方法（1967），而且这个传统在斯特劳斯和寇宾（J. Corbin，1990）以及迈尔斯（M. Miles）和惠泊曼（M. Huberman，1993）等人的工作中仍可以看到，但与此同时，社会建构主义的方法日益受到重视。如龙迪在《性之耻，还是伤之痛——中国家外儿童性侵犯探索性质性研究》(2007) 中，为了揭示特定社会—历史—文化背景下的人际和群际"关系"及其交往如何建构出有关性侵犯的"真实"，使用了沃克特（H. Wolcott）提出的"转化质性资料"的策略：先对原始资料进行"深描"，通过细节呈现本质和文化回声；继而对资料中隐含的、有据可依的主题、特征及主题之间的模式化规律进行分析，将它们系统、有序地呈现出来；最后对资料的意义进行解释，建立知识宣称，达致理解的目的。

（二）思考方法与理论和问题的关系

随着质性研究的逐步推广，研究者对质性研究的质量评价标准也在发生变化。20 世纪 90 年代后期，当质性研究刚刚在我国被系统地介绍时，大家都非常兴奋，似乎终于找到了一种合适研究人文社会现象的工具。特别是对那些畏惧或讨厌数字计算的人，质性研究方法似乎是一个从天而降的“救星”。但随着尘埃落定，泡沫散去，国人开始思考：到底什么样的质性研究是“好”的研究？仅仅对现象进行描述就是“好”的研究吗？理论在质性研究中到底起什么作用？通过对这些问题的思考和实践探索，大家意识到，虽然质性研究强调对现象进行“深描”，但一项高质量的研究不应该仅停留在对现象的简单描述上，而应提升出研究者自己本土化的理论线索，并与前人的理论展开对话。因此，研究者需要学会恰当地使用文献——“浸泡在文献中”，但不被它“溺死”，将前人的理论整合到自己的研究中，但不被这些理论所湮没。

对理论和方法的讨论将质性研究者引向对它们与研究问题之间关系的思考：理论和方法都不是孤立的存在，它们都是用来解决问题的工具。研究者不应用方法来限定问题，而应具有“问题意识”，让“真实的问题”浮现出来，在历史和社会结构中得到恰当的定位，然后再选择合适的方法。方法总是针对一定问题的方法，而理论总是针对一定现象的理论。方法和理论的目的都是澄清观念、解决问题，解放而非限制想象力。研究者不要盲目崇拜方法和技巧，而应该做自己的方法论者、自己的理论家，让自己的心智独立地面对人与社会的问题。①

质性研究通常被定位为方法论的个体主义（与定量方法的集体主义相对应），似乎研究的总是小样本的经验和事件。如何将个人困扰与社会结构和历史背景结合起来进行分析？如何在制度与个人之间架起理解的桥梁？这也是近年来质性研究者探讨得比较多的问题。个人困扰总是坐落在一定的社会情境、社会关系、制度结构和历史背景中，研究者在关注个人心理结构和心理过程的同时，还需要关注建构这些心理现象的社会交往和社会过程，将个人作为历史和社会的参与者，理解人类社会选择以及形成有关“人”的各种错综复杂的方式和关系。研究者不再把文化看成一个独立于个人的系统，而是看作与个人自我中最深沉的部分紧密相连的、个人在世界上安身立命的方式。在这个意义上，质性研究已经从方法论的个体主义走向了关系主义，在个体与集体之间、个人与文化之间、现在与过去之间分析问题。

（三）研究规范不断提高

虽然质性研究不认为存在一套普适的、固定的、所有研究者都应该遵守的规范，但是这并不意味着“什么都行”。为了尽可能意识到并控制样本选择以及资

---

① 米尔斯. 社会学的想像力［M］. 陈强，张永强，译. 北京：生活·读书·新知三联书店，2001.

料收集和解释中过多的随意性，质性研究提倡遵循严格的程序，并对各个环节都提出了质量要求。

信息时代的电子声像技术改变了质性研究者的工作方式，使他们的工作更加标准化，也更加有效率。手提电脑被带到研究实地，互联网使研究者可以向世界上任何一个地方的人进行快捷而又便宜的资料收集。资料不仅可以以文本格式存储，而且多媒体介质（如图像、声音和视频）也被利用起来。研究报告开始用声像形式呈现，克服了语言的平面性和概念化。电子邮件代替了印刷品，研究成果的传播正在不断地加速。传统的“剪刀 + 糨糊”的资料分析方法被计算机辅助质性数据分析软件所替代，将研究者从处理大量文字材料的繁复劳动中解放出来，这改变了质性研究的流程和研究集体之间的合作方式。数据库结构使质性资料的管理更加方便，为组织大型研究项目（包括多个研究地点、多个研究对象、历时的质性研究）提供了新的可能性。网络的便利还促进了世界各地质性研究者之间的交流，目前大型的质性研究国际网站有 20 余个，如国际质性研究方法协会、质性研究资源库、信息系统中的质性研究、质性研究互联网资源、质性研究报告、质性研究兴趣协会等。

然而，虽然技术为我们提供了便利，但不要希望仅仅依靠技术就能创造奇迹。研究毕竟不只是按照一定的方法、手段和步骤就可以完成的，还需要提出问题、捕捉灵感、运用直觉和想象，资料归类和分析编码的工作还是需要人脑来完成的。而计算机软件是建立在经典质性资料分析思路之上的，其基本假设是简约论，即任何有组织的实体都是由更小的单位组成的，只有被分解成不可再分的单元才能被理解。然而，社会现象是一个不可简约的生命系统，一旦被分解成更小的单位进行探究，就无法获得充分的理解和解释。使用“分而析之”的简约论处理原始资料，很容易陷入西方个人主义研究传统的经验主义和理性主义思维定势，虽然可以描述个人层面的“行为”和“认知”，却看不到“关系”和“生活世界”。这也说明为什么近年来有学者提出“建构扎根理论”的观点和方法。①

（四）质性方法与定量方法相结合

早在 20 世纪 50 年代就有学者（M. Trow，1957）提出，没有任何一种研究方法应该主宰社会现象的推论，占主导地位的量的方法应该吸收别的研究方法的长处。1979 年库克（T. Cook）和雷查德特（C. Reichardt）使用量的方法和质性方法进行教育评估的文章正式发表，1982 年《美国行为科学家》杂志用了整整一期的篇幅刊登使用多元方法所作的研究报告。但是，两大阵营之间的“论战”由来已久，特别是在理论探讨方面至今持续不断。20 世纪二三十年代，美国社会学界在个案研究与统计分析之间展开了一场著名的辩论，目前很多观点都可以在这场论战中找到源头。

对于量的方法和质性方法之间的结合问题，一般有三种观点：（1）纯正派：

① 卡麦兹．建构扎根理论：质性研究实践指南［M］．边国英，译．重庆：重庆大学出版社，2009.

认为两种研究分别基于不同的研究范式，不能混杂在一起使用。(2) 情境派：认为两种方法各有自己的长处和短处，应根据具体情况决定是否可以结合以及如何结合。(3) 实用派：认为两者可以结合，但更加注重研究的具体功用，讨论的焦点放在方法的具体操作层面，而不讨论范式以及建立系统的结合方式和衡量标准问题。

量的研究与质性研究代表的是两种不同的世界观，前者是将复杂的问题简单化，通过可以量化的数据来说明问题；后者是将（貌似）简单的问题复杂化，通过文字、概念、图表等手段来呈现问题的复杂性。然而，如果研究的内容和目的需要，也可以在一项研究中结合使用质性方法与量的方法。

首先，在研究的不同阶段可以使用不同的方法，使用的先后顺序主要依赖于研究者对研究现象的熟悉程度。如果研究者对研究的现象不熟悉，可以先使用质性方法，找到能够表现该现象的重要概念和命题，然后将其转化为能够进行量化的指标和问卷题目。在问卷调查之后，如果研究者希望对某些问题进行更加深入的研究，可以再采取质性方法，对少部分人进行深入的访谈、观察和实物分析。例如，如果研究者对“后进生”现象不熟悉，可以先访谈校长、教师、不同类型的学生及其家长，也可以深入课堂和课间观察“后进生”的行为表现以及教师和其他类型学生对他们的态度，旁听学校组织的有关“后进生”的会议，同时收集不同类型学生的作业、成长记录袋、学校的有关规章等进行分析，从中提取有关“后进生”现象的关键概念和命题。此时，如果研究者对“后进生”现象形成了一些假设，如“后进生”的学习成绩与如下因素相关：家庭背景（知识分子家庭、干部家庭、工人家庭、农民家庭、商人家庭等），学习风格（倾听型、视觉型、活动型等），教师对他们的态度（友好、中立、敌意等）；并希望在较大范围内了解人们对这些假设的认同程度，那么就可以对一个大样本进行问卷调查。

问卷调查的结果出来以后，研究者可能发现有一些问题需要进一步深入探究。如教师对“后进生”的态度确实对其学习成绩有负面影响，但研究者希望了解：教师对“后进生”所表现出来的“敌意”态度究竟是一种什么状态，有什么具体的行为表现；教师对此是如何知觉的，教师如何解释自己的行为，教师是如何了解自己的行为对学生学习的影响的；学生对教师的态度是如何知觉的，学生认为教师的态度对自己的学习和发展有什么具体的影响；这种影响是如何发生和变化的，是否呈现一定的模式、结构和机制。在这种情况下，研究者可以从接受问卷调查的样本中再选择少部分人进行深入的访谈、座谈、观察和实物分析，对上述问题进行更加深入、全面的了解和分析。

但如果研究者对研究的现象比较熟悉，则可以先采取定量的方法，对大样本进行问卷调查，然后再选取其中部分有典型意义的样本进行深入的访谈、观察和实物分析。此后，如果希望对深入分析所获得的结果在更大范围内进行检测，可以再进行一轮大样本的问卷调查。

其次，在同一个研究问题内，可以针对不同的研究内容使用不同的方法。如果内容涉及简单的因果关系，如“后进生”的学习成绩与其家庭背景之间是什么关系，可以使用定量的方法。而如果内容涉及复杂的意义解释和事情的动态发展，如“后进生”产生的社会背景和社会意义是什么，则可以使用质性方法。两方面内容的研究可以同时进行，研究结果也可以根据需要穿插呈现。

虽然在同一项研究中结合使用量的方法与质性方法会产生结果不兼容的问题，如定量研究通过对样本的调查所获得的结果可以推广到整体，而质性研究则不能，但可以认为，后者是对前者在“点”上的例证枚举，前者是对后者在“面”上的支持，两者之间是“点”与“面”的关系，可以达到相得益彰的效果。比如对“后进生”现象的研究，从采用量的方法的问卷调查中可了解到教师对“后进生”的“敌意”态度对后者的学习成绩产生了负面影响；而从采用质性方法的访谈和观察中可发现这种影响产生的具体机制、发生和变化的过程、教师和学生当时复杂的心理状态、他们各自对有关事情的不同解释以及产生这种影响的更大的社会背景和社会意义。前者可以推广到抽样总体，后者可以对前者加以补充，提供更加丰富、翔实、多样的例证。

第四节　教育质性研究的相关理论问题

一、教育质性研究的理论取向

由于质性研究发源于很多不同的理论流派和学科传统，目前在理论取向上，仍处于三种不同传统的张力之中。一方面，它注重对研究现象作后实证的、经验主义的考察和分析，强调的是自然主义的传统，注重对研究结果的“真实性”和“可靠性”进行探究。另一方面，它要求研究者对研究对象进行“解释性理解”，强调的是阐释主义的传统，关注研究者与被研究者之间的主体间性和“视域融合”。而与此同时，它又意识到任何研究都受到一定的政治、文化、性别和社会阶层的影响，注意研究中的权力关系，注重研究对知识建构和社会改革的重要作用，因此它又具有一种后现代的批判意识。

因此，在教育质性研究内部，研究者通常也有不同的学术立场和理论倾向。研究者如果关注对教育现象进行客观的描述，通常会采取后实证主义的取向，通过一些可操作的程序和手段（如证伪、相关验证）对研究的过程和结果进行检验。例如，在上述对“后进生”的研究中，研究者会更加关注“后进生”是如何成为“后进生”的，他们的学业表现在什么时候发生了变化，导致这些变化的影响因素是什么。

如果研究者认为社会中并不存在所谓的“客观真实”，社会习俗和教育规则都是人为建构的，那么则会采取解释主义的立场。他们会更加重视人和社会的相互性和交往性，注意到被研究者在理解和解释中的能动作用，使研究成为一种意义生成的过程。例如，在上述对“后进生”的研究中，研究者会更加关注不同人群对“后进生”这个现象的意义解释，并试图理解这些解释如何影响到他们的决策行动和教育规则的形成。

而如果研究者更加关注的是教育变革，希望通过研究祛除被研究者的“虚假意识”，提高他们改进现状的意识和能力，那么则会采取批判理论的取向。研究者会考虑到研究的价值和权力层面，希望通过研究对教育现实进行干预。例如，在上述研究中，研究者会通过自己与“后进生”之间的交往，示范一种民主平等的关系，以唤起他们的批判反思意识和能力，质疑现存社会舆论和教育制度中对他们的不公正待遇。

虽然研究者可以采取不同的理论取向，但这些取向在发挥各自优势的同时，也各有其弱点。后实证主义假设教育现象是客观存在的，如果采取严谨的方法，遵循一定的研究程序，可以（虽然是局部地）了解和理解从事教育活动的人们的行为和意义解释。人们对自己行为的动机和意义十分清楚，而且这些动机和意义之间存在着内在的联系。这种对当事人观点绝对尊重的态度不仅反映了研究者天真幼稚的“现实主义”立场，隐藏了研究者在理解中不可避免的“主观性”，而且很容易导致相对主义，使研究者群体失去衡量研究质量的标准。

解释主义在理论上十分迷人，为研究提供了无限广阔的空间和创造可能性，但是在实践层面却很难付诸实施。在解释主义者的眼中，一切都处在流动之中，只有此时此刻才是“真实”的。这种理论很难提出一套可供后人遵循的方法原则，而且无法设立明确的衡量研究质量的标准。这也许就是伽达默尔（Gadamer）认为阐释学不是“方法”甚至“方法论”，而是“哲学”的重要原因之一。

批判理论为社会科学研究提出了批判的向度，但是如果使用不当，有可能表现出一种“精英意识”，把自己认为重要的观点强加给被研究者。此外，批判理论自身存在着一个致命的矛盾，即本体论上的“客观主义”和认识论上的“主观主义”。如果我们一方面承认“真实”是客观存在的，而另一方面又认为它只能被历史地认识的话，那么我们这些存在于历史之中的人们又怎么可能“真实地”认识“客观真实”呢？这涉及一个无法解决的“自相关”问题，即批判理论自身如何知道自己的理论不也是带有偏见的、需要被批判的？

二、用质性方法研究教育的适切性

质性方法特别适合研究教育现象，因为它非常符合教育这一学科的基本特点。教育是一个介于人文科学与社会科学之间的学科，既涉及社会组织（学校）的建设，又关注个体人（学生、教师、管理人员）的成长。而质性研究可以同时观照这两个方面。它不仅可以对教育现象、学校的组织结构和运作机制、具体的教育教学过程进行探究，而且可以从被研究者个人的角度理解他们的行为和思想，从人性的角度理解学校生活的完整性。质性研究所具有的强烈的人文性使其非常关注社会结构和社会制度中的人，要求对教育活动中的各类人的生存状态、情感感受、思维方式和行为习惯进行研究。由于可以兼顾宏观和微观两个层面，因此，质性研究方法有利于了解学校这一社会组织中的个体是如何生活的，他们相互之间形成了什么关系，他们是如何与学校制度互动的，他们是如何解释自己的行为的。

质性研究方法之所以适合被运用于教育研究，还因为它对价值的明确的、直言不讳的认可。而与其他学科相比，教育具有很强的实践性和导向性。教育的目的就是按照一定的价值取向培养人、造就人、成全人；任何教育实践都反映了一个民族的精神追求，是一个国家的历史、文化和群体心理的厚重积淀。因此，教育研究不能只是停留在追求“事实”本身的“真实”和“客观”的层面，还需要关注教育活动中人的情感、态度和价值观及其对教育行为的影响。而质性研究对人的价值欲求非常关注，认为人的道德标准、行为动机和利益关怀都是研究的重要内容。一方面，研究者个人的好恶以及他们与研究对象之间的关系会对研究的过程和结果产生十分重要的影响，应该加以适当的利用，并对其进行深刻的反省；另一方面，被研究者的价值观念和意义解释是理解其行为和思想的重要基础，需要进行深入的挖掘和引发。

由于认可价值对人们眼中的“真实”和“客观”的决定性影响，因此质性研究不回避其改造社会、改善被研究者生存状态的功能。这种立场和功能特别适合教育研究，因为教育的另外一个重要目的就是通过培养人来创设一个更加健全、完美的社会，使学校成为感召社会良心、建构新文化的中心。通过作质性研究，教师和教育管理人员可以对自己和学生的生存方式乃至学校的功能进行质疑，在研究过程中通过自我反省或与外来的研究者合作互动，共同提升彼此的实践理性和行动能力。

与其他研究方法相比，质性研究的过程性和情境性也使其特别适合教育研究。教育是一个不断发生并发展变化的过程，教育中的人和事均时刻处于变动之中。因此，教育研究不能只是切割某些片段，对其进行静态的、孤立的、脱离情境的考察，还应该对过程中的各种变化进行追踪，了解事情在自然状态下变化的状态和趋势。而质性研究非常适合这么做。质性研究要求研究者深入实地，对现象的发生、发展过程进行整体的探究和追踪调查，与被研究者一起生活，通过亲身体验获得与对方的共情和理解。

此外，质性研究灵活的设计也非常适合教育的实践要求。教育是一种变动不居的活动，教师和教育管理人员面对的是一个个不同的、正在生长和发育着的孩子，因此对教育的研究需要一种可以根据情况灵活调整的方法。而质性研究可以满足这个要求。如果研究者事先设计的研究方案不符合学校的实际情况，那么研究者就可以随时进行修改和调整；如果研究中出现了新情况，那么研究者还可以将这些新情况纳入研究的计划中。

质性研究自下而上的研究路线不仅有利于提高教育研究的适切性，而且有利于教育研究的理论创新。由于质性研究强调从原始资料中归纳、提升出“本土概念”，而不是先入为主地使用外来理论对本土现象进行演绎分析，因此更能直面教育现象本身。与以往的教育研究通常借助其他学科领域的理论来分析教育现象不同，质性研究要求直接面对教育本身，因此有望为教育研究的理论和实践创新提供新的机遇。

☆本章要点

1. 质性研究的定义：以研究者本人作为研究工具，在自然情境下采用多种资料收集方法（如深度访谈、开放式观察、实物分析等），对社会现象进行整体性探究，主要使用归纳法分析资料和形成理论，通过与研究对象互动对其行为和意义建构获得解释性理解的一种活动。

2. 教育质性研究的特点：(1) 遵循自然主义的研究传统，研究问题和研究设计可根据实地情况而调整；(2) 关注有关教育现象的特殊表现或深入理解，研究结果不追求定量研究意义上的“可重复性”和“可推广性”；(3) 研究结论从原始资料中产生，从被研究者的视角形成分析的概念和主题；(4) 研究结果主要用文字来表达，研究报告的撰写方式可以丰富多样，报告的文字需要具有“感召性”；(5) 研究过程重视伦理道德问题，关注研究者与被研究者之间的关系。

3. 质性研究特别适合研究描述性问题、意义类问题和过程性问题，因果类问题也是需要研究的重要内容，但研究的路径不必过于直接，需要研究者在资料分析的过程中自己进行提炼。

4. 分析资料可以采取分类法和情境法。“扎根理论”将资料分析分成三个阶段，即开放式分析、轴心式分析和选择式分析。分析资料时需要注意被研究者的“本土概念”。

5. 教育质性研究质量的监测和评估涉及效度、信度、推广度和伦理道德等问题。

6. 质性研究的历史发展趋势：从传统到现代、后现代，从封闭到开放，从一元到多元，从事实描述到意义解释，从论证理论到建构“现实”，从追求“科学”到重视人文，从“客观性”到“主体间性”，从写语言到“写文化”，从宏大理论到地域性知识，从价值无涉到价值有涉，从学术研究到实践行动，根据研究的需要，可结合使用定量方法与质性方法。

7. 质性研究在理论取向上仍处于三种不同传统的张力之中，即后实证主义、解释主义、批判理论。

8. 质性方法特别适合研究教育现象，因为它非常符合教育这一学科的基本特点。质性研究灵活的设计也非常适合教育的实践要求；自下而上的研究路线有利于教育研究的理论创新。

☆概念图

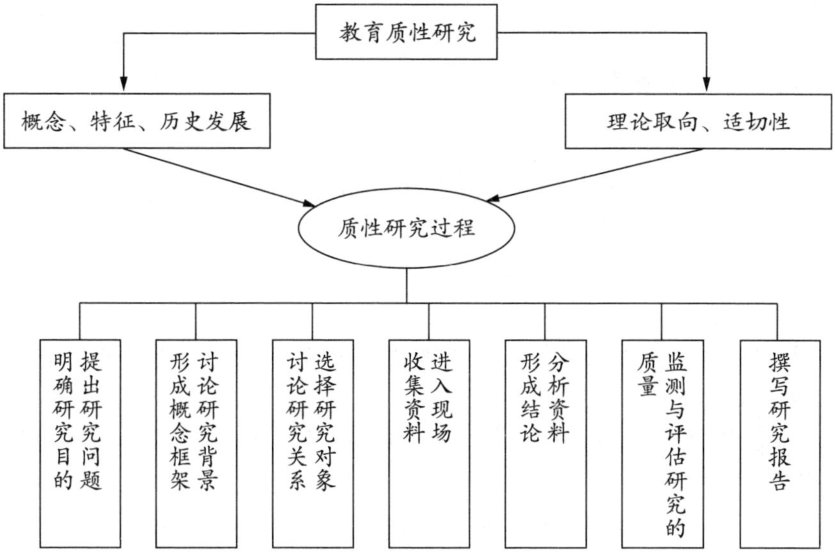

☆学习效果自测

1. 教育质性研究有什么特点和适用范围?（可结合质性研究与定量研究之间的区别进行讨论）

2. 你如何理解狄尔泰的名言“自然需要被说明，人需要被理解”?

3. 深度访谈需要注意哪些具体事项?

4. “扎根理论”有什么基本的研究步骤?

5. 在质性研究中，如何考虑“效度”和“推广度”的问题?

6. 质性研究具有什么理论取向?你自己倾向于什么理论取向?

7. 为什么说质性方法特别适合研究教育?

☆拓展练习

1. 提出一个你自己感兴趣的与教育有关的研究问题，写一个备忘录，说明你的研究问题是如何产生的，为什么重要，与你个人的经历和价值观有什么关系（约1000字）。

2. 针对你自己的研究问题和研究目的，根据质性研究的要求作一个简单的研究设计（约2000字）。

3. 针对你自己的研究问题，设计一个访谈提纲，对3名被研究者进行访谈，将访谈结果整理出来，对你自己的访谈技巧和访谈结果进行初步分析。

4. 设计一个观察提纲和一个观察表，对一节课堂教学进行观察，注意教师与学生之间互动的情况，分析师生互动的基本模式。

5. 从自己收集的资料中，选择两页资料，根据“扎根理论”的要求对资料进行分析。

6. 选择一篇教育质性研究报告，根据本章内容对这篇报告进行分析，指出该报告的优点、不足和改进建议。

☆参考文献

1. 陈向明. 质的研究方法与社会科学研究［M］. 北京：教育科学出版社，2000.

2. 米尔斯. 社会学的想像力［M］. 陈强，张永强，译. 北京：生活·读书·新知三联书店，2001.

3. 卡麦兹. 建构扎根理论：质性研究实践指南［M］. 边国英，译. 重庆：重庆大学出版社，2009.

4. Maxwell, J.. Qualitative research design［M］. Newbury Park：Sage Publications, 1996.

5. Van Maanen, J.. Tales of the field：on writing ethnography［M］. Chicago & London：The University of Chicago Press, 1988.

☆后续学习资料

必读部分

1. 陈向明. 教师如何作质的研究［M］. 北京：教育科学出版社，2001.

2. 陈向明，林小英. 如何成为质的研究者［M］. 北京：教育科学出版社，2004.

3. 乔金森. 参与观察法［M］. 龙筱红，张小山，译. 重庆：重庆大学出版社，2009.

4. 马克斯威尔. 质的研究设计：一种互动的取向［M］. 朱光明，译. 重庆：重庆大学出版社，2007.

选读部分

1. 陈向明. 质的研究方法与社会科学研究［M］. 北京：教育科学出版社，2000：第4章至第25章.

2. 米尔斯. 社会学的想像力［M］. 陈强，张永强，译. 北京：生活·读书·新知三联书店，2001.

3. 卡麦兹. 建构扎根理论：质性研究实践指南［M］. 边国英，译. 重庆：重庆大学出版社，2009.

4. 洛夫兰德，等. 分析社会情境：质性观察与分析方法［M］. 林小英，译. 重庆：重庆大学出版社，2009.

5. 克鲁杰，凯西. 焦点团体：应用研究实践指南［M］. 林小英，译. 重庆：重庆大学出版社，2007.

第九章　教育叙事研究

☆内容概览

教育叙事研究是对教育生活中富有价值的教育事件和具有意义的教育现象的描述与揭示，是以多种学科理论及研究方法为基础形成的一种研究方法。它以教育叙事为载体，以人文研究为取向，以自我反思为媒介，体现了对教育活动中私人叙事、经验叙事、生活叙事的关注，具有认识价值、成长价值、行动价值。根据叙述者与教育故事之间存在的不同关系，可将教育叙事研究分为“展示的叙述方式”和“讲述的叙事方式”。教育叙事研究离不开事件与主题这两个基本要素。因此，在收集和组织教育故事时，先要确认“关键事件”，然后寻找“本土概念”。收集了大量素材后，还要对资料进行编码归类，再从资料中衍生出“扎根理论”。教育叙事研究是一个由现场到文本、由经验到叙事、由叙事到诠释的过程。教育叙事研究只是多种研究方法的一种，有其使用限度，也必须遵循研究的伦理规范。

本章首先从教育叙事研究缘起的叙述中引出了教育叙事研究的概念与内涵，其次分析了教育叙事研究的价值、结构与表达，再次重点介绍了教育叙事研究的过程及伦理要求。

☆学习目标

1. 了解教育叙事研究的缘起与渊源、教育叙事研究的概念与属性、教育叙事研究的特点与价值。

2. 理解教育叙事研究的独特性，主动参与教育叙事研究活动，关注意义和价值的研究。

3. 掌握教育叙事研究的过程与方法、教育叙事研究的规范与要求、教育叙事研究的不足与限度。

☆核心概念

经验　意义　叙事　教育叙事研究

初识窦桂梅，是她的公开课——《秋天的怀念》。

成年的儿子，坐在轮椅上，坏脾气，摔东西，砸玻璃。年老的母亲，癌症晚期，仍然每天操持家务，照顾儿子，没有意识到自己的病情。

秋天到了，北海的菊花开了，母亲也许预感到了什么，小心地甚至羞涩地提出她的愿望：推着儿子去看看菊花。在母与子之间，这样的愿望有如奢望。

儿子勉强同意后，欣喜的母亲，忙着收拾、准备。一不小心说漏了嘴，“走”“跑”（自从儿子行动有障碍后，这些词在他们家是禁忌），儿子勃然大怒，母亲躲在门外，偷偷地流泪，小心地张望儿子……

窦老师领着同学们仔细分析每一个动词，不同的动词后的深情，而这样的深情表现出来的就是母亲的“小心地”：小心地做每一件事，小心地侍奉儿子。很多时候，最深的母爱呈现出来的就是朴素甚至有些怯弱的“小心地”。

母亲离开后，儿子在无数个秋天、在各种色彩的菊花中，怀念着母亲。

这个曾经脆弱任性的年轻人，在母亲的爱中，理解了“好好儿活”。

孩子们用不同的声音朗诵着文章的词句与段落，从“娘俩要好好儿活”，到“我俩要好好儿活”，再落实到讨论“我们应该怎样好好儿活”。下课时，老师与学生承诺，回家后对着父母与亲人，认真地说一句“我们一起好好儿活”。

台下的很多人泪流满面……

这是一堂语文课，不仅有词、句、结构、篇章，更有生活的苦与甜、生命的坚韧与柔弱，如同一根柔软的琴弦，小心地划过心灵深处，低声又固执地鸣唱，让你不能不面对。这样的课，与其说是道德情感的体验，毋宁说是心灵的洗礼。这一堂课对于这些孩子的一生，他们一定会记住一些东西，一定会更敏感一些，内心也一定会更温暖一些。

窦桂梅说，一个小学语文老师，往简单里说，也就是教给孩子三件事：写一手好字，有一副好口才，写一篇漂亮文章。往复杂里说，一个孩子碰到一个好的语文老师，是一生的福气，甚至是几世修来的福气：大量的阅读，方能腹有诗书气自华，方能有丰富的情感、细腻敏锐的感受与体验、柔软而坚强的心灵，也包括养成一生读书的习惯。这就意味着他们将有思考和表达的习惯，有体察与感受世界的立场，并且努力构建超拔于日常生活之上的意义世界。

所有这些，都意味着在活泼、稚嫩的身体之外，另一个精神生命的生长与成熟。①

刘云杉在《小学教师窦桂梅》一文中抓住了什么细节？叙述了什么主题？读后你对窦桂梅有怎样的认识？

---

① 刘云杉．小学教师窦桂梅［M］//钟启泉，吴国平．反思中国教育．上海：华东师范大学出版社，2007：103－109．

第一节　教育叙事研究的缘起与基本内涵

一、兴起与推广

教育叙事研究是近二十年来日渐兴起，并受到人们广泛关注的一种教育研究方法。

（一）兴起

教育叙事研究是在片面追求科学化的研究范式在教育实践中遇到困境，教育研究转向意义追寻的背景下出现的。

长期以来，人们一直认为唯有演绎的和假设实验的研究才是科学的研究，只有在量化、可观察的科学条件控制下，人们对世界才能作出合理的解释，得出的结论也才能得到证实。在这一思想的支配下，从 17 世纪起，教育研究就在科学化的道路上蹒跚前进，试图去寻求客观的、普遍的和中立的标准，主张采用自然科学的研究方法，用数学工具来分析世界，以其精确化的语言来描述教育事实，其目的在于确立事物间的因果关系，并把教育科学理论演变为一套技术原则与操作规程。然而，这种片面追求科学化的研究范式在教育实践中陷入了困境。将自然科学的研究逻辑奉为圭臬，视实证主义方法为合法性标准，导致教育研究中人的物化和人文关怀的缺失，使教育理论失去了对教育实践的吸引力。

20 世纪 90 年代以来，教育研究发生了范式转换，开始由研究普适性的教育规律转向寻求情境化的教育意义。现象学作为一种强调事实、主张描述、关注意义的哲学思潮，主张描述所看到的事实，关注事实背后的意义，对教育研究产生了积极的影响。而解释学作为一种解释世界本体的世界观，认为理解使表达具有了意义，使分享成为可能，这为教育研究提供了有益的借鉴。人们意识到，教育学的研究对象有别于自然科学，它研究的对象不是无生命的物质世界，而是具有无限发展潜力的人。教育学应有自己的研究逻辑，教育研究的任务就是通过体验、表达、理解，把人的生命推向更丰富、更深刻的发展阶段。这促使教育研究从外在世界返归内在世界，从公共生活返归个人生活，从工具理性返归价值理性。① 在此背景下，质性研究得以提倡。② 由于主要关注经验、生活质量与教育，叙事与以质性为指向的教育研究一致，因而，叙事奠定了它在质性研究中的地位。加拿大学者康纳利（M. Connelly）、克莱丁宁（J. Clandinin）基于“人类是善于讲故事的生物，人就是过着故事化的生活”这一判断，积极倡导叙事研究，把活生生的有关人类生活本质的理论思想引入活生生的教育经验中。③ 叙事研究

---

① 郑金洲，程亮．中国教育学研究的发展趋向［J］．教育研究，2005（11）：3－10.

② 质的研究方法在我国近年来的兴起当首推北京大学的陈向明教授。其重要代表作参见陈向明．王小刚为什么不上学了：一位辍学生的个案调查［J］．教育研究与实验，1996（1）：35－45.

③ 康纳利，克莱丁宁．叙事研究［J］．丁钢，译．全球教育展望，2003（4）：6－10.

逐渐成为教育研究中的一个核心学术概念，并在研究方法层面得到了推崇和运用。

（二）推广

教育叙事研究自20世纪90年代在我国兴起及推广以来，已走过了近二十年的路程。从最初“养在深闺人不识”，到后来“飞入寻常百姓家”，教育理论界与教育实践界共同作出了努力。

1. 教育理论界对教育叙事研究的关注

自20世纪90年代中期，教育理论界便开始关注并介绍教育叙事研究。

华东师范大学丁钢教授被称为“将叙事研究方法引进中国教育界的第一人”。他译介了加拿大学者康纳利、克莱丁宁有关叙事研究的文章，主编了以教育叙事研究为特色的辑刊《中国教育：研究与评论》,[①] 推出了我国第一套以教育叙事方式研究中国教育与社会历史实践的图文并茂的著作系列，对教育叙事研究与日常教育实践的关系、教育叙事研究的策略与方法进行了深入的论述，为教育叙事研究的推广奠定了理论基础。[②]

华南师范大学刘良华教授被称为“教育叙事研究的倡导者”。他在《中国教育报》《人民教育》等报刊上发表了系列普及教育叙事研究的文章，对中小学教师撰写的大量教育故事给予了叙事研究方法层面的解读，其主持的“教育叙事研究”博客访问量突破千万，成为深受中小学教师欢迎的教育叙事研究的引领者。[③]

不少学者还从方法论、研究价值、研究伦理、研究内容、研究局限等不同层面对教育叙事研究进行了论述和探讨，深化了人们对教育叙事研究的认识，并以不断增多的教育叙事研究成果确立了教育叙事研究的地位。

2. 教育实践界对教育叙事研究的运用

在教育理论界积极推介教育叙事研究的同时，教育实践界也在积极主动地运用教育叙事研究，把它作为教师校本培训和教师专业发展的重要手段。“道德叙事”“教学叙事”“教师生活叙事”等概念不断被人们提起，“教育日志”“教学案例”“教学后记”的素材日益丰富，中小学教师倾诉自己的教育故事及体验的热情日益高涨，教育叙事的成果大量涌现。

朱永新主编了被称为“真正的中国的教育叙事研究”的《新教育文库·我的教育故事》丛书，记录了发生在“新教育实验”背景下一个个真实鲜活的教

---

① 该辑刊每辑25万～30万字，刊发3～5篇教育叙事研究论文，由教育科学出版社不定期出版。自2001年出版以来，现已出版到第15辑。

② 该套丛书由教育科学出版社出版，共有5本著作，分别是：丁钢．声音与经验：教育叙事研究；许美德．思想肖像：中国知名教育家的故事；张素玲．文化、性别与教育：1900—1930年代的中国女大学生；孙崇文．学生生活图景：世俗内外的教育冲突；王枬，等．教师印迹：课堂生活的叙事研究。

③ 该博客网址为：http：//blog. cersp. com/index/1002266. jspx。后以“教育现象学 & 教育叙事研究”为名转移到新浪博客，网址为：http：//blog. sina. com. cn/phenomenonogy 9999.

育故事。①

李镇西在其主编的《新教师成长日记》“丛书序”中感慨道：“如果硬要说我和大家有什么不一样的话，那就是我对体现教育的爱、执着、困惑、幸福、方法、技巧的故事进行了一些思考，并把它们一点一滴地记载了下来，还写成了书。仅此而已！”②

黎加厚率先将教育博客引入中小学教师培训，推动了基于 Blog 的教育叙事研究。他建立的“东行记”网站成为师生们喜爱的精神家园。③ 而颇具教育叙事色彩的教育博客群的涌现，为每位普通教师的发展提供了一个崭新的世界。

（三）原因

教育叙事研究短时间内在我国得以较大地推广，得益于以下几个有利的条件。

1. 基础教育新课程改革的推动

2001 年秋季在我国启动的基础教育新课程改革，突出了民主、对话、平等、合作的教育理念，强调解放知识教学中的人，创设良好的师生交往环境，建立学习型组织。这些具有鲜明时代特色的教育思想打破了校园的沉寂，使课堂教学、课程设置、师生关系等都发生了变化。在新课程改革的学校现场，几乎每天都有令人感动的故事发生。新课程需要教师们主动发出自己的声音，并使教师的声音能被人们听到。教育叙事研究恰在这时受到中小学教师的欢迎。新课程的理念通过鲜活的教育故事被教师们理解，课程改革经验通过真实的叙事得以在教师们中间分享。教育叙事研究成为推动新课程改革的重要手段。从某种意义上甚至可以说，新课程改革的推进与教育叙事研究的推广是相得益彰的。

2. 全球教师专业发展趋势的影响

世界范围内教师专业发展的潮流及教师教育一体化的发展趋势对我国的教师教育产生了深远影响。“教师成为研究者”的追求，以及对教师专业发展中学科知识、教育教学能力，尤其是个人实践知识的重视，又与教育叙事研究取得了共鸣。“教师成为研究者”是指教师通过对自己所从事的教育教学实践的不断考察和反思，改进自己的教育教学活动，逐渐成为研究型教师。在这样的背景下，教育叙事研究被引入教师的教育研究活动中。教师在教育叙事研究的过程中，通过教学故事的叙述和教学案例的反思，进入一种“自我建构”的状态，从而形成教育的“自我意识”。于是，教育叙事研究为“引导每一位教师走上从事研究的

---

① 朱永新主编的《新教育文库·我的教育故事》丛书包括《走在教育的路上》《发生在教育在线的故事》《麻辣学生酷老师》《守望高三的日子》《魔法作文营》5 本，已由福建教育出版社于 2005 年推出。

② 李镇西主编的《新教师成长日记》丛书首批推出了包括《怀揣着希望上路》《冬去春又来》《情到深处》3 本，由教育科学出版社 2006 年出版。

③ 东行记网站网址：http：//www. jeast. net/teacher/jiahou/index. html.

这条幸福道路上来”[①] 提供了思想和方法的基础。

3. 经验描述和意义解释方法的吸引

相对于以往烦琐的、复杂的、严格的科学研究范式来说，教育叙事研究由于其对意义和经验的关注，将日常的教育经验组织成有价值结构的事件，串缀成有现实意义的链条，从而为这些平凡普通单调重复的活动赋予了独特的体验和韵味。[②] 这是能够激发阅读兴趣的自下而上的研究，它提供了一个极具现实性、富有人文关怀而又充满情感魅力的崭新领域。显然，这正是中国教育研究中值得提倡的一种方向，也是教育研究中富有生命力的研究方法。

8 广告 中华读书报

教育科学出版社隆重推出“中国教育叙事研究丛书”

教育研究的叙事浪潮

——对话丁钢教授

回归教育实践的本真

“中国教育叙事研究丛书”侧记

走进教育叙事研究

被背叛的经验

图9-1 《中华读书报》刊登的与丁钢教授关于教育叙事研究的对话及“中国教育叙事丛书”广告[③]

本章开头摘选的刘云杉所写的《小学教师窦桂梅》一文运用教育叙事研究的方法，再现了课堂教学片段，描述了窦桂梅对语文教育的理解、对教师素质的认识，以及语文教学中充满智慧的实践。文中情节的完整、矛盾的展开、体验的

① 苏霍姆林斯基. 和青年校长的谈话［M］//苏霍姆林斯基选集（四）. 北京：教育科学出版社，2001：670.

② 王枬. 关于教师的叙事研究［J］. 全球教育展望，2003（4）：11－15.

③ 参见《中华读书报》2009年7月22日第8版。

复杂、事件的纠结，以及其中所蕴含的启示，对教育理论研究者和教育实践工作者都具有相当的吸引力。

二、思想渊源

教育叙事研究是以多种学科理论及研究方法为基础形成的一种研究方法。它源于叙事学，得益于后现代思想的影响，归属于质性研究。

（一）叙事学

对叙事的研究可追溯到古希腊柏拉图（Plato，前427—前347）的《理想国》（*The Republic*）和亚里士多德（Aristotle，前384—前322）的《诗学》（*Poetic*）。柏拉图分析了单纯叙述、模仿叙述和混合叙述，并肯定了单纯叙述。亚里士多德认为，叙事的基本原则就是所叙必须有事，并且是有一定长度的完整之事。这些论述构成了以人物、情节、环境三要素为中心的古典叙事理论。

进入20世纪后，俄国形式主义与法国结构主义给叙事研究带来了极大影响，叙事学就是在形式主义和结构主义基础上发展起来的对叙事文本进行研究的学科理论。1969年，法国学者托多罗夫（T. Todorov，1939—　）首次提出了“叙事学”（narratology），并将其定义为“关于叙事作品的科学”。[①] 起初，叙事学主要关注神话和民间故事的研究，后转而关注以语言为载体的小说等文学作品“叙事话语”的分析。由此形成了两大传统：由法国学者创立的符号叙事学，由英美学者创立的修辞叙事学，它们共同构成了与古典叙事理论不同的经典叙事学。

20世纪90年代，经典叙事学被置于更大的文化现象中去研究，借鉴了女性主义、解构主义、对话理论、精神分析、电影理论等众多学科及方法论视角，从主要关注故事、关注话语的单数“叙事学”裂变为复数“叙事学”（narratologies），[②] 出现了心理分析叙事学、历史纪撰叙事学、女性主义叙事学及文化叙事学、电影叙事学等。这被称为后经典叙事学。教育叙事研究便是后经典叙事学研究方法在教育领域的应用。

（二）后现代主义

后现代主义作为以批判西方形而上学和理性主义传统为己任的一种哲学思潮，对教育研究产生了重要影响：它反对整体性和同一性，拒绝简单化和稳定性，强调多样性和不确定性；反对本质主义和中心主义，坚持现象重于本质，边缘重于中心；反对等级制度和权威话语，强调主体性和他者性，寻求不同的声音，力图为正差异之名而努力。

后现代思想家福柯（Foucault，1926—1984）采用系谱学的方法，试图从微观的角度去关注那些被历史遗忘了的、处于权力边缘的社会领域。他考察了疯癫发展史，发现理性仅仅是现代文明使自己“合法化”的一种工具，现代人就是

---

① 张寅德．叙述学研究［M］．北京：中国社会科学出版社，1989：编选者序1－2.

② “narratologies”既被译成叙事学，也被译成叙述学。学者多由自己的理解而使用不同的译法。

知识权力对人彻底奴役的产物。他以对破裂、中断、边缘之物的考察表达了自己对现代性的反叛，通过关注被遗忘、被排斥之物，旨在恢复“被总体化叙事所压制的自主话语、知识和声音”。①

后现代主义代表人物利奥塔（Jean-Francois Lyotard，1924—1998）批判了普遍适用的“宏大叙事”，提倡适用于有限范围的“小叙事”，认为以小叙事为人类生活编织出意义，并促进小叙事的繁荣，正是后现代的任务之一。“我们可以把对元叙事的怀疑看作‘后现代’”。② 他还特别分析了科学知识与叙事知识的关系，认为叙事知识与科学知识各有各的合法性、游戏规则和功能，应该同源并存。科学知识仅仅有关事实或真理的限定与选择，其话语是单一定义指称型的；叙事知识则具有人文学科的多种价值关怀，含有关于效益、正义、幸福及美的价值观念；因而，不能以科学知识为标准来判断叙事知识的成立与否及其效能。但在现代西方却因为科学知识的过度扩张，吞噬了叙事知识，形成了西方文化的叙事危机。③

教育叙事研究正是在分析丰富的教育经验、尊重不同的文化差异、讲述独特的生活故事方面吸收了后现代主义的有益视角，拓展了教育研究方法，丰富了教育研究成果。

（三）质性研究

质性研究的主旨在于从当事人的经验和角度了解其生活的世界，进而解构既存的偏见或刻板印象。研究采取自下而上、由具体到抽象的归纳法，鼓励对日常经验的关注和对真实声音的倾听，并揭示其意义，以增进人们的理解。

作为质性研究的方法，教育叙事研究重在对教育现象“质”的直观以再现教育现象的“质”，重在对教育行为“意义”的探寻以对教育行为进行“意义解释”。叙事是为了研究，研究是为了剖析事件的质、解释现象背后的真实。教育叙事正是在质的研究中展开、分析、描述并完成的。因而，教育叙事研究不仅是一种教育研究的范式，更是一种看待教育世界和建构教育现实的方式。

专栏9－1

叙事研究

早在1980年伯克（Berk）④ 就认为，自传是教育研究的首要方法，尽管自传的重要意义到最近才凸显出来（Pinar，1988；Grumet，1988）。这里主要考察的

---

① 斯蒂文·贝斯特，等. 后现代理论［M］. 张志斌，译. 北京：中央编译出版社，1999：74.

② 利奥塔. 后现代状况——关于知识的报告［M］. 车槿山，译. 北京：生活·读书·新知三联书店，1997：2.

③ 王岳川. 后现代主义文化研究［M］. 北京：北京大学出版社，1992：18.

④ 伯克（Berk）提出了基于经验理论基础上的传记叙事，即一种经过训练的根据某人的过去理解他或她的思想和行为的叙事研究方式。

是某一时段内个体的心理体验。

从社会学角度看，叙事体可以是考察群体和社区的形成（Carr, 1986）。就教育而言，有关个体的叙事研究比社会的（群体的）叙事研究更常见。在教育研究中，社会叙事研究强调教师的生涯和专业性。这使社会叙事有望在研究中得到日益强调。

一些密切相关的研究特别专注于故事：口述史和民俗（Dorson, 1976），儿童的故事讲述（Aplebee, 1978）和运用故事于学前和学校语言经验（Sutton Smith, 1986）。口述史揭示了叙事研究的现象范围，如物质文化、习俗、艺术、回忆和神话，神话是民间故事和口述史背后的虚拟结构。Van Maanen（1988）提供了人种志故事叙述形式方面的介绍，这既可以作为教材又可以作为人种志者的书写形式。在北美，运用口述史于教育的最好例子是"狐火方案"（Foxfire Project；Wgginton, 1989）。其中，有以故事为线索组织教材的课程计划。在课程研究中，教师的叙事被看作教—学关系的一个喻体。为了从教育意义上去理解师生，有必要通过生活经验的叙述促进人际理解。生活叙事赋予了学校氛围的意义。

由于主要关注经验、生活质量与教育，叙事奠定了它在质化研究中的位置。Eisner（1988）在有关经验的教育研究的评论中认为，叙事与以质化为指向的教育研究一致，并把它与经验哲学、心理学、批判理论、课程研究以及人种志相提并论。Elbaz（1988）关注教师思想研究，并显示女权主义和个体研究是如何与叙事相关。她认为，叙事与其他许多以参与者故事为原材料的教育研究同出一辙（如专家教师的个案研究工作与评估的自然主义方法）。在叙事研究中，有大量文献涉及教师的故事和有关教师的故事，但这在标准的评论中都不多见。这些文献都参照由教师和其他人写的关于个体教师、学生、教室和学校的叙述。

叙事研究力图把叙事置于历史知识背景中。一方面，叙事可以追溯到亚里士多德的《诗学》和奥古斯丁的《忏悔录》（*Confessions*）（见 Rioeur, 1984；用这两个来源来联系时间和叙事），叙事可以被看作适用于包括教育在内的各种学科领域。如杜威（1938）关于时间、空间、经验和社交的著作也是至关重要的。另一方面，叙事研究在社会科学包括教育中的发展，为叙事研究带来新局面。这一系列工作对教育的重要意义在于，它把活生生的有关人类生活本质的理论思想引入活生生的教育经验中。

［资料来源］康纳利，克莱丁宁．叙事研究［J］．丁钢，译．全球教育展望，2003（4）：6 – 10.

三、概念分析

教育叙事研究是一种对人类体验世界方式的研究。

（一）基本定义

教育叙事研究是由"教育""叙事""研究"三个概念共同构成的一个独特

术语。

教育有广义与狭义之分。从广义上说，凡是有意识地促进人的身心健康的活动都是教育，包括家庭教育、社会教育、学校教育。从狭义上说，教育者有目的、有计划、有组织地对受教育者施加影响，促使其身心得到发展的活动才是教育。其特点为：第一，教育者是受过专业训练的职业教师；第二，教育内容是按照一定目的选择并且是系统和稳定的；第三，教育手段是易于为受教育者所接受的。

叙事即讲故事，“而故事讲述的是人、动物、宇宙空间的异类生命、昆虫身上曾经发生或正在发生的事情”。① 人是在故事中长大的，人每天的生活过程即是故事的生成过程。罗兰·巴特（Roland Barthes，1915—1980）曾说：“叙事出现在所有的时间、所有的地方、所有的社会之中；叙事伴随着人类历史的开始而出现……叙事是国际性的，它跨越历史、跨越文化，它像生活一样，就在那儿。”② 在人类久远的时间和广延的空间历史上，叙事与抒情、说理一样，已成为人之为人的重要标志，成为人类存在的一种基本方式。

研究是多层面的活动，是探索研究的过程。它强调参与，注重经历，鼓励探索，具有不确定性、开放性和创造性的特点。“研究”这一概念表明，“接近‘经验’的方式是‘到生活中去询问、追问’（inquiry）。……强调一种参与到实际生活中去的思考，去‘经历经验’，去对经验的过去、现在及未来进行探求、询问，即怀有理解他人、自我和改变现状的旨趣。在这个意义上，它是一种行动、实践取向的研究，体现了实用主义的实践哲学和生活哲学精神。”③

教育叙事研究是对有意识地促进人的身心健康的教育活动中富有价值的教育事件和具有意义的教育故事的讲述与揭示，又称为“教育故事研究”。④ 它以叙事、讲故事的方式表达对教育现象的解释和理解，揭示教育故事内涵的价值和意义。

（二）基本特征

教育叙事研究是一种在叙事中呈现意义的应用性研究，它具有以下三点特征。

1. 以教育故事为载体

教育叙事研究的素材是教育故事。这些故事发生在教育中，是“曾经发生或正在发生的事情”，是当事人的真实生活。在叙事中，真实的教育故事通过生动的描述具有了现场感，当事人独特的体验又通过场景的再现得以与他人分享，因而能唤起鲜活感人的映像，引起灵魂深处的颤动，诱发内心感动的涟漪。这样，所叙述的教育故事便在意义层面得到了肯定。

---

①② 伯格．通俗文化、媒介和日常生活中的叙事［M］．姚媛，译．柯平，校．南京：南京大学出版社，2002：4，18．

③ 朱光明，陈向明．教育叙述研究与现象学研究之比较［J］．北京大学教育评论，2008（1）：70－78．

④ 王枬．教育叙事研究的兴起、推广及争辩［J］．教育研究，2006（10）：13－17．

然而，如若仅仅停留在“教育故事”上，以为把教育生活故事叙述完整就完成了研究，这显然是对教育故事研究的误解。“故事”只是载体，“研究”才是主体；“叙事”只是手段，“研究”才是目的。“故事是对某一个事件的研究点，而叙事连接所有的故事，形成意义之网。”① 这就涉及“叙什么事”和“如何叙事”的问题。教育叙事研究“内含的意义指向，通过叙事的时间和空间位置而呈现，讲究时间和空间位置的叙事才能构成研究”。②

2. 以人文研究为取向

教育研究是一种认识活动，也是一种实践活动。由于认识与实践的差异，在教育研究中存在着科学与人文的不同价值取向以及相应的研究方法。教育叙事研究因其鲜明的人文取向而受到人们的关注。

在教育叙事研究中，人始终居于核心地位。它是由人进行的对培养人这一教育活动的经验和意义的研究，展现的是作为主体的人的活动、思想、追求、体验等。它强调研究的目的不是为了认识与己无关的外在物质世界，不是为了弄清楚主体之外的事物是什么，而是为了进一步清楚自己的“认识”是什么。当事人以自己的教育故事解释着自己是谁，自己在做什么，自己想做什么，自己将向何处去。这些独特的教育经历便构成了个人教育的生活史。这是教育活动中生命存在的自我确证。正是由于对个体生活故事的重视和对人类内心体验的关注，体现出教育叙事研究的人文取向。

3. 以自我反思为媒介

教育叙事研究所叙之事是过去的故事。当事人讲述自己的经历和教育故事的过程，其实是对自己的教育实践进行重新咀嚼、回味和反思的过程，是在叙述中进行清思、整顿和梳理的过程。当事人把自己的过往实践作为研究对象，对发生在自己周围习焉不察的教育现象进行思考与研究，对自己所从事的教育实践进行判断与反省。这使那些曾经历过的教育事件得以再现，使那些被尘封的记忆得以敞亮，使个体的教育经验得以与他人共享。这是一种富有批判色彩的反思性探讨，是一种“回溯性追认”。在这一过程中，关键词是“反思”，尤其是教师的反思。反思已成为教师专业发展的重要途径。

反思还不仅仅限于揭示教育教学实践的意义，更终极的目的还在于帮助当事人获得一种自由的生活。由于教育叙事研究具有指向自身、追问实践的特点，因而，通过教育叙事研究，当事人可从平凡教育故事的叙述中寻找问题，从日常教育行为的反思中获取经验，从课堂生活实践的追述中总结规律，从复杂教育活动的追问中感悟自由，从而对教育生活乃至职业生命进行重构，达成对教育及自身更深刻的认识。

---

①② 丁钢．声音与经验：教育叙事研究［M］．北京：教育科学出版社，2008：65，95.

（三）基本性质

教育叙事研究是当代哲学从抽象思辨转向现实生活这一趋势对教育研究产生影响的结果。从性质上看，教育叙事研究属于教育活动中的私人叙事、经验叙事、生活叙事。

1. 私人叙事

在历史叙述中，以个体经验为基础的"私人叙事"与以群体抽象为基础的"宏大叙事"构成了一对相互紧张的对应关系。由于"宏大叙事"居于强势地位，构成了对"私人叙事"的覆盖或清除，结果必然造成历史记忆的"缺失"。

"宏大叙事"以确定和发现真理为宗旨，表现为对历史规律的勾勒和对时代精神的渲染。文本表达的也是一种对人类整体形象共同特征的刻画。个体在这个时代的潮流中所体验的幸福、快乐和愉悦，所经历的苦难、挫折和磨炼，很少被载入史册，在时间的冲击下，正在一点点地被遗忘、被吞噬。教育研究中的宏大叙事表现为对教育规律的抽象阐述，对教育历史的思辨叙述，这种叙事样式的强权地位，使得原本与教育实践就有一定距离的教育理论变得更加高深莫测、艰涩难懂。

"私人叙事"以其关注个体内在世界和经验意义的经验叙述为其主要特征。它强调的不是反映这个世界的大而全的形式、规则、规律，而是着力反映个体独特的经历、体验、感受。"其尊重每个个体的生活意义，主要通过有关经验的故事、口述、现场观察、日记、访谈、自传或传记甚至书信及文献分析等，来逼近经验和实践本身。"① 教育叙事研究正是属于私人叙事的研究。它表现为对教育中"个体生命"价值的承认，对个体独特境遇的关注。通过对个体经验的揭示，寻找一种可以穿透个体经验的、归隐在经验背后的"质"。

2. 经验叙事

传统的二元论造成了理性与经验的认识对立和严格分野：理性是严谨的、系统的、抽象的、客观的，是可以用正确和错误来判断的；经验则是浅显的、零星的、具体的、主观的，是难以用标准答案验证的。理性认识是法定的普遍的科学，经验认识则是非法定的狭隘的常识。理性知识可登大雅之堂，经验知识却难进学术之门。理性为强势，经验为弱势。

然而，经验应具有与理性同等的地位。杰罗姆·布鲁纳（Jerome Seymour Bruner，1915— ）认为，人类有两种基本的、普遍的认知模式：其一是逻辑—科学模式；其二是叙事—推理模式。逻辑—科学模式寻求普遍真实性条件，叙事—推理模式寻求事件之间的特殊联系。逻辑—科学模式的解释是自时间与空间事件之中推断而来，叙事—推理模式的解释包含在上下文之中。两种解释模式都是形成意义的"理性"方式。② 经验虽然松散，但却是日常生活的一部分，是理性

① 丁钢．教育经验的理论方式［J］．教育研究，2003（2）：22－27.

② 伯格．通俗文化、媒介和日常生活中的叙事［M］．姚媛，译．柯平，校．南京：南京大学出版社，2002：9.

的基础。若只强调逻辑分析，而把经验的事实扔掉，无疑是在逐渐疏远现实。

教育是培养人的活动，是实践性很强的一门学科。直接经验是所有教育的基础。当然，时空的限制使人们不可能直接经历所有经验，人类更广泛的认识来自间接经验。叙事能力的发展使人类完全摆脱了对直接经验的依赖，使自己最后完全脱离了动物界。教育叙事研究正是对教育经验叙事的研究。它以教育经验为研究对象，从教育实践中去寻找和建构理论。这样，教育经验就从被贬低、被排斥的状态开始登堂入室，教育研究也将由此产生自身的话语方式，成为教育理论活生生的源泉。

3. 生活叙事

现代思潮突出了对“永恒性”的追求，“永恒”意味着不受时间与空间的制约，可以远离具体的时空。这种永恒性最后走向了绝对的抽象性，远离了人们的生活实际。

后现代则强调日常真实的生活。由于日常生活接近常态的人生，更能反映出现实生活的真实状况，因而更具有普遍性和真实性。人们把对日常生活世界的重视，看成对自身的重视，是人的自信的体现，是灵与肉的双重解放，符合人性发展的方向。于是，日常生活成为个体独立意志和丰富情感的自我承载体，成为个体心灵中自然流淌出的经验诉求物。

教育叙事研究正是对教育生活叙事的研究。生活世界构成了“事”的基础。生活世界是人生活在其中的现实世界，它变动不居、纷繁复杂、丰富多彩、鲜活跃动，是真实可感的，是构成生命的重要内容。在教育活动中，由师生共同构筑起来的教育现场就是师生的生活世界，就是师生的生活现场。这使教育研究更逼近教育生活本身，更接近教育的真相。

本章开头摘选的刘云杉所写《小学教师窦桂梅》一文就是对窦桂梅个人教育生活经验的叙事研究，通过再现课堂教学现场，呈现师生的教育生活，以此作为研究的对象和内容，这使教育研究更接近日常生活，更能反映教育的真相。

教育叙事研究作为一种思维模式，是通过叙事诠释意义，诠释的目标是理解，而非因果解释。教育叙事研究关注具体的教育“事件”，主张把这些具体的事件放到整体的“人的生活”中去理解。这使教育叙事研究成为一种意义生成的方式，成为教育文化的表达。

第二节　教育叙事研究的价值、结构与表达

一、意义价值

教育叙事研究使人与人的内心产生生命意义上的互动，使文字变得多姿多彩，使固着不变的文本充满了灵动的意味。从对教育的影响来看，其意义价值主要表现为三个方面。

（一）认识价值

任何研究首先是一个从研究对象中获得认识的过程。因而，认识价值是研究的本义。科学研究的对象是研究主体之外的客体，这种客体都是物化了的对象。因而，科学研究所获得的认识是关于客体的认识。

教育叙事研究的认识价值不同于科学研究的认识价值，主要表现在：第一，教育叙事研究是以教育生活经验为内容、以教育生活故事为表现形式的研究。它关注的是在一定的场景和时间中发生的故事，以及故事的主人公如何思考、感受和理解这些故事。即是教育当事人“叙说”自己在教育活动中的个人化的教育“问题解决”和“经验事实”，记录当事人的心灵成长轨迹、在教育教学活动中的真实情感，并在反思的基础上转变自己的观念和行为。① 第二，教育叙事研究是以教育生活故事为载体，以教育意义研究为指向的研究。叙事的目的不在于单纯地叙述，而在于通过叙述，回味教育中的体验，探索其中的意义。“意义”是事件的焦点，是概念的内涵，是教育故事的逻辑链接，是叙述文本的价值所在。

因此，“认识教育”是教育叙事研究首先体现出来的基本价值。这种价值也是人类经验特性的体现。对“教育生活中的个人经验”进行教育叙事研究，同时也就认识了“教育中”的个人。

（二）成长价值

传统观念下的教师奉行的是一种以自己的生命去满足学生、满足教育需要的原则，这实际上是一种客体行为，教师忽视了自己本身的发展。故而，教师往往被贬称为“教书匠”，只是把已有的知识传递给青少年的人而已。传统教育下的学生也被看成填塞知识的“接受容器”，是消极麻木的“两脚书橱”，学生的自主学习常被教师越俎代庖，学生作为“人”的独立存在常常被忽略。这就磨灭了教育对象的灵性，忽视甚而压制了学生自主发展、独立成长的要求。

当代社会，教育具有终身性。一方面，教师是在教育教学实践中不断成长进步的，是通过主动学习、自觉提升而使自己得到发展的。这种学习，是自我提高的驱动使然，是主体发展的内在需要，是专业成长的必要途径。主体性的学习为教师奠定了专业成长的基础。另一方面，学生是在主动参与教育教学活动中获得品德、知识、能力的进步和提升的。这一过程是外在世界的发现和自我意识的觉醒，它带来发现的喜悦和创造的快乐，这种情绪激荡着学生的惊奇、陶醉、骄傲、自豪的情感世界，构成了学生成长的重要部分。

教育叙事研究对于师生都具有成长价值。基于教育生活的教育叙事研究，可使人们更清晰地了解师生的存在状态，从而感受到师生的成长，尤其是他们的精神成长。而促进生命成长、促进师生发展是教育叙事研究的核心价值。

（三）行动价值

教育叙事研究是一种应用研究，其目的主要是改变日常教育实践。教育叙事

---

① 杨超男．教育叙事研究的过程及反思［J］．法制与社会，2007（2）：576.

研究通过提升教育当事人对教育的认识，最终产生教育行动的改变，因而具有行动价值。

学校教育本身是一种有目的、有计划、有组织的影响人的活动。所谓影响人，就是要改变人的身体、心理、精神和道德的面貌，促进人的全面发展。教育叙事研究对教育现实有着强烈的干预性，促进了教育实践与教育理论的视界融合。在叙事中，师生是教育活动的“当事人”而不是“局外人”；所述事件师生经历过、体验过、思考过、议论过。而教育叙事研究在叙述教育事件、讲述教育故事的过程中，也在拷问着教育行为、评判着教育活动、寻求着解放之路，进而引发和推动教育实践的变革。

正是在这个意义上，人们特别提倡教师进行教育叙事研究。教师生活在教育中，有着现成的教育经验与事件，教师进行教育叙事研究将潜移默化地影响着教师的行为，改变着教师的行动。因而，行动价值是教育叙事研究的最高价值，也是教育叙事研究的必然归宿。

二、内在结构

教育叙事研究要把握好三个方面：一是时间；二是空间；三是结构。

（一）时间

叙事与人的时间意识紧密相连。时间意识是人之为人的一种标志。但是，时间不是一种外在存在物，而存在于人的内在意识当中。在现象学家胡塞尔（E. Edmund Husserl，1859—1938）那里，人的这种意识与最初建立在经验知识基础之上的客观的时间观念有所区别，被称为“内在时间意识”。叙事是一种人类思维的模式。所叙之事的存在促成了时间意识的产生，而内在的时间意识的产生又预设了外在时间的存在。也就是说，所叙之事在叙述的过程中，其意义不断地生成，进而从过去、现在的时间中重新显现出来，同时也在尽可能地展现着未来。神学家奥古斯丁（Aurelius Augustinus，345—430）说：“我知道如果没有过去的事物，则没有过去的时间，没有来到的事物，也没有将来的时间，并且如果什么也不存在，则也没有现在的时间。”① 时间与时间意识的存在为所叙之事提供了一条有章可循的、清晰的脉络。

叙事是时间的呈现过程。任何所叙之事都是在时间基础上对事件的描述，都要在时间的经纬度上展开。通过叙事来呈现意义、表达经验，其实质就是时间的呈现过程。在叙事学的研究中，所叙之事发生的自然时间顺序被称为故事时间；叙事作品即文本所呈现出来的时间顺序被称为叙事时间或文本时间。故事时间与叙事时间的交错不一致，在法国叙事学家热奈特（Gerard Genette，1930—　）那里被称为“时间倒错”。事实上，叙事过程中所体现出来的人的时间意识，正是人类自己对时间的一种追寻和探求，不论是叙事时间还是故事时间，呈现出来的

① 奥古斯丁．忏悔录［M］．周士良，译．北京：商务印书馆，1963：242.

都是人在挖掘经验、表达经验时所遵循的一种时间顺序，所叙之事中的人与叙述者自己都在力图表达着人自己对这个世界的体验，表达着人在时间长河中所体验和感受到的一切。因为有了“时间倒错”的存在，我们便有了一种新的观察自己的视角。

叙事是记忆的打捞过程。时间存在于人的记忆当中，过去的时间以记忆的形式为人所保留下来，因而，记忆是时间的象征，也是架在时间与叙事之间的桥梁。个体在叙事的时候，更多的是凭借着回忆，从记忆的深井里打捞起那些可以唤回失去的时间的印象，把它陈述出来，进而让我们去了解、熟悉叙述者的经验世界。正因如此，叙事体现为对过去之事的叙述，只有那些已经发生并被体验过的事物才能在人的心灵深处留下印象。即使是“当下发生的事情”，也已经为叙述者所经验。不同的个体经历的事件不尽相同，即使是同样的事件，在不同人的内心深处也会带来不同的情感体验，这使个体的记忆打捞由于“过去的时间”带来的不同感受而异彩纷呈，叙事研究也因此才可以揭示出不同人的经验世界。这些缤纷的不同个体的经验世界便为我们勾勒出了我们所生活的这个世界的模式。

（二）空间

空间是运动的存在和表现形式。运动又以行为和存在两种方式呈现。行为是相对彰显的运动，存在是相对静止的运动。

空间也是具体事物的组成部分，是具体事物的一般规定。具体事物只有在一定的空间里才能存在。凡是眼睛可以看到、手可以触到的具体事物，都是处在一定空间位置中的具体事物，都具有空间的具体规定，没有空间规定的具体事物是不存在的。

福柯把空间看成我们生活于其中，又将我们从自身中抽取出来，并且撕抓和噬咬着我们的异质性空间，是一个可以安置各种个体和事物的空间。在后现代的语境中，空间是一个具有生成能力和生成性源泉的母体，是一个自我主体性的空间，是诸种社会系统在时间和空间上的延展，是一个充满节点的区域化体系。①它以距离为秩序，以位置为焦点，以互动为存在的场景。当下，空间已成为一种社会生活的经验事实，成为经验现象的表征和知识系统，成为浓缩和聚焦现代社会一切重大问题的符码。

学术界关于空间的分类大体有三种：一是指具体的物质形式，可被标示、被分析、被解释，被定义为长、宽、高，即“三维空间”范畴，称为“第一空间”；二是指精神的建构，是关于空间及其生活意义表征的观念形态，称为“第二空间”；三是指一种真实又想象化的存在，既是结构化的个体的位置，又是集体经验的结果，称为“第三空间”，它以观念、事件、外观和意义的事实为探索

---

① 潘泽泉．空间化：一种新的叙事和理论转向［J］．国外社会科学，2007（4）：42－47.

空间的差异性、异质性、边缘性提供了一种依据。①

教育叙事研究更加关注师生的教育生活空间。教育生活空间作为师生教育交往的实践场所，不仅是师生经验的来源，更影响着师生的情绪感受和身心进步。教育叙事研究关注教育生活空间，强调对故事细节进行整体的、情境化的、动态的描述，原汁原味地呈现教育现象；所叙述的事件是高度个性化、情境化的，是镶嵌于具体的生活空间之中的，教育故事总是与个体所处的情境联系在一起的。因此，教育叙事研究具有了依赖于空间的境域性。

加拿大学者康纳利和克莱丁宁主张教育叙事研究要关注具体情境下个人与社会的互动以及过去、现在和将来的连续性，由此建构了一个时间、个人与社会、情境体系的“三维叙事研究空间”。“时间涉及事件及其前后关系，个人和社会涉及内在条件和外部环境的改变，而情境在于具体研究教育图景的边界。”②

（三）结构

“结构”既是动词又是名词。在中国的哲学中，常从“结构之道”与“结构之技”两个方面去分析。“结构”是人与天地之道的一种契约。③

叙事作为人的日常生活的呈现，不仅是对事实或事件的简单记录，而且是包含着叙述技巧、有着对事件顺序精心安排的一种人类表述方式。④ 它既体现为“结构之道”即叙事目的和价值指向，又体现为“结构之技”即叙述技巧和表达方式。

法国叙事学家热奈特在《叙事话语》中分析了叙述行为的不同表现：叙述者可以是“异己的”（他不出现在他自己的叙述里），可以是“同己的”（他在自己的叙述里就像在第一人称的故事里一样），还可以是“自体的”（他不仅出现在叙述里，而且还扮演叙述中的主要角色）。⑤ 不同的叙事结构、不同的表达方式会产生不同的效果。

教育叙事研究中的结构突出表现为教育故事、叙述者在时间、空间中的序列关系以及不同的叙事表达方式所构成的教育叙事研究的不同类别，大体可分为两类：一类可称为“叙事的教育行动研究”，主要是指中小学教师自己展开的研究，或是中小学教师在校外研究者指导下进行的研究，其目的在于“以叙事的方式反思并改变教师的日常生活”；另一类是“叙事的人类学研究”，主要是指大学研究者以中小学教师为研究对象，或以中小学教师所提供的“素材”“文本”为研究对象进行的研究，其目的在于保持“教育理论与教育实践之间的互动”。在教育叙事研究中，这两类不是截然分开或对立的，而是相互关联的，它们都以

① 潘泽泉．空间化：一种新的叙事和理论转向［J］．国外社会科学，2007（4）：42－47.

② 丁钢．声音与经验：教育叙事研究［M］．北京：教育科学出版社，2008：62.

③ 杨义．中国叙事学的文化阐释［J］．文艺理论，2003（12）：78－86.

④⑤ 聂庆璞．叙事与叙事学［EB/OL］．［玄鸟诗歌论坛］http：//pic1. netsh. com/eden/bbs/842127/html/tree_ 32543038. html.

自己的方式表达着教育研究的意义和价值。①

三、表达方式

叙事会涉及两个必要的因素：一是故事，即所叙之事；二是叙述者，即讲述故事的人。叙述者与故事之间存在的不同关系，就形成了不同的表达方式。谁在叙事？如何叙事？所叙何事？这些都对叙事研究的结果有着重要的影响。

（一）谁在叙事：叙述方式

说话的事实是经过人选择的，由于选择者与选择方式的差异，由于叙述者与教育故事之间的不同关系，就会呈现出不同的叙事。

1. “展示”的叙述方式

“展示”的叙述方式，主要是指当事人叙述自己的教育故事。在“展示”的叙述方式中，找不到解说者的影子，只有一个充当着“反映者”的角色人物。所有的故事情节都在这个反映者的视野中逐步展开，读者在感受着他的感受、思考着他的思考、领悟着他的领悟的同时，也在阅读着故事本身。反映者从不用语言把自己的感受和思考与读者交流，读者直接进入反映者描述的情境和感受中，就像是亲历事件，目睹了整个事件的发生、发展过程。

教育叙事研究对于教师来说尤其重要。教师叙述自己的故事，是教师自己的教育经验的一种表达。在展示自己故事的过程中，教师会改变以往在教育研究中“被动”的地位，不再是外在于教育研究的“研究对象”，而是一个真正面向自己教育实践的、积极主动的思考者和研究者。“当教师不直接谈论教育理论，只反思教育生活中发生的教育事件时，教师的教育理论常常蕴含其中，而且这些教育理论已经不是一般意义上的理论，它已经转化为教师的教育信念。”② 这正是教育叙事研究的意义所在。

2. “讲述”的叙述方式

“讲述”的叙述方式，主要是由校外研究者对一线教师生活故事的讲述。在叙事的过程中，校外研究者充当的是一个解说者的身份，解说者外在于故事，是讲故事的人。这些故事可以是被解说者的经历，也可以是解说者本人的经历。解说也就是叙事，在解说中，故事变成了叙事的客体，解说者变成了叙事的主体。他记录、讲述，对他叙述的故事作出各种评论和解释，与读者交谈。解说者所解说的是发生的故事，他与故事中的人物距离较远，作为传达信息的中介存在于文本当中，通过叙述和解说而使这一事件得以呈现。解说中，故事的主线和解说者的分析交叉出现，使所叙之事通过研究者的解读具有了特殊的意义。

在故事的叙事中，解说者有时“在场”，有时“隐身”。在场的叙事更多地表现为解说者夹叙夹议，解说者不仅对故事的过程进行描述，而且还就其中包含

---

①② 刘良华. 校本教学研究［M］. 成都：四川教育出版社，2003：84，139.

的价值观、情感、心境以及涉及的伦理等进行分析和判断，展示出解说者的立场和理论视角；隐身的叙事则把听到、看到的故事视作“社会真相”，力求通过描述客观地再现故事本身，尽可能不夹杂解说者本人的判断，以使读者自己能对故事作出独特的判断。

多种叙述方式的组合，就会形成不同的教育故事，比如教师讲述自己的故事、研究者讲述教师的故事、研究者讲述自己的故事、研究者讲述研究者和教师互动的故事等，视角的多样化使叙事更加生动鲜活。

展示与讲述两种方式相比，各有其特点。在“展示”的叙述方式中，读者只是随着故事中的一个人物的意识四处游走，整个故事给读者留下更多的片段似的印象，片段与片段之间存在大量的“意义空白”，需要读者自己去填充，这就给文本带来了许多不确定性，使其变得有一些含混和隐晦，但也更为开放和自由；在“讲述”的叙述方式中，由于有了解说者的理性思考，有了解说者在文本中的暗示和引导，读者很容易形成比较明确的结论，尽管可能会受制于解说者的概念系统。

本章开头摘选的刘云杉所写的《小学教师窦桂梅》，采用的就是“讲述”的叙述方式，研究者以旁观的视角，记录了课堂教学场景和研究者的评价，使读者能明确地感受到研究者对窦桂梅的语文教学带给学生“另一个精神生命的生长与成熟”的赞赏与推崇。

专栏9－2

教育叙事的基本类型

从叙事的内容来区分，主要包括教育教学片段叙事，即对个人教育教学实际中某个印象深刻的片段的叙述，显示事件发生的细节，借以阐明教师对导致良好或者不好教育教学效果的反思；生活叙事，即对教师教育生活故事的叙述，借以显示其中所蕴含的教师的生活体验以及对教师教育生活的细微关涉，教师日常生活与教师专业自主发展、教育状态、教育经历密切相关，教师专业自主发展不光在课堂，同样在日常生活之中；传记体叙事，即对教师专业自主发展过程乃至教师生涯的整体叙述，借以显示教师生命成长的历程是对平凡教师人生中细微的“个人‘生命颤动’的揭示”。

从叙事的主题来区分，教育叙事包括单主题叙事和多主题的整体性叙事，即就某一个主题或多个主题综合起来，来展开个人教育生活的叙事。整体性研究是研究教师的整体生活，包括个人家庭生活、日常交往、教学、班主任工作、学习研究以及其他可能对教师个人成长产生重要影响的经历，从中梳理出日常生活各方面对教师的影响，整合起来构成一个完整的个体。

从叙事的层次来区分，教育叙事包括教育教学日志或日记，直接记录日常真实教育生活情境；在记录日常教育生活片段之上的反思性叙事，即不局限于记录，而且能把自己的心得体会加以提升；研究性叙事，即建立在对叙事主题加以提炼、对多种原始教育生活材料的搜集整理，从而对日常教育生活加以反复梳理而进行的教育叙事。

从叙事的主体而言，教育叙事包括“他传体”叙事，即通过教师讲述给他人，由他人来介入对教师教育生活故事的梳理、提炼；自传体叙事，即教师自身对自我教育生活故事的自我梳理与叙述写作，通过对个人成长或成长的某一方面的梳理，去发现这一阶段对教师教育生活的重要性，或某一瞬间完成了教师对教育的观念性转折。自传体叙事的实质是“从‘个人生活史’、从‘个人生命经历’中透视整个世界”，因此而“充满生命的体验和生命的感动，容易牵动人心”。

［资料来源］刘铁芳．教育叙事：教师专业自主发展的可能路径［M］//给教育一点形上的关怀——刘铁芳教育讲演录．上海：华东师范大学出版社，2008：131－133.

（二）如何叙事：呈现方式

叙所叙之事，不是无序或零散的，它总是通过叙述者的眼光向读者呈现出来，叙述者又依据一定的主题将事件连接起来，因而“叙事”的内在逻辑便成为叙事的意义所在。这样一来，教育叙事中的呈现方式就离不开两个要素：事件和主题。

1. 事件

叙事即故事，而故事所讲述的是人、社会、生活等方面经历的事件，它是日常生活中的一个波折、一个跌宕、一段令人难忘的往事、一段激情难却的回忆，它使叙事成为可能。

教育叙事研究所叙之事是教育故事，是师生在日常生活、课堂教学、研究实践等活动中曾经发生或正在发生的事件。它是真实的、情境性的。教育叙事所叙之事多发生在课堂上、教室里、教学中、校园内，而且多与教师或学生有关，教师与学生的生命就由于这些事件的串构具有了共同的记忆，这些事件也使教师与学生在教育中的活动具有了高度的相关和不可分离性。教育是师生共同展开的活动，叙事是对师生这些活动的描述。而叙述就是研究。由于这些叙述与研究，教师或学生的生命才被人们或师生自身所关注，教育才得以与他人分享那些师生生命深处的珍藏。

2. 主题

叙事的目的不在于单纯地叙述，而在于通过叙述，揭示某个主题，探索其中的意义。主题是事件的焦点，是概念的内涵，是教育故事的意义逻辑，是叙述文本的意义所在。它通过某种内在的结构呈现出来，为叙述展示了价值存在。主题使叙述具有了意义。

“叙事的关键因素是事件的句法，是事件发生的链接、嵌入或交替形式，而不是叙事句法呈现的符号媒介的形式或物质属性。”① 而这又是按照某种主题链接、嵌入的。“主题是对意义的需求或渴望”，“主题是我们可以获取事物意义的意识”，“主题是对事物保持一种开放性”，“主题是创造、发现和揭示意义的过程”。② “主题就像一颗颗星星，构成了我们生活于其中的意义的星空，靠着主题之光，我们能遨游并探索这个星空。”③

教育叙事并不是各种教育事件的随意链接，而是依照研究者的理解，循着某个主题构成的。所谓“讲故事”，就是要求一个故事有结构、有道理、有意义、有价值。它以事件为本，却以主题感动人心；它以师生们熟悉的教育活动为开端，却又把熟悉的教育事件“陌生化”；它蕴含着丰富的教育主题，却又在含而不露的叙述中让读者自己去寻找到那些隐匿的道理。正因如此，主题是叙事的灵魂。

（三）所叙何事：构成方式

长期以来，人们把教育活动主要框定在教师“教”的活动，把教师“教”的活动又框定在“特殊的认识活动”范围，因而课堂上的声音是单一的教师的声音，教师的声音也是模式化的教学大纲的声音，学生在教育活动中处于被动接受的地位。这使教学失去了活力，教育与生活截然分开，成为外在于教师和学生的一个异域世界。

事实上，教育活动是师生的教育生活，教育生活应当成为教育叙事研究的基本依据。

1. 关键事件和本土概念

“课堂是赋予没有生命的知识以生命活力、给予不太成熟之人以成熟魅力、让不动动起来、让不活活起来、让不灵灵起来的生命放光彩的场所，让已动者、已活灵活现者朝着适宜的方向展现自我的场所。课堂里有苦恼与无奈，有希望与绝望，有奋进与退缩，有欢欣与惆怅。总之，课堂乃人之生命精华展现的小舞台！”④ 于是，教育生活中教师与学生的故事更多地在课堂中呈现，并为教育叙事研究者所关注。这样，课堂上的每一个片段甚至课堂生活的向外延伸——课外作业、教学日记、学生日记等都为叙事研究者捕捉、记录，极大地丰富了教育叙事研究的内容。

在寻找和组织教育故事的过程中，需把握好两个要点：一是确认“关键事件”。“关键事件既包括那些隐含了剧烈的‘矛盾冲突’的重大事件，也包括那些‘悄无声息’的、‘深藏不露’的、‘归隐躲藏’的某个或某些‘物质痕

---

① 戴卫·赫尔曼．新叙事学［M］．马海良，译．北京：北京大学出版社，2002：21.

②③ 马克斯·范梅南．生活体验研究——人文科学视野中的教育学［M］．宋广文，等，译．李树英，校．北京：教育科学出版社，2003：115－116，119.

④ Thomas L. Good, Jere E. Brophy. 透视课堂［M］．陶志琼，王凤，邓晓芳，等，译．北京：中国轻工业出版社，2002：译者序.

迹'。"[①] 它是构成教育故事的节点。二是寻找"本土概念"。"本土概念"主要是指被研究者或当地人频繁使用的某些特别有影响力的词语，这些词语隐含了本地人的生活信念、思维习惯与文化特色，成为破解当地文化的"语言密码"。[②]

2. 编码归类和扎根理论

课堂是复杂多变的。多勒（Doyle）认为：课堂教学的框架有五个重要特点。第一，多元性，即有多种不同的任务和事件在课堂里发生，课堂里的一件事情可能产生多种结果；第二，同时性，即课堂里的许多事情是同时发生的；第三，即时性，即教师必须在许多事情发生之时作出反应；第四，意外性，即课堂里的事情通常不会按所希望的方式发生，而且发生在一个学生身上的许多事情，也会被其他学生看到；第五，历时性，即一个班的学生和教师相处几周或几个月后，就会形成共同规范和促进相互了解。[③] 这些特点决定了教师在课堂教学中必须关注更多的细节、更广的视域，必须更敏锐地捕捉学生的情绪与情感表现，必须更迅速地对课堂中的事件作出判断及决定。课堂的多元性、同时性、即时性、意外性、历时性等也是教育生活的体现。教育叙事研究就建立在课堂教学框架的基础之上，并与之相互依存。

教育叙事研究文本的写作可从两个方面着手：一是进行编码归类，即将田野调查或教育现场搜集的材料分门别类，每一个类别归属于一个教育主题。二是形成"扎根理论"，即在系统研读和分析所收集的原始素材后，逐渐从资料中衍生出清晰的本土概念，揭示出这些概念所隐含的教育意义，并寻找到贯串文本的主线。[④]这是一种理论的提升，也是教育叙事研究最具理论影响力之所在。

教育故事或教育事件是否具有教育意义以及具有怎样的教育意义，一方面取决于教育故事或教育事件本身的"结构"，另一方面取决于读者的理解。教育叙事研究不以确定的方式向读者提供证据、概念和结论，而把理解的权利还给读者，让读者自己去重构结论。从某种意义上说，把对教育故事或教育事件的理解还给读者，也是对读者的信任和尊重。

本章开头摘选的刘云杉所写的《小学教师窦桂梅》，研究的是窦桂梅的语文教学和成长经历，采用"讲述"的叙述方式，以鲜活的事件描述了小学教师窦桂梅"我就是语文"的"痴气"和"大气"，诠释了窦桂梅对语文、对教育、对教师、对人生的理解。研究者在展现和评价窦桂梅真实生活的同时，也给读者留下了思考和想象的空间。

---

①②④　刘良华．教育叙事研究：是什么与怎么做［J］．教育研究，2007（7）：84－88．

③　Thomas L. Good，Jere E. Brophy. 透视课堂［M］．陶志琼，王凤，邓晓芳，等，译．北京：中国轻工业出版社，2002：2．

第三节　教育叙事研究的过程与规范

一、研究过程

教育叙事研究是一个由现场到文本、由经验到叙事、由叙事到诠释的过程。

(一) 研究的任务

教育叙事研究主要围绕三方面展开：现场工作——指研究者亲身体验生活和获得现场经验的过程；现场文本——指研究者所获得的各种现场资料；研究文本——指研究者进行叙事研究的格式。以下过程是依次进行并逐渐深化的。

1. 从现场工作到现场经验

现场是研究的对象，也是经验的源泉。教育叙事研究把研究的目光投向充满生命活力的现场，强调在现场工作中收集教育生活故事，在现场观察中了解研究对象的生活体验、获得现场经验。因而，研究者要在确定了研究问题后进入现场，与被研究者之间必须建立起平等、信任的对话关系，密切关注被研究者的体验和他们的故事，并有足够的勇气和心理承受能力去应付研究过程中可能出现的一切。这是获取真实资料的基础。

2. 从现场经验到现场文本

在教育现场中，研究者把自己的观察、体验及所思所想记录下来，即田野日记，就形成了现场文本。现场文本再现了现场中的经验，同时也包含了研究者自己的体验，带有叙事的性质。但现场文本不仅仅是对事件的客观记录，还包含了研究者对事件的前期解释和研究者在研究过程中的内省。它既使研究者与教育现实分离开来，又吸引研究者更接近教育现实，从而与教育现实建立起一种思考的关系。

3. 从现场文本到研究文本

教育叙事研究不是简单地展示一个故事，而是要通过故事的呈现揭示其内在的意义，因此要通过研究主题和研究思路促进现场文本向研究文本的转换。现场文本接近经验，研究文本则要回答意义问题。在教育叙事研究中，“研究者的在场”以及真实的在场体验是研究效度的标志，而声音和签字是研究者在场的证明。声音即研究者所说的话。声音的生成体现的是研究者对故事空白的填充，是研究者对现场和现场文本的超越，是研究者与读者之间的对话。它是对多重声音的归纳，是主题呈现的必需，是确认存在的方式，是教育意义的表达。签字即写作。写作是研究者将流动的、模糊的、复杂的现象和观点用自己的思维捕捉并统领于自己的概念系统中，并以具体的语言符号表达出来的过程。它既是思考的过程，也是叙述教育事实的过程，还是研究者与参与者、读者共同建构意义的过程。

（二）研究的路径

教育叙事研究的路径为：确定研究问题—选择研究对象—进入研究现场—进行观察访谈—整理分析资料—撰写研究报告。

1. 确定研究问题

确定研究问题是进行研究的前提。教育叙事研究虽然已明确了总的框架是教育故事研究，但是，研究的范围仍然很广泛，教育观念、教育机智、素质教育、日常生活、体态行为、课堂教学等都可能成为研究问题。

教育叙事研究的选题要避免两种偏向：或贪大求全，或浮光掠影。选题宜小不宜大，鼓励小题大做，从小处入手，最好着眼于课堂、学生、教师，以及教育教学中的细微小事，不要选择那些宏大的问题；选题宜实不宜虚，鼓励小题实做，从教育情境入手，最好结合真实丰富的教育生活进行，不要选择那些假想的问题。教育叙事研究更注重以“小叙事”来繁荣“大生活”，更关注微观层面细小的普通的教育事件，更强调对教育中真实特殊现象的描述和体察，更着眼于有意义问题的研究。“所谓‘有意义的问题’起码有两重含义：一是研究者对该问题确实不了解，希望通过此项研究获得一个答案；二是该问题所涉及的地点、时间、人物和事件在现实生活中确实存在，对被研究者来说具有实际意义，是他们真正关心的问题。”①

2. 选择研究对象

选择研究对象是研究得以进行的保证。研究者要有敏感的心灵，能细致入微地把握研究环境和研究对象，真正理解研究对象；研究者对研究本身要有足够的热情，真正成为“热情学术”的研究者；研究活动要得到被研究者的认同、理解与合作，双方应有从研究中共同进步的要求。没有这样的前提，叙事就无法获得真实的第一手资料，研究也就无法顺利进行。

教育叙事研究在选择研究对象时，首先，要避免研究对象与研究问题脱节。选择研究对象应符合抽样的需要，样本的选择不仅要与所研究的典型问题相关，也要与研究者和被研究者的关系相关。其次，要避免研究对象的单一化或雷同化。选择研究对象既要体现出层次、类型等的差异性，也要体现出积极、消极的不同方面。此外，年龄、空间、性别、个性、地位等都对研究者与被研究者的关系有一定的影响。

3. 进入研究现场

研究现场是研究者观察、了解研究对象的真实环境。由于教育叙事研究的研究现场主要是在校园、在课堂，因此，进入研究现场就意味着走进教育的第一线，与教师、学生一道同呼吸、共生活。

进入研究现场的方式是多种多样的，要尽可能选择研究对象容易接受的方式。例如，可以在自然状态下轻松地融入，也可以创设特殊的情境快速地融入；可以直

① 陈向明．教师如何作质的研究［M］．北京：教育科学出版社，2001：22．

接通过他人的介绍而走进现场，也可以间接地在观察中逐渐走进现场；……无论采取什么方式，都必须征得研究对象的同意，得到研究对象的许可，并力求获得研究对象的帮助，切忌以欺瞒哄骗或偷偷摸摸的方式进入研究现场。这不仅是研究伦理的要求，也是叙事研究需要研究对象多方面合作的前提。

4. 进行观察访谈

观察访谈是促使研究逐步走向深入的过程。观察应在自然状态下进行，自然观察为研究者提供了来自视、听、嗅、触、味等的五官感觉或眼、耳、身、脑等多种渠道获得的经验，为教育叙事研究带来了真实感、情境感、现场感。访谈是研究者与研究对象进行的有目的的谈话，访谈使研究者在观察中获得的外部感受得以深化，使外显的行为得到意义解释，使研究由表及里、由外至内。

观察访谈是围绕着研究问题而进行的。观察力求客观，尽量悬置研究者先前已有的主观偏见，避免“先见”或“前设”对研究的干扰；访谈力求开放，使被访者在研究者设计的系列开放性问题中轻松思考并回答问题。观察访谈主要是获取尽可能多的信息，因而研究者一方面要具有敏锐的观察力，能够捕捉有意义的事件作为所叙之事；另一方面要具有亲和力，能较快地为研究对象所接受，使访谈顺利进行。

5. 整理分析资料

教育叙事研究离不开对所收集事件的整理分析，而整理分析资料就是与这些事件的生命进行对话的过程：每一次清理资料、阅读资料的过程，都是研究者与这些事件的遭遇，都会令研究者产生对事件的新感受和新体悟，进而产生新的意义解释。

整理分析资料特别要注意避免研究者原有偏见的影响。研究者要尊重事实，尊重研究对象的声音，要让资料自己说话。当然，每位研究者都会拥有自己的价值判断体系，都会有自己对事件的看法，但是，教育叙事研究强调的是对事件本身的分析，是基于资料事实进行的符合材料实际的分析。切不可脱离资料另起炉灶，或是撇开事实主观臆测，否则，研究就偏离了伦理与规范的要求。

6. 撰写研究报告

研究报告的撰写是在前面大量工作的基础上进行的总结性归纳。它既包含研究者对所观察到的“事”的故事性描述，也包含研究者对“事”的论述性分析，两者并行不悖，相辅相成，构成了研究报告中细腻的情感氛围和浓郁的叙事风格。

教育叙事研究所分析的根基便来源于事件，论述过程也是对事件的论述。但是要特别避免为了客观再现教育生活而出现的“摄像化”倾向，即只是教育生活的流水账记录，缺少理性分析与意义表达，这背离教育叙事研究的本意。教育叙事研究强调细致的描述和深刻的分析，写作采取人类学的深描，工笔画般的繁复翔实的叙事方式，力图在具体的偶然的多变的现场中去透析种种关系，去解释滑翔在事实表面的实证研究所看到的“想象的事实”“数字臆造的事实”“你所期望的事实”之后的“社会隐蔽”。[①] 这使师生的教育生活故事得以更丰富地呈现，教育故事的意义也得以揭示。

（三）研究的要点

教育叙事研究方法的运用特别要注意把握好以下要点。

1. 自下而上的研究

教育叙事研究与思辨研究的不同在于：它不是“从一般到特殊”，而是“从特殊到一般”；不是“自上而下”，而是“自下而上”；不是演绎推理，而是归纳提取；不是书斋研究，而是田野劳作。所谓“自下而上”，意指强调扎根实践、关注现场、重视事实、尊重经验。它要求走出书斋，走进课堂，走近师生，深入校园。它不是先入为主，而是在耐心的田野劳作后获得的对教育实践的切身体验，并通过现场工作，使教育事件在情境中真实地展开，使历史印记在细节中显露出存在，从而接近日常教育真相、逼近教育实践本身。从教育叙事研究的研究路径来看，前四个步骤都是在“现场”中进行的，从第五步开始转换到“研究文本”，也就是说，“自下而上”是获取经验的源泉，是建构教育理论的基础。

2. 叙事素材的提取

在教育叙事研究的过程中，资料收集后素材的提取是一个难题，研究者常常面对繁杂的素材无从下手。这就需要分析素材之间的相互关系，提炼各个故事的主题，然后进行归类，再将各个主题各个类别的故事共同归并在研究的问题框架之中。

耿涓涓关于一个初中女教师的叙事研究，透过一位普通语文女教师的教学故事，归纳她的教学行为惯例；透过她对个人专业成长的自述，挖掘并认识隐含在其行为背后的个人教育信念；透过她的生活故事，在更宽广的视域中理解她个人教育信念的形成。其意图在于在活的故事的叙述中，观察中国文化环境中教师个人的专业发展、普通教师的教学思维以及理想与追求，由此展开我们对教育信念的理解。

我把她的素材提取和研究结构归纳如下：

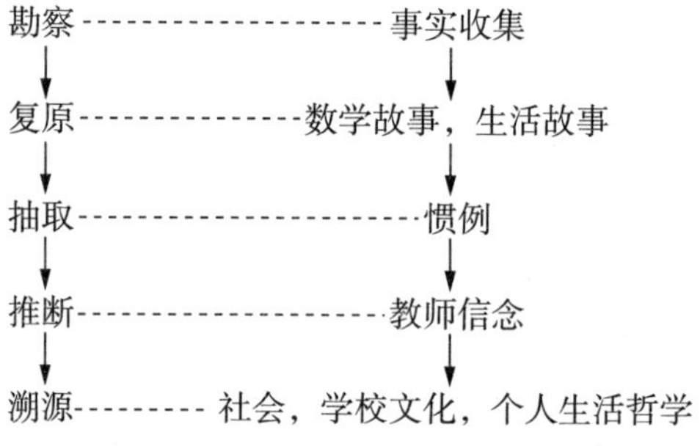

① 刘云杉．从法定文化到师定文化——对一堂历史课的深度剖析［J］．现代教育研究，2000（3）：34－41．

这里，我们可以发现她对叙事素材进行了提取、分析和界定，并在梳理这些叙事事件之间的相互影响和相互作用关系时，对收集来的所有叙事素材进行比较、分析和归类，然后将这些叙事素材重组成了一个相互关联的事件发展过程。[①]

叙事素材只有经过这样的提取和归类，才能揭示主题，易于被诠释和理解，所叙之事的意义与价值也才能由此凸显出来。

3. 叙事结构的完整

在教育叙事研究中，叙事结构因不同研究者的看法不同而有较大差异。有学者主张个人的故事应包括三个组成部分——经历、概念和主题。经历是发生在人身上的“事实”，是构成个人历史一部分的人物、地点和事件。概念是人对自己和他人的理解和观念，用来筛选和解释自己的经历，指导自己的行为。主题则是概括和巩固经历及概念的一般性抽象原则，使个人故事具有统一性，它们就像是将个人故事的概念总结成一个连贯的、有意义整体的模板。[②] 有学者认为：“对于叙事研究而言，情节和情节的编排、场景和场景的多元性、事件和事件的完整性，是以故事方式进行叙事的三个基本要素。”[③]

还需注意的是，叙事不是记流水账，而应记述有人物、有主题、有情节、有冲突的相对完整的故事。叙事的目的是揭示教育活动的意义，进而构建新的教育生活。

二、方法限度

作为一种质性研究，教育叙事研究既有其独到之处，也有其方法的使用限度。

（一）方法的优缺点分析

教育叙事研究由于对鲜活的教育故事的关注和细节描述，特别是叙事中所体现出的对师生内心体验的移情理解和对教育事件意义的揭示，受到了教育工作者的欢迎和热追。然而，教育叙事研究方法也有着明显的不足。

教育叙事研究在实践中也遇到了一些问题。一方面，尽管涌现出大量鲜活的教育故事，但从教师讲述的故事来看，多是些简短的教育“记叙文”“日志”等，这意味着“教育叙事”与“教育叙事研究”之间还不能简单地画等号，经验的表达方式也不能代替理论的表达方式；另一方面，如果教育科研只是让一线的教师以叙事方式参与到教育科研中来，而不用提出抽象的有更强解释力的理论，

① 丁钢．声音与经验：教育叙事研究［M］．北京：教育科学出版社，2008：83；耿涓涓．教育信念：一位初中女教师的叙事研究［M］//中国教育：研究与评论（2）．北京：教育科学出版社，2002：181－232.

② 陈向明．教育叙事与教师发展［M］//丁钢，王枬．教学与研究的叙事研究．桂林：广西师范大学出版社，2010：208.

③ 丁钢．声音与经验：教育叙事研究［M］．北京：教育科学出版社，2008：85.

表 9－1 教育叙事研究的优点和不足①

教育叙事研究的优点	教育叙事研究的局限性
1. 易于理解 2. 接近日常生活与思维方式 3. 可帮助读者在多个侧面和维度上认识教育实践 4. 更能吸引读者 5. 使读者有亲近感，具有人文气息 6. 能创造性地再现事件场景和过程 7. 给读者带来一定的想象空间	1. 一旦与传统的研究方式混淆，容易遗漏事件中的一些重要信息 2. 收集的材料可能不太容易与故事的线索相吻合 3. 读者容易忽略对故事叙述重点问题的把握 4. 难以使读者有身临其境的“局内人”感觉 5. 结果常常不清晰明确

他们始终不会有一个理论上的提升。② 因此，还需加强对“教育叙事”的研究，以提升教育叙事研究的意义解释和建构能力。

（二）研究信度效度争辩

教育叙事研究还受到了研究信度和效度的质疑。

信度和效度是科学研究中不可缺少的两个相互关联的重要标准。信度是研究结果所显示的一致性、稳定性程度，也是对研究结果一致性和稳定性的评价。效度是一个研究程序的性质和功能，也是对研究结果正确性和推广性的评价。信度是效度的基础，有信度不一定有效度；效度则是信度的目的，有效度必定有信度，效度高信度必定也高，信度是为效度服务的。

有批评者认为，教育叙事研究缺乏信度和效度。理由是：第一，教育叙事研究中的故事的真实性、客观性无法检验。研究参与者可能会有自己不愿或不能示人的隐秘的私人领地，使其或许不能够讲述真实的故事，或许会“伪造数据”，提供“美丽的故事”，或许会对事件进行加工，导致数据失真的现象。③ 第二，教育叙事研究缺乏普遍的解释力和推广力。由于叙事研究关注细节，往往是“微观叙事”，是个案研究，依赖于具体情境中的特殊事件的描述，不适于大量的非个体化的群体行为，因而无法回答普遍性问题，也无法据此建立起普遍一般的理论。第三，教育叙事研究由于受到研究者个人倾向的影响，无法做到“价值中立”。研究者以自身为研究工具，依靠研究者个人的判断进行田野工作，这使研究带有强烈的个人化或私人化色彩，研究的信度难以保证。

也有辩护者强调，教育叙事研究已超越了信度、效度和普遍性。它通过时间、地点、情节和场景的协同来创生叙事的经验品质，这种经验品质因其有着经验的代表性和真实性而具有特殊的价值。④ 理由是：第一，教育叙事研究感兴趣

---

① 郑金洲．教育研究方式与成果表达形式之二——教育叙事［J］．人民教育，2004（18）：36－39.

② 于伟．现代社会不重视理性教育，是不可想象的［N］．中国教育报，2006－01－07（3）.

③ 张希希．教育叙事研究是什么［J］．教育研究，2006（2）：54－60.

④ 丁钢．教育经验的理论方式［J］．教育研究，2003（2）：22－27.

的不是所谓“客观现实”的“真实性”本身，而是被研究者所看到、所体验到的真实。第二，教育叙事研究选取的研究样本虽然很少，但它从个体生活故事中所收集的资料却真实丰富。第三，教育叙事研究强调开放式的研究设计，事先没有固定的预设，而是在教育事件的呈现中，通过归纳而不是演绎的方式进行意义建构，从而达到叙述者与读者的“视域融合”。这正是教育叙事研究的效度所在。第四，教育叙事研究要求研究者深入现场，通过与参与者建立不同程度的亲近关系来理解、记录和思考现场。研究现场不再是隔岸观火，研究也不排斥“立场”意识的存在。假如研究者没有真实的在场体验就去构思研究文本的揭示图式，这种研究才会被认为是缺乏效度的。

（三）研究方法运用范围

教育叙事研究是与传统的科学研究范式不同的另一种研究范式，不能以自然科学的标准和定量研究的要求来衡量。教育叙事研究的适用范围也有一定的限度：它适用于人文意义研究，而不是一切领域；它主要针对个体性的、情境性的、偶发特殊的事件，而不是群体性的、形式化的、普遍分类的规律；它似乎在很大程度上依赖于个人的天分、直觉或现场经验，很难被教授；它只是多种研究方法的一种，而不是包医百病的良方；它不是否定其他的研究范式，而是弥补其他研究范式的不足。正如布鲁纳所指出的，叙事研究的不可或缺性在于能够弥补范式研究只能以价值中立式的科学化语言进行普遍的意义解释，而无法适用于个体或小样或事件的研究。①

三、伦理要求

教育叙事研究的伦理规范既是科学研究中对于研究者的要求，也是出于保护研究参与者利益的要求，其中涉及研究者、研究参与者、素材收集及研究文本的写作等多方面。“作为教育研究者的教育叙事者，如何在叙事中持守一种伦理底线，进而担负起一种伦理使命，这种使命不仅涉及对教育事件、教育人物及其相互关系的判断，也与对教育的基本认识有关，更与教育叙事的学术品质有关。只有承担了伦理使命的教育叙事才是有深度的，才不会蜕变成教育研究中的‘风花雪月’，才会成为‘好’的教育叙事。”②

（一）关注教育中具体的个人

教育叙事研究主要面对的不是现场与文本的关系，而是人与人的关系，是人在关系中的生存处境。这里所说的“人”，是教育中具体真实的人，是活跃于课堂中的教师与学生。只有对具体个人的体认和尊重，对师生生活际遇的关怀和描绘，才能呈现出当代教育改革的真实情境，也才能反映出师生在教育变革中的真实感受。

教育叙事研究所面对的人，也不是中规中矩、千篇一律的人，而是丰富多

① 王景．教育叙事研究的内涵特点及局限性［J］．继续教育研究，2009（3）：114－116.

② 李政涛．教育研究的叙事伦理［J］．教育研究，2006（10）：18－21.

彩、有着无限发展可能性的人。学生正处于生命成长的重要阶段，每一个学生都是独立发展的个体，有着自身成长的独特轨迹；教师在促进学生发展的同时，也在推动着自己的专业成长。因而，教学相长，复杂多样，构成了教育叙事研究中最动人的美丽景象。

（二）尊重研究中的参与者

对研究者而言，“伦理的问题应被理解为他们对于那些在研究过程中所接触到的人们的义务，而不是狭隘地归属如何在这个领域有所行为的问题”。[①] 首先，研究者应确保参与者是自愿参与。研究者应向参与者详细说明这一研究的性质、做法、研究完成后的成果预期，研究活动对参与者的要求、可能存在的风险，等等。只有在参与者了解并同意参加研究后才能正式开展研究，决不能欺骗参与者或向其隐瞒研究意图。其次，研究者应承诺对参与者的身份及信息保密。教育叙事研究所研究的虽然是具体的人和事，但目的是揭示人和事的内在意义，因而，研究者在使用所收集的资料时不能伤害到参与者的利益，决不能把个人的特定信息特别是未成年人的信息透露给他人。再次，研究成果应获得参与者认可才能正式发表。研究者应将研究完成后形成的文本或观点向参与者描述，并尊重参与者对某些提法的修改意见，决不能擅自发表或一意孤行。

专栏9－3

“好的教育叙事”应具备的特征

其一，关注人的基本处境，向教育存在发问。教育叙事主要处理的不是现场与文本的关系，更不是文本与文化的关系，而是人与人的关系，是人在关系中的生存处境。这种处境反映了叙事者和被叙事者的基本生活状态。它是一种生命成长的叙事，更是一种精神成长的叙事。吸纳了教育叙事的教育研究，从此成为一种向教育生活方式发问、向教育存在发问、向生命成长发问的教育研究。因此，好的教育叙事要把教育者和受教育者生命成长的感觉、味道、活法都写出来。

其二，以“具体的个人”为基点与核心。同样是关注人，有的教育研究视野中的人可能会沦为“理念人”“抽象人”，个人的呼吸、身影被理论的筛子过滤成条理性的文字，个人被抽象成各种观点，被包裹进一种坚硬枯燥的理论话语体系里，这样的人是不真实的。教育叙事还存在的另一种可能是带着公共的趣味和判断，叙述着个人的事情。结果，看似“具体的个人”，实际上仍然是改头换面的“抽象的个人”。好的教育叙事应该从经验走向存在，从故事走向精神。

其三，以复杂性思维在关注“善”的同时，也关注“恶”在教育生活中的存在。复杂的教育世界，需要一种复杂的形象和复杂的精神来诠释它，这是教育叙事的基本使命。既承认善恶在教育生活中的现实存在，又超越其二元对立，在叙事中进行无差别的完整的呈现，就是教育叙事复杂性的基本面貌，也是有深度

---

① 丁钢. 声音与经验：教育叙事研究［M］. 北京：教育科学出版社，2008：85.

的教育叙事的基本特征。

其四，拥有教育学立场。教育叙事应该体现出基本的教育学立场，并将其作为叙事过程中贯串始终的线索。只有这样的叙事才有可能成为有教育精神的叙事，而不是只有文学味道的叙事。也只有这样的叙事才有可能成为教育学的思想资源，进而丰富和发展教育学。

其五，新的教育生活和教育存在的建构者。好的教育不是简单地复制教育经验的外在形态，也不是对已发生的教育事件和面对事件的心理状态的复述性回忆，而是有力地参与到对教育经验世界的建构之中，并发现它的内在秘密。教育叙事因此成为恢复师生生命存在的尊严和价值的方式。

［资料来源］李政涛．教育研究的叙事伦理［J］．教育研究，2006（10）：18－21.

（三）解释真实的文本

教育叙事研究与文学叙事研究的不同首先在于：文学叙事研究关注的是叙事文本，尤其是叙事结构，目的是寻求其内在的叙事模式。教育叙事研究则不仅把目光投向“死”的“叙事文本”，更关注充满生命活力的教育现场，更强调教育生活故事的描述，更在意研究对象及研究者对这些故事的意义解释。因而，在教育叙事研究者的视野中，文本不再只局限为以文字的形式体现出来的东西，而是扩展到教育生活的各个方面，叙事也不再仅仅单一地被理解为叙述者创作的行为和过程，而与师生的生活方式紧密相连。

教育叙事研究与文学叙事研究还有一个本质区别：文学叙事研究中的“我”已经不再是具体的一个人，而是经过文学加工、浓缩了很多具有类似特质的人的缩影。因而，文学叙事作品是一种文学创作，是一个虚构的世界。教育叙事研究则不同，研究者驻扎在研究现场，在长期的田野观察和与他人的交往过程中，了解现场参与者的日常生活，对被研究者的生活故事和意义建构作出“解释性的理解”，并由此形成自己的研究文本。教育叙事研究中的“我”体现的是研究者的真实记录和思考，是万万不能虚构的。

本章开头摘选的刘云杉所写的《小学教师窦桂梅》研究的就是具体的人，研究者在对教育现场深入考察、对研究对象深入访谈后，形成了素材丰富、真实感人的研究文本，不仅再现了优秀教师窦桂梅的个体成长，而且为其他教师的专业发展提供了可资借鉴的标杆。

教育叙事研究必须加强自身方法的建设和学术规范的训练，强调原创，体现创新，突出批判。这样，教育叙事研究才能获得源源不断的生长动力，并通过关注日常教育经验实现教育的变革。

☆本章要点

1. 教育叙事研究是在片面追求科学化的研究范式在教育实践中遇到困境，教育研究转向意义追寻的背景下出现的以多种学科理论及研究方法为基础形成的一种研究方法。它源于叙事学，得益于后现代思想的影响，归属于质性研究。

2. 教育叙事研究即是对有意识地促进人的身心发展的教育活动中富有价值的教育事件和具有意义的教育故事的讲述与揭示，又称为“教育故事研究”。它以叙事、讲故事的方式表达对教育现象的解释和理解，揭示教育故事内含的价值和意义。

3. 教育叙事研究内在结构：一是时间，叙事体现为对过去之事的叙述；二是空间，教育生活空间不仅是师生经验的来源，更影响着师生的情绪感受和身心进步；三是结构，表现为教育故事、叙述者在时间、空间中的序列关系以及不同的叙事表达方式所构成的教育叙事研究的不同类别，大体可分为“叙事的教育行动研究”和“叙事的人类学研究”。

4. 教育叙事研究必须遵循研究的伦理规范，关注教育中具体的人，尊重研究中的参与者，确保研究资料的真实，应承诺对参与者的身份及信息保密，解释真实的文本信息。

☆概念图

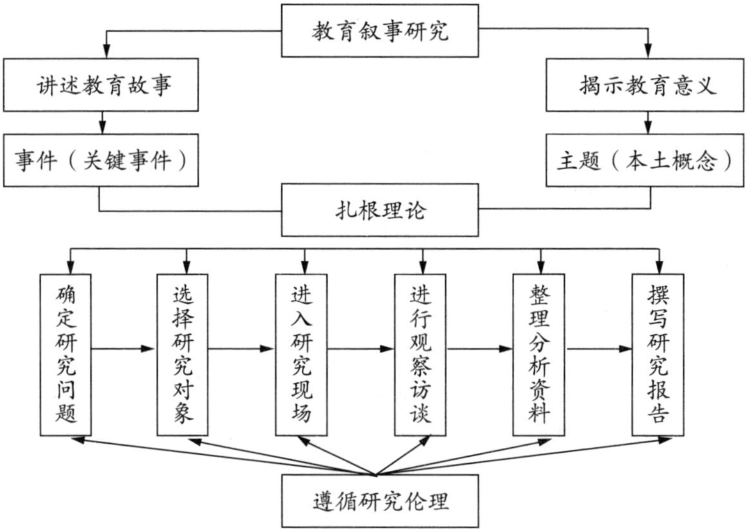

☆学习效果自测

1. 讲故事与作研究有什么区别？

2. 教育叙事研究与文学叙事、电影叙事有什么不同？

3. 怎样理解“关键事件”？试举出影响你个人成长的一个“关键事件”。

4. 试以卢梭的著作《爱弥儿》为例，谈谈你对“教育小说”叙事价值的理解。

☆拓展练习

1. 请看以下课堂教学片段：

上课仪式

[二年级的语文课]

[教室里的小广播在教唱歌曲。语文老师兼班主任董老师在课间就已进了教室，她刚让学生发了批改好的作业本。“练习本先叠起来，放桌上。”她一边吩咐，一边督促着学生好好学歌。小广播的教唱歌曲结束了，董老师快速走向了讲台。]

董：上课！

班长：起立！[全体学生都站起身来，稍离座位站在行间]

董：动作不太整齐，手不要扶着桌面，再来一次。上课！

班长：起立！[全体学生又站起来，动作已明显整齐了，小手都放腿侧]

董：同学们好！[老师向学生一鞠躬]

学生：老师好！[学生还礼]

董：请坐！开始上课了，刚刚看到最有礼貌的同学向老师鞠躬问好，老师特别高兴！

试用教育学原理，特别是有关教师的理论对上述课堂教学片段进行分析，说说你从这一片段中能看出什么。

2. 请讲一个你经历过的教育故事。

3. 以一节课作为研究对象，选择任何你感兴趣的问题进行观察、记录，之后写一篇包含了教育事件、教育主题以及你的看法的田野日记。

☆参考文献

1. 康纳利，克莱丁宁．叙事研究[J]．丁钢，译．全球教育展望，2003（4）．

2. 耿涓涓．教育信念：一位初中女教师的叙事研究[M]//中国教育：研究与评论（2）．北京：教育科学出版社，2002．

3. 刘云杉．小学教师窦桂梅[J]．教育参考，2006（6）．

4. 王枬．关于教师的叙事研究[J]．全球教育展望，2003（4）．

5. 李政涛．教育研究的叙事伦理[J]．教育研究，2006（10）．

6. 刘良华．教育叙事研究：是什么与怎么做[J]．教育研究，2007（7）．

7. 丁钢．声音与经验：教育叙事研究[M]．北京：教育科学出版社，2008．

8. 王枬，等．教师印迹：课堂生活的叙事研究[M]．北京：教育科学出版社，2008．

☆后续学习资料

必读部分

1. 丁钢．声音与经验：教育叙事研究［M］．北京：教育科学出版社，2008.

2. 许美德．思想肖像：中国知名教育家的故事［M］．北京：教育科学出版社，2008.

3. 王枬，等．教师印迹：课堂生活的叙事研究［M］．北京：教育科学出版社，2008：第一章．

选读部分

1. 鞠玉翠．走进教师的生活世界——教师个人实践理论的叙事研究［M］．上海：复旦大学出版社，2004：第一章，第六章．

2. 丁钢，王枬．教学与研究的叙事研究［M］．桂林：广西师范大学出版社，2010：附录1.

第十章　教育个案研究

☆内容概览

本章主要包括教育个案研究概述、教育个案研究的一般过程以及教育个案研究报告的撰写三个部分。其中，教育个案研究概述包括个案的定义、个案研究的定义、个案研究的特征与分类以及个案研究的评价标准等内容；教育个案研究的过程包括个案研究的实施步骤、个案的选择、个案研究数据的收集和分析等内容；教育个案研究报告的撰写包括个案研究报告的构成、个案研究报告的规范以及个案研究报告写作的案例分析等内容。

☆学习目标

1. 了解教育个案研究的特点和分类。
2. 了解教育个案研究的评价标准。
3. 掌握个案、个案研究的概念。
4. 掌握教育个案研究的实施步骤。
5. 掌握个案的选择以及个案数据的收集和分析。
6. 学会撰写规范的教育个案研究报告。

☆核心概念

个案　个案研究　数据收集　数据分析策略　个案研究报告

武汉市江岸区辅读学校课外活动实施的个案研究：以轮滑活动为例①

课外活动是学校在各科教学大纲范围以外，对学生进行的多种多样的教育活动。它是班级教学的必要补充，是学校教育的重要组成部分。关于普通学校课外活动的研究日益得到关注，但关于辅读学校课外活动的研究却很少。辅读学校是指中国大陆为智障儿童设立的专门特殊学校，注重于培养弱智儿童以后的生活自理能力和独立性，并且通过适合身心发展特点的教育和训练，使弱智儿童在德、

---

① 程三银，邓猛，武汉市江岸区辅读学校课外活动实施的个案研究——以轮滑/滚轴溜冰活动为例[J]. 香港特殊教育论坛，2009 (11)：98－110.

智、体等方面获得全面发展。课外活动的开展可以促进这些目标的实现。在课外活动中，学生具有自主选择权，处于主体地位，有利于培养他们的主体意识。课外活动不仅具有教育作用，而且是促进学生全面发展的重要形式。更重要的是，课外活动也是促进学生智力发展的手段。研究者通过分析相关文献发现，普通学校课外活动的研究较多，辅读学校课外活动的研究匮乏，因此试图以轮滑活动为例，研究江岸区辅读学校开展课外活动的状况，调查开设轮滑的作用、影响因素以及开设效果，探索辅读学校开设课外活动的特点与规律，并对辅读学校课外活动的开展提供一些参考建议。

该研究对象是武汉市江岸区辅读学校实验一班。江岸区辅读学校创建于1984年，隶属于江岸区教育局，是武汉市第一所以专门招收智力残疾儿童为主要对象的特殊教育学校。目前，该校有智障学生 80 余人，分 9 个年级。实验班所开展的课外活动主要有轮滑、腰鼓、听音乐、看动画片等，其中，轮滑开展时间为一年。根据该校实验班教师 C 介绍，这是该校建校以来实施时间最长、取得明显效果的一项活动。因此，作者选取轮滑活动来分析辅读学校课外活动开展的现状与特点。该研究采取个案研究的方式进行；以江岸区辅读学校为研究对象，以轮滑活动为例，就课外活动开展情况采取访谈法、观察法进行深入调查。

究竟什么是个案研究？如何进行个案研究？个案研究应该以什么样的形式得以呈现？下面将围绕这三个方面依次予以介绍。

第一节　教育个案研究概述

一、个案及个案研究

（一）个案

个案是对某种真实情况的描述，通常以文字记录的形式出现。个案所描述的事实或事件必须是真实存在的，并非想象或者杜撰出来的，并且其描述忠实于原事实或事件，立场中立，不包含主观的价值评论。因此，个案是人们思考、判断和采取正确行动的基础。罗伯（Rober）认为，个案是一个封闭系统，是由一系列相关元素组成的有机整体，是由各个部分组成并在自身的环境中运作的完整事件①。用“封闭”这个词来限制，是为了强调研究者应该确定个案中事件或事实的范围，即个案是什么以及不是什么。

个案可以是一个学习障碍儿童、一个语言艺术教室、一所学校或一个国家项目等。有些研究者认为，个案不仅包括身份明确的实体（如一个小组、一个人、

① Stake, R. E.. Case study methods in educational research［M］//Jaeger, R. M.. Complementary methods for research in education (2nd ed.). Washington, D. C.: American Educational Research Association, 1997.

一个教室或组织；如上述案例中所调查的“江岸区辅读学校”)，也包括事件(如校园抗议事件)、活动（如学习打篮球、学习轮滑）或过程（如在教学的第一年里如何成为一名专业教师)。个案研究（case study）是以一个整体的社会单位为对象，如一个人、一个家庭、一个社会团体、一个社区等。这个对象一定要具有代表性，使研究者可以通过对选定个案进行详细的数据收集与分析来获得有价值的结论。如一个患有艾滋病的青少年个体，从研究的意义上来说，构成“个案”；上述案例中的“辅读学校”以及选取的教师、学生等，都构成研究的不同个案。同时，研究者还需要对这个对象进行几年的了解，讨论对象应对问题的经验。此外，个案还可以是很多事情或事物，但它们应该要有一致性，它们的结合可以为研究探寻提供一个清晰的焦点①。因此，如果我们要设计一个关于“应对慢性疾病的家庭以及其所需要的技术支持”的个案，同时调查几个家庭会更有利于研究的开展②。

个案研究关注个案如何运作，因此喜欢对个案进行整体描述。如个案为“高中”，研究者会描述教师、建筑物、学生、教室和书等构成这所高中的所有组成要素。如个案为“个体”，研究者会描述构成个体的不同部分（如认知的、情感的、生理的)。除此之外，个案研究也关注个案的内在和外在背景。以一个学校为例，内部背景包括学校的组织气氛、领导风格、体育和教学器材等；外部氛围包括学校所在的具有特定社会、经济和人口特征的地理位置。因此，个案研究者应仔细勘察个案的背景以便能够更好地描述和解释个案的功能运作③。

（二）个案研究

1. 个案研究的定义

个案研究在社会科学领域由来已久。早在19世纪末，美国学者就开始系统地运用个案研究进行学术研究。1870年，哈佛大学法学院即开始用个案研究法来训练学生思考法律的原理和原则。但是，通过个案研究获得的数据却被认为是微不足道的，通常被作为实证主义研究（主要指量的研究）的前期探索性调查。直到20世纪60年代，随着建构主义的兴起，个案研究才重新引起质的研究者的兴趣④，个案研究在社会科学领域逐步受到重视⑤。西方许多学者，如戈尔比

---

① Rosenberg, J., Yates, P.. Schematic representation of case study research designs [J]. Journal of Advanced Nursing, 2007 (4): 447-452.

② Bob Price. Case study research with children and their families. [J]. Paediatric Nursing, 2008 (6): 39-45.

③ Burke Johnson, Larry Christensen. Educational research: quantitative and qualitative approaches [M]. New York: Allyn&Bacon, 2000: 327-328.

④ Hamel, J., Dufour, S. & Fortin, D.. Qualitative research methods (32) [M]. California: Sage Publications, 1993.

⑤ Gomm, R., Hammersley, M. & Foster, P.. Case study and generalization [M] //R. Gomm, M. Hammersley & P. Foster (Eds.). Case study method: Key issues, key texts. London: Sage, 2002: 98-116.

(Golby)[①]和梅里厄姆 (Merriam)[②] 等开始将个案研究应用于教育研究，促进与丰富了个案研究的使用和发展。

梅里厄姆认为，个案研究的对象即个案本身是关键。个案是一个有意义的、限定的实体或单位，是一个个体或更大的社会系统（如学校系统）[③]。而尹(Yin) 则从研究过程的角度来定义个案研究，他强调个案研究涉及不同的信息渠道是为了能够在其所处的自然环境中定位独特的个案[④]。这种观点强调分析过程中要多角度寻求一个有意义的结构。然而，从研究结果的角度，质的个案研究也能被认为是特定的自然科学的产物，因为个案研究经常使用可辨别且无技术含量的语言，给已被研究的现象提供一个丰富的、具体的、深入的和全面的描述。至于个案研究的内容，过程描述和社会化建构意义的分析是常见的话题。简而言之，个案研究是指系统地研究个人、团体、组织或事件，以获得尽可能多的相关资料、解决研究问题的过程。

个案研究对各自独立的个案进行详细研究，一方面确认和描述现象，另一方面促进理论的发展。通过个案的收集，有助于详细地描述事物的现状，以便人们了解事物和发现问题；有利于将个案推广到现实生活中，解决普遍性的问题；启发人们的认识，对研究对象寻求新的解释、观点和意义等[⑤]。

个案研究在医学、人类学、临床心理学、管理科学和历史学中被广泛使用，也是社会科学研究中运用较为广泛的一种质的研究方法。奥地利心理学家弗洛伊德（Sigmund Freud）所作的关于病人的个案研究报告，经济学家为美国联邦通信委员会所作的有线电视业的个案研究等均属此类。因此，当研究者不确定研究的主体时，个案研究方法就显得尤为重要。通过详细的个案资料，特别有利于研究者发现进一步研究的线索和概念。

菲什（Fish)[⑥] 和戈尔比[⑦]都指出个案研究是研究职业实践和实践重要性问题的一个有用的方式。因为个案研究能够指导读者做什么，尤其是当他们处境类似的时候[⑧]；个案研究使得实践者能够将一个实践问题重新概念化，从而更全面地理解它，并将理论与实践结合起来。科尔曼（Coleman)[⑨] 指出个案研究对于证实或发展一个现存理论是很有价值的。实证主义研究者则喜欢将个案研究作为

---

① Golby, M.. Case study as educational research [M]. Devon: Fair Way Publications, 1993.

②③⑧ Merriam, S. B.. Qualitative research and case study applications in education: revised and expanded from case study research in education [M]. San Francisco: Jossey-Bass Publishers, 1998.

④ Yin, R. K.. Case study research: Design and methods (rev. ed.) [M]. Beverly Hills, CA: Sage, 1989.

⑤ Pol Ghesquie're, Bea Maes & Roland Vandenberghe. The usefulness of qualitative case studies in research on special needs education [J]. International Journal of Disability, Development and Education, 2004 (2): 172.

⑥ Fish, D.. Appreciating practice in the caring professions [M] //Refocusing professional development and practitioner research. Oxford: Butterworth-Heineman, 1998.

⑦ Golby, M.. Case study as educational research [M]. Devon: Fair Way Publications, 1993.

⑨ Coleman, P.. Doing case study research in psychology [M] //A. Jamieson & C. R. Victor (Eds.). Researching ageing and later life. Buckingham: Open University Press, 2002: 135 – 154.

预实验方式，因为他们能够在此过程中产生假设，以便在将来的控制研究中进行评价。

综合上面的不同定义，我们可以发现：个案研究是以单个的个体或者是更大的系统或组织为研究对象，对其进行详尽、系统的描述和研究，以期帮助人们发现和解决问题，或者促进现存理论的进一步发展的一种社会科学研究方法体系。

2. 个案研究与几个概念的区别

（1）个案研究与个案记录。个案研究不同于医学、社会工作或职业治疗中的个案记录。个案历史或心理传记是以长期或主观个案叙事的形式追溯个人或一个组织的过去，它们并不构成个案研究。同样，职业教育或自然科学文章中所使用的个案例子，可能对个案进行了描述，但是并没有使用系统的自然科学方法，也不属于个案研究。

（2）个案研究与单一被试设计。个案研究也不同于解释因果关系的单一被试设计。因为单一被试设计依赖于实验的传统，对被干预个案的基线水平和干预后的效果进行比较，并在调查中使用数字分析，但没有涉及背景问题，也没有对所研究的现象进行丰富完整的描述。

（3）个案研究与行动研究。个案研究也不同于行动研究。虽然两者有某些方面的重合，如在真实的背景中开展研究，都有参与的过程，都可以发现和解决问题等，但不能将个案研究与行动研究混淆。行动研究是通过许多反思阶段对一个特定的变化式干预进行的研究，也致力于将研究场合中的参与者视为合作研究者①。而个案研究则倾向于以研究者为中心，经常涉及对参与者的观察，并试图对研究场合进行全面的描述和理解。虽然在研究的过程中研究者可能会重新聚焦，但是最先关注的焦点始终是个案本身，并且尽可能全面地去关注。

二、个案研究的特征

个案研究的特征很多，概括起来有以下七个常见的特征②。

（一）小样本

个案研究需要集中深入地对特定的单位进行分析，通常情况下所需的样本比调查研究小很多。如果对大量的参与者进行广泛的分析，有可能会以牺牲详细的描述为代价，从而会降低个案研究的有效性。如一个教室使用的电脑模拟可以被视为 $N=1$（N 指代样本的个数）。

① Cousin, G.. Strengthening action research for educational development [J]. Educational Developments, 2002 (3): 5-7.

② Khan, S.. The case in case-based design of educational software: a methodological interrogation [J]. Educational Technology Research and Development, 2007 (55): 1-25.

（二）背景的细节化

个案研究的目的是通过对“正在进行的事件”进行极详细的背景化分析，给读者一种“身临其境”的感觉①。研究者仔细地描述这一“事件”，用通用的术语对其进行定义并指出其特殊性。如在上面的例子中，“正在进行的事件”可能是教师在一个关于分子间力的教学片段中如何使用电脑模拟；轮滑活动则是教师和学生在特定环境中的交互活动的情境与事件。

（三）自然背景

在个案研究中，研究者通常选择一个对行为、组织或事件没很大影响的场合并对其进行系统的研究。个案研究非常适合于复杂背景下的研究②，因为它能将复杂的背景转变为简单的因果关系。如科翰（Khan）对“学生和教师如何使用电脑模拟来理解自然科学概念和培养探究技能”进行的个案研究中，没有对教室中发生的事件进行控制，学生和教师之间的互动在没有研究者干预的情况下自然地展开③。

（四）有界性

个案研究对一个特定的时空界限进行细致的描述，对时间和地点的关注能够为有趣的结构和关系提供背景。如教室是一个空间固定的正式机构场合，拥有制定好的计划表、共同的期待以及规定的课程。这些界限使得教室的研究者们能够通过限制个案的内部和外部来形成关键的假设。

（五）暂时性假设（working hypothesis）和建构新的假设

在个案研究中，研究者能生成假设，并在个案研究的数据收集和分析中发现或建构新的假设。研究的实体或现象出现在研究过程中，研究能得出自然的结论。如 2002 年科翰对她所做的关于教师、学生和电脑模拟的研究中的偶然发现仍然保持开放的态度。在这个特殊的个案研究中，她没有检验原先的假设，而是得出了几个关于教师、学生和电脑之间互动的新假设。

（六）数据来源多样性

个案研究通常使用多种数据来源，使得几种调查线索汇聚，有助于相互印证，所得的研究发现更令人信服，更精确。在关于教室设计的研究中，2007 年科翰收集了各种各样的数据，包括测量学生理解的测试数据，对教师和学生的访谈数据以及教师、学生和电脑互动的观察数据。上述案例中关于“辅读学校课外活动实施的个案研究”中，研究者收集了针对学生轮滑的观察与针对教师的访谈

---

① MacDonald, B., & Walker, R.. Case study and the social philosophy of educational research ［M］// D. Hamilton. Beyond the numbers game: A reader in educational evaluation (ed.). Basingstoke, UK: MacMillan, 1977: 181－189.

② Anderson, R., Crabtree, B. F., Steele, D. J., & McDaniel, R. R.. Case study research: The view from complexity science ［J］. Qualitative Health Research, 2005 (5): 669－685.

③ Khan, S.. Teaching chemistry using guided discovery and an interactive computer tool ［D］. Unpublished doctoral dissertation, University of Massachusetts, Amherst, 2002.

数据进行相互补充和印证。

（七）可延伸性

个案研究能够通过拓宽读者的经验来丰富以及进一步转变读者对于某个现象的理解。个案研究者通过分析复杂的社会互动来发现或建构那些构成某个现象的“不可分割”的要素①。在个案研究中，研究者致力于对背景中的关系进行合并和明确，希望这些背景和关系能够引起读者的共鸣。例如，虽然 2002 年科翰研究的是一个教室，但其目的却是想要将化学课堂上的研究延伸到其他自然科学的课堂。“辅读学校课外活动实施的个案研究”则将轮滑活动的开展与整体的智力落后儿童课外活动实施结合起来探索其特点与规律。

专栏 10 -1

个案研究的适用性

个案研究方法的选择取决于研究者的目的。尹（1994）认为个案研究在回答“怎样（how）”和“为什么（why）”这两类研究问题方面独具优势。另外，当研究者希望尽量少地控制所要研究的对象或者事件，以及所研究的对象或事件很难从其所处的情境中分离出来的时候，个案研究可能会成为最佳的选择。同时，个案研究尤其适用于研究过程。这里所说的过程有两层含义：一是监控的意思，如描述研究的背景和群体，探索“干预”或“项目”实施的程度，及时提供反馈等。二是对因果关系的解释。即探索或者验证“干预发挥作用”的过程。最后，个案研究适用于研究独特的例子。当研究者所研究的现象或者知识无法通过其他途径获得的时候，往往会选择个案研究。

［资料来源］Merriam，S. B.. Qualitative research and case study applications in education：revised and expanded from case study research in education［M］. San Francisco：Jossey-Bass publishers，1998：32 -33.

三、个案研究的分类

个案研究的分类很多。如麦克劳德（McLeod）等将个案研究分为实用性、效率导向性、理论建构性以及描述性个案研究②；1981 年库巴（Guba）和林肯（Lincoln）将个案研究分为事实性、解释性和评估性个案研究③。在个案研究的多种分类中，以对个案研究具有重要影响的两个研究者尹和史黛科（Stake）的

① Yin，R.. Case study research：design and methods（3rd ed.）［M］. Thousand Oaks，CA：Sage，2003.

② McLeod，John，Elliott，Robert. Case study research［J］. Therapy Today，2008（10）：42 -43.

③ Guba，E. G.，& Lincoln，Y. S.. Effective evaluation［M］. San Francisco，CA：Jossey-Bass Publishers，1981.

分类最具代表性。

（一）尹的分类

尹提出三种不同类型的个案研究，分别为“探索性个案研究”“描述性个案研究”和“解释性个案研究”。但不管什么类型的个案研究，研究者的角色都是消极的询问者①。

1. 探索性个案研究

探索性个案研究是确定研究问题之前的一种直觉调查。探索性个案研究的目的是发展命题以期在将来的研究中得到检测。例如，研究者进行一个关于个体阅读过程的探索性个案研究，可能会问笼统的问题，如“学生阅读一篇文章时使用策略了吗”和“如果使用的话，频率是多少”。这些笼统的问题意味着可以在将来进一步研究所观察的现象。同时，探索性个案研究还可以在提出研究问题和假设之前预先进行小范围田野式的数据收集。作为前奏，这个最初的工作有助于为研究建立一个框架。

2. 描述性个案研究

描述性个案研究指的是在现象所处的背景中对其进行完整的描述。如研究者使用了哪些不同的策略以及怎样使用这些策略。描述性个案研究者的目标是对所出现的数据进行描述。麦克多诺（McDonough）等认为，描述性个案研究可以以叙述的形式呈现②。描述性个案研究的挑战之一就是研究者必须在开头使用一个描述性理论，用来支持对现象或故事的描述。如果没有做到这点，描述可能会不够严谨，并可能会使研究过程不够严谨。

3. 解释性个案研究

解释性个案研究的目的在于解释因果关系，从表层和深层两个水平仔细地检测数据以便对数据中的现象进行解释。如研究者可能会询问一个学生为什么在阅读中使用推理的策略③，然后根据数据形成一个理论并对其进行检测。

（二）史黛科的分类

史黛科将个案研究分为内在个案研究、工具个案研究和多重个案研究三类。

1. 内在个案研究

在内在个案研究中，研究者的兴趣在于某个特定的个案，而不在于它是否代表其他的个案。个案的选择由其特殊性决定。如临床个案研究就属于内在个案研究。

---

① Bob Price. Case study research with children and their families ［J］. Paediotric Nursing, 2008 (6): 39 – 45.

② McDonough, J. and McDonough, S.. Research methods for English language teachers ［M］. London: Arnold, 1997.

③ Zaidah Zainal. An investigation into the effects of discipline-specific knowledge, proficiency and genre on reading comprehension and strategies of Malaysia ESP students ［D］. Unpublished Ph. D. Thesis, University of Reading, 2003.

2. 工具个案研究

工具个案研究的目的是收集知识和建构一个可以推广的理论。在这类研究中，个案的选择是由其是否能够代表一组现象的特质所决定的。

3. 多重个案研究

多重个案研究也称集合式个案研究。这种个案研究对某个特定个案研究得更少，其更多是通过比较，重点突出一组现象的普遍性。

因此，从总体上来说，内在个案研究是在个案内部进行归纳，工具个案研究试图将个案进行推广，多重个案研究是对工具个案研究进行进一步的延伸①。

由此可以看出，尹和史黛科都是依据研究目的的不同而对个案研究进行分类的。所不同的是，尹所分类的三种个案研究之间呈现一种并列的关系，而史黛科所分类的三种个案研究之间则更多地呈现一种层层递进的关系。

四、个案研究的评价标准

关于个案研究的评价，主要有两种观点：一种是传统的信度效度论，支持用信度效度等来评价个案研究；另一种是诠释论，认为所有的研究者、参与者和个案报告的读者都有对个案研究的意义和价值的独特解释，反对简单地运用信度效度来评价个案研究。

（一）信度效度论

信度效度论者认为，要成为一个有价值的实证研究策略，个案研究必须满足信度和效度的方法论标准②。

信度指的是在研究方法等条件相同的情况下，重复研究发现的能力。这就需要正式的研究方案来确保所有个案研究过程的一致性。信度分析所依据的数据将独立于其他分析在另外一个数据库中进行。为了寻求外在信度，研究者必须表述清楚研究设计的认识论前提，描述清楚个案的选择以及尽可能详尽地描述数据收集和分析的过程。这些措施的目的是使其他研究者能够重复研究过程的每一步③。内在信度的关键是观察者间的信度（评估两位以上观察者所收集记录资料的一致性程度）和个体内的一致性④（评估一位观察者多次收集记录资料的一致性程度）。这可以通过“成员检验”（如将研究数据反馈给研究对象）和“审计

① Stake, R. E.. The art of case study research [M]. Thousand Oaks, CA: Sage, 1995.

② Pol Ghesquie're, Bea Maes & Roland Vandenberghe. The usefulness of qualitative case studies in research on special needs education [J]. International Journal of Disability, Development and Education, 2004, 51 (2): 173.

③ Van Ijzendoorn, M. H.. De navolgbaarheid van kwalitatief onderzoek: I. Methodologische uitgangspunten [The imitability of qualitative research: I. Methodological premises] [J]. Nederlands Tijdschrift voor Opvoeding, Vorming en Onderwijs, 1988 (4): 280-288.

④ Smaling, A.. Methodologische objectiviteit en kwalitatief onderzoek [M] //Methodological objectivity and qualitative research. Lisse, The Netherlands: Swets & Zeitlinger, 1987.

记录”（如外部监督人员对研究过程的持续评估）[①]。

效度指的是研究的准确性和真实性程度。根据测验目标把效度分为内容效度、结构效度（构想效度）和效标关联效度，这种分类为美国心理学会（American Psychological Association，简称 APA）在 1974 年发行的《教育与心理测验的标准》一书所采纳，成为通行的效度分类方法。内容效度即测量内容的适当性和相符性，通过系统的逻辑方法详细分析题目的性能，确定项目对欲测内容或行为范围取样的适当程度。结构效度是指一个测验实际测到所要测量的理论结构和特质的程度，是指实验与理论之间的一致性，即实验是否真正测量到假设（构造）的理论[②]。结构效度对于个案研究来说尤其重要，它可以用来消除个案研究所谓的“主观性”的标签，使研究过程与操作合理化。

而内在效度和外在效度是心理学研究（特别是实验研究）文献中常使用的概念，与测量的效度的含义有所不同。内在效度是建立可靠的因果关系，在数据分析阶段尤其重要，可能包括一些检测推论效度的策略，如模式匹配、建立解释或时间序列分析等。外在效度关注的是研究发现具体能推广到哪个领域。这要求仔细地选择个案并解释每个个案被选择的原因、个案之间的异同，所有这些都是以研究问题的形式来呈现。与单个个案研究相比，外在效度在多重个案研究中得到更大程度的体现。

（二）诠释论

诠释论者认为，不应该使用传统的信度和效度来对个案研究进行判断，而应该使用能够证明他们研究发现和方法的可信度（credibility）和可靠性（trustworthiness）的标准。乔伊斯·高尔（Joyce P. Gall）等认为有 11 个标准可以帮助研究者对个案研究进行评估，并将其分为三类，即反映对读者需求敏感性的标准、反映合理研究方法使用的标准以及反映数据收集和分析完整性的标准[③]。

1. 反映对读者需求敏感性的标准

这类标准包括有力的证据链、真实性（truthfulness）和有用性。

有力的证据链指的是在研究问题、原始数据、对原始数据的分析以及从数据中得出的结论之间建立的清晰且有意义的联系。乔伊斯·高尔等指出研究者可以通过审计线索（审计线索指的是对个案研究中所使用的研究过程的完整记录）来向读者展示清晰的证据链。审计线索中可记录的项目包括原始数据的来源和收集方法、研究过程、收集数据的工具的发展和数据收集的过程、数据归纳和分析的结果以及数据重构和综合的结果。

---

① Stake, R. E.. The art of case study research [M]. Thousand Oaks, CA: Sage, 1995.

② http://baike.baidu.com/link?url=f-eeEUOPpq30GblqLLB2FnOiEE5xXwstPWzszb7_Yw2_cqCAf86HAFBmhuUwhM8skRhHDZteK916rfres1pSIK.

③ Joyce P. Gall, M. D. Gall & Walter R. Borg. Applying educational research (5th) [M]. New York: Pearson Education, 2005: 319－323.

真实性指的是研究者通过描述对所研究现象进行的真实呈现。例如，“武汉市江岸区辅读学校课外活动实施的个案研究”中的研究对象、研究情境、发生的活动与事件等都是真实的，呈现的是真实的经验性数据。

此外，对读者的有用性是评估个案研究的一个重要的标准。个案研究的有用性可以体现在：启发读者；解放或授权被研究的个体；研究发现能用于指导读者应对自身环境中出现的与个案研究中类似的现象。

2. 反映合理研究方法使用的标准

这类标准包括相互印证（triangulation）、编码检测、驳斥个案和成员检验。

相互印证指的是使用多个数据收集方法、数据来源、分析家或理论来检测个案研究发现的过程。如安·麦克唐奈（Ann McDonnell）等的研究采用半结构化访谈、非参与式观察、问卷调查等多种方法收集更加完整的数据，使得研究更加严谨①。

编码检测指的是对个案研究中编码过程信度进行的检测，使用的方法类似于量的研究中判断评估者间信度的方法。所谓的编码，是指我们解释研究者怎样建立一个范畴体系来对访谈记录、田野记录、文件以及其他材料进行处理的过程。个案研究可以通过使用多个观察者来增加编码过程信度。

驳斥个案是通过使用极端的例子（即异常值）来检测和加强基础研究。例如，“武汉市江岸区辅读学校课外活动实施的个案研究”中的一名学生经过一年的学习后仍然不会轮滑的案例，需要更多的观察与解读，以此来说明和解释在辅读学校开展课外活动的困境与根源。对个案研究来说，所谓的异常值指的是与研究中的其他大多数不一样的个体或情境。

成员检验指的是被试回顾检查研究者的报告，以确保其精确性和完整性。“武汉市江岸区辅读学校课外活动实施的个案研究”在数据分析完毕以及报告撰写成功两个阶段，都分别由第三作者组织学校同事对数据分析与报告中的观点进行审阅，并提出修改意见。

3. 反映数据收集和分析完整性的标准

这类标准包括背景完整性、长期观察、典型性检测和研究者的自我反思。

背景的完整性是评估个案研究可靠性的标准之一。个案研究的背景越完整，研究者对背景中的现象的解读就越可靠。大卫·阿尔西特（David Altheide）和约翰·约翰逊（John Johnson）认为，个案研究中应该考虑的背景特征包括历史、实物背景和环境；参与者数目；特定的活动；事件发生的进程表和时间顺序；人力分配；日程以及日程变动；重要的事件及其起因和结果；成员的感受和意图；

① Ann McDonnell, Myfanwy Lloyd Jones & Susan Read. Practical considerations in case study research: the relationship between methodology and process [J]. Journal of Advanced Nursing, 2000, 32 (2): 383 -390.

社会规则和安排的基本模式等①。

对数据的长期收集和对现象的重复观察也能增加个案研究发现的可信度。如学生对学校的感受因考试、天气、假期等因素而变化，因此通过长期的数据收集，研究者就可以区分情境性感受与持续性感受。

个案研究发现是否具有代表性也是评估个案研究的重要标准之一。如研究者可以通过反思数据收集是否过多地依赖于容易接近的人或精英阶层，以此来进行代表性检测。

研究者的自我反思也是个案研究评估中重要的参考标准之一。如果研究者能证明反思性（即研究者关于自身进行这项研究的资格和他们与所研究背景之间的关系的自我反思），他们的解读就更加可靠。

专栏 10－2

个案研究者必备的素质

与其他研究相比，个案研究对研究者的智力、人格和情感提出了更高的要求。

首先，研究者应该能够容忍一定程度上的模糊性，因为个案研究并没有约定俗成且一定正确的实施步骤。在研究中，研究者必须能够不断地针对无法预见的意外情况作出决定和及时的反应。经常出现的情况是，研究者工作了很长时间，却一无所获。

其次，研究者必须对所研究的情境和人物语言或非语言信号保持一定的敏锐性和警惕性。在个案研究中，研究者并不是从量的角度来进行测量的，而是通过他们形象的诱发、描述、评估、比较和创造，给读者身临其境的感觉。

再次，研究者的意识和感知力必须非常敏锐。个案研究本质上是非常集中和深入的，这就意味着个案研究会很劳心劳力。

最后，个案研究者必须有很强的自我反省能力，以此来确保研究者将自身视为研究项目的一部分。

［资料来源］Pol Ghesquie're, Bea Maes & Roland Vandenberghe (2004). The usefulness of qualitative case studies in research on special needs education ［J］. International Journal of Disability, Development and Education, 2004 (51):2, 171－184; Ball, S. J.. Self-doubt and soft data: social and technical trajectories in ethnographic fieldwork ［J］. International Journal of Qualitative Studies in Education, 1990 (3): 157－171; Guba, E. G. & Lincoln, Y. S.. Effective evaluation ［M］. San Francisco: Jossey-Bass, 1981.

① Altheide, D. L. & Johnson, J. M.. Criteria for assessing interpretive validity in qualitative research ［M］// N. K. Denzin & Y. S. Lincoln (Eds.). Handbook of qualitative research. Thousand Oaks, CA: Sage, 1994: 485－499.

五、国内教育个案研究的现状

在国外研究者广泛关注个案研究的背景下，国内研究者的关注也日渐增多。从所查阅的文献来看，主要集中于以下几个方面。

第一，个案研究的对象很广泛，有针对人（如针对孤独症儿童的个案研究）、物（如教材）、组织（如幼儿园）、活动（如课堂学习）等的个案研究。个案研究类型也呈现出多样化，既有描述性个案研究（对一个随班就读学生的个案描述①）、探索性个案研究（如对孤独症家庭情感康复训练的探索②），也有解释性个案研究（如针对高一学生书面表达错误的解释性个案研究③）；既有工具个案研究（如对教师信念和课堂教学的个案研究④），又有多重个案研究（如对普通高校健听大学生对听障大学生接纳态度的个案研究⑤）。

第二，个案研究采用的方法多种多样，如访谈法、问卷法、观察法等，并且大部分情况下是各种方法的综合运用。

第三，个案研究的实施过程较完整，如曾守锤和张福娟《多重残疾听力损失儿童干预的个案研究》一文比较完整地呈现了整个个案研究的实施过程⑥。

但是，整体上来说，国内更加注重的是教育个案研究的应用，对于个案研究的理论探讨不多，同时对个案研究只是注重结果的呈现，没有关注个案研究质量的评价（如信度和效度如何）。而且，在文中统一使用“个案研究”一词，没有明确地指出个案研究的类型。而国外对教育个案的研究更加系统，有对个案研究定义、分类、评价标准、如何实施等的系统探讨，同时也有对个案研究科学性的探讨。

第二节　教育个案研究的一般过程

一、个案研究的实施步骤

关于个案研究的实施步骤，没有统一的说法。安娜莉萨·沙米南（Anna-Liisa Salminen）等认为，进行个案研究时，需要考虑的基本元素源于个案研究的

---

① 于素红. 一个随班就读学生的个案调查［J］. 中国特殊教育，2004，48（6）：83－86.

② 魏铁兵. 孤独症儿童家庭情感康复训练的个案分析［J］. 中国临床康复，2006，42（10）：50－53.

③ 程戈. 高一学生书面表达错误分析及个案研究［J］. 中学教学参考，2010，43（3）：96－99.

④ 秦伟繁. 教师信念与课堂教学实践关系［J］. 长春教育学院学报，2009，25（4）：150－152.

⑤ 庆祖杰，朱珊珊. 普通高校健听大学生对听障大学生接纳态度的个案研究［J］. 中国特殊教育，2009，112（10）：50－54.

⑥ 曾守锤，张福娟. 多重残疾听力损失儿童干预的个案研究［J］. 中国特殊教育，2003，42（6）：47－50.

定义，如研究的目的、个案的选择以及多种方法和数据来源的使用①。帕莱纳·尼尔（Palena Neale）等认为，个案研究的过程应该包括计划、设计工具、收集数据、分析数据和推广研究发现等②。

在众多关于个案研究实践步骤的讨论中，约翰·罗森堡（John P. Rosenberg）和帕齐米·耶茨（Patsy M. Yates）的讨论是相对比较详尽完整的。他们认为，个案研究的实施过程包括研究问题的提出、基本研究主题和理论的确定、个案及其背景以及感兴趣现象的确定、特定个案研究方法的确定、确定最合适的数据收集方法、选择与数据收集方法一致的数据分析方法、通过预先设定的分析过滤器对已分析的数据进行完善、使用矩阵将数据简化为可管理的模块和概念组、得出结论并撰写个案报告。同时，他们还提出可以通过图表的形式将整个研究过程进行呈现③。下面将结合“社区安宁护理组织中的健康改善规则和实践的结合”以及“武汉市江岸区辅读学校课外活动实施的个案研究”两个具体的例子对约翰·罗森堡和帕齐米·耶茨关于个案研究的实施步骤展开具体的介绍。

（一）研究问题的提出

和其他研究一样，个案研究的起点也是确定感兴趣的现象，接下来是研究问题的形成以及质的研究中对研究问题陈述的归纳（或量的研究中假设的形成）。如例子一的研究问题为“健康改善规则与实践的结合对安宁护理机构的结构、运转和护理效果有什么影响”；例子二的研究问题为“武汉市江岸区辅读学校课外活动实施状况如何?”。

（二）基本研究主题和理论的确定

虽然并不是所有的个案研究都是在数据收集之前进行文献回顾的，但是对研究背景的理解的确是个案研究的关键步骤。基本主题和理论的确定是研究的一个重要组成部分。如例子一确定了两个拥有多重理论基础的主题“安宁护理”和“健康改善”以及另一试图将两者结合起来的主题“克利希尔（Kellehear）的健康改善和安宁护理”④；例子二的主题为“辅读学校课外活动”“轮滑开展”。

（三）个案及其背景以及感兴趣现象的确定

个案及其背景以及感兴趣现象的确定可能是个案研究中最重要的一步。因为如果没有明确的界限限定个案，个案研究会变成一堆无法处理的数据⑤。在例子

---

① Anna-Liisa Salminen, Toini Harra & Tiina Lautamo. Conducting case study research in occupational therapy[J]. Australian Occupational Therapy Journal, 2006 (53): 3-8.

② Palena Neale, Shyam Thapa & Carolyn Boyce. Preparing a case study: a guide for designing and conducting a case study for evaluation input [J]. Pathfinder international tool series, 2006: 1-16.

③ John P. Rosenberg & Patsy M. Yates. Schematic representation of case study research designs [J]. Research methodology, 2007 (1): 447-452.

④ Kellehear A.. Health promoting palliative care [M]. Oxford: Oxford University Press, 1999.

⑤ Luck L., Jackson D. & Usher K.. Case study: a bridge across the paradigms [J]. Nursing Inquiry, 2006 (2): 103-109.

一的研究中，个案是“一个社区安宁护理机构经历护理模式的转变，将健康改善方式纳入终身护理的目标”，感兴趣的现象是“这种转变对这个机构的结构、运转和护理效果的影响”[①]。在例子二的研究中，个案是“辅读学校轮滑活动的开展”，感兴趣的现象是“轮滑活动开展的影响因素、特点及效果”。这一步对第一步中所提出的研究问题进行分析和解读，是对第一步的进一步深化。通过这一步骤，研究者更加明确个案及其背景以及感兴趣的现象。

（四）特定个案研究方法的确定

史黛科提出个案研究可以采取以下三种形式中的一种：内在个案研究、工具个案研究和集合式个案研究[②]。例子一和例子二的研究在本质上都是工具性的，因为例子一的个案（如机构）被研究用来理解现象（如机构采用健康改善的方式）[③]，例子二的个案（智力落后儿童的轮滑活动）被研究用来探索“辅读学校课外活动”的规律。

（五）确定最合适的数据收集方法

个案研究中数据收集方法的选择主要取决于研究问题，可以是各种质的研究方法的结合，也可以是各种量的研究方法的结合，还可以是质和量的研究方法的结合[④]。如例子一的研究包括了参与式观察、深入访谈、问卷等研究方法。关于组织参与对公共政策制定的研究问题，文件回顾被视为潜在的数据来源，而关于消费者对支持性环境感受的研究问题则更适合通过问卷和深入访谈来获得。多重方法的使用被认为是促进个案研究严谨性的一项关键活动。例子二的研究主要采取的是非参与式观察与半结构化的访谈法（质的研究方法）。

（六）选择与数据收集方法一致的数据分析方法

为了保证方法的严谨性，数据分析方法必须与收集方法保持一致。因此，在例子一的研究中，文件、访谈和目标群体数据应该按主题进行分析，问卷数据则进行统计分析[⑤]。由于例子一研究中的数据分析是重复的，并且对正在进行的数据收集的提炼有影响，本步骤和数据收集重合。同理，在例子二的研究中，所收集的数据也应该按照主题进行分析，探明轮滑活动的作用、特点、影响因素及其效果等主题。

---

① Donabedian A.. An introduction to quality assurance in health care [M]. Oxford: Oxford University Press, 2003.

② Stake R. E.. Case studies [M] //Denzin N. & Lincoln Y.. Handbook of qualitative research (2nd edn). Sage, Thousand Oaks, CA, 2000.

③ Yin R. K.. Case study research: design and methods (3rd edn)[M]. Sage, Thousand Oaks, CA, 2003.

④ Morse J. M., Wolfe R. R. & Niehaus L.. Principles and procedures for maintaining validity for mixed method design [M] //Curry L., Shield R. & Wetle T. (eds). Improving aging and public health research: qualitative and mixed methods. GSA & APHA, Washington, D. C., 2005: 65 – 78.

⑤ Polit D. F. & Beck C. T. Nursing research: principles and methods (7th edn) [M]. Lippincott, Williams and Wilkins, Philadelphia, PA, 2004.

（七）通过预先设定的分析过滤器（analytical filter）对已分析的数据进行完善

分析过滤器是一种形象的比喻，是指将已经分析的数据进一步整理纳入几个主题的一种方法。在使用分析过滤器的步骤中，多重来源的数据的混合是很明显的。需要强调的是，分析过滤器并不是个案研究必有的一个特征，但是它可以通过预测个案研究中固有的潜在的概念来确保个案的界限，以此来加强研究方法的严谨性①。在例子一的研究中，分析过滤器包括渥太华宪章中所描述的健康改善的五个元素②。

（八）使用矩阵将数据简化为可供管理的模块和概念组

如何通过图表来系统严谨地处理大量多重来源数据的例子见迈尔斯（Miles）和休伯曼（Huberman）提出的描述性和解释性矩阵。他们根据在分析过滤器元素中的概念联合，同时呈现集中和离散数据③。需要指出的是，“使用矩阵将数据简化为可供管理的模块和概念组”也不是个案研究的必备要素。例子一在研究中通过这一步骤使得数据在概念上与健康改善的每个要素一致，同时维持分析的演绎过程。

（九）得出结论并撰写个案研究报告

一旦经过上述数据处理过程，这些数据就可以被用于进一步的分析，并为个案描述中结论的得出提供基础。在数据的基础上，结合现有研究文献，进行综合比较、抽象、概括，探讨所研究对象中的本质规律，这一过程往往被认为是“概念形成”的过程。④ 最后，个案研究报告是个案研究的产物，类似于研究报告的结果和讨论部分。有时为了解释得清楚，个案研究报告部分会分步进行。

二、个案的选择

迈克尔·巴顿（Michael Patton）将研究者选择个案的过程称为目的取样。其目的取样的目标是选取关键信息员，即能提供丰富信息且尊重研究者目的的人⑤。

个案选择可以依据很多标准。有研究者认为，个案选择要考虑所选的个案是否容易获得。除此之外，还要从理论方面考虑，个案选择不应依据个案的代表性，而应依据个案的说明性。还有研究者认为，个案选择最重要的标准是保证能从所选择的个案获得最大量的信息，如从目标客户群中选择能提供最丰富信息的

---

① Stake, R. E.. The art of case study research [M]. Sage, Thousand Oaks, CA, 1995.

② World Health Organisation. The Ottawa charter for health promotion [M]. WHO, Geneva, 1986.

③ Miles, M. B. & Huberman A. M.. Qualitative data analysis (2nd edn) [M]. Sage, Thousand Oaks, CA, 1994.

④ Yin, R. K.. Case study research: design and methods (3rd edn) [M]. Sage, Thousand Oaks, CA, 2003.

⑤ Patton, M. Q.. Qualitative evaluation and research methods (3rd edn) [M]. Thousand Oaks, CA: Sage, 2001.

客户①。对于多重个案研究来说，个案的选择应确保每个个案，或者预测类似的结果，或者得出相反的结果，但是要有可预测的理由。

研究者认为，选择个案要采取系统的取样策略。迈克尔·巴顿总结了15种选择策略，乔伊斯·高尔将其分为四类。第一类为选择具有关键特征的个案的策略，包括极端个案、集中性、典型个案、最大变化、分层、同类、目的性随机；第二类为反映概念基本原理的策略，包括关键个案、基于理论的或具有可操作性的结构、证实或驳斥个案、标准、政治上重要的个案；第三类为突然出现的策略，包括机会主义、滚雪球；第四类为缺乏基本原理策略，包括便捷性。每种策略的具体解释见表10-1。

表10-1 个案研究中所使用的目的性取样策略

选择具有关键特征的个案的策略	
1. 极端个案	具有极高或极低程度特征的个案
2. 集中性	具有高或低，但不是极端程度特征的个案
3. 典型个案	具有平均程度或者典型程度特征的个案
4. 最大变化	涵盖特征变化全部范围的多重个案
5. 分层	在预定义点呈现变化特征的多重个案
6. 同类的	具有类似程度特征的多重个案
7. 目的性随机	从可接近人群中随机抽取的多重个案
反映概念基本原理的策略	
8. 关键个案	对理论、项目或其他现象进行重要测试的个案
9. 基于理论的或具有可操作性的结构	显现一个特定理论结构的个案
10. 证实或驳斥个案	有可能证实或驳斥以前个案研究发现的个案
11. 标准	满足一个重要标准的个案
12. 政治上重要的个案	出名的或政治上重要的个案
突然出现的策略	
13. 机会主义	数据收集中被选择用来利用无法预测机会的个案
14. 滚雪球	由知道另一部分个体可能提供相关丰富信息数据的个体所建议的个案
缺乏基本原理策略	
15. 便捷性	因为可以获得而被选择的个案

① Merriam, S. B.. Qualitative research and case study applications in education [M] //Revised and Expanded from Case Study Research in Education. San Francisco: Jossey-Bass Publishers, 1998.

三、个案研究的数据收集

数据收集是数据处理的一个重要准备步骤。个案研究中的数据既可以通过量的方法收集，也可以通过质的方法收集，或者是通过质和量两种方法的结合进行收集。所有的个案研究都包括广泛的数据收集，通过不同的途径用不同的方法收集不同类型的数据，这样有助于开阔视野并对研究现象进行更全面的了解。

1994 年，尹指出个案研究中广泛使用的数据收集方法包括文件回顾、归档文件、访谈法、观察法（直接观察法、参与观察法）和实物形式的人工制品。其中，直接观察法、文件回顾和访谈法三种方法被认为是个案研究最全面、可靠的方法①。

1. 文件回顾

文件回顾中的文件可以是信件、备忘录、记事本、文档管理、新闻文章以及任何与调查相关的文件。例如，凯尔（Keil）在研究中翻阅的几种文件，包括设计小组备忘录、成本与效益比的分析、有关阻碍系统使用的内部报告等都属于文件回顾的范畴。文件回顾可以弥补其他方法的不足。如有时人们前后言行不一致，文件回顾就可以用交叉验证访谈和观察等其他方法收集信息。另外，文件对研究者访谈中的询问具有指导性②。

2. 归档文件

归档文件可以是服务性文件、机构记录、姓名列表、调查数据和其他类似这样的记录。如帕尔（Paré）和伊拉姆（Elam）在研究中阅读的由两名参与项目实施过程的关键人物最近所发表的三篇科学论文连载，就属于归档文件。需要强调的是，调查者在使用归档文件之前需要非常小心地评估它们的准确性。

3. 访谈法

访谈法在个案研究中非常盛行，可以和其他数据收集方法一起使用。就如 1994 年卡普兰（Kaplan）和麦克斯韦（Maxwell）所强调的，访谈的首要目标是引导被访谈者用自己的话来陈述观点和讲述经历，而不是简单地让被访谈者在预先设定好的反应范畴中作出选择。访谈法包括结构式访谈与半结构式访谈。结构式访谈围绕谈话提纲进行③，如在艾米（Amy R. McKenzie）的研究中，谈话提纲包括学生背景信息、读写初级阶段的发展、促进这一阶段发展的策略和活动以及

---

① Bogdan, R. E. & Biklen, S. K.. Qualitative research for education: An introduction to theories and methods (4th ed.) [M]. Boston: Allyn & Bacon, 2003.

② Khairul Baharein Mohd Noor. Case study: a strategic research methodology [J]. American Journal of Applied Sciences, 2008 (11): 1602-1604.

③ Rubin, H. S. & Rubin, I. S.. Qualitative interviewing: the art of hearing data [M]. Thousand Oaks, CA: Sage, 1995.

谈话伙伴在这一阶段发展中应发挥的作用等①。与结构式访谈相比，半结构式访谈能够在保证收集同样范围数据的同时，拥有足够的灵活性，并且可以以不同的方式接近不同的访谈对象。例如在上述的“辅读学校课外活动实施的个案研究”案例中，针对教师的半结构式访谈就能够很好地获得教师关于“轮滑活动”开展的作用、特点、影响因素与场景以及实施效果等多方面较为集中、深入、整齐的信息，有利于后面对数据的分析与比较、归类。访谈录音用来精确地记录谈话，以避免损失数据，同时可以用数字对每个磁带编码，标上被访谈者的名字以免混淆②。

4. 观察法

观察法能对正在进行的事件进行详尽的描述和记录。个案研究中应用比较广泛的两种观察法为参与式观察和直接观察。

参与式观察指的是在观察中，研究者与被观察者发生互动。参与式观察有几个显著的优点，即参与观察者能从个案研究内部人物的角度来洞察事实（Yin，1994），能够更便捷地接触事件、人物和文件。如在邦尼（Bonnie）和维基（Vicky）的研究中，研究者加入家庭参与到支持小组会议中，目的就是帮助其理解家庭成员如何与其他人互动以及家庭需要什么样的支持③。个案研究中的田野访问可以使用直接观察法。直接观察法可能会像随意的数据收集活动一样简单，也可能会需要制订正式的方案去测量和记录行为。直接观察法对系统的评估十分重要。如艾米在研究中，应用直接观察法来收集关于环境支持、教学测量和教室内外活动的数据，并且通过制订观察方案④以及做开放式田野记录的方式来增加直接观察法的信度。“辅读学校课外活动实施的个案研究”则采用非参与式的、自然观察的手段，在不干预教学的自然的课外活动情境中观察“轮滑活动”的开展。

5. 实物形式的人工制品

实物形式的人工制品可以是工具、测量仪器以及其他在田野访问中所收集的物质证据，如相片、录像、作品等。研究者的视野会因研究发现的结果而得以拓展。例如，“辅读学校课外活动实施的个案研究”中对该学校进行轮滑活动课程以来的记录、新闻报道、图片等进行了收集与分析，以确定该研究的背景。

---

① Amy R. McKenzie. Emergent literacy supports for students who are deaf-blind or have visual and multiple impairments: a multiple-case study [J]. Journal of Visual Impairment & Blindness, 2009: 294.

② Khairul Baharein Mohd Noor. Case study: a strategic research methodology [J]. American Journal of Applied Sciences, 2008 (11): 1602 - 1604.

③ Bonnie Bell Carter & Vicky G. Spencer. Another beautiful mind: a case study of the recovery of an adolescent male from a TBI [J]. Physical Disabilities: Education and Related Services, 2003: 33 - 58.

④ Angrosino, M. V. & Mays de Perez, K. A.. Rethinking observation [M] //N. K. Denzin & Y. S. Lincoln (Eds.). Handbook of qualitative research (2nd edn). Thousand Oaks, CA: Sage, 2000: 673 - 702.

四、个案研究的数据分析

（一）数据分析的过程

个案研究的数据是以解读的方式进行处理的。分析框架（概念的或理论的）的使用能对这一分析过程提供重要支持。因此，框架的建构是数据分析的第一步。研究者以循环的方式多次对材料进行浏览，直到建立一种能将各种数据都包括在内的框架，然后就开始对质的数据进行分析。首先，将有意义的单位进行编码，接着按照编码对内容进行分析和描述，然后检测编码之间的联系以及辨别“显露模式”①。

在多重个案研究中，数据的处理可能会被分为“现场内分析”和“跨场地分析”②。这意味着对每个个案单独进行分析（现场内分析），然后对所有的个案进行筛查以得出共同独特的要素（跨场地分析）。在跨场地分析中，需要关注能解释异同点的因素。

在数据分析的最后阶段，个案研究的结果应该和现存的理论同步考虑，以便调整和深化现存的理论。在这种意义上，个案研究可能会对科学理论的建构作出真正的贡献。

（二）常见的数据分析策略

个案研究的数据分析是整个研究过程中最困难、最难以被编码的部分。因此，研究者针对个案研究的数据分析提出了一系列的策略，如联系汇总表、文件汇总表、反思的和边缘的言论、个案分析会议以及临时的个案总结等。下面将重点对常见的几种分析策略进行介绍。

1. *编码*（coding）

在个案研究中，编码主要用于分析早期的数据，尤其适用于简化数据。研究者通常在附录中提供一套编码系统，以便于后来的研究者能重复本研究；同时，还能使读者看到理论模式和编码之间的逻辑联系。

建立编码系统有几种途径：一种是研究者或研究组依靠预先确定的或先前的编码。这些编码的建立主要依据对先前研究或理论思考的理解。凯尔的研究就是采取这种方式③。另一种是研究者对数据进行一些初步探索之后再进行编码④。

---

① Goetz, L. & LeCompte, M.. Ethnography and qualitative design in educational research [M]. London: Academic Press, 1984.

② Huberman, A. M., & Miles, M. B.. Data management and analysis methods [M] //N. K. Denzin & Y. S. Lincoln (Eds.). Collecting and interpreting qualitative materials. Thousand Oaks, CA: Sage, 1998: 179 - 210.

③ Keil, M.. Pulling the plug: software project management and the problem of project escalation [J]. MIS Quarterly, 1995 (4): 421 - 447.

④ Crabtree, B. F. and Miller, W. L.. Using codes and code manuals [M] //Doing Qualitative Research (2nd edn). Thousand Oaks: Sage, 1999.

还有一种更普遍折中的方式①，就是先使用一些原始的编码，并在分析的过程中再加入其他的编码。

如帕尔和伊拉姆的研究就是对编码过程的一个很好诠释。为了和他们的概念框架保持一致，他们将研究中的编码系统分为三种：（1）背景条件；（2）实施策略；（3）成功实施的标准。另外，他们还建立特殊的规则来确保编码系统的信度和编码过程的整体质量。"辅读学校课外活动实施的个案研究"的编码系统包括四类：（1）轮滑的作用；（2）轮滑的影响因素；（3）轮滑的效果；（4）轮滑教学中的问题。他们使用编码进行研究的过程如下：首先，根据概念框架建立一套初步的编码。然后用这套编码整理和提取个案中的文本数据。在这个过程中，研究者发现需要添加一些新的编码。当所有与个案相关的文本都被编码后，选择两个编码人员来确定评估者间信度。研究者先对编码进行简单介绍，然后指导每个编码人员阅读编码说明，熟悉编码体系。随后，每个编码人员将编码分别分配给代表背景条件、实施策略和实施成功标准的一系列文本。这些文本是从同一范畴中随机选取的。完成任务后，研究者提供最初的编码，然后指导每个编码者与研究者讨论现在的编码与最初编码的差异性，根据配对原则将编码者的编码结果与研究者的编码进行比较，结果显示两者存在一定程度的一致性（表示最初编码和现在编码一致性的 Kappa 系数 >0.80）②。

编码系统对研究者来说是一个关键的数据管理工具，用来组织类似或相关的文本，以便于解读以及寻求证据来证实或驳斥这些解读。编码系统的细致性由研究者所处的研究阶段决定。初期研究可能需要更广泛的编码系统来获取更多的解释，而用来阐明早期研究中出现的几个特定假设的研究则需要比较具体、狭义的编码。一个好的编码系统应该包括具体的信息要素。如果一个主题特别抽象，研究者则需要提供有关主题界限的例子，甚至需要与主题紧密相关但并不包括在主题里的一些个案。

2. 模式匹配（pattern-matching）

模式匹配是个案研究数据分析中最受欢迎的策略之一。这种策略将实证模式与预测模式进行比较，当两种模式契合时，能提高研究的内部效度。尹认为，当研究中包括独立变量的时候，可以将相互匹敌的两种解释进行模式匹配。这需要有相互匹敌的两种理论命题，但是仍需要整体考虑实证模式与预测模式的匹配程度③。如在马库斯（Markus）的研究中，他描述了三种潜在的模式（理论陈述），

① Paré, G. and Elam, J. J. . Using case study research to build theories of IT implementation [M] // A. S. Lee, J. Liebenau, and J. I. DeGross (eds.). Information systems and qualitative research. Chapman & Hall, 1997: 542-568.

② Guy Paré. Using a positivist case study methodology to build and test theories in information systems: illustrations from four exemplary studies [J]. École des Hautes Études Commerciales de Montréal, 2001: 1-37.

③ Yin, R. K. . Case study research, design and methods (2nd edn) [M]. Beverly Hills: Sage, 1994.

然后显示数据与哪一种模式更匹配①。当这三种潜在模式是相互匹敌的命题时（如马库斯的研究），模式匹配技术就可以有效地将数据和命题联系起来。像先前提到的那样，相对于其他两种模式来说，马库斯的数据与第三种模式更匹配。但是多大程度的匹配才能构成模式匹配呢？像其他大多数个案研究一样，马库斯没有通过任何数字上的检测来进行对比。至今还没有十分合适的方式来制定解读这类发现的标准。有研究者希望不同的模式能够形成足够鲜明的对比（如马库斯的研究），这样就可以通过比较两种或两种以上相互匹敌的命题来解读研究发现②。

3. 建立解释（explanation-building）

建立解释指的是通过建立一种个案的解释来对个案研究进行分析，也被认为是模式匹配的一种形式。这意味着建立解释的策略对解释性个案研究非常有用。解释性个案研究包括对个案事实的精确再现；对这些事实不同解释的考虑；根据最符合事实的一种解释所得出的结论。建立解释没有固定的构成要素，而建立解释的过程类似于侦探工作。侦探必须建立一种对犯罪的解释。在掌握犯罪现场描述以及目击证人叙述的信息后，侦探必须针对不同数据的相关性作出决定。一些个案事实被排除，而一些有用的线索可能会被发现，然后被继续跟踪追查，最终在排除其他解释后形成一种关于犯罪事实的合理解释③。需要指出的是，建立解释也可被用于探索性的个案研究中。

4. 显示的方法（display techniques）

视觉显示是个案研究数据分析的重要组成部分。通过显示数据可以找出被编码的各部分之间的联系④。例如，帕尔和伊拉姆制作了背景图表，对研究对象及其周围人物之间的关联制作成表格，并形成关系网络图。这一背景图表除了暗示演员之间谁正式指挥谁以及扮演什么角色外，还可以告诉研究者在每个实施计划中，演员之间的工作关系质量。这些图表显示了谁是关键的演员以及每个个体扮演什么样的角色。除此之外，图形和图表也发挥其他两种关键的作用，即简化数据和呈现数据，允许将数据作为整体来考虑（Miles 和 Huberman，1994）。帕尔和伊拉姆的研究中用一览表矩阵来对实施背景和成功实施的程度进行综合整体的评估（质的和量的）。因此，对这些表格的简单浏览就能使得研究者清晰地确定每个计划在实施过程中遇到的挑战以及计划成功的程度。

---

① Markus, M. L. and Robey, D.. IT and organizational change: causal structure in theory and research [J]. Management Science, 1988 (5): 583－598.

② Miles, M. B. and Huberman, A. M.. Qualitative data analysis, an expanded sourcebook [M]. Beverly Hills: Sage Publications, 1994.

③ Yin, R. K.. Case study crisis [J]. Administrative Science Quarterly, 26 (1), 58－65.

④ Crabtree, B. F. and Miller, W. L. (eds.). Using codes and code manuals [M] //Doing qualitative research (2nd edn). Thousand Oaks: Sage, 1999.

第三节　教育个案研究报告的撰写

写作过程是个案研究中的一个重要阶段。个案研究报告要求遵循一定的规则来充分地呈现数据和分析。写作过程自身以一种"思考"甚至"知道"的形式出现，来传播所收集的知识①，因此它是一个关键的阶段。

一、个案研究报告的构成

个案研究报告的目的是简化复杂的研究发现，使读者能够得出自己的结论。个案研究报告有很多种形式，如一章一个个案，写一个故事，按时间顺序叙述，将报告分成层次性标题或章节来陈述研究问题的每个方面。然而，像其他所有的评估结果一样，个案研究报告应该呈现研究的理由和方法以及支持性的信息（如研究中使用的工具和相关的指导规则）。个案研究可能独立呈现，也可能包括在更大的评估报告中②。

典型的个案研究报告是一长篇叙述性的文章，没有固定的结构，难写难读。为了避免这种情况的发生，可以将研究建立在一个清晰的概念框架上，也可以用一系列开放式问题的问答形式来取代叙述性的个案研究。这样研究报告就变得容易写，读者也可以不费吹灰之力找到所需的信息或是浏览整篇报告。如果个案间的分析是研究的主要目标，有可能就没有必要对单个个案进行报告。在这种情况下，研究报告就包括对每个个案的总结以及个案间的分析③。

个案研究报告包括如下部分中所有或者关键环节：研究目的和理论背景的陈述；研究主题；主要研究问题；对个案的具体描述以及如何进行取样和个案选择；研究的背景和个案历史（用来告诉读者研究地点或对象是如何确定的以及研究者与研究对象之间的关系）；研究的持续时间；用来保护参与者身份和隐私的知情同意书（其内容比较理想的是能够说明参与者在某种程度上可以从参与中获益）；数据收集和分析的方法；研究发现（对数据的总结性陈述、对研究问题的清晰回答，以及围绕个案的深入讨论等）；使用引用与节选对数据进行解释，构建完整的、概念性的分析和解读；对可能影响数据解读的因素进行讨论；个案研究与更广泛的理论和实践议题之间的联系。

---

① Richardson, L.. Writing: A method of inquiry [M] //N. K. Denzin & Y. S. Lincoln (Eds.). Collecting and interpreting qualitative materials. Thousand Oaks, CA: Sage, 1998: 345 -371.

② Palena Neale, Shyam Thapa & Carolyn Boyce. Preparing a case study: a guide for designing and conducting a case study for evaluation input [J]. Pathfinder, 2006: 10.

③ Yin, R. K.. The case study crisis: some answers [J]. Administrative Science Quarterly, 1981 (1): 58 -65.

二、个案研究报告的规范

沙龙·梅里厄姆（Sharon Merriam）认为，“个案研究没有标准的格式”，个案研究报告呈多样化的特点，至今依然如此①。

总体来说，个案研究报告仍应遵循一些基本的研究报告的写作规则。如连贯性。对观点按照一定的顺序进行陈述，报告从头到尾要体现词、概念和主题发展的持续性，这可以通过使用一些过渡性的词汇来实现，如“然后”“因此”“然而”等。再如表达清晰。研究者要明确在研究报告里应该呈现什么，避免俚语、词语冗长累赘等。此外，还有一些具体的写作规范参见1994年APA（American Psychological Association，美国心理协会）写作手册。除此之外，个案研究还应该遵循两个规范：第一，研究者应该更积极地使用第一人称（如使用“我”而不是“研究者”）和主动时态（如“我采访了老师们”而不是“老师们被研究者采访了”），这样有助于研究者确立自身在研究中的地位，积极地参与研究。第二，个案研究要使用假名，要对参与者的身份及信息保密②。

撰写个案研究报告时，研究者需要在写作的创新性和结构性之间寻求平衡。同时，个案研究报告还应注意以下几个问题：第一，个案要有代表性。所选取的个案应该能够反映真实的生活，也可以是过去研究所没有涉及的。第二，个案要具有理论意义（体现某一个著名的理论）或者实践意义（用于指导现实生活）。第三，个案研究报告要完整。第四，个案研究报告应该考虑多方的观点。第五，个案研究报告要有充分的事实根据③。

专栏 10－3

个案研究的可推广性

可推广性指的是将个案研究的结果应用于更多的个案。可推广性与研究的效度相关。到目前为止，研究者对个案研究的可推广性意见不一。

以尹为代表的研究者认为，个案研究具有可推广性。他认为，简单地说，与实验研究一样，个案研究可推广到理论命题，而不是群体。从这种意义上讲，与实验研究一样，个案研究并不代表一个“样本”，研究者的目标是扩展和推广理论（分析性的推广），并不是计算频率（数据上的推广）。

以Vickers为代表的研究者则认为，个案研究并不具有推广性。他指出，个案研究是一种非常详尽的研究方法，并且个案成长的情境非常多样化，无法将很多个案组成一个明确的样本。忽略背景会使研究者无法真正全面地理解个案。

---

①② Burke Johnson, Larry Christensen. Educational research: quantitative and qualitative approaches [M]. New York: Allyn & Bacon, 2000: 462－463.

③ 张福娟，江琴娣. 特殊儿童个案研究 [M]. 上海：上海教育出版社，2005：128－130.

而 Gary 认为，与社会科学的其他研究方法相比，个案研究在可推广性方面存在的明显缺陷，并不会削弱其对研究领域的贡献性；相反，个案研究会对社会科学领域作出独特的贡献，即个案研究会贡献实例性的知识（exemplary knowledge）。

［资料来源］Case study research：design and methods［M］. Newbury Park：Sage；Vickers，G.. The art of judgment：a study of policy making［M］. London，Chapman & Hall，1965.

三、个案研究报告写作的案例分析

下面以“武汉市江岸区辅读学校课外活动实施的个案研究：以轮滑活动为例”的研究报告为例，对个案研究报告的写作进行具体的分析。案例研究者将研究报告分为四个部分：第一部分为“问题的提出”（即“介绍”），包括研究背景的描述、目的陈述、研究的主要问题、关键术语的定义。第二部分为“研究方法”，包括研究对象的选取及其人口学特征、收集数据的方法、研究的过程等。第三部分为“研究结果”，对分析后的数据进行系统、有层次的陈述。第四部分为“讨论与结论”，对研究结果进行推理与概括，探讨其与现有文献之间的关联，获取有价值的结论。下面将依次对四大部分进行分析介绍。

（一）第一部分：问题的提出

第一部分开篇介绍了研究开展的原因与背景。课外活动不仅具有教育作用，而且是促进学生全面发展的重要形式。关于普通学校课外活动的研究日益得到关注，但关于辅读学校课外活动的研究却很少。课外活动的开展可以促进智障儿童生活自理能力和独立性，并且通过适合身心发展特点的教育和训练，使智障儿童在德、智、体等方面获得全面发展。更重要的是，课外活动也是促进智障儿童智力发展的手段。因此，针对辅读学校课外活动进行研究具有较高的理论与实践价值。

接下来对研究目的进行了陈述。

本研究有三个目标：（1）以轮滑活动为例，研究江岸区辅读学校开展课外活动的状况，调查开设轮滑的作用、影响因素以及开设效果；（2）探索辅读学校开设课外活动的特点与规律；（3）对辅读学校课外活动的开展提供一些参考建议。

第一个目标与文题对应，是本研究的主要目标和基本目标；第二个目标和第三个目标分别显示了本研究的理论意义和实践意义。

在论述研究的背景与目标的过程中，研究者对课外活动及我国智障儿童教育的基本概念与研究成果进行了简要的综述，确定了本研究相关概念的操作性定义，明确了本研究的主题与话语范畴。

（二）第二部分：研究方法

第二部分先介绍了本研究的主要研究方法为个案研究，并且具体描述了数据的收集过程，即联系研究对象（选定相关辅读学校、班级、教师和学生），明确研究对象的背景信息，确定访谈提纲与观察的方法，对其进行细化。然后，研究者对访谈与观察记录进行转录，并通过编码的方式建立起相关的类别与解读。

（三）第三部分：研究结果

第三部分主要对研究的结果进行客观、系统的陈述。研究者利用对教师的访谈以及观察所获得的数据陈述了辅读学校轮滑活动的实施状况，主要包括轮滑的作用、影响因素、效果及存在的问题等方面的基本情况。

（四）第四部分：讨论与结论

第四部分对研究发现进行了讨论。研究者发现：辅读学校的课外活动除了报告开始时提到的培养学生的主体意识、促进学生全面发展以及促进学生智力发展的作用以外，还可以有康复或辅助康复的作用。轮滑活动的影响因素显示，辅读学校课外活动的影响因素也应包括物的因素和人的因素。但是，目前我国辅读学校正处于起步阶段，资金、师资、设备、校园环境等方面都存在很大不足，因此与普通学校相比，辅读学校开展课外活动缺乏足够的资金、师资和设备等的支持。轮滑活动取得了显著的效果，主要体现在学生态度上积极接受和参与轮滑，大部分学生可以依靠自己轮滑以及因轮滑而较大改善了平衡能力、意志力以及注意力。由此可以看出，与普通学校一样，辅读学校课外活动对学生产生了一定程度的影响。

可见，研究者不仅描述了轮滑活动的基本情况，并通过与现有文献的比较，发现了辅读学校开展课外活动的一些特点与规律。首先，开展课外活动是一个尝试的过程。腰鼓活动的失败使得辅读学校领导和教师意识到，课外活动应该考虑到学生的实际情况，因此才有了后来从特奥会得到启示而开展轮滑活动的决定。其次，课外活动的开展具有主观性。目前，由于还没有现行的参考标准，辅读学校的课外活动还处于探索阶段。因此，在开展课外活动的过程中，领导决定所要开展的课外活动具有很强的主观性。再次，辅读学校开展课外活动具有明显的优势和劣势。与普通学校相比，辅读学校开设课外活动的主要优势在于教育对象的特殊性。辅读学校的教育对象主要是智障儿童，这就意味着辅读学校没有升学方面的压力，有相对比较充足的时间和精力来开展课外活动。但是，与普通学校相比，辅读学校开设课外活动的主要劣势在于资源的不足。

在报告的最后，研究者对辅读学校课外活动提出了一些建议。例如，应制定课外活动的评价标准，重视教师的作用；拓展课外活动的范围，争取家长的支持；关注学生的个体差异性，培养学生的自我决定能力等具有针对性且经过努力后有可能实现的建议。

从整体上来说，本报告是比较完整的，基本上呈现了个案研究报告所需包括的部分，并符合个案研究报告的基本规范。但本研究也存在不足，其不足之处在于应结合我国特有的教育体制与社会文化作更深入的解读与概括。

☆本章要点

1. 个案研究（case study）是指系统地研究个人、团体、组织或事件，以获得尽可能多的相关资料、解决研究问题的过程。个案研究通常比较详尽，一方面是确认和描述现象，另一方面是促进理论的发展。

2. 个案研究有七个常见的特征：小样本、背景的细节化、自然背景、有界性、暂时性假设和建构新的假设、数据来源多样性以及可延伸性。

3. 个案研究的评价标准有信度效度论和诠释论两种。

4. 个案研究的实施步骤主要包括研究问题的提出、基本研究主题和理论的确定、个案及其背景以及感兴趣现象的确定、特定个案研究方法的确定、确定最合适的数据收集方法、选择与数据收集方法一致的数据分析方法、通过预先设定的分析过滤器对已分析的数据进行完善、使用矩阵将数据简化为可供管理的模块和概念组、得出结论并撰写个案报告。同时，他们还提出可以通过图表的形式将整个研究过程进行呈现。

5. 个案研究报告包括研究目的和理论背景的陈述；研究主题；主要研究问题；对个案的具体描述以及如何进行取样和个案选择；研究的背景和个案历史；研究的持续时间；用来保护参与者身份和隐私的知情同意书；数据收集和分析的方法；研究发现；使用引用与节选对数据进行解释，构建完整的、概念性的分析和解读；对可能影响数据解读的因素进行讨论；个案研究与更广泛的理论和实践议题之间的联系。

☆概念图

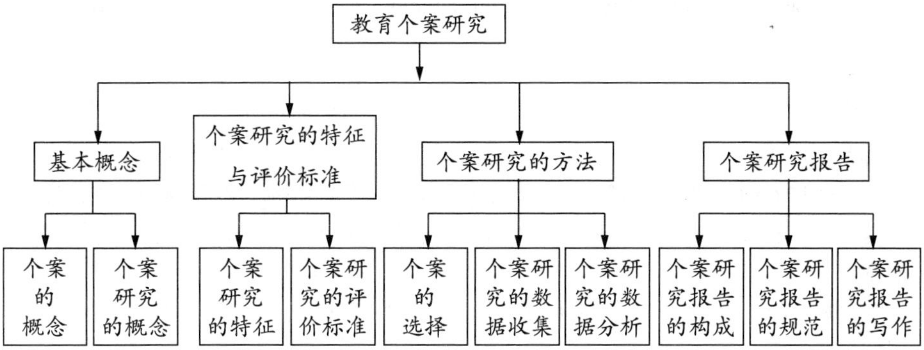

☆学习效果自测

1. 个案研究的特征有哪些？
2. 分析个案研究的两种分类之间的异同。
3. 谈谈你对个案研究评价标准的看法。

☆拓展练习

结合本章内容，选择教育领域中你感兴趣的一个议题（如师生关系、教师专业化等），设计一个个案研究计划。

☆参考文献

1. Pol Ghesquie're, Bea Maes & Roland Vandenberghe. The usefulness of qualitative case studies in research on special needs education [J]. International Journal of Disability, Development and Education, 2004, 51 (2).

2. Glynis Cousin. Case study research [J]. Journal of Geography in Higher Education, 2005, 29 (3).

3. Ann McDonnell, Myfanwy Lloyd Jones & Susan Read. Practical considerations in case study research: the relationship between methodology and process [J]. Journal of Advanced Nursing, 2000, 32 (2).

4. Anna-Liisa Salminen, Toini Harra & Tiina Lautamo. Conducting case study research in occupational therapy [J]. Australian Occupational Therapy Journal, 2006 (53).

5. PN163 Bob Price. Case study research with children and their families [J]. Paediatric Nursing, 2008 (6).

6. John P. Rosenberg & Patsy M. Yates. Schematic representation of case study research designs [J]. Research metholody, 2007 (1).

7. Guy Paré. Using a positivist case study methodology to build and test theories in information systems: illustrations from four exemplary studies [J]. École des Hautes Études Commerciales de Montréal, 2001.

☆后续学习资料

必读部分

1. 乔伊斯·P. 高尔，M. D. 高尔，沃尔特·P. 博格. 教育研究方法实用指南 [M]. 5 版. 胡秀国，郭书彩，屈书杰，译. 北京：北京大学出版社，2007：第十章.

2. 莎兰·B. 麦瑞尔姆. 质化方法在教育研究中的应用——个案研究的扩展 [M]. 于泽元，译. 重庆：重庆大学出版社，2008.

选读部分

1. 程三银，邓猛. 武汉市江岸区辅读学校课外活动实施的个案研究——以轮滑/滚轴溜冰活动为例 [J]. 香港特殊教育论坛，2009 (11)：98 -110.

2. Amy R. McKenzie. Emergent literacy supports for students who are deaf-blind or have visual and multiple impairments: a multiple-case study [J]. Journal of Visual Impairment & Blindness, 2009: 291 -302.

第十一章　教育历史研究

☆ 内容概览

教育历史研究是历史科学中的一个重要分支和领域，也是教育科学研究中的基础和重要方面，同时具有方法论的意义。本章涉及的内容除教育历史问题研究外，主要探讨了如何运用历史法进行教育科学研究。首先，在界定教育历史研究内涵的基础上，明晰了历史研究法与文献研究法的区别和联系，阐明了教育历史研究的特征与意义。其次，概述了教育历史研究的一般程序，分别从研究方向的选定，史料的收集、积累、鉴别、考证、整理和运用等方面进行了具体论述，特别强调“第一手资料”的重要性。再次，着重从方法论的角度，就教育历史研究中如何做到历史与逻辑的统一、定性与定量的互补以及史论结合等问题进行了论述，并尽量通过实例说明其在教育科学研究中的具体运用技巧。最后，结合历史与经验，就教育研究中运用历史法的困难和原则进行了阐述，提出了提升教育历史论文写作水平的具体建议。

☆ 学习目标

1. 了解教育历史研究及其方法的基本特征。
2. 具有进行教育历史研究选题和研究方案设计的初步能力。
3. 掌握快速收集和整理史料的技巧。
4. 能够区分第一手资料和第二手资料。
5. 能够对已发表和出版的教育历史研究成果进行评析。

☆ 核心概念

教育历史研究　史学方法　第一手资料　史论结合　史之文采

刘正伟：克罗齐说过，“所有的历史都是当代史。”中国语文教育史研究近年来呈现出相对繁荣的景象，从深层次上加以审视，是语文教育改革深化的一种体现。一方面，人们迫切需要从以往的语文教育发展中了解、寻找、总结可资语文教育改革借鉴的经验与教训；另一方面，人们越来越充分地认识到，任何改革都不能割断历史。实际上，今天的语文教育和过去的语文教育是一个相互衔接的有机整体。

顾黄初：您刚才说，“任何改革都不能割断历史”，完全正确。但有人看到新修订的语文教学大纲中有“语文是重要的文化载体”的提法，便大加赞扬，以为这是对“语文是重要的交际工具”这一论断的校正。殊不知，把“让学生了解现代文化和固有文化”看作语文学科的重要教育功能，早在20世纪20年代末30年代初南京国民政府制定的国文学科《课程标准》中已经有过明确的表述，因而并不是什么“新的创造”。因此，从中国语文教育史中了解历史，洞察规律，实在大有必要。

刘正伟：中国语文教育史是新时期语文学科研究较为成熟的领域。但是，这并不能掩盖语文教育史研究存在的问题。第一，研究的整体水平并不平衡。古代的语文教育史研究远没有近现代语文教育史研究受到重视。第二，研究的视角和深度还需调整、扩充。一些研究还流于表层，尤其是对一些知名教育家的研究，缺少足够的深度，甚至仅罗列一些观点和材料了事，新颖性不够。第三，研究方法单一。卡西尔说：“每一种史学方法都在它自己的范围内帮助我们解决了历史的某一个方面，每一种方法都有它的可取之处又都有它的局限性。方法越多，我们对历史的认识就越丰富多彩；反之，方法的贫乏正反映了我们对历史认识的贫乏。”从语文教育史的研究现状看，引进采用多种研究方法，应该说是我们语文教育工作者以后努力的方向。

顾黄初：您的看法完全正确，对存在问题的原因分析也能令人信服。我想就史料收集谈一点个人的体会。我曾经在语文教学法专业委员会内组织过有关语文教育史研究的课题，不少人感到有兴趣，而且兴致勃勃地报了名，于是分组、分专题。这时有人便说，“这个专题我愿意参与研究，但请提供有关史料。”有史料，还需要你来“参与研究”吗？收集并整理史料，是研究任何学科历史发展的基础工作。你研究历史，都要别人“提供史料”，天下哪有这种“轻松的事”？可是收集史料确实不容易。尤其是语文教育史，史料丰富而研究基础薄弱，非下苦功夫不可。

刘正伟：中国语文教育史研究应该学风严谨、扎实，但这并不是说，只能恪守旧的条条框框，不能提出新的创见，恰恰相反，中国语文教育史研究要想有所突破、有所创新，必须摒弃旧有的思维模式，甚至是现成的结论，在丰富而真实的史料中探求新的东西。我觉得学术研究上应该多一些实事求是的作风，以及怀疑的勇气、胆识，创新的精神和魄力，去掉一些暮气，增添一些锐气，对于中国语文教育史研究来说，也是需要的。

顾黄初：研究历史，首先要尊重历史，要站在当时历史的特定背景之下来衡量一个人、一件事、一场论争、一部论著的是非正误，要讲究历史主义、讲究历史的公正性。在研究历史的过程中，迷信权威是大可不必的，一切应以历史的真实为准。发现了新史料，推翻了前人的结论，是创见，是贡献；运用历史唯物主义的观点，还历史以本来面目，是创见、是贡献。不过，有一种认识必须廓清，即以为创新就是要全盘否定旧有的一切。其实，创新和继承之间的关系是不可分割的。正确的提法应该是在继承中求创新，历史的发展是一个承前启后不断延续、不断更新的过程。①

这番对话让我们从一个较中观的中国语文教育史研究明晰了教育历史研究的目的、意义，史料收集与整理，历史研究的创新与继承等重要问题。但教育历史研究是一扎实、细致、系统全面和需要下大功夫的学术历程。在教育历史研究中，如何选题，如何快速收集史料，如何鉴别史料，特别是怎样获得更多的第一手资料，进而对这些史料进行分析和表达，这些都需要我们史论结合，给出操作性强的方法与路径。

第一节　教育历史研究概述

教育是历史的产物。教育历史研究作为教育研究的重要方法之一，是唯一一个主要关注过去的研究方法。在教育科学研究中，历史研究法具有广泛的应用领域。因为一切教育现象，无论过去、现在和将来，都有一个发生、发展的过程，每一项教育研究活动都试图清晰地揭示教育发展的规律性和实质。因而，并不只是在研究教育史时才会想到运用历史研究法，在教育科学研究中，历史研究法具有独特的应用价值和突出的地位。从开篇的案例中我们就能领略到教育历史研究中诸如历史感、史料收集、学风、尊重历史与继承创新等重要方法论话题。

一、教育历史研究的含义

“教育历史”一词，按逻辑概念分析，其本身存在着种属关系。“历史”是它的属概念，确定了它的外延；“教育”是它的种差，限定了它的内涵。如此便决定了教育历史研究既是教育科学的历史延伸，又是历史总学科中的一个重要研究领域。从研究内容上看，教育历史研究从属于教育科学，但从研究方法和认识结构上，则更多的与历史科学有关且具有跨学科的性质。可以说，教育历史研究是介于教育科学和历史科学之间的边缘性研究领域，这也决定了教育历史研究具有不同于其他教育科学研究方法的独特之处。

（一）什么是教育历史研究

“教育历史研究”很容易让人理解为主要是针对教育史的研究方法。其实，本章是就整个教育科学研究中如何运用历史法进行讨论，当然也包括直接对教育历史的研究部分，故全称应为“教育科学的历史研究法”，简称为“教育历史研究”。不过，以往也有“历史的研究”“历史研究法”或“历史法”等更简明的表述。

---

① 刘正伟，顾黄初．关于中国语文教育史研究的对话［J］．中学语文教学，2000（10）．（有删减）

教育历史研究就是对过去的教育史实以及人们的回忆和思考进行历史的研究。具体而言，是在分析、鉴别教育史料的基础上，通过对人类已有教育理论和教育实践的系统分析和理论认识，揭示教育发生发展规律和趋势的一种研究方法。

这里所谓的教育理论，主要是指各国历代政府的教育宗旨，教育家的教育主张、理论、学说、理想以及时代的教育思潮和流派等。这里所谓的教育实际，主要包括各个国家不同历史时期教育政策和法令，教育制度、考试制度、教育实施状况以及教育者的生活等。

事实上，教育理论和教育实际是密切联系、相互作用的。教育理论是对教育实际的总结，并在理论上的反映；而教育实际又要受教育理论的指导和影响。这种教育理论与教育实际的转换多数也以某种形式表现出来，并作为教育历史研究的主要对象。如各个国家历代的教育决策、教育行政管理、授课形式、教育方法等都是这方面因素的反映。

（二）历史法和文献法的异同

在具体运用教育科学研究方法的过程中，人们常常把文献研究法等同于历史研究法。其实，文献研究法是通过收集、分析和研究各种现存的有关文献资料，以形成对事实的科学认识的研究方法。文献研究法和历史研究法都需要借助于广泛查阅文献资料，历史法必须运用文献研究法来研究历史文献，但文献研究法绝不限于历史研究领域，历史研究法也不仅限于查阅历史文献。不过，历史研究法和文献研究法的确有许多相近之处，故而有人把文献法称为“历史文献法”。也有学者认为，“历史研究就是为了澄清历史中的事实或为了吸取历史经验和教训来判断今后要走的路而采用的以历史资料为分析对象的文献研究方法。”①

二、教育历史研究的特征

教育历史研究的目的是运用历史唯物主义的观点方法，研究人类自古至今教育制度和教育思想发生、发展、演变的过程，总结不同历史阶段教育的经验、教训及其特点，作出科学的评价，探求教育发展的客观规律。故而，和其他研究方法相比，教育历史研究有其独有的特征。

（一）依据历史资料

历史研究属于间接性研究，就是不与研究对象，特别是文献中记载的人和事直接接触。历史研究本身并不产生史实，它主要依据历史资料。史料是历史研究的出发点，史料对于历史研究至关重要。

（二）重视真实可靠

只有收集的资料真实可靠，历史研究的结论才会比较深刻和全面，才具有说服力和强大的借鉴功能。历史研究者要具有一定的批判态度，要善于从不完整的

---

① 张红霞．教育科学研究方法［M］．北京：教育科学出版社，2009：420.

历史资料中发现研究问题，从大量的历史资料中获得可靠的证据。

（三）强调解释取向

历史是解释的科学。历史研究的前提和基础是明晰历史事件的来龙去脉，并在已获得真实可靠史料的基础上，尤需侧重诠释及理解的方法，掌握并解释历史的真相。[①] 通过解释，将与之相关的历史事实叙述出来。因受制于史料，诠释难免主观，故研究者的史识异常宝贵。

三、教育历史研究的意义

人们越是关注现实，就越需要了解历史，历史会以其特有的方式启迪人们创造的智慧和热情。而若要按照更高的目标和要求改造现实、指导当今的社会实践，人们又会迫不及待地从历史的发展中寻找“历史的启示”。正如恩格斯（Friedrich Von Engels，1820—1895）所说，当今世界发生的“新的事实迫使人们对以往的全部历史作一番新的研究”[②]。伯顿·克拉克（Burton R. Clark）说：“如果你想要知道你要去哪儿，它帮助你了解你曾去过哪儿。”[③]

（一）教育历史研究是继承、发展和借鉴的需要

在漫长的历史发展中，人类积累了许多行之有效的教育经验，在教育理论和教育实践上取得了辉煌的成就。不论其成功与失败，对于后代都是宝贵的财富，挖掘、整理和继承这些丰富的教育遗产，既是我们的历史责任，对于当前教育改革和教育发展也具有特别重大的现实意义。进一步弘扬各民族优良的教育传统，可以启迪现今人们的创造性智慧，提高教育工作者的洞察力和鉴别能力，避免重犯历史的错误。一些人由于不懂得教育史，自认为是革新创造的东西，其实早已有之；说是当前改革的“新观念”，其实是历史上很古老的知识；更有一些所谓的教育改革“新方法”，其实过去已有成功的经验。所以，进行教育改革不能不了解教育历史，学习和研究教育历史是进行教育改革研究的前提与条件。可见，教育历史研究不只是对过去事实和思想作一番回顾，它还能增长人的智慧，启发人们积极地进行理性思维，增强创造能力，提高理论研究水平。鲁迅先生说：“无论是学文学的、学科学的，他应先看一部关于历史的简明而可靠的书”，[④] 正所谓“治学先治史”。

（二）教育历史研究是教育学发展的基础和前提

今日的教育学是昨日教育发展历史的概括和总结，而今日的教育学又将在明日变成教育历史，因此有人将其形象地比喻为：“教育学是教育史的最后一章”。

---

① 潘慧玲．教育研究的取径：概念与应用［M］．上海：华东师范大学出版社，2005：112.

② 马克思恩格斯选集：第三卷［M］．北京：人民出版社，1995：423.

③ 伯顿·克拉克．高等教育新论：多学科的研究［M］．2版．王承绪，徐辉，等，译．杭州：浙江教育出版社，2001：2.

④ 鲁迅．且介亭杂文·随便翻翻［M］．上海：三闲书屋，1937：168.

可见，教育史学和教育学有着极为密切的联系。教育史学为教育学的理论探索，促进其成熟和发展，直至最终构筑成科学的、有特色的教育理论体系，都发挥着重要的作用。教育史学家说："研究物质变化的自然科学，如物理学、化学等，要在实验室中进行；作为社会科学的教育科学则不尽然，虽则许多比较具体的课题可以通过实验取得答案，但许多具有理论性、根本性和久远性的重大课题，是无法着手实验研究的。要论证或判断这种课题，就须借助历史发展的往事来反思和解决了。"①美国教育家杜威就把教育史看作教育科学的实验园地。而当教育学既吸取了历史的理论精华，又吸收了当代研究的新成果，达到了相当高的理论水平时，它反过来又会成为教育史学研究的理论指导。

（三）教育历史研究有助于提升教育工作者的素养

在了解"过去的教育"方面，历史研究几乎是唯一的方法。但近年来，教育历史研究不为人们所重视，有日趋边缘化的趋势，"致学者数典忘祖，妄自菲薄，更无所谓识古以通今矣，实为一大憾事"。② 反映在教育研究中，现今无论是本科毕业论文还是研究生学位论文，甚至是学者的著述和课题研究，在研究方法上使用频率最高和最受青睐的是调查法和实验法等，历史法使用得很少，很多论文数万言不见一句古文或相关史料的引述，这反映出教育工作者的历史意识和运用历史方法的研究能力的确令人担忧。其实，通过深入研究教育历史，把前人和外国人在教育学上发展的终点作为我们进一步研究的起点，这有助于增强教育理论工作者分析问题和解决问题的能力，最大限度地提高教育科学研究的层次和水平；有助于使教育实际工作者增强历史使命感和责任感，改革创新，开拓发展，提高教育质量和办学效益。

第二节　教育历史研究的一般程序

运用历史法进行教育科学研究，首先要确定一个研究问题。具体的研究方向和题目选定后，其研究方法和步骤，按何炳松先生在其《历史研究法》一书中所说："言其步骤，则先之以史料之搜罗与考证，次之以事实之断定及编排，终之以专门之著作，而史家之能事乃毕。"此外，还对每道程序所要达到的目标和要求提出了明确的努力方向。即"搜罗史料欲其博，考证史料欲其精，断定史实欲其严，编比事实欲其整。然后笔之于书，出以问世。其为法也，似简而实繁，似难而实易者也。"③ 现据此略述如下。

---

① 藤大春．外国教育通史：第四卷［M］．济南：山东教育出版社，1992：前言．

② 余家菊．中国教育史要·凡例［M］．沈阳：长城书局，1929：1．

③ 何炳松．历史研究法［M］．上海：商务印书馆，1927：1－2．

一、研究方向的选定

由于历史上的教育理论与教育实践异常丰富，以至于人们往往在研究伊始不知该如何下手，非常盲目。这主要是由于不善选定研究方向所致。一般而言，选定研究方向必须掌握相应技巧，分步进行。以对陈鹤琴的教育思想研究为例，具体来说要经历以下三个步骤。

（一）确定研究领域

先将陈鹤琴的教育思想列于左，再将可供选择的研究方式置于右，然后任意交叉配对，即可建立多种研究方向（如图 11 －1）。在此基础上，再根据个人的兴趣、爱好、特长、条件等就可先确定一个大的研究方向。

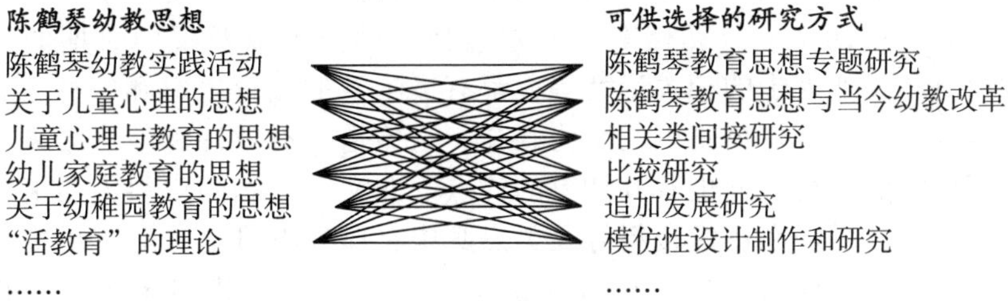

图 11 －1　用教育历史研究选取研究方向思路

（二）选择研究课题

例如，我们第一步确定了陈鹤琴的幼稚园思想与当今幼教改革的研究方向，那么这一步就是要寻找一个具体的选题。陈鹤琴关于幼稚园教育的思想很丰富，有关于课程设计的；有关于幼儿德育的；有关于儿童游戏的；有关于音乐图画教育的；还有关于幼儿教师培养和幼稚园管理的。在这些思想中，我们选择陈鹤琴有关幼儿德育的思想作为研究课题。

（三）清晰标明论点题目

这是第三步，就是要清晰地表明观点，凝练出中心思想，亦即标题，最后框定目标范围，标识出论文的题目。假如我们对陈鹤琴有关亲社会德育思想方面的论述感兴趣，并认为这也有十分重要的现实意义，那么就可以确定一个题目为《简论陈鹤琴的亲社会德育思想及其现实意义》。至此，研究的方向便确定下来。

按此方法，逐层解剖，任意配对，即可出现许多可用历史法进行研究的课题。懂得了这样一个思路，掌握了这一方法，选定研究方向的余地就很大了。

二、史料的收集与积累

史料即历史研究资料，它是反映和记录人类社会历史进程的材料。史料是史学研究的基础，没有史料，历史研究就无从谈起。任何时代的历史学家和史学研究都首先是从收集史料开始的，教育历史研究也不例外。

（一）史料的分类和收集文献的渠道

从世界范围来看，最初，教育并未成为专门的记述对象，有关教育的认识是在论及诸如政治、宗教、经济、文学等社会活动时被捎带地记录下来的。在我国，“到了唐代，史书中才有了以‘学校’为名的专类”。[①] 总的来说，教育史料越往古就越分散、越泛化，越往今就越集中、越专门。与之相对应，教育史料的收集，越往古就越困难，越往今就越感便利。

1. 对教育史料进行分类

关于史料的分类有不同的标准和多种分类形式。大体来说，教育史料主要有两大类，即文字形态的史料和非文字形态的史料。[②] 文字形态的教育史料即通过文字记载下来的教育历史资料，最集中的包括在“经、史、子、集”四部中，其他如金石铭文、公私档案、地方志和各种类书以及不同时期的报纸杂志、教育家和其他人士的相关论著等，都有极丰富的教育史料和信息。非文字形态的教育史料，其传播不以文字为媒介，从传播的有效性和信息量来看，虽不如文字形态的史料，但也有其特有的优点。非文字形态的史料大体上可以分为实物、口碑、风俗和声像资料等几类。其中，口碑史料是“对于历史事件或躬亲其事或目睹耳闻之人的口述或传说材料。”[③] 也就是指对亲历或目睹了过去某一事件的人所进行的口头访谈。近年来，西方口述史学的方法在中国教育史研究中也有尝试，如李江源著《我是一个工农兵学员》等，就是这方面独具价值的研究成果。该方法使教育历史变得更生动、更真实、更具体，代表了历史研究方法的革新。

专栏 11－1

口述史研究法

口述史学源远流长，具有悠久的传统。神话传说，就是古史之初型。古希腊的《荷马史诗》，中国的《论语》《孟子》《史记》等，都采用了口述史学方法。现代意义上的口述史（oral history）诞生于20世纪40年代。1948年，美国哥伦比亚大学教授亚伦·芮文斯（Allan Nevins）创建了美国历史上第一个口述史研究机构——哥伦比亚大学口述历史研究室。此后，口述史学在美国很快发展起来，六七十年代在欧洲和其他许多国家得到广泛推广。但关于什么是口述史，至今仍没有一个定论。

美国著名历史学家里奇（Donald A. Richie）认为，“那些能够被提取和保存的记忆是口述历史的核心。简言之，口述历史是以录音访谈的方式收集口传记忆

---

①② 杜成宪，邓明言．教育史学［M］．北京：人民教育出版社，2004：136，137－145.

③ 赵吉惠．历史学概论［M］．西安：三秦出版社，1986：186.

以及具有历史意义的个人观点。”

美国口述史学会《口述史评论》杂志主编布鲁斯·斯代夫（Bruce M. Stave）把口述史定义为“通过有计划的录者采访发掘原始史料”，“录音环节至关重要”。

我国著名史学家戴逸认为，“现代口述历史和上古先民的时代不一样，它是应用录音或音像设备，把原始材料完整保存下来。”

杨立文说：“口述历史最基本的含意，是相对于文字资料而言，就是收集当事人或知情人的口头资料。它的基本方法就是调查访问，采用口述手记的方式收集资料，经与文字档案核实，整理成为文字稿。”

张广智把口述史学“作为一种新学科和新方法”，认为“现代意义上的口述史学，实际上是通过有计划的访谈和录音技术，对某一个特定的问题获取第一手的口述证据，然后再经过筛选与比照，进行历史研究。”

杨雁斌说：“从某种意义上讲，口述史学与其说是一门日趋成熟的历史学科，不如说是一种别具一格的治史方法。”

［资料来源］唐纳德·里奇．大家来做口述历史［M］．王芝芝，姚力，译．北京：当代中国出版社，2006：2；B. 斯代夫．口述史的性质、意义、方法和效用［C］//北京大学历史学系．北大史学（第6集）．北京：北京大学出版社，1999：253；戴逸．漫谈口述历史［C］//王俊义，丁东．口述历史（第二辑）．北京：中国社会科学出版社，2004：5；杨立文．口述史学在历史学中的功用和地位［C］//北京大学历史学系．北大史学（第1集）．北京：北京大学出版社，1993：120；张广智．西方史学史［M］．上海：复旦大学出版社，2000：331；杨雁斌．百年透视（上）［J］．国外社会科学，1998（2）．

2. 优化教育史料获得渠道

明确了教育史料保存的大致范围，并不等于已经获得了其中的教育史料。获得教育史料的渠道有多种，可因人而异、因条件而异。一般来说，图书馆、档案馆、博物馆、各种社会专门机构资料室以及学会组织、个人学术交往等都是获得教育文献资料的主要渠道。收集所需教育史料时，要充分利用书目、索引、字典、辞典、年鉴、手册、年表、图谱、政书、类书、百科全书等工具书和各种检索手段来获取有用的资料。特别需要指出的是，改革开放以来，我国教育史资料整理工作取得了丰富成果，出版了一大批中外教育史资料选集、名著、名作的单行本等，都可资直接使用。当然，在互联网时代，除了使用这些传统的文献收集和检索方法之外，收集资料还可以通过网络来进行。随着互联网信息的不断丰富和规范，这已成为最快捷、最高效的一种史料收集方式。

（二）如何从文献中迅速收集到自己所需要的资料

1. 广泛收集，牢记资料的目的性

对于历史研究来说，原则上凡是与研究论题有关的历史材料均应一个不漏地阅看一遍。比如陈鹤琴关于幼儿园环境创设的思想就很丰富，不仅有专篇通论，还在不同时期的不同文章中作过论述，故研究此论题时应注意广泛阅读。为此，在收集和阅读有关材料时，一定要牢记自己的目标和任务，时时联系自己研究的问题，分析思考，有目的地阅读，树立“选题的需要就是一切”的信念。如此便可以收集到典型意义、有用的材料，进而也就加快了收集资料的速度。

2. 合理取舍，注意资料的经典性

收集资料工作是无止境的，不要企望能获得有关这一问题的一切史料；收集资料重在激发研究者的创新意念，形成统揽一切资料的新构想。也就是说，即使围绕一个很小的问题，其相关史料也是多得无法穷尽，我们很难将其全部收集起来。好在历史法研究的只是对象整体的运动过程，不是它的一切部分和一切方面，因此，我们不可能也无须将研究对象的一切事实材料都收集起来，而应抓住反映史实的主要材料，抓住反映事实的主要的材料和带有普遍意义的材料，就能把握研究对象的本质和必然性。①

3. 多样综合，突出资料的原始性

历史法所涉及的内容，无论是事件、人物还是某种思想、思潮或者学说体系，对生活在现代的研究者，特别是年轻的大学生们来说，毕竟是相当遥远、比较陌生的。所以刚开始使用历史法进行教育研究时，不妨采用“顺藤摸瓜”或“滚雪球”的方式寻找原始资料。有学者将其称为“参考文献查找方式”，也叫“追溯查找方式”，② 即找到了一篇与论题有关的参考文献，然后根据文章或书后所列的参考文献目录去追踪查找有关文献的办法。现在各种文章和书籍都列有多篇参考文献，根据其后面的参考文献查找过去的有关文献，然后再根据过去的有关文献后面的参考资料去查找更早一些的文献，如此类推，顺藤摸瓜，不仅可以循到文献的源头，并且还可以不断衍生，从一篇文献拓展到数篇研究资料。

（三）史料的获得重在积累

1. 收集资料应兼及相关学科，使资料系统化

运用历史法还必须掌握一些不同时期、不同国家当时生产水平、社会发展及政治活动、思想潮流等方面的历史背景材料，举凡涉及如哲学史、政治史、文化史、思想史、文学史、风俗史等无不采择。也就是说，要熟悉教育史以外的历史知识，以形成对教育历史更为全面、系统的认识，且不可把丰富多彩、纷繁复杂的历史给简单化了。即使是一个教育家，他也是身处在一定的社会背景之中，有自己的周围环境。如研究陶行知的教育理论和实践，除了精读他的论著、报告、

① 杨丽珠. 教育科学研究方法［M］. 大连：辽宁师范大学出版社，1995：264.

② 孟庆茂. 教育科学研究方法［M］. 北京：中央广播电视大学出版社，2001：88.

诗作等外，还应阅读一些诸如郭秉文、陈鹤琴、戴伯韬、廖世承、朱经农等与其同时代的教育家和著名人物的有关论述，从中获得信息并进行比较。至于那些广博而专门的研究领域，如对科举考试的研究，就不仅要研究登科记、题名录、朱卷、闱墨以及专门记载论述科举的历史档案和论著，还应包括非独立存在的科举文献，如正史选举志、典志中的科举部分，各种地方志、文集、类书中的记载和散见于各种书籍中的科举试题、试卷以及笔记、小说、戏曲等所有各类文献中关于科举的直接记载。①

2. 心中始终装着研究目标，就会有所得益

积累文献要努力做到充实和丰富，就必须有明确的目的性、指向性和相当的专注程度与执着精神。有研究者在进行考试思想史的研究过程中，深知考试是与社会政治、经济、文化、教育等密切相关的人类社会特有的现象，查找资料必须兼及政治史、思想文化史、教育史、人才史、文学史等众多领域，也尽力在这些研究中探寻宝贵资料。其中，在相关文献中经常看到“考试属于必需的罪恶”这一句经典的话，人们引用的也比较多，只是不知何人所说，出处在哪？故在书稿中是不能用的，或者只能作为第二手资料转引自他书，于心不忍。也是在很偶然的情况下，作者拿起了梁实秋的散文集随便翻翻，结果看到其中有一篇《谈考试》的散文，这是研究考试思想史所需要的。特别是还从中发现“考试属于必需的罪恶”这句话就在此文中，原来出自该篇！② 可见，随便翻翻，偶然得到，也是史料积累办法之一种。

3. 宽泛的资料需要平时的点滴积累

人们常说：“腹有诗书气自华。”依靠平常阅读书籍、报纸杂志和浏览网页，是收集史料最便捷、最常用、最有效的一种方法。特别是那些有价值、需要长时间钻研的课题，更需要较长时间的资料积累和持久不懈的思考。有学者说：“收集史料的方法不外根据问题勤加搜求、勤加探访、勤加存记而已。搜求探访务求其博，存记功夫不厌其详。凡对研究问题有关史料不论是正面的或反面的、积极的或消极的，均需广为收集而一一存记下来。存记最好用卡片或活页，以便保存而利应用。”③ 当然，现在抄录卡片的人越来越少了，完全可以在“我的文档”中分门别类建立若干个文件夹，以便及时存记相关资料。札记是指人们在阅读书籍或文章时，遇到值得记录的东西和自己的心得、体会等，随时随地写下来的一种文体。很多大学问家的鸿篇巨著都是在其多年读书札记的基础上完成的。如作为清代三大史学名著之一的《廿二史札记》，就是史学家赵翼乾隆三十七年(1772 年）辞官致仕，闲居无事，用笔记形式把资料记录，日积月累而成的。可

① 刘海峰. 科举学导论［M］. 武汉：华中师范大学出版社，2005：342.

② 田建荣. 中国考试思想史［M］. 北京：商务印书馆，2004：370.

③ 陈选善. 教育研究法［M］. 福州：福建教育出版社，2007：25.

见，做札记既是一种收集资料之法，更是学问家学术成长之途。

三、史料的鉴别与考证

（一）史料的真伪与价值

历史是存在于人的记忆和思考之中的，“是由活着的人和为了活着的人而重建的死者的生活。”① 史料是进行教育历史研究的基础，但史料并不等于史实。“任何一种史料，都不是完全可信，里面可能有错误，可能有虚伪，可能有私人的爱憎，可能有地方及民族的成见，不经精密的考证，即笃信不疑，后患实无穷无尽。”② 因此，要用各种方式和办法对收集来的史料进行鉴别真伪，只有运用经辨别证明是真实可靠的史料所进行的历史研究才是有价值的。

历史资料鉴别一般有三个目标：鉴别伪书，鉴别伪事，鉴别伪人。鉴别历史资料的考证方法有三种：正证、反证和旁证。③ 尤以鉴别、考证伪书为最基本。明代学者胡应麟在其《四部正讹》中指出了中国古籍中伪书分布的规律：“凡四部书之伪者，子为盛，经次之，史又次之，集差寡。凡经之伪，易为盛，纬候次之；凡史之伪，杂传记为盛，琐说次之；凡子之伪，道为盛，兵及诸家次之；凡集，全伪者寡，而单篇别什借名窜匿甚众。”近代学者梁启超在《中国历史研究法》一书中，总结前人辨伪的经验，将辨伪方法概括为十二种公例。教育历史研究在引用史料过程中，对于伪书的分布规律及辨伪的方法必须有所把握和认识。比如《晏子春秋》《孔子家语》《孔丛子》这类公认的伪书，就不能用来作为研究晏子或孔子教育思想的文献依据。

专栏 11-2

梁启超辨伪十二法

1. 其书前代从未著录或绝无人征引而忽然出现者，十有九皆伪。

2. 其书虽前代有著录，然久经散佚，乃忽有一异本突出，篇数及内容等与旧本完全不同者，十有九皆伪。

3. 其书不问有无旧本，但今本来历不明者，即不可轻信。

4. 其书流传之绪从他方面可以考见，而因以证明今本题某人旧撰为不确者。

5. 真书原本经前人称引，确有佐证，而今本与之歧异者，则今本必伪。

6. 其书题某人撰，而书中所载事迹在本人后者，则其书或全伪或一部分伪。

7. 其书虽真，然一部分经后人窜乱之迹既确凿有据，则对于其书之全体须

---

① 田汝康，金重远．现代西方史学流派文选［M］．上海：上海人民出版社，1982：95.

② 杜维运．史学方法论［M］．北京：北京大学出版社，2006：118.

③ 刘问岫．教育科学研究方法与应用［M］．北京：北京大学出版社，1993：89.

慎加鉴别。

8. 书中所言确与事实相反者，则其书必伪。

9. 两书同载一事绝对矛盾者，则必有一伪或两俱伪。

10. 各时代之文体，盖有天然界画，多读书者自能知之。故后人伪作之书，有不必从字句求枝叶之反证，但一望文体即能断其伪者。

11. 各时代之社会状态，吾侪据各方面之资料总可以推见崖略。若某书中所言其时代之状态与情理相去悬绝者，即可断为伪。

12. 各时代之思想，其进化阶段自有一定。若某书中所表现之思想与其时代不相衔接者，即可断为伪。

［资料来源］梁启超. 中国历史研究法［M］. 上海：上海古籍出版社，1998：91－94.

当然，对于伪书的态度，也不能抱持一笔抹杀的极端态度，而应该客观公正地评价其功能，并进一步深入挖掘伪书本身的内在价值。事实上，即使是公认的伪书，也有它的研究和利用价值，也有一个去伪存真的问题。① 以《礼记》为例，虽然是由西汉的学者整理成书，但所辑汇的篇章基本是先秦的文献。就其内容而言，大都出自先秦儒家学派之手，其中的《大学》《中庸》《学记》《文王世子》等篇，都是研究先秦教育思想的重要文献。但是，在《礼记·中庸》第二十八章中有一段孔子之孙子思的言论："今天下，车同轨，书同文，行同伦"。很显然，这段文字应该不会出现在秦始皇统一中国之前，也不可能出自春秋战国时期人子思之口。由此可见，即使像《礼记》这样的先秦文献，也有后人假托前人之名的伪书成分杂入其中。

（二）外部考证与内部考证

历史研究主要是对过去事件和人物的研究，其所依赖史料的真实性和可靠性非常重要，这样考证就成为必不可少的环节和方法。考证，也叫"考据"，是根据事实的考核和例证的归纳，提供可信材料并作出一定结论的一种史学方法。史料考证可分为"外部考证"和"内部考证"。

外部考证着重考辨历史研究资料的真实性，是对历史文献本身真伪的鉴别。外部考证是进行内部考证的前提，其办法主要是通过史料的外在表现形式等是否合乎其生成年代的规范来确定该史料产生的时间、地点、作者身份和文体风格等的真伪，旨在剔除历史研究中的一些欺骗和伪造行为。

内部考证旨在确定史料内容的准确性，通过对作者的身世、性格、动机以及记载人信用和能力的考察，以确定其撰述史料所反映事实的真实性和公正性。内部考证重在从内容上衡量史料是否与客观的事实相符合，或者它们之间符合的程

① 乔卫平. 伪书之争与教育史研究的文献学基础［J］. 教育学报，2006（3）：94.

度如何。其具体可用三种办法进行：一是比较两种以上毫不相干的史料，相互参证；二是比较正反两方面的记载；三是两种或两种以上的实物印证。①

其实，人们常常采用“内证法”与“外证法”相结合的方式对历史文献资料进行真伪鉴别。内部考证和外部考证既相互对应，又彼此呼应，二者之间不存在严格的分水岭，而且两种过程可以同时进行，多少还有些重叠的部分。内部考证在决定文献内容的真实性和准确性时，可以运用有关原著者或撰写的时间和地点的外部证据。“外部”和“内部”的名词系指考证的目的而言，与研究史料的特定方法无关，也不是为了完成特别的目的从文献内部或外部去寻找证据。②

（三）第一手资料和第二手资料

教育历史研究资料和一般历史资料的分类相同，通常可分为两类：一类是第一手资料，也称原始资料；另一类是第二手资料，也称间接资料。

第一手资料是最原始的材料，它们或者是研究者亲身经历的事件，或者是对历史文物的实地考察，或者是对社会实践的深入调查，或者是最早的文字记载。第一手资料并不等于直接资料，它比直接资料的范围要广泛得多，无论是动态资料还是静态资料，只要是选题范围内时间最早、文字最原始、见证最直接的都可算作第一手资料。第一手资料具有最高权威性和可信性，是学术研究的立足点，是产生论点并证明论点的重要依据，收集材料就应从这里着手。③

具体而言，第一手资料就是原始的文献、口头记录和遗物。教育历史研究的第一手资料主要有：（1）官方记录或其他相关教育文献。这些记录或文献包括立法机关和国家教育部门、城市管理部门、学校的记录和报告、调查、证书、期刊、校报、年鉴、公报、课程指南、教科书、考试成绩单、信件、教师和学生的个人档案等。（2）口头记录。包括对学校管理者、教师和其他学校职员、学生和亲属、学校赞助人或其他公民以及管理机构成员的访谈记录等。（3）遗物。包括学校建筑、设备、教学材料、用具以及学生劳动的样品等。④

---

① 潘慧玲．教育研究的取径：概念与应用［M］．上海：华东师范大学出版社，2005：123.
② 郝德元，周谦．教育科学研究法［M］．北京：教育科学出版社，1990：130.
③ 张积玉．学术论文写作导论［M］．西安：陕西人民教育出版社，1994：137.
④ 郭法奇．什么是教育史研究？——以外国教育史研究为例［J］．教育学报，2005（3）：94.

图 11－2　京师大学堂讲义

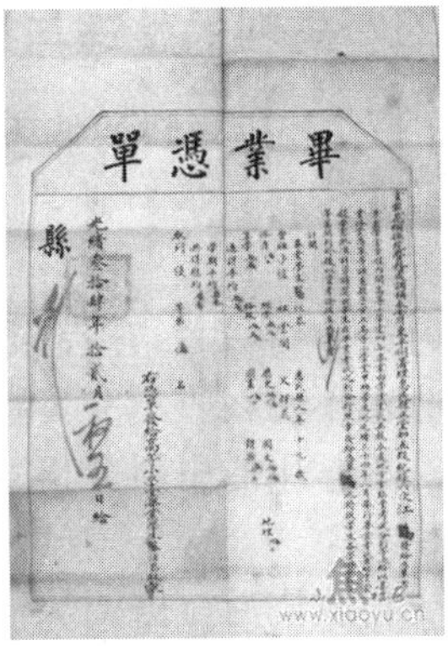

图 11－3　毕业文凭

一些研究者不懂得第一手资料与第二手资料的区别，在涉及中外教育史的研究中，盲目地认为中文资料是第二手资料，外文资料就是第一手资料。其实，无论是中文还是外文，凡是那些没有被直接参与者实际观察到的事件的报告，或者是通过间接方式获得的有关该事件情况的材料，或者借鉴他人研究成果等，都属于第二手资料。如教育史教科书、教育百科全书、教育大词典等，它们已经远离了原始事件或第一手资料，是后来的研究者对原始资料进行再加工或编辑的结果。

不过，第二手资料对于教育史研究来说也是非常有价值的：一是有利于获取与研究问题有关的信息；二是有利于了解问题的背景；三是可以了解别人的研究思路。第二手资料往往体现了别人研究时的一种解释框架和研究的基本途径。[①]特别是一些质量较高的综述和评析性的第二手文献，能帮助年轻研究者更快地靠近研究主题，得到一些观点上和史料上的启发和线索。但务必注意其局限性，因为第二手资料在传递过程中容易被使用者所曲解。第二手资料可以使用，但要谨慎。如果一定要用第二手资料，必须通过第二手资料找到材料的原出处，全面理解其实质内涵，再运用到自己的研究成果中。此外，根据第二手资料找到第一手资料时，往往还能从中收获意外的资料。但梁启超说："凡立一义，必凭证据。""选择证据，以古为尚。"[②] 黄炎培则在其《中国教育史要》序言中说："乙书转引甲书者，吾必用甲书（甲书已佚，或一时找不得，除外）。"[③] 可见，人们还是强调第一手原始资料。

① 郭法奇．什么是教育史研究？——以外国教育史研究为例［J］．教育学报，2005（3）：95.

② 梁启超．清代学术概论［M］．上海：商务印书馆，1925：77.

③ 黄炎培．中国教育史要·序言［M］．上海：商务印书馆，1931：9.

四、史料的整理与运用

（一）整理史料的技巧

收集资料只是为科学研究做准备，关键是要对所获得的史料进行进一步的分析研究和理性加工，以形成论点。事实上，这部分工作在收集资料的过程中就应同时开始，将二者结合起来，一是可以引导资料搜寻，二是可以加深研究层次。当然，也不妨在收集完资料后，专门用一段时间对所收集的材料进行分析研究。历史法最常用的史料分析方法是：

1. 比较

史料收集后，需要综合整理，对相关联的教育历史资料进行比较对照。比较时既可以从纵向时间维度，也可以从横向的空间角度进行；比较中西方教育差异时，还要涉及背景，进行综合比较。通过比较，同中求异，异中求同，找出材料之间的内在联系，明确难点之所在。

2. 归类

冯友兰先生曾在《中国哲学史》中指出："史料多系片段，不相连属，历史学家分析史料之后，必继之以综合工作，取此片段的史料，运以想象之力，使连为一串。"① 整理史料的框架就是使"片段史料"互相连属起来的一种构想。对繁多的材料进行梳理，并根据内容分成不同的类别，各类的相同或相异之处便是论点。

3. 论点

形成论点还需要在研究过程中正确对待前人的观点，并力图在已有观点的基础上进行探索，总结出规律性的东西。同时，要善于大胆表明自己的看法，形成新见解，超越前人的观点。在这里我们务必记住，"给大雁塔照相的人很多，但还是有佳作出现。"也就是说，对那些参与研究人员众多、已有相当丰富研究成果的课题，也要尝试采用新的视角。

（二）运用相关的教育史料

曾有位教育史专业的硕士研究生发问："老师，为什么《论语》中那些经典名言我都知道，就是用不上？看到别人在文章中引用，我心里很着急。"的确，很多教育类专业的本科生和研究生正值学习的最佳时机，他们也试图运用历史研究法作一些教育研究或将其研究进一步深入，为此努力阅读相关资料，重点是古今中外教育名著。但多数体会是花了很大的功夫和不少时间，结果还是用不上，甚至还会跳不出其中，失去了自己，总觉得该说的话前人都说了，自己不知从何写起。这种现象既是教育历史研究的一个必经阶段，也是即将能够成功运用教育史料的标志。特别是对别人的引用已经有了良性评价，说明这些经典话语已经开始纳入个人的知识体系和结构之中，只要继续坚持下去，进一步熟读精思这些话

① 冯友兰．中国哲学史（上）［M］．北京：中华书局，1984：20.

语，必要时采用古人重背诵的学习策略，就能逐渐做到对教育名著中的话语恰切使用。

（三）不能以堆砌连缀引文的方式替代研究者的叙述

引用文献、典籍和史料，应避免大段直接引用。对能直接反映作者思想的材料，也不宜仅以归纳的方式罗列或大段摘引，而应予以准确提炼和概括，以适当的方式直接引用原文，最好能够将引文嵌入自己的行文之中，自然流畅。引用文献一般可分为直引和化引、明引和暗引、全引和节引以及拆引等类别，这些都要根据行文的需要和思想的表达来选择和使用，也可以在一篇论文中综合运用，使引用更加丰富多彩、贴切自然，使文章文采飞扬、意蕴深远。总的来说，要对已掌握的资料牢记，使之烂熟于心。在这里，如果说运用历史法进行教育科学研究是“十月怀胎”，那么撰写论文只是“一朝分娩”。历史研究论文不是“写”出来的，是研究后自然形成的。

第三节　教育历史研究的分析方法

在收集鉴别史料的基础上，重要的是运用一些分析方法来揭示教育历史现象发生发展的本质和规律。在历史研究中，分析的方法很多。结合教育历史研究的实际，从方法论的角度考量，必须坚持历史与逻辑的统一，重视定性与定量的互补，并做到史论结合。

一、历史与逻辑的统一

历史与逻辑的统一是黑格尔首先提出的，同时也是马克思主义方法论的核心。历史与逻辑的统一，就是在错综复杂的历史现象中，剥除那些令人眼花缭乱的表面现象，揭示其本质规定性，从而把握历史发展的真谛。①这一方法要求我们在教育历史研究过程中，既要从中外教育历史的实际出发，阐释历史；又要注重逻辑推演，从理论高度审视历史。同时，研究者还应时时刻刻处于不断的探索之中，并加以修正，以探寻教育历史发展的客观规律。

（一）历史分析法是教育历史研究的主要方法

历史分析法就是从历史实际出发，严格地遵照历史的自然发展，把有关的历史事件、人物、制度、思想等置于当时的历史条件下进行分析，从而揭示其历史发展的过程、本质和规律的科学方法。历史分析法是进行历史研究最根本的分析方法，在缜密整理史料和考辨真伪的基础上，发现并客观地表述历史事件发生的原因、过程和结果，科学地作出判断、论定。具体而言，历史分析法包括以下内容：一是把特定的历史人物与现象放到特定的时间与空间中进行分析研究，具体

① 臧知非．历史与逻辑的统一：田昌五先生史学方法与史学思想初论［J］．山东大学学报：哲社版，2003（4）：153．

问题具体分析；二是用全面、发展、变化的观点来看待历史；三是通过历史发展的相互联系和实践结果来研究问题，实事求是地看待历史；四是在研究历史问题过程中，善于抓住典型，从典型的事例出发，把握主流和规律。①

在教育历史研究中，我们一定要重视分析一定社会的经济、政治、文化和行为习惯等背景因素对教育事件产生、发展的影响与制约作用。在阶级社会里，我们还要把教育家的教育思想及其教育实践活动放在错综复杂的阶级关系中来考察和论述，“衡量一个教育家是进步的还是反动的，必须把他放在具体的历史条件下，看他的言行是促进还是延缓历史的发展。”② 对于大多数教育家，我们主要是研究其所揭示的教育教学规律对本国乃至世界教育理论发展都作出了哪些卓越贡献，而不必苛求于前人，更不能简单地用现代人物标准评价古人，要充分考虑其所处环境的历史局限性。

（二）逻辑分析法是教育历史研究的重要方法

何炳松在《通史新义》中指出：“历史研究法自直接观察所得之史料入手，自此以一种复杂之推理进程以达于吾人所欲知之事实。是故此种方法与其他各种科学方法根本不同。其事实研究也在于根据史料而加以间接之推理，非直接之观察也。所有历史之知识均属间接之智识，故历史之为学实属推理之科学。其方法乃一种用推理进程之间接方法也。”③ 可见，进行历史研究离不开逻辑分析的方法，特别是对难于发现的历史本质和规律的揭示，就必须依靠逻辑的分析。

以孙培青主编《中国教育史》所述近代教会教育为例，作者从鸦片战争的失败结局、一系列不平等条约的签订以及我国殖民化程度的加深等背景分析，揭示出教会学校从自发状态逐渐向制度化发展的历程，并通过列表和列举归纳出多数教会学校依附于教堂、多数位于沿海通商口岸、起初以小学为主、女生占相当比重等基本结论。特别是通过对教会学校课程设置的考察，证明宗教课是必开主课，且考试不及格者不能升级，“至于上海中西书院不设宗教课程，登州文会馆不设英语课程，均属特例。”④ 最后通过对结果和影响分析使我们深刻认识到教会学校的性质。教会学校的根本目的是进行宗教和文化扩张，带有强烈的殖民性质，严重侵犯了中国的教育主权。但同时教会学校也是中国传统教育向近代教育过渡的促进因素，它所传授的外语和自然科学方面的内容，以及所采取的近代教育形式，还是有利于中国近代教育的产生和发展的。

逻辑分析法并不是简单的归纳和演绎，而是在排比史料的基础之上，形成概念、判断和推理，并通过概念、判断和推理，揭示历史的本质和规律，使纷繁复杂的材料上升为理论的认识，构成逻辑体系、学说体系。这是比历史分析更高一

① 周洪宇．对教育史学若干基本问题的看法［J］．河北师范大学学报：教育科学版，2009（1）：6.

② 高时良．教育的历史研究方法述略［J］．教育评论，1985（5）：26.

③ 何炳松．通史新义［M］．上海：商务印书馆，1930：4.

④ 孙培青．中国教育史（修订版）［M］．上海：华东师范大学出版社，2000：323.

个层次的认识方法。[①] 逻辑分析常用的具体方法主要有：概念、判断、推理的方法，分析与综合的方法，抽象与概括的方法，归纳与演绎的方法，从具体上升到抽象的方法等。

（三）历史与逻辑的统一及其在教育历史研究中的应用

历史的发展常常是曲折的，历史分析的方法往往会存在偏差，这就需要把历史分析方法和逻辑分析方法有机结合起来，经过逻辑分析方法的“修正”，使历史本身的规律更鲜明、更突出地显现出来。如美国高等教育以三百多年的时间跨越了西欧高等教育千年的发展历程，于20世纪40年代进入了大众化阶段。在美国高等教育持续扩张的过程中，美国著名教育社会学家马丁·特罗（Martin Trow，1926—2007）教授，以美国和西欧国家高等教育发展及规模的扩展为研究对象，深入研究了欧美国家高等教育发展过程中的量变和质变问题，相继发表了《从大众高等教育向普及高等教育转化的思考》（*Reflections on the transition from mass to universal higher education*，1970）、《高等教育的扩张与转变》（*the Expansion and Transformation of Higher Education*，1972）、《从精英向大众高等教育转变中的问题》（*Problems in the Transition from Elite to Mass Higher Education*，1973）等长篇论文，系统阐述了他的高等教育发展阶段理论，即以高等教育毛入学率为指标，将高等教育发展历史分为精英、大众和普及三个阶段。这一理论一经提出，便得到了西方国家的欣然接受，并在全世界产生了广泛影响。但后来世界高等教育实践出现了许多新问题，1978年，马丁·特罗撰写了《精英与大众高等教育：美国的模式与欧洲的现实》（*Elite and Mass Higher Education：American Models and European Realities*），对其早年的认识加以修正，指出“原来有关高等教育大众化发展的阶段论是对现代工业社会高等教育发展变化的一种普遍性概括。事实上，一个国家或地区高等教育的发展是其独特的政治、经济、历史以及文化传统的综合反映，高等教育在由精英阶段向大众以及普及阶段转变的时候，各国具有自己的特点，各国在高等教育的规模、学生的社会角色、学习动机、课程与教学等方面的特征变化并不是同步的。”[②]

进行教育历史研究，必须把历史的材料上升为逻辑范畴，正如马丁·特罗基于西方国家高等教育发展阶段提出大众化理论一样，抽象出一个本质的认识。当然，这一范畴必须是反映历史进程、符合历史实际的。当人们一提到大众化理论、高等教育毛入学率等概念时，马上就会想到这是19世纪末期以来欧美高等教育发展到这一特定阶段的状况。可见，历史分析法和逻辑分析法是分析一切史料的最基本方法，具有方法论的意义，在更高层次上将二者完美结合，实现历史与逻辑的统一，就可以实现掌握分析一切历史问题的科学方法。

---

① 赵吉惠．历史学概论［M］．西安：三秦出版社，1986：245．

② 贺国庆，王保星，朱文富，等．外国高等教育史［M］．北京：人民教育出版社，2003：529．

二、定性与定量的互补

定性研究和定量研究是两种不同的研究取向，是人文主义和科学主义的对立与融合在教育研究中的体现。长期以来，由于历史学科的人文属性特征，故而在历史研究中，定性分析和研究一直得到信奉和实施。教育历史研究作为历史研究的重要领域也是如此。虽然“计量史学”已经兴起并富有成果，但将定量分析应用到教育历史研究中的工作还远没有展开。

（一）历史的定性分析

历史的定性研究就是在收集整理史料的基础上，对材料进行广泛性的描述和深入细致分析的过程。威廉·维尔斯曼在《教育研究方法导论》(*Research Methods in Education: An Introduction*) 中指出：“我们把历史研究和以实地为基础的研究作为定性研究的代表。”“从整体而言，定性研究中的资料分析是朝向对研究的现象作精确的描述和解释所迈出的一大步。研究报告在本质上是描述性的，包含的技术语言很少。从某种程度上讲，它的重点在于描述现象的主要内容，并且解释已有的资料。”①

历史研究多采用偏重描述的定性分析方法。对于历史上流传下来的那些以描述为主的文献资料，我们多采用归纳的方式和办法，试图对教育现象进行整体性分析，以揭示教育发展过程中各要素之间的关系，并寻找到这些教育历史现象发生的根本原因。

用于定性研究的历史资料很广泛，主要包括各种历史文献和访谈记录。这些资料很少用数字等来量化，而是以文字、图片等呈现，或是利用音像设备对访问者所作的记录等。定性研究要尽量详尽地收集这些资料，然后对其进行归纳、分析，从而获得抽象性的概念和理论性的认识。一般来说，在定性的历史研究中，资料收集与分析主要是由研究者个人来完成的，并受能力、经验以及个人认知的影响。定性研究往往在理论概括的准确性和研究结果的精确度方面有一定的局限性。

（二）历史的定量分析

定量分析是对历史文献内容进行客观、系统和量化描述与分析的研究方法。在教育历史研究中，无论是文字记录形态的教育文献，还是非文字形态的其他教育媒介信息，都可以用定量分析法对其所包含的那些明显的或者潜在的内容进行客观、量化的分析与研究，而这些研究成果还能比较快捷地为改进教育教学发挥直接作用。

定量分析是一种非接触性研究，选取的文献样本一般都是过往的资料。教育领域中的各种教育文献资料都可以作为定量分析的样本。诸如教科书、教学参考

---

① 威廉·维尔斯曼. 教育研究方法导论［M］. 袁振国，主译. 北京：教育科学出版社，1997：255－278.

资料、教学计划、教师教案、学生作业、考试试卷、毕业论文以及科研论文、学术专著、研究报告、授课录像等，其他如政府的教育公文、会议报道、档案信函、书札文件等。甚至就某一种文献的每个具体方面，如考试试卷中的命题、阅卷、成绩分布等，也都可再将其划分为许多细目和单元，逐一进行更深入具体的定量分析，其效果更佳。

1926 年，心理学家张耀翔从北平国子监进士题名碑上亲自抄录了可辨籍贯的 24451 名清代进士，通过五张表格的统计分析，完成了《清代进士之地理分布》的论文，在当时的《心理》杂志 1926 年第 1 期上发表，成为迄今为止研究清代科举人才地理分布最科学、最深入的成果之一。张仲礼在《中国绅士：关于其在 19 世纪中国社会中作用的研究》一书第二章中对 19 世纪中国绅士的人数进行了分析，考察了各省五千余名绅士的生平，并将他们的有关情况分门别类地列表显示。张仲礼虽然忧于“将数量分析用于还未形成统计形式的历史资料，则很少有人作过尝试”，但他还是“试图运用一种数量分析方法来处理这些史料，其意图在于能得到关于绅士职能的更多发现，并且揭示与绅士和绅士集团经济基础及社会地位变动性有关的某些问题。”① 他认为，以这种方法获得的这些发现，对于增强前文研究所提出观点的说服力是很有用的。

尤其是在趋势分析、比较研究和意向分析方面，运用定量分析可以发挥很好的作用。如通过对师范教育产生以来，国内外师范大学教育史课程开设情况的统计，分析教育史人才培养与教学工作的变化规律和发展趋势。通过对国内和国外教育史研究的比较，寻找研究方法上的差异和研究现状的差距。通过对《教育研究》或《教育史研究》杂志几年来发表的教育史类论文的统计分析，了解教育史研究的学术前沿和热点问题等。总之，作为一种新的方法，定量分析已经开始在教育历史研究中被广泛运用，并以其无须与文献中记载的人和事直接接触、省时省力、程序客观等优点而被研究者所接受。

（三）定性分析与定量分析在教育历史研究中的互补

教育历史研究由于选取样本的不同，侧重点也不同，有的题目偏重定量分析，有的内容需要定性研究，多数情况下是将二者结合起来。从某种意义上来说，教育历史研究“实际上是对教育问题的过去进行的实证研究”，将定量分析引入教育历史研究无疑增强了教育历史学解释和分析历史的综合能力。但美国学者古特克（Gerald Lee Gutek）却认为，“教育历史研究中一种令人忧虑的倾向，即为师范生开设的教育基础课程过分强调经验和统计方法的运用，完全无视教育的人文性。某些倡导新教育历史学的人士一厢情愿地想以实证的、经验的、统计的和行为主义的方法为教育史重新打造方法论基础是根本行不通的。在教育历史研究中，计量法的作用往往被过分夸大，甚至被当作目的去刻意追求，这将导致

① 张仲礼．中国绅士：关于其在 19 世纪中国社会中作用的研究［M］．李荣昌，译．上海：上海社会科学院出版社，1991：213．

教育历史固有的人文精神的失落。教育历史研究必须回到人文主义基础上来，否则它将无所归依。”①

其实，计量史学（也称定量史学或数量史学）并不是一个严谨的概念。从一般意义上讲，它是对所有有意识地、有系统地采用数学方法和统计学方法从事历史研究工作的总称，其主要特征为定量分析，以区别传统史学中以描述为主的定性分析。“二战”以后，计量史学曾经流行一时，成为国际史学研究中最庞大的流派，并取得了令人瞩目的成就。在教育历史研究中，我们经常也遇到一些数量的问题，如不同历史时期的学校数量、办学规模、教育结构、增长速度等，对此以往都用文字来描述，鉴于语言文字的多义性和模糊性，用画图、列表等定量的方式显示，用数学语言表达诸如教育历史现象中的规模、速度、程度、范围等问题，其优势就非常明显。②

王笛的《清末近代学堂和学生数量》(《史学月刊》1986 年第 2 期）曾以清末《第一次教育统计图表》(1907 年)、《第二次教育统计图表》(1908 年）和《第三次教育统计图表》(1909 年）为主要依据，结合其他的统计资料（如中华教育改进社 1924 年刊行的《中国教育统计概览》《东方杂志》等)，对晚清十年的办学情况进行了细致的考释。文章并未使用复杂的数学语言，仅仅是用了最简单的统计方法，便使人们对清末历年学堂和学生数量的变化有了清晰的认识。他随后发表的《清末新政与近代学堂的兴起》(《近代史研究》1987 年第 3 期）一文，又添加了 1904—1909 年的毕业学生数、1907—1909 年的教师数以及各省 1903—1909 年的学堂数、学生数，进一步完善了原来的统计。定量分析与定性分析相结合，使论文非常具有说服力，他的统计数据和研究方法仍被广泛引用和模仿。

随着计算机技术的发展，定性研究方法与定量研究方法有效地结合了起来，它们互为作用、相互弥补，发挥了各自的优势，共同推动了教育历史研究的科学化进程。定量分析以定性研究为前提，旨在找出能反映历史文献内容本质的量的特征，并将它转化为定量的有可靠数据的证明。而定性研究因为有了数学语言的若干表格、曲线、指数、数理模型等，使原本非常复杂的社会历史现象和教育发展过程变得更清晰、更深刻，进而使传统近似的、模糊的、描述性的历史研究成为一门数学化的、精确的、科学的历史研究。事实证明，如果运用得当，在历史研究中综合运用定性分析和定量分析方法，有助于找到教育历史发展中难以发现的联系和规律。

当然，量化方法对史学家而言，是“好的奴隶，坏的主人”。史学家应用量化方法时，必须保持自己的主动地位，同时应重视人文的研究历史的方法，千万不能在获得大量数字和模型的过程中，反而丧失了历史的灵性。历史材料中的

---

① 杜成宪，邓明言．教育史学［M］．北京：人民教育出版社，2004：416.

② 纪立新．计量方法与中国近代教育史研究［J］．经济与社会发展，2005（5）：147－148.

量，是有限度的，不管材料丰富到什么程度，总非齐全，亦非尽真，由此衍生的结论，难言十分精确。“以材料最丰富的行政、外交或经济趋势一类的历史而言，其中经常是有神秘性，有些事永远非局外人所得而知。”因此，史学家可以尽量应用量化方法，但不能迷信量化方法。历史的最神秘处，往往须用量化以外的方法去寻觅。①

三、史论结合

论从史出、以论带史、史论结合，是历史科学研究的重要特点之一。史论结合更被认为不仅仅是撰写历史作品的技巧问题，而“是认识论问题，是解决历史问题的基本手段，是历史阐释方面的最高要求，是历史思维品质的集中体现。”②分析教育历史问题，必须以历史唯物主义与辩证唯物主义为指导，将史实与史论结合起来，才能得出科学的结论。史论结合，是从事教育研究的本科生和研究生及其他人员应具备的能力之一，但却成了现今最薄弱的基础和环节之一。

（一）“史论不分家”

史与论的关系，是历史研究中不可回避、最重要的一对关系，如何处理好史料与理论的关系，一直是史学界关注和讨论的问题。在史论关系讨论中，“史”“论”具体所指常常不明。有人在意识形态层次上来理解“史”“论”，“史”指历史材料，“论”指马克思主义理论；有人则在历史科学自身的范围内来理解“史”与“论”，“史”指史料，“论”指史识。教育历史研究中的史论结合，似乎又指的是教育历史和教育理论之间的关系。

在史家治史过程中，论与史一直处于互为前提、相互制约的对立统一状态。所谓“史论结合”，就是史论统一，史论之间互相推动、互相促进，任何一方的削弱，都意味着同时也是另一方的削弱。教育史学研究更是主张“史论不分家”，认为教育学与教育史是不可分割的。从前，苏联教育科学院就把教育学与教育史放在同一个研究室中，现在我国的教育科学规划课题也是将“教育理论和教育史”作为一个领域和方向，放在一个组中进行评审。北京师范大学在20世纪60年代初第一次举办研究生班的时候，教育学研究生班的课程设置就包括了大量教育史的内容，教育史研究生班的学生也要系统地学习教育学理论。因为教育学以论见长，但离开了史，教育学的每一个范畴、每一个概念、每一个思想流派，其来龙去脉就无法弄清楚。而教育史则以史见长，但离开了论，教育史的研究就会迷失方向，舍本求末，不得要领。③

（二）“论从史出”和“以论带史”

“论从史出”主张史料先于史论，史论是直接从史料中产生出来的，它强调

---

① 杜维运．史学方法论［M］．北京：北京大学出版社，2006：143.

② 杨荣光．注重史论结合提高学科能力［J］．宜宾师范高等专科学校学报，2001（1）：82.

③ 毛祖桓，王炳照．略评毛礼锐的教育史学观［J］．江西社会科学，2004（6）：230.

的是科学归纳的方法；“以论带史”主张史论先于史料，先提出一个理论，再用史料对这个理论进行说明，它强调的是科学假设的方法。[①] 以前，有人认为“论从史出”和“以论带史”的提法都不失片面，特别是在指导研究实践中会产生一定的消极影响，故而对这两个口号的争论比较大。

曾有人提出社会主义教育理论不能从封建主义、资本主义的教育史中总结出来，对此，我国高等教育学科奠基人潘懋元先生指出：“我从事高等教育理论研究，每有求于教育史，希望从历史研究中了解教育发展的规律和经验，获得某些启示与证据”。比如他提出的“教育的外部规律”，根据潘先生亲笔所书“就是从历史规律中总结出来的”。他认为，倘若不懂教育史，或对教育史掌握得不深入，实很难深刻地理解这一教育规律；反过来，如果我们掌握了教育发展史，就会对经济、政治、文化等制约高等教育这条规律有更加深刻、具体和生动的理解。可见，高等教育理论建设“有赖于高等教育史研究的支持”，“高等教育史是高等教育理论建设的源泉之一”，“论从史出”是一条历史唯物主义的规律。[②]

当然，史料的挖掘、著作的评析、规律的总结，特别是自身学科体系的建构，也都离不开正确理论的导向作用。所谓“以论带史”，就是运用多种学科的理论作指导，“带”动对史料的正确鉴别、合理取舍和深入评析，促进教育学科的成熟和发展。如果没有充分掌握教育理论，教育史的研究就只能是史料的罗列，很难从教育的历史演变中概括出教育规律，或对教育观及教育思想作出深入、正确的评价，而教育历史研究也需要正确的教育理论作为依据和指导。

（三）“史论结合”

“史论结合”的提法是后起的，它是直接针对“论从史出”和“以论带史”的不足而提出来的。教育历史研究必须在历史唯物主义指导下，在具体论述历史事实的基础上作出客观的分析和结论，使观点和材料统一。既反对空发议论，不尊重历史的做法，也反对史料堆砌，不讲理论观点的做法。即史和论要有机结合，不可偏废。因为没有理论指导就不能驾驭史料，也不能深入研究问题；没有详细地占有资料，就无法从史料中得出科学的结论。史论之间的关系是一致的，不能自相矛盾，要形成统一、完整的表述，那种既有明确的观点，又有具体史实、血肉丰满的研究成果，才最精彩、最具有说服力。

史论结合就是运用科学理论和方法分析历史材料得出正确结论的过程。这里的“史”作为历史材料，是反映历史本体的内容，其突出的特性是客观性，它是进行历史理论思维的基本素材和对象，离开了这些基本的历史材料，历史

---

① 李开元．史学理论的层次模式和史学多元化［J］．历史研究，1986（1）：31.

② 田建荣．“论从史出”和“以论治史”的辩证统一——潘懋元先生的高等教育史学理论［M］// 王伟廉，杨广云．潘懋元与中国高等教育科学．北京：中国华侨出版社，2000：250.

理论就成了无源之水、无本之木，历史理论研究也只能是空谈。“论”是通过对历史事实的分析而得出的观点和结论，是有关历史本体的认识论内容，是对史料的分析、概括达到一定程度的产物，这里突出的是理论性。正确的历史理论直接来源于史料，又指导着对史料的研究。[①] 可见，史论结合的实质就是在“史”必须是客观历史事实、“论”必须是正确理论的前提下，把对史料的研究上升到理论的高度，进而客观认识历史发展的内在规律，真正实现历史研究的价值。

至于史论结合的具体形式，可以不拘一格，多种多样。大致来说，通常的做法也是最常用的做法是先史后论，即先用较多的篇幅，有步骤、有条理地叙述史料，然后再集中分析，得出结论。还有一种是“寓论于史”，即让观点体现在具体材料之中，“史实自明”。也就是虽然全书或全篇在表面上并没有什么议论性的字句，但骨子里却是处处贯串着一条观点的线索，读者只要用心看文章本身所引证据的叙述，就会明白作者的爱憎和观点，知道作者要表达什么。司马迁所擅长的“寓褒贬于叙事之中”，就是属于这种作法。[②] 这是我国写史方法上一个值得继承和发扬的好传统。

可见，史论结合并没有一个可供直接使用的固定模式，而是一种历史思维模式和方法论。因此，坚持“史论结合”是我们进行教育历史研究的一个明确的指导思想和史学意识。

第四节　教育历史研究的应用

教育历史研究既十分重要，又有一定难度。运用历史法进行教育科学研究，不仅要掌握获取史料的技巧和科学的分析方法，还必须有开阔的学术视野和强烈的历史意识，更需要研究者耐得住寂寞，用扎实、勤奋、高质量的研究推动教育历史研究的深入和发展。在教育历史研究中，一定不能重犯以往教育历史研究中的错误，这既是教育历史研究的重要内容，也是成功运用历史法的根本保证。

一、运用历史法的困难

（一）教育史料浩瀚

曾国藩在《圣哲画像记》一文中说：“往者吾读班固《艺文志》及马氏《经籍考》，见其所列书目，丛杂猥多，作者姓氏，至于不可胜数，或昭昭于日月，或湮没而无闻。及为文渊阁直阁校理，每岁二月，侍从宣宗皇帝（道光）入阁，

① 孙殿元. 历史教学应注重“史论结合”[J]. 中学历史教学参考，1997（7）：12.

② 史苏苑. 史论结合杂谈五题 [J]. 史学月刊，1964（8）：35.

得观《四库全书》，其富过于前代，所藏远甚，而存目之书，数十万卷，尚不在此列。呜呼！何其多也。虽有生知之资，累世不能竟其业，况其下焉者乎！故书籍之浩浩，著述者之众，若江海然，非一人之腹所能尽饮也。”① 即使有一定的范围，但比较可靠的史料，大都存在于线装书中，其字古老，其文深奥，竖排又不符合现代人的阅读习惯，所以历史资料都是些“谁都希望自己已经读过，可谁也不愿意去读”的古典著作。

（二）历史背景复杂

虽然古代涌现出了许多杰出的教育家，但中国古代没有纯粹的教育家。例如，孔子作为中国历史上第一个伟大的教育家，其实他首先是思想家和世界文化名人；墨子、孟子、荀子等首先也都是思想家、哲学家；至于董仲舒、王充，主要是思想家；韩愈、柳宗元更是以文学家名世；王安石则是一位政治家；朱熹虽从事教育四十多年，但不能仅仅说他是一个教育家；王守仁除思想家外，还有军事家的才能等。国外教育家也大致如此，从苏格拉底到杜威，既是教育家，更是哲学家、思想家，他们的教育思想也大都散见于他们的哲学、政治、伦理等思想之中，这就要求研究者必须具有相当宽的知识面和广阔的学术视野。另外，很多历史上的教育现象的发生、发展，都与当时社会政治、经济、科技和文化等大背景有密切的关系。

（三）相邻学科众多

我国当代教育史学家毛礼锐曾说：“我们不能关起门来研究中国教育史，而应当密切注意当代教育科学及其他各兄弟学科的新成果、新动向，要善于借鉴与吸收教育科学及其他各兄弟学科的新成果、新理论和新方法，以加深和丰富中国教育史学科的研究。我们还要注意从相邻学科那里汲取丰富的营养，如中国史学、中国政治史、经济史、文化史、思想史、哲学史、伦理学史、美学史、文学史、艺术史、科技发展史、经学史、宗教史、军事史、心理学史、古文字学史、考古学以及世界教育史……”② 不仅如此，我们还要熟知教育学的内容，要善于运用现代教育学的理论去捕捉史料中的教育历史问题，并加以理论探讨，得出有用的结论。此外，还需要一定的语言文字方面的功底，如文字学、音韵学、训诂学等。而研究外国教育史最好对外国语言文字有一定的掌握，并熟悉各国的文化传统、宗教信仰和政治体制。

二、教育历史研究的基本原则

（一）坚持“古为今用”“洋为中用”的方针

研究教育历史，不免要“回顾”，但回顾是为了“瞻前”，要借古开今，做到“背靠历史，面向未来”，妥善处理好传统与现代化的关系，防止以今铸古、

---

① 曾国藩．圣哲画像记［M］//曾国藩全集·诗文．长沙：岳麓书社，1990：249.

② 毛礼锐，郭齐家．中国教育史研究十年的回顾与展望［J］．教育研究，1988（12）：29.

牵强附会，克服曾经在教育史研究中简单化和单纯政治化、哲学化的倾向。具体而言，教育历史研究要讲求“古为今用”，但同时还要“洋为中用”。特别是在当今开放的社会里，中国教育要更好地为经济建设和社会发展服务，就必须走向世界，而走向世界又必须首先了解世界。但这个世界既是现实的，更是历史的。在借鉴西方先进教育经验的同时，必须了解与之相联系的教育历史背景，如此才不致导致盲目照搬和食古不化。

（二）挖掘和借鉴教育史本身的科学方法

教育史本身除了为学习和研究教育科学打下坚实的基础，提高教育理论水平外，还发挥着科学方法论教育的作用。特别是许多杰出教育家同时也是史学家，他们的治学精神、读书经验、指导弟子研究的实践等，都对于我们研究教育史本身具有借鉴和启迪作用。如孔子既是我国古代第一位教育家，也是我国古代第一位伟大的历史学家，孔子有关品评人物和事件时应树立当代从政及为人标准的史学思想等，就很值得我们研究教育史时借鉴。特别是教育家黄宗羲，精于史学，他的《明儒学案》开创了中国学术史研究的先河。国外的如教育家亚里士多德、西塞罗、斯宾塞和卢梭等同时也是史学家。我国现代教育家杨贤江还撰写了《教育史 ABC》，职业教育家黄炎培出版了《中国教育史要》，他们对于教育史的见地，与一般编教育史者有所不同，甚至在内容表述乃至体裁方面都与一般所称为教育史教科书者相异，突出了教育史学方法论的意义。

（三）中国教育史研究与外国教育史研究相结合

中外教育史的比较研究已有所开展。《教育史研究》杂志 1999—2004 年所发表论文中，已有颜元与洛克教育思想的比较、孔子与苏格拉底的“道德可教性”思想比较、陶行知生活教育理论与杜威的实用主义教育理论比较、杜威“生长目的论”与罗杰斯“自我实现目的论”比较、杜威与苏霍姆林斯基论教育环境思想比较、夸美纽斯与卢梭“适应自然”教育思想比较，福禄贝尔与蒙台梭利思想比较等。而张瑞璠、王承绪教授主编的《中外教育比较史纲》(三卷本)，运用综合比较法，有选择地对中外的教育思想、教育理论、教育制度、教育实践进行从古至今的相互比较。事实证明，通过纵向、横向的系统比较，方能真正区分出教育历史发展过程中的现象和本质，进一步加深对具体的教育历史问题和不同时期、不同历史发展阶段、不同文化背景、不同国家的教育之间异同的了解，使教育史研究视野更开阔、更具深刻性，真正达到“古为今用”“洋为中用”的目的。

三、教育史论文写作技巧

宋代人吴缜在《新唐书纠谬》的序中说：“夫为史之要有三：一曰事实，二曰褒贬，三曰文采。有是事而如是书，斯谓事实。因事实而寓惩劝，斯谓褒贬。事实、褒贬既得矣，必资文采以行之，夫然后成史。”这被认为是从理论上提出了史学批评的三个标准。其中，“史之文采”是很重要的一条史学要求。然而在已出版和发表的教育史类论著中，真正写得生动、表达完美、引人入胜的作品不多。可见，撰写历史性学术论文，如果所用文字不能有效地表达研究成果，文章必然缺乏魅力！

（一）开场白一定要精彩

“开场白”就是文章的“前言”“序言”之类。高尔基说过，开头的第一句话是最困难的，好像音乐里定调一样，往往要费好长时间才能找到它。撰写教育历史类学术成果，起笔很重要，开头均应简单扼要，直截了当；切忌烦琐、绕弯、戴大帽子，为开头而开头；不要过分在意引经据典、虚张声势，更不该随便否定，妄加指责，忌轻易断言“此问题前人没有研究过”，属“历史空白”之类；也勿开头都写教育家的生平，或朝代的建立。

（二）正文的论点和论据要统一

初写论文时往往会出现两种不足：一是只限于表达自己的观点，甚至将别人的观点也当成了自己的观点，致使论据成了论点，全文缺乏科学的论证，成了只有论点没有材料的有骨无肉的怪物。二是只管罗列大量史料，平铺直叙，不得要领，看不出其论点是什么。如对原因的分析单一、不深刻，而事实上历史的原因都是多重和复杂的；根据不充分的论据加以概括，资料的逻辑分析欠缺，掺杂个人的偏见，错误类推，自以为是；历史考订的技能不熟练，原始资料不充分，第二手资料多；事实论据选而不精当，典型性不强。其实，写文章论点务必鲜明，论据一定要充分，最好能找到历史上的“铁证”。

（三）反复修改至关重要

据说，欧阳修“作文既毕，贴之墙壁，坐卧观之，改正尽善，方出以示人。”①《文心雕龙》中有言，“改章难于造篇，易字难于代句”。意思是说，修改一篇文章比重写一篇更困难，更换一字比取代一句话还艰苦。的确，文章往往需要经过反复修改才能臻于完美。为此，论文写成后一定要多读几遍，对史料史实、论点论据、逻辑关系，特别是语句衔接、感情色彩等加以体味，反复斟酌。同时，修改时务必要将所有引文与原文核查校对，做到真实、规范。初学者还可多揣摩史学家的著述，如司马迁的《史记》、翦伯赞的《中国史纲要》和黄仁宇的《万历十五年》等。当然，史之文采主要建基于扎实的教育研究活动，要立足在教育研究实践中提高自己的语言文字水平和表达能力。对此，教育家叶圣陶先生说的好：“修改非语言文字之事，实为思想认识之事。作者检点所叙所说，

① 何薳撰，张明华．春渚纪闻［M］．北京：中华书局，1997：102．

觉识之未真，思之未谛，乃援笔修改。改动者因为语言文字，推其根源，则思想认识有异于初时之故也。”①

☆本章要点

1. 在教育科学研究方法中，人们常把文献法等同于历史法。其实，在教育历史研究中，我们必须运用文献法来研究教育历史文献，但文献研究法绝不仅限于教育历史研究领域。

2. 教育历史研究就是对过去的教育史实以及人们的回忆和思考进行历史的研究。具体而言，是在分析、鉴别教育史料的基础上，通过对人类已有教育理论和教育实践的系统分析和理论认识，揭示教育发生、发展规律和趋势的一种研究方法。

3. 运用历史法进行教育科研，首先要确定一个研究问题，最重要的是能够快速地收集到所需的史料和对史料进行鉴别，以确定其真伪，然后才能借此进行分析。史料是史学研究的基础，没有史料，历史研究就无从谈起。教育史料一般分为两大类，即文字形态的史料和非文字形态的史料。第一手资料是最原始的材料，它们或者是研究者亲身经历的事件，或者是对历史文物的实地考察，或者是对社会实践的深入调查，或者是最早的文字记载。在教育历史研究中，人们比较强调第一手资料。

4. 从方法论的角度讲，坚持历史与逻辑的统一，重视定性分析与定量分析的互补，并做到“史论结合”是分析史料、探寻教育历史发展规律的基本原则和方法。历史分析法和逻辑分析法是分析一切史料的最基本方法，具有方法论的意义，在更高层次上将二者完美结合，实现历史与逻辑的统一，就可以实现掌握分析一切历史问题的科学方法。定量分析以定性研究为前提，定性研究有了数学语言会使原本非常复杂的教育历史现象和发展过程变得更清晰、更深刻。计算机技术的发展使得定性、定量研究方法有效地结合，有助于推动教育历史研究的科学化进程。而“史论结合”被认为不仅仅是撰写历史作品的技巧问题，更是解决历史问题的基本手段和进行历史阐释的最高要求。但“史论结合”并没有一个可供直接使用的固定模式，而是一种历史思维方法论。

5. 教育史料浩瀚，涉及面广，研习时必须要有扎实的史学基础知识和较深的教育理论功底，并善于将中外教育历史的研究结合起来，做到“古为今用”和“洋为中用”。

---

① 叶圣陶．语文教育书简（中）［J］．教育研究，1979（4）：77．

☆概念图

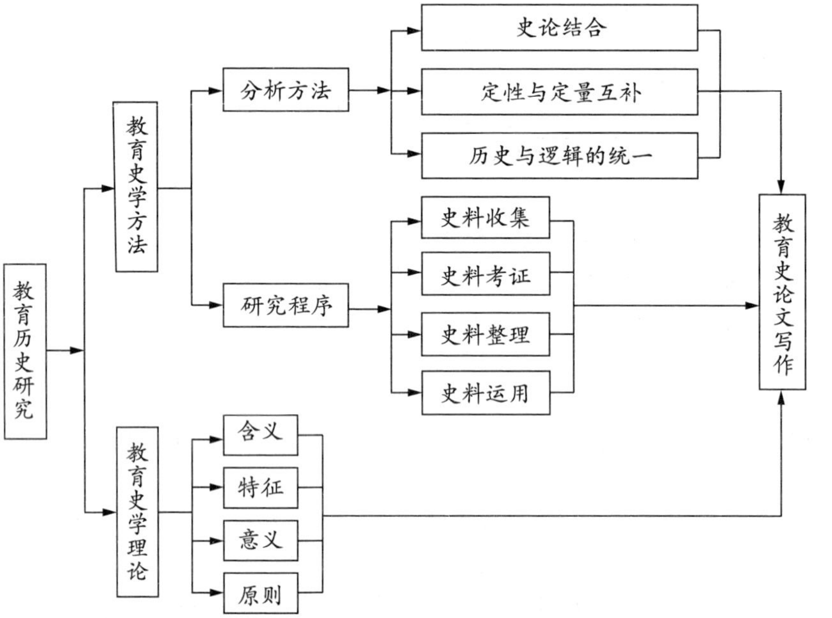

☆学习效果自测

1. 名词解释：外部考证，内部考证，第一手资料，第二手资料，“古为今用”“洋为中用”。

2. 简述历史法和文献法的异同。

3. 除书上所列快速收集史料的方法外，你认为还有哪些办法更实用、更快捷？

4. 请谈谈你对“史料重在平时积累”的理解。

5. 你对“史论结合”是如何理解的？在教育历史研究中如何做到“史论结合”？

6. 试述教育历史研究中量化分析的必要性及其实施策略。

☆拓展练习

1. 结合杜威的教育思想、科举考试与教育两个问题，请运用历史法选取研究方向的思路图，列出尽可能多的研究题目。

2. 根据口述史学的相关理论，请就某一个学校的发展历史进行口述史资料收集，并完成一篇口述史作品。

3. 以“历史与逻辑的统一在教育历史研究中的应用”为题，撰写一篇学术论文。

4. 阅读一本中外教育名著，撰写读书报告并作文献述评。

☆参考文献

1. 张红霞. 教育科学研究方法［M］. 北京：教育科学出版社，2009.

2. 杜成宪，邓明言. 教育史学［M］. 北京：人民教育出版社，2004.

3. 陈选善. 教育研究法［M］. 福州：福建教育出版社，2007.

4. 威廉·维尔斯曼. 教育研究方法导论［M］. 袁振国，主译. 北京：教育科学出版社，1997.

5. 裴娣娜. 教育研究方法导论［M］. 合肥：安徽教育出版社，2000.

6. 杰克·R. 弗林克尔，诺曼·E. 瓦伦. 教育研究的设计与评估［M］. 蔡永红，等，译. 北京：华夏出版社，2004.

7. 袁振国. 教育研究方法［M］. 北京：高等教育出版社，2000.

8. 张积玉. 学术论文写作导论［M］. 西安：陕西人民教育出版社，1994.

☆后续学习资料

必读部分

1. 张隆华，曾仲珊. 中国古代语文教育史［M］. 2 版. 成都：四川教育出版社，2002.

2. 高时良. 教育的历史研究方法述略［J］. 教育评论，1985（5）.

3. 杜成宪，邓明言. 教育史学［M］. 北京：人民教育出版社，2004.

选读部分

1. 梁启超. 中国历史研究法［M］. 上海：上海古籍出版社，1998.

2. 何炳松. 历史研究法［M］. 上海：商务印书馆，1927.

3. 杜维运. 史学方法论［M］. 北京：北京大学出版社，2006.

4. 赵吉惠. 历史学概论［M］. 西安：三秦出版社，1986.

第四编　综合方法的研究

第十二章　教育行动研究

☆内容概览

本章重点介绍了参与、改进、系统而公开等行动研究的主要特点；解释了科学的行动研究、实践的行动研究和批判的行动研究等三个类型；推荐了教学方法变革、教材变革以及有关学生学习和家庭教育研究等三个行动研究的选题视角；介绍了计划—行动—观察—反思—再计划……行动研究的过程以及“螺旋循环”；提示了教育行动研究报告的写作策略，包括从规范格式开始、行动研究报告的一般形式以及走向叙事的行动研究。

☆学习目标

1. 了解行动研究的基本特点。

2. 理解行动研究选题的角度，能够按照实际需要从教学方法的变革、教材变革以及有关学生学习和家庭教育研究等视角选择教育行动研究的课题。

3. 掌握撰写教育行动研究报告的规范格式并学会灵活变通。

☆核心概念

参与　改进　系统而公开　科学的行动研究　叙事的行动研究

一个真实的科学的行动研究的案例①

1. 选题的由来与研究的假设

我之所以在我的语文教学中实施有关“思维导图”的行动研究，最初来自华南师范大学教育信息技术学院况姗芸教授的建议。况姗芸教授的孩子和我的孩子是小学同班同学。我们聊天的时候，况姗芸教授提到“思维导图”。

我当时对“思维导图”没有太大的兴趣。但后来，我遇到一个具体的困难：我的女儿比较害怕写作文。

为了解决女儿害怕写作文的难题，我开始考虑况姗芸教授的建议。我尝试让

---

① 这是华南师范大学附属小学江伟英老师所做的行动研究。这份行动研究报告由江伟英老师口述，刘良华整理。（详见：江伟英．图解语文［M］．广州：新世纪出版社，2010：序．）

女儿使用“思维导图”的办法：围绕某个主题，牵引出相关的线条，逐步把要写的内容画出来。那些线条带出作文重点交代的时间、地点、人物、事件等；然后，把要写的内容编排好顺序；排序之后，再用文字把思维导图所记录的内容有序地写出来。

2. 研究的过程与方法

最初，我只是让女儿随意地尝试，对“思维导图”并没有太大的信心。可是，令我吃惊的是，6岁的女儿尝试了“思维导图”之后，写作兴趣很快获得了提升。在“思维导图”的帮助下，女儿几乎在游戏的开心状态中就完成了写作。后来我还发现，女儿只把故事读一遍，就可以按照读故事过程画下来的“思维导图”，几乎一字不漏地把故事整个儿复述出来，甚至故事中提到的16种食物，也一种没有说漏，连个数也记得一清二楚。

“思维导图”在女儿那里获得的成功，让我开始了查找和学习有关“思维导图”的文献，希望获得更多对“思维导图”的理解，以便在自己的课堂教学中推广这个办法。

我搜索了大量有关“思维导图”的理论文献和研究报告，发现国内不少研究者将“思维导图”与“概念图”混为一谈。人们对“思维导图”的理解存在不少争议。国内有研究者将“思维导图”与“概念导图”交替互换使用，这是一个误解。我所理解的“思维导图”与“概念导图”是完全不同的概念。那段时间，“思维导图”成为我工作和生活的主题。

思考并确认了“思维导图”的真实意义和具体画法之后，我开始在课堂教学里引导我的学生利用“思维导图”进行阅读和写作。我给每个学生提供一个“图画本”，让学生在语文课堂里学会“画图”解读文本。于是，我的语文课有时看起来有点像“美术作品鉴赏”课。

3. 结果与讨论

最初，部分学生和家长对“思维导图”不太热心，但我并不急于说服他们加入进来。我让这些学生先旁观别的同学如何画思维导图，然后自己再作出选择。

后来，我发现，学生画出来的“思维导图”不仅推进了学生的阅读和写作，而且，学生在画“思维导图”时，顺带地发生两个意外的效果：

第一，不少学生画出来的“思维导图”很漂亮，而且第一次画出来的“思维导图”往往最漂亮。为了整理和改善学生画的“思维导图”，我曾经尝试着让学生把它们重新画出来，但重新画出来的思维导图的漂亮程度总是不及第一次画出来的思维导图。

第二，学生学会了画“思维导图”之后，变得更加主动地投入到阅读思考之中。学生在语文课堂上自说自画、相互比较、主动汇报，教师所做的事情只是倾听和点拨。

这正是我所愿意看到的教学状态。我听过大量的“公开课”，有些教师的讲解确实很精彩，甚至让在场的学生和听课的教师感动得流泪；有些教师的讲解如此精彩，以至于老师宣布下课之后，学生依然呆呆地坐在那里，不愿意结束，不愿意离开老师。我的想法是，教师的讲解能够让学生依依不舍，这的确让人羡慕。但是，我更愿意看到的教学效应是：学生离开教师的讲解之后，依然能够自主学习。

这份行动研究案例提示的相关问题是：究竟什么是行动研究？行动研究有哪些特点？除了这份案例所显示的科学的行动研究之外，还有哪些其他类型的行动研究？行动研究的过程一般显示为哪些关键的步骤？如何撰写行动研究的报告？

第一节　什么是教育行动研究

教育行动研究主要是指行动者为了改进自己的实践而在自己的行动中亲自展开研究。[①] 根据对“研究技术”的依赖程度，行动研究一般被分为科学的行动研究、实践的行动研究和批判的行动研究三种类型。“科学的行动研究”也被称为“准实验研究”，因此，科学的行动研究报告的风格往往显示出实验研究报告的基本要素。“实践的行动研究”相当于中小学教师日常教学工作中的教学反思，因此也可以称为“反思的行动研究”。反思的行动研究报告往往显示为“教学反思”“教师日志”。“批判的行动研究”意味着超越具体的教学方法的微调而进入课程制度的改进和变革。此种批判的行动研究既非一般意义上的教学反思或教师日志，也不是一般意义上的“准教育实验”。批判的行动研究报告显示出更多的批判精神，而且呈现出某种课程制度、管理制度上的批判。本章所讨论的行动研究主要是指“科学的行动研究”。

一、行动研究的特点

根据章首案例，可以看出行动研究的几个关键特征：一是参与，二是改进，三是系统而公开。

（一）参与

“参与”即行动者参与研究。由于教育行动研究大量地显示为教师参与研究，因此教育界也一度流行“教师成为研究者”。凯米斯（S. Kemmis）明确以“参与”（involvement）概念来表达“教师成为研究者”理念。他将行动研究的“核心目的”归结为“改进”和“参与”。其中，“参与”强调的是教师参与研

---

① 教育领域的行动者主要包括中小学和幼儿园的教师、学生、家长、管理者，等等。以下主要针对中小学和幼儿园教师来谈论教育行动研究。

究的全过程，在计划—行动—观察—反思的每一个阶段都有教师的声音。①

教师“参与”研究作为行动研究的首要特征，它凸显了行动研究所鼓励的“教师成为研究者”以及教师成为“反思性实践者”的特性。但这个特性也使行动研究从一开始就蕴藏了“校外研究者与教师之间”的“合作尴尬”的难题。

当中小学教师打算以行动研究的方式解决问题时，往往需要“校外研究者”(outsiders) 的合作和帮助。“校外研究者”介入中小学教师的行动研究是必要的，他们可以通过“合作”的方式为中小学教师提供相关的专业支持。比如，通过讨论、协商或者必要的专题讲座等方式为中小学教师提供相关的教育理念和研究方法的信息。这种“合作”参与研究的观念导致后来“合作性行动研究”概念的产生。因此，行动研究常常也被称为“合作性行动研究”或“合作研究”，强调参与行动研究的教师由个人化的、孤岛式的研究走向群体合作性研究。行动研究虽然可以是教师个人化的反思性教学，但行动研究更理想的方式是一种群体的反思，或者说是基于教师个体反思的合作性研究。

“校外研究者”的介入原本出于一番“善意”，这使得行动研究有了“合作”的精神。但是，校外研究者的介入也带来了行动研究的困难。当中小学教师缺乏必要的研究经验而“参与”行动研究时，行动研究的困难往往在于没有大学研究人员（即校外研究者）的“合作”和“指导”。而一旦大学研究人员介入行动研究之后，行动研究的困难又恰恰来自校外研究者的“指导”及其与中小学教师的“合作”。有人称之为行动研究的“合作尴尬”。这种“合作尴尬”主要显示为中小学教师在“合作的行动研究”中丧失自己的独立性，越来越丢失自己的专业自主。当教师越来越成为“校外研究者”（或称之为“专家”）的执行者或者“被试”(object) 时，行动研究的“合作”便由原来的“共同发展”“相互促进”等退化为“人事障碍”。

不过，“合作尴尬”与其说是行动研究的“人事障碍”，还不如说是行动研究中常常需要警惕的一个困难；或者说，“合作尴尬”显示了行动研究的某种艰难性。行动研究的“艰辛”之处就在于：初始化的行动研究总是需要有“大学研究者”（专家）的介入和合作，但这种“合作”又只能以中小学教师的“专业自主”为前提。

走出“合作尴尬”是一个艰辛的过程。对大学研究者而言，这种“艰辛”意味着既为中小学教师小心地提供专业引导和专业支持，又不能越俎代庖；对于中小学教师而言，这种“艰辛”意味着既要从大学研究者那里汲取“专业智慧”，但同时又不得不守护自己的专业自主，随时能够为自己的观念和行为作专业辩护。也就是说，中小学教师在行动研究中既需要采取“合作”的态度，但又要不以牺牲自己的“专业自主”为前提。

---

① Carr, W. & Kemmis, S.. Becoming critical: education, knowledge and action research [M]. Deakin University Press, 1986: 165.

（二）改进

在勒温（K. Lewin）领导的早期的行动研究探索中，行动研究被视为通向民主的途径，尤其重视改善人际关系中的不平等、偏见等问题。行动研究被引入教育领域之后主要用来改进学校的课程与教学实践，科里（S. Corey）称之为“改进学校实践”。为彰显行动研究的“改进”功能，科里将有关行动研究的思考直接题为“改进学校实践的行动研究”。后来，埃利奥特（J. Elliott）发表了《指向学校变革的行动研究》(*Action Research for Educational Change*）与科里的主题遥相呼应。

专栏 12－1

早期的行动研究

勒温为德籍犹太人，他不仅提出了“行动研究”一词，而且还构建了行动研究的基本理念。勒温立足于“群体动力学”的立场，力图以行动研究的方式解决社会问题，并致力于“独立、平等与合作”的群体关系和群体动力。勒温的“群体动力学”的知识背景使他所倡导的行动研究从一开始就具有“群体合作”的性质。

受勒温的影响，科里成为早期教育行动研究的有影响的倡导者。科里组织了三次全国范围的行动研究会议，以便改进学校实践。经过多年的合作性行动研究，科里总结出有效的“校本行动研究”（school-based action research）必须具备六个条件：(1) 对问题的公开，即学校管理者和教师诚实地说明学校工作中需要改进的问题；(2) 有创新的机会，即管理者为教师提供“头脑风暴”和创意的机会，以便为学校将来的实践提出可供选择的方案；(3) 鼓励尝试错误，即管理者为教师提供拓展和尝试改进实践的资源和材料支持；(4) 合作的教师群体，即管理者和教师共同协商解决问题的标准和技巧；(5) 重视资料收集，即管理者和教师相信他们可以通过系统地收集研究过程中和研究结果的资料来超越随意的探索；(6) 有足够研究的时间，即管理者创造条件使教师从常规的事务性工作中转向专业性反思、行动研究和教育问题解决。1953 年，科里将有关论文编辑为《改进学校实践的行动研究》一书，作为教师参与行动研究的参考手册。

［资料来源］Corey, S.. Action research to improve school practice [M]. Teachers College, Columbia University, New York, 1953: 1－25.

自从凯米斯将行动研究的目的归结为“改进”（improvement）与“参与”之后，“改进”便获得了更为丰富的含义，比如“改进”越来越多地内涵了“批判”的意味。在凯米斯和埃利奥特等人那里，“改进”虽然也意味着改进教师的教学“行为”，但更意味着“改变”教师对行为以及相关“制度”的“理解”。教师对“制度”的理解和改变意味着教师需要将以往的教育观念中的一切信条、建议、指导、警告、规范、制度、体系等“用括号括起来”，使其处于一种“待疑”状态，使之进入批判性思考的范围。对教师“观念”进行批判性反思的结果将导致教师的行动研究走向“批判的行动研究”（critical action research）。“批判的行动研究”尽管被认为是行动研究在20世纪80年代出现的一个“新方向”，但行动研究从一开始便已经有了“批判”的情结，行动研究所追求的“改进”已经内在地蕴含了“批判”的意味。

毋庸置疑，这种“改进”及其所蕴含的“批判”精神是必要的。但人们却不禁生疑：中小学教师真的能那么容易地经由“批判”而“改进”自己的教学行为和教学观念吗？

中小学教师只是通过自我批判的方式来改变自己的教学行为和教学观念，也许并不“艰辛”。对中小学教师构成“艰难”的真正因素在于，教师的教学行为和教学观念似乎总是牵涉相关的“教学制度”（也有人称之为“社会情境”）。教师生活在种种“制度”条款中，虽然享受着“制度”给他们带来的报酬和便利，但同时也受到“制度”的规范和约束。与生活方式包括经济生活方式和教育生活方式的“变化”“更新”相比，“制度”总是相对地显得“保守”“滞后”。

行动研究做到一定程度后，总需要引起相关制度的变化。某些中小学教师的行动研究表面上看是为了“改进”教学行为和教学观念，但行动研究一旦展开，就是向中小学校长以及相关的教育行政部门发出某种邀请或者拒绝的信号。而一旦涉及制度的变革和更新，就会引起相反方向的抵制和守护。这正是行动研究的困难所在。

就此看来，行动研究向来是艰辛的。唯其艰辛，才显可贵。行动研究是否能够收获某种“改进”，也就在于中小学教师是否能够挣脱“制度束缚”而赢得观念和实践的“改进”。

（三）系统而公开

行动研究与“正规的教育研究”（主要指教育实验研究）相比，确实存在不少差异。美国教育研究方法论专家博格（W. Borg）在1963年出版的《教育研究导论》（*Educational Research：An Introduction*）一书中将“行动研究与正规的教育研究、随意性问题解决法”之间的差异归纳为10条。后来又在《应用教育研究：教师实用指南》（*Applying Educational Research：A Practical Guide*）一书中将行动研究与“正规的教育研究”（formal research）之间的差异调整为9条。①

但博格等人对“正规的研究与行动研究的差别”一直持有一种比较复杂的

① Gall, J., Gall, M.. Borg, W.. Applying educational research: a practical guide (3rd edn) [M]. Longman, 1993: 390－410; Gall, J., Gall, M., Borg, W.. Applying educational research: a practical guide (4th edn) [M]. Longman, 1999: 478－480.

心态。当博格在 1963 年出版的《教育研究导论》一书中以列表的方式提出了 10 条“正规的教育研究、行动研究与随意性问题解决法的差别”（Differences among Formal Education, Action Research, and the Casual Approach to Problem Solving in Education）[①] 时，行动研究虽然与“正规的教育研究”相比显得不那么重视“控制性”和“精确性”，但与“随意性问题解决法”相比，行动研究却又显得具有较强的“科学性”和“精确性”。

后人在引用博格的资料时，仅仅选择了“正式的教育研究与行动研究的差异”，而放弃了博格对“行动研究与随意性问题解决法”的比较。舍弃了“行动研究与随意性问题解决法”的比较之后，往往给人一种误导，以为行动研究根本无“精确性”或“科学性”可言。

专栏 12 - 2

行动研究与正规研究的差异

1. 研究者所需的技巧不同。大多数研究者需要广泛的训练，以便熟练地使用正规研究的方法。定量研究者需熟练使用测量技术和数理统计，定性研究者在收集和解释大量的资料时需要专门的技巧。而行动研究者一般不需要具备有关研究设计和解释的高级技巧，一般教育实践者都可以进行行动研究。

2. 研究目的不同。正规研究的目的在于发展和检验理论，使知识具有更广泛的适应性；而行动研究的目的只在于获得能够直接应用于当下情境的知识，它既改进实践也提高研究者的能力。

3. 确定研究问题的方法不同。正规的研究中总是通过阅读前人的研究来提出研究的问题，这些问题可能出于研究者个人的兴趣，但与研究者的工作实践并不一定直接相关。而行动研究主要研究那些影响实践者自己或同事的工作效率的问题。

4. 对文献研究的态度不同。在正规研究中，广泛的文献研究尤其是获得原始资料是必要的。这些文献研究可以让研究者比较彻底地了解所研究的问题在当前知识研究中处于何种状态。这种了解使研究者在设计和解释自己的研究时以他人的研究作为知识基础。而在行动研究中，研究者只需要对相关的研究有一个大致的了解，有关的文献评论所提供的第二手资料也可以作为理解的材料。

5. 选择参与者的方式不同。在正规研究中，研究者倾向于选择具有代表性的样本，以便增加研究结论的普遍意义，消除影响结果的某些偏见。而行动研究往往研究自己的学生或相关人员。

6. 研究设计不同。正规研究强调周密的计划以便控制某些影响结果的解释

---

① Borg, W.. Educational research: an introduction [M]. David McKay Company, 1963: 320 - 322.

的无关变量。如定量研究关注实验组与控制组在条件上的相似，而定性研究也重视所收集资料的真实性与可靠性。而行动研究在设计的程序上不那么严格，往往比较自由地在行动中作出某些改革，在资料收集、解释和调整实践的过程中比较迅速地调整，对情境的控制与偏见的消除并不特别看重。

7. 资料收集的程序不同。在正规研究中使用有效的和可靠的资料收集方法去获得资料，在正规的研究之前还可能作一些必要的预测以便确定其有效性。而行动研究往往使用比较方便的方法如观察、与学生谈话或课堂测验。

8. 资料分析的方式不同。正规研究往往使用复杂的分析程序，而行动研究一般关注它的实际效果而不讲究统计意义。

［资料来源］Gall, J., Gall, M., Borg, W.. Applying educational research: a practical guide (3rd edn) [M]. Longman, 1993: 390－410; Gall, J., Gall, M., Borg, W.. Applying educational research: a practical guide (4th edn) [M]. Longman, 1999: 478－480.

从早期的行动研究活动来看，当时的行动研究倡导者很重视使用“科学的方法”来解决实际问题。对勒温来说，行动研究除了民主的意义，还意味着一种“科学研究方法”，它是用“科学研究方法”来解决社会问题、改善人类关系。勒温本人也被称为“实验主义者”。[①]勒温将行动研究的过程描述为“计划—行动—观察—反思—再计划……”也被认为具有“实证主义”的痕迹。也就是说，由勒温开始的早期行动研究既追求民主发展又重视科学方法，早期的行动研究也因此被称为“科学的行动研究”。

勒温之后，行动研究领域对“科学方法”一直有不同的意见，甚至有人对“科学方法”不以为然，拒绝使用数字统计等定量研究的语言。但是，“科学方法”在行动研究中一直若隐若现，并以不同的方式被传承下来。

在讨论行动研究的特征时，斯滕豪斯（L. Stenhouse）除了将行动研究理解为“教师成为研究者”之外，他还特别提出了行动研究作为一种“研究”的前提性资格问题。什么才算教育“研究”？斯滕豪斯的回答是：“研究是一种系统的、持续的、有计划的和自我批判的探究，这种探究应该进入公众的批判领域。”[②] 有时他简单地表述为“研究就是公开而系统的探究”。

这里所谓的“系统”（systematic），实际上就是强调行动研究必须使用必要的“科学方法”，包括阅读必要的文献，汲取“他人经验”和“他人智慧”，而

① Hodgkinson, H.. Action research: a critique [J]. The Journal of Educational Sociology, 1957, 31 (4); Oja, S. & Smulyan, L.. Collaborative action research: a developmental approach [M]. The Falmer Press, 1989: 5.

② Stenhouse, L.. What counts as research? [J]. British Journal of Educational Studies, 1981, 29 (2); Rudduck, J. & Hopkins, D.. Research as a basis for teaching: reading from the work of Lawrence Stenhouse (eds) [M]. Heinemann Educational Books Ltd, 1985: 15－19.

不是个人的随意性问题解决。“科学方法”作为行动研究的古典精神之一，它除了被斯滕豪斯解释为“系统而公开”之外，后来在博格等人那里又被理解为系统地“收集资料和分析资料”。正是系统地“收集和分析资料”使行动研究区别于一般的“随意性问题解决”或经验总结，它使行动研究因为遵守某种科学的研究规则而名副其实地具备“研究”的资格。从这个意义上说，行动研究者需要有一定的理论眼光或科学的精神。在中小学教师未做好理论准备时，需要有校外的研究人员作为促进者参与行动研究，作为教师的“批判的朋友”，为教师提供基本理论假设和研究技术。这也正是行动研究中常常有校外研究者介入的原因。

正是出于对行动研究的科学性的维护，斯滕豪斯才特别提醒人们：行动研究作为一种研究方式，它首先必须具备“研究”的基本资格。凡称得上一种研究的，它就必须是“系统的”或“持续的”探究，而不是零碎的或偶然的思考。对于一个中小学教师而言，过于强调“系统”的研究会给行动研究带来困难。但中小学教师若指望自己的行动研究是真实的和有效度的，“系统”的研究就成为无法越过的坎。斯滕豪斯特别提醒，行动研究首先必须是一种“研究”，而“研究就是公开而系统的探究”。[①]“公开”（to be made open）意味着教师向公众表达自己的研究过程和研究成果，使自己的研究成为“公开的”探究而不是私下琢磨。斯滕豪斯还坚持真正的研究应包括获得公开发表的资格。[②]

因此，一种称得上研究的活动就应该争取公开发表，以便成为公众对话的一部分。公开发表的价值还在于：一方面它为批评打开了一扇门户，使经由批评而得到改进成为可能；另一方面它将传播研究成果并因此而带来知识的增长。埃布特（D. Ebbutt）也认为[③]，如果行动研究指望成为一种合法的“研究”形式，那么，研究的参与者就必须提出他们活动的书面报告。而且，这些书面报告应该以适当的形式公开发表以便接受公众的批评。也就是说，参与行动研究的教师必须将“写作”视为自己的责任和权利，在“写作”中提升自己的反思水平。

总之，若期望行动研究有效，则不得不克服行动研究中的种种困难，比如“合作尴尬”“制度障碍”“系统缺失”和“教师失语”等。有人可能因此而抱怨这样定位行动研究反而会增加行动研究的“艰难”。确实，在行动研究容易被想象为某种“随意性问题解决”的境况中，行动研究既然作为一种“研究”，确实需要人们对它怀有必要的“敬畏感”。

---

① Stenhouse, L.. The problems of standards in illuminative research [J]. Scottish Educational Review, 1971, 11 (1).

② Stenhouse, L.. What counts as research? [J]. British Journal of Educational Studies, 1981, 29 (2).

③ Ebbutt, D.. Educational action research: some general concerns and specific quibbles [M] //Burgess, R.. Issues in educational research: qualitative methods (ed.). The Falmer Press, 1985.

专栏12－3

什么才算研究

本文将紧紧围绕一个细微的定义开始：研究就是公开而系统的探究。私下的研究在我们看来简直不配称为研究。部分原因在于未公开发表的研究得不到公开讨论的帮助，部分原因在于我们将研究视为一种共同体活动，而未发表的研究对他人几乎没有用处。重要的是，研究必须成为批判性对话的共同体的一部分。大量公开发表的研究只是面向世界，而很少有研究针对本地。除了需要国际会议或杂志，我们同时也需要本土的合作和研究。我们更需要面对面的交流。很遗憾，这个信念在我们这里没有获得公开的承认。

［资料来源］英国行动研究的倡导者斯滕豪斯于1981年在《英国教育杂志》上发表的《什么才算研究》。参见 Stenhouse，L.．What counts as research？[J]．British Journal of Educational Studies，1981，29（2）：103－113. 可以在网上阅读该文的完整电子版，详细内容参见 http：//www. jstor. org.

二、行动研究的类型

有人把行动研究的源头追溯到19世纪晚期的“教育科学化运动”（the Science in Education Movement）。也有人认为，早在20世纪30年代美国印第安人事务局局长科利尔（J. Collier）在自己的研究中就已经采用了“行动研究”的方法，并先于勒温使用了“行动研究”这一术语。这两个说法可以被视为行动研究的两个源头，这两个源头预示了后来的行动研究的三种类型。

（一）科学的行动研究

第一代教育行动研究的倡导者勒温本人所做的行动研究，实际上是一种实验研究。后来人们称之为“科学的行动研究”（或“技术的行动研究”）。因此，所谓科学的行动研究，也就是某种实验研究或准实验研究。与一般意义上的实验研究一样，科学的行动研究也有研究的假设、控制以及对结果的检验。在研究报告的撰写上，科学的行动研究报告也接近于实验研究报告。

（二）实践的行动研究

由于科学的行动研究往往过于强调研究的技术规范而不关注课堂教学中的实际问题，这使得行动研究一直遭受批评。

专栏12－4

行动研究：一份批评意见

1957年，霍吉金森（H. Hodgkinson）在《行动研究：一份批评意见》中对行动研究提出批评。

研究中没有业余者的地盘，教师没有时间去做研究。教师们实际上很可能会抵制改革，因为他们将坚守自己当前的做法，声言这些做法已经经过了研究并被证明是有效的。这种抵制其实是建立在一种错误的假设之上，即经过了研究的教学就代表了未来的优质教学。学校中的行动研究需要一个对个人和群体需要都很敏感的领导者。如果没有这样的领导者，群体合作以及统一意见将有困难甚至根本无法实现并可能导致行动研究的失败、教师不被同事信任以及整个学校文化精神的低落。

更严重的问题是，行动研究根本算不上真正的研究，因为它并不具备有效的科学方法的标准。行动研究并没有超出实际问题解决的范围。行动研究没有实验性控制，因为教师原本缺乏研究方法的训练。行动研究者并不寻求教育领域的抽象，也不将他们的发现纳入更广阔的理论和知识体系考虑。也许，最好将行动研究理解为收集数据的一般方法而算不上一种科学的、实证的研究。

［资料来源］Hodgkinson, H.. Action research: a critique [J]. The Journal of Educational Sociology, 1957, 31 (4); Oja, S. & Smulyan, L.. Collaborative action research: a developmental approach [M]. The Falmer Press, 1989: 5.

第二代教育行动研究的倡导者斯滕豪斯对某些不规范的行动研究提出批评。斯滕豪斯领导了“实践的行动研究”，提出了“教师成为研究者”（Teachers as researchers）和“研究成为教学的基础”（Research as a basis for teaching）口号。[①]斯滕豪斯的思路与后来的英国学者埃利奥特提倡的“改进学校实践的行动研究”[②]、美国学者萧恩（D. Schon）提倡的“反思性实践者”（Reflective Practitioner）是一致的。因此，实践的行动研究也可以理解为“反思性教学”（reflective teaching）。

专栏 12－5

萧恩的“反思性实践者”

萧恩在《反思性实践者》(*The Reflective Practitioner: How Professionals Think in Action*) 一书中反复强调：任何课题化情境总是“复杂的”（complexity）、“不确定的”（uncertainty）、“不稳定的”（instability）、“独特的”（uniqueness）和“价值冲突的”（value conflict）。因为这个复杂的、不确定的、不稳定的、独特的

---

① Rudduck, J. & Hopkins, D.. Research as a basis for teaching: reading from the work of Lawrence Stenhouse (eds) [M]. Heinemann Educational Books Ltd., 1985: 113.

② Elliott, J.. Action research for educational change [M]. Open University Press, 1991: 30－31.

和价值冲突的情境存在于任何已经产生的理论和技术之外，实践者就不能将它作为一个工具性问题并指望应用他头脑里储存好的专业知识来解决它。这个情境并不“在书中”，如果他期望有效地处理，就不得不在自己的行动中用自己设计的情境化策略尝试性地解决它。这也使“反思性实践者”观念与一般“教师职前教育”和“教师教育”区别开来。反思性教学倾向于“在行动中”主动尝试，直接针对问题进行思考、设计、策划、规划和形成暂时性的行动策略。它所理解的情境是不可预料的和独特的。坚持在行动中“理论与实践”的互动所形成的理论也是“实践中的理论”（theory in practice）或“行动的理论”（theory of action），并不指望在书本中寻找现成的答案然后应用于实践；而一般“教师职前教育”或“教师教育”本质上还是一种“先理论后行动”的传统的“理论—实践”观，假定了现实中所有的问题都可以在书本中、在已有的理论体系中搜寻到解决的方案，对书本理论寄予厚望。反思性教学的“理论—实践”观是循环互动的，传统的“理论—实践”观是自上而下的。

［资料来源］Schon, D.. The reflective practitioner: how professionals think in action［M］. Basic Books, Inc., Publishers, 1983：14 - 18.

（三）批判的行动研究

斯滕豪斯领导的“人文课程研究”指导小组影响了他身边的同事凯米斯。凯米斯倡导“解放的行动研究”（或称之为“批判的行动研究”）。如果说科学的行动研究的主要问题是过于强调研究的技术规范而忽视了真实的课堂教学中的真实问题的研究，那么，实践的行动研究的主要问题则是过于关注课堂教学中的具体的、细节的教学问题而无法从整体的学科教学的高度或整体的教育原理的高度来解决问题。这正是批判的行动研究产生的原因。

严格来说，批判的行动研究与科学的行动研究、实践的行动研究并非是并列的关系。批判的行动研究只是为科学的行动研究提供批判，使科学的行动研究更关注真实的日常的教育实践。同时，批判的行动研究也为实践的行动研究提供批判，使实践的行动研究从学科教学新观念或教育原理的高度来超越具体的细节问题而进入整体的教育变革。

对实践者（含中小学、大学、幼儿园教师或管理者）而言，最好先从事实践的行动研究（反思性教学或课例研究），然后通过批判的思维而使实践的行动研究逐步转换为超越学科细节问题的科学的行动研究。如果说实践的行动研究相当于课例研究，那么，科学的行动研究则可被理解为课题研究。实践的行动研究（教学反思型的课例研究）更适合年轻的教师新手，科学的行动研究（教育实验型的课题研究）则更适合有经验的教师高手。科学的行动研究虽然饱经非议，但是只有科学的行动研究才能推进教师建立比较稳定的教学信念和比较成熟的教学风格。

第二节　教育行动研究的一般过程

行动研究始于行动者本人对自己的教育实践问题的敏感和持续的关注。这种关注意味着：把教育实践中的问题提升为研究的课题，然后围绕研究的课题展开真实的行动。

一、行动研究的选题及其基本规范

教育研究可以显示“价值研究”，它的使命就是提示教育研究者何为“值得”关心的问题、何为不“值得”关心的问题。它帮助研究者和实践者建立“什么事情有价值、什么事情无价值”的是非标准和“什么是好的、什么是坏的”的善恶观念。这些是非标准和善恶观念成为研究者与实践者行动的准则。价值研究的话语方式是价值判断，其研究报告的标题往往显示为“论……的价值”以及“应该……”“必须……”，等等。

但是，行动研究（尤其是科学的行动研究）的核心精神是只作“事实判断”，不作“价值判断”，也就是说，行动研究只作“实然判断”或“或然判断”，不作“应然判断”。行动研究者即便在心中悄悄地暗含“价值关怀”，但文字表达总是保持“价值中立”。行动研究者需要避免类似“论……的价值”或“论……的意义”的选题形式；研究报告的标题尽可能避免出现“应该……”“必须……”“大力弘扬……”等富有情感和命令的动词。

可见，行动研究只是在自己的教育实践中发起某个教育变革，并关注教育变革的措施与学生的学习成绩或学习兴趣之间的因果关系。如果说价值研究的典型话语方式是“论……的价值”，那么行动研究的典型话语方式是“……对……的影响”。行动研究的重点是探察事物之间的因果关系或相关关系。

典型的行动研究的话语表达是“……对……的影响的行动研究”，如“思维导图对学生语文学业成就的影响的行动研究”。这样的话语也可以浓缩为“……对……的影响”，如“思维导图对学生语文学业成就的影响”，还可以进一步压缩为“……的行动研究”，如“思维导图的行动研究”。反过来说，如果某研究报告的主题显示为“思维导图的行动研究”，那么这份研究报告的完整标题乃是“思维导图对学生学业成绩和学习兴趣的影响的行动研究”。

如果说教育行动研究的经典标题是“……对……的影响的行动研究”，那么，前一个省略号的关键要求是“可操作性”，它代表某种具体的“可操作”的某个教育变革行为与措施。这个变革行为相当于“动名词”。后一个省略号的关键要求是“可测量性”，它代表某种教育变革所引起的教育效果，而且这种效果最好是可测量或者可言说、可观察的。由此可见，如果填充第一个省略号的变革措施过于宏大、庞大以至于不可操作，那么这个行动研究就可能失败。同样，如果填充第二个省略号的影响或变化过于抽象、模糊以至于不可测量或不可言说、不可观察，那么这个行动研究也可能失败。如“素质教育对学生价值观的影响的行动研究”就是失败的行动研究，因为“素质教育”不具体且很难操作，“学生价值观”也很难测量。按照这个思路，可以将“素质教育对学生价值观的影响的行动研究”作一个转换，比较合适的选题可以是“动手做对学生数学成绩的影响的行动研究”或“亲自探究对学生语文成绩的影响的行动研究”。

同样，“班主任的性格对学生的影响的行动研究”也是失败的行动研究。虽然这个标题在语法上没有错误，但它在行动研究标题的表述上却是一个错误。因为填充第一个省略号的“班主任的性格”不是一个具体的“变革行为”，它是纯粹的名词而不是可操作的“动名词”。尽管人们都承认“班主任的性格”会对学生构成影响，但研究有一套规范和套路，“班主任的性格”无法成为行动研究的“影响因子”。而且，填充第二个省略号的“学生”也不是一个可测量的因素，它需要进一步转换，要么是“学生对某个学科的学习兴趣”，要么是“学生的学习成绩”。可测量的不是“学生”，而是学生的学习兴趣或学习成绩。按照这个标准，可以将“班主任的性格对学生的影响的行动研究”作一个转换，比较合适的标题是“班级日志对学生行为规范的影响的行动研究”或者“班干部竞选对学生成绩的影响的行动研究”。

总之，教育行动研究的选题可以是类似“……对……的影响”的事实判断，且要尽可能避免类似“应该……”的价值判断。在确认了行动研究的“选题的基本规范”之后，接下来的关键步骤是，研究者可以研究哪些具体的问题，以便使类似“……对……的影响”的选题形式获得充实。

二、由问题变成课题

对于中小学教师，可研究的问题主要显示为三个方面：一是教学方法的改革；二是教材的改革；三是对学生学习和家庭教育的研究。研究者可以关注这三个方面的教育实践问题，并将这些问题转化为研究的课题。

（一）有关教学方法变革的行动研究

查阅已有的行动研究文献，有关教学方法的行动研究集中呈现为有关“探究”“反馈”和“自学”等主题的变革。

与“探究”相应，行动研究的选题内容可以表述为：“课题式教学对学生成绩和学习兴趣的影响的行动研究”“主题式教学对学生成绩和学习兴趣的影响的行动研究”“设计教学对学生成绩和学习兴趣的影响的行动研究”，等等。这些选题也可以减缩为：“课题式教学的行动研究”“主题式教学的行动研究”“设计教学的行动研究”，等等。所谓“课题式教学”“主题式教学”“设计教学”等，不过是“探究性教学”的不同说法。

与“反馈”相应，行动研究的选题内容可以表述为：“目标教学对学生成绩和学习兴趣的影响的行动研究”“掌握学习对学生成绩和学习兴趣的影响的行动研究”“效果回授对学生成绩和学习兴趣的影响的行动研究”，等等。所谓“目标教学”“掌握学习”“效果回授”，其核心精神就是让学生的学习获得及时的反馈与矫正。

与“自学”相应，行动研究的选题内容可以表述为：“尝试教学对学生成绩和学习兴趣的影响的行动研究”“自主学习对学生成绩和学习兴趣的影响的行动研究”“自学辅导对学生成绩和学习兴趣的影响的行动研究”，等等。所谓“尝试教学”“自主学习”“自学辅导”，其核心精神乃是学生自学、教师辅导。

（二）有关教材变革的行动研究

从已有的行动研究文献来看，有关教材变革的行动研究集中呈现为有关语文、数学、外语等三个学科的变革。

语文教材包括阅读教材和作文教材。以作文教材为例，行动研究的选题可以表述为“科学作文对学生作文成绩和作文兴趣的影响的行动研究”或“科学作文与人文作文的比较的行动研究”。所谓科学作文，是在传统的作文之外，以科学研究报告为范本，让学生先开展相关的调查研究或实验研究，然后撰写科学研究报告的作文。这种科学研究报告并不完全取代传统的作文，而是对传统议论文的补充。学生一旦学会撰写科学研究论文，就会不再担心“空发议论”“言之无物”。比如，传统的作文可能让学生写《论诚信》的命题作文，而科学作文则推动学生撰写类似《中美学生对诚信的态度的调查研究》的研究报告；传统的作文可能让学生写《论意志》的命题作文，而科学作文则推动学生撰写类似《中日小学生意志品质的调查研究：夏令营中的较量》的研究报告。

数学教材改革既包括对传统的学生课本的“二次加工”或“二次开发”，也包括在学校已设的正式课程之外增加某门新的校本课程。比如，数学教师可以开发一门《数学史》课程，相关的行动研究课题可以表述为“数学史对学生数学学习成绩和学习兴趣的影响的行动研究”。该研究的目的在于让学生在学习“数学史”的基础上理解相关的数学知识，让学生在学习数学史的基础上理解数学家的高尚人格和生活情趣。或者，数学教师可以开展类似“数学猜想对学生数学成绩和学习兴趣的影响的行动研究”。该研究的重点在于训练学生的数学思维尤其是数学猜想能力。

有关英语教材改革的行动研究已经积累了大量的经验。比如，英语教师的行动研究的选题可以表述为“浸入式外语教学对学生英语学习成绩和学习兴趣的影响的行动研究”。传统的英语教学是让学生在有限的时间内学习有限的英语材料，而“浸入式外语教学”让学生用英语学习数学、物理、化学、历史、地理等，它让学生在更多的时间内接触更多的英语材料。

（三）有关学生学习和家庭教育的行动研究

已有的行动研究文献除了大量地显示为有关教学方法和教材变革外，也有不少中小学或幼儿园教师开展了有关学生学习和家庭教育的行动研究。

几乎所有的教师都在关注学生，相关的研究至少包括三个内容：一是有关“优秀生”或“后进生”的个案研究；二是有关“职业生涯规划”的研究；三是有关“家庭教育”的研究。

有关“优秀生”或“后进生”的个案研究既可以显示为调查研究，也可以显示为行动研究。行动研究意味着更加关注对优秀生或后进生的学习效能或学习兴趣的改进和改善。

有关“职业生涯规划”的行动研究主要是为学生提供“自我认识”和“职业选择”两个方向的指导。与之相应的选题可能表述为“职业生涯规划对学生学习成绩和学习兴趣的影响的行动研究”或“职业生涯规划的行动研究”。该研究既推动学生“认识你自己”，也让学生理解学校外面的社会有哪些职业等待自己去进入、去选择。

有关“家庭教育”的行动研究主要是推动学生家长的家庭教育方式，以家庭教育的改善来提升学生的学习效能和学习兴趣。与之相关的选题可能表述为“家庭教育对学生学习成绩和学习兴趣的影响的行动研究”或“家庭教育的行动研究”。

三、行动研究的过程及其“螺旋循环”

勒温和后来的研究者们设计了行动研究的经典步骤，他们称之为“螺旋循环”。后来的研究者在“螺旋循环”的基础上直接提出行动研究不同于实验研究，它不可能一次性解决问题，比较正规的行动研究（科学的行动研究）至少要经过两轮以上的研究。

（一）行动研究的经典步骤

勒温曾用“步子”（steps）、“圆环”（circle）、“螺旋循环”（spiral of cycles）等隐喻比较完整地设计了行动研究的一般过程。① 在他看来，行动研究的过程大致显示为计划—执行—侦察（或观察）等几个步骤。他认为，合理的社会管理总是处于这样一种由多个步骤组成的“螺旋”进程中，而“螺旋”中的每一个“圆环”总是包含了计划、行动以及对行动结果的观察。勒温式的“螺旋循环”后来成为行动研究领域的一个范例。

20 世纪 80 年代，凯米斯将勒温的“螺旋循环”稍作改造，构成“计划—行动—观察—反思—新计划—新行动—新观察—新反思……”。②

勒温的“步子”经凯米斯调整后，“计划—行动—观察—反思……”几乎成为行动研究过程的经典性表述。

（二）行动研究的螺旋循环

研究的选题一旦确定，就可以用比较稳定的步骤和程序推进研究。行动研究

---

① Lewin, K.. Group decision and social change [M] //Swanson, G., Newcomb, T. & Hartley, E.. Readings in Social Psychology (eds). Holt, New York, 1952.

② Ebbutt, D.. Educational action research: some general concerns and specific quibbles [M] //Burgess, R.. Issues in educational research: qualitative methods (ed.). The Falmer Press, 1985.

与一般意义上的实验研究存在不同，其不同之处在于：一般的实验研究可能显示为一个主题以及一轮研究，但行动研究往往需要有两轮以上的研究。行动研究更重视在具体的研究情境中调整研究的计划。由此，行动研究常常显示为两轮以上的循环研究。比如，第一轮研究的选题可能显示为“自学辅导教学的行动研究”，而在研究的过程中发现仅仅自学尚不足以引发学生的学习兴趣，研究者在自学辅导教学的基础上增加了“主题探究”。于是，第二轮行动研究的主题可能显示为“有主题的自学辅导教学的行动研究”。在后续的研究过程中，研究者又发现现有的教材不适合学生的探究和自学，于是开始考虑对教材的改进和调整。因此，第三轮行动研究的主题可能显示为“有主题的自学辅导教学的教材改革的行动研究”。英国学者麦克尼芙（J. McNiff）以自己的行动研究经历呼吁人们关注行动研究中的“分支问题”。也就是说，在行动研究的过程中，最初研究的“问题”可能会分化出与之相关的另外问题。而“分支问题”一旦出现，就应该得到关注。所以，麦克尼芙说，“我越是努力寻找解决办法，就越感到被牵引着离开我所探究的主问题，而去处理另外的、同样重要的问题。”①

“分支问题”的提出具有象征性意义，它与行动研究的“改进”和“系统”精神构成了某种呼应关系。既然行动研究的主要目的不是验证某种教育假设和教育理论而是“改进”教育实践，那么在真实的教育研究过程中也就应该随时关注真实的教育问题，而不是过分地拘泥于事先所确定的研究的“假设”和研究“计划”；既然行动研究是“系统”的研究而不是研究假想中的某个确定了的“课题”，那么行动研究也就应该随时随地用“第三只眼睛”关注任何影响教育实践的“相关问题”或“分支问题”。

（三）叙事的行动研究

如果说麦克尼芙的“分支问题”过程观显示了行动研究的“改进”和“系统”精神，那么英国学者怀特海（J. Whitehead）所设计的步骤则暗示了与“参与”“公开”等行动研究精神相关的另一个秘密。这个秘密隐含在他所设计的行动研究的五个步子中②：（1）我遇到一个问题，我发现我的教育价值在我的实践中遭到否定；（2）我设想一个解决问题的方案；（3）我按照方案行动；（4）我评价我的行动效果；（5）我根据我的评价调整我的问题、设想以及行动。

表面上看，这里的五个步子并没有突破“凯米斯程序”，但实质上，它悄悄地给行动研究输入了一个一直处于潜伏状态的新精神，那就是行动研究的“叙事研究”特征，也有研究者称之为“叙事的行动研究”。

叙事的行动研究并不是一种新的研究方法。如果说行动研究主要有三种类

---

① McNiff, J. . Action research: principles and practice [M]. Macmillan Education Ltd. , 1988: 35.

② Whitehead, J. . An analysis of an individual's educational development: the basis for personally oriented action research [M]. Shipman, M. . Educational research: principles, policies & practices (ed.). The Falmer Press, 1985.

型，那么叙事的行动研究则强调，无论是实践的行动研究还是科学的行动研究或者批判的行动研究，研究者最好让任何一种行动研究具有“叙事”的元素。叙事的行动研究至少具有以下几个特征：（1）研究者以第一人称的方式讲述自己的行动研究的过程，比如研究者直接用“我”的身份讲述自己的行动研究的过程；（2）研究者在讲述行动研究的过程时，最好关注行动研究中的关键事件以及关键人物的心理活动；（3）研究者在讲述自己的行动研究过程时，最好有一定的情节性。“有情节”并不一定追求过程的跌宕起伏或扣人心弦的效果，它强调的是研究者所提交的行动研究报告必须隐含一定的教育冲突以及这种教育冲突经过一轮或两轮以上的行动研究而获得某种化解或缓解。

第三节　教育行动研究报告的写作策略

行动研究的成果展示以及相关研究报告的撰写一直面临两种危险：一是满足于“小故事”而导致研究报告过于“随意”而失去“研究”的规范；二是为了追求研究的“规范”而丢失了行动研究的魅力。出色的行动研究报告往往在“规范”与“故事”之间权衡，既显示行动研究的规范过程，又显示行动研究自身的个性和特点。

一、行动研究报告的规范格式

就中小学教师而言，部分教师之所以愿意做研究而不愿意撰写研究报告，主要是因为他们没有掌握撰写研究报告的基本规范和基本套路，以至于撰写研究报告让他们感到为难、退缩。对于这些教师而言，他们需要专门的关于如何撰写教育行动研究报告的训练。掌握撰写教育行动研究报告的技术并不困难，对某些教师来说，也许只需要花费少量的时间就可以掌握撰写教育行动研究报告的技巧。

教师最好先严格练习行动研究报告的经典格式，等到熟练掌握了行动研究报告的经典格式之后，再逐步自由写作、自由发挥。否则，教师很可能因为不知道如何撰写行动研究报告而丧失行动研究的信心，也可能因不知道如何撰写行动研究报告而败坏行动研究的名声。

行动研究报告虽然有多种风格，但经典的行动研究报告主要包含三个部分：一是“问题与假设”；二是“过程与方法”；三是“结果与讨论”。这三个要素实际上是教育实验研究报告的基本形式。经典的行动研究报告之所以接近实验研究报告，原因就在于：行动研究原本就是“准实验研究”。

也就是说，当行动研究者不知道如何撰写行动研究报告时，最好先阅读和参考教育实验研究报告的规范格式，然后通过对教育实验研究的规范格式的模仿，逐步掌握撰写教育行动研究的基本要求。

二、行动研究报告的一般形式

尽管行动研究报告（尤其是“科学的行动研究报告”）的“原型”是实验研究报告，尽管行动研究报告的一般形式同样包含了“问题与假设”“过程与方法”和“结果与讨论”三个部分，但行动研究报告的一般形式还是在某些细节上显示出独特的风格。

（一）研究的问题与假设

“问题与假设”部分主要包括“问题的提出”“简要的文献综述”和“研究的假设”等三个要素。

1. 问题的提出

比如，研究者遇到一个问题：学生不喜欢学外语，外语成绩低下。或者，有些学生外语成绩不错，但处于“哑巴”外语状态，没有“语感”，没有成就感，等等。

2. 简短的文献综述

已有的研究对“外语教学改革”这个问题是如何解决的，已经解决到了什么程度，还有哪些有待进一步研究的问题。比如，可以重点关注克拉申（S. Krashen）的“自然法”（natural approach）及其有关“大量输入”以及“沉默期”等观念。

3. 研究的假设

研究的假设或称研究的计划，研究者借鉴他人的研究思路，形成自己的研究计划或研究假设。比如，将传统的“听说领先”英语教学变为“听领先”的英语教学，这样作出的假设是：“听领先”有利于提高学生的学习成绩和学习兴趣。于是，行动研究的主题就显示为：“听领先对学生英语成绩和英语学习兴趣的影响的行动研究”。

（二）研究的过程与方法

行动研究的过程与方法包括“过程”“方法”和“研究的工具”等三个要素。

1. 报告该研究的时间、地点、人物（被试）等研究“过程”

行动研究要详细说明在哪个年级哪个班做的行动研究，该班级有多少男生和女生，该研究持续了多长时间。之所以需要详细地报告时间、地点和人物（被试）等“研究的过程”，是因为研究者需要让公众相信该研究是在某个真实的地点所作的真实的研究，而不是虚构的、伪造的研究。

2. 解释具体的改革“方法”，详细报告研究者采用了哪些具体的改革措施或方法

比如，在展开“听领先英语教学对学生英语学习成绩和学习兴趣的影响的行动研究”这个课题研究时，研究者需要详细地解释这个“听领先”的英语教学方法有哪些具体的革新措施，它和传统的英语教学相比有哪些不同的元素。此

外，研究需要说明在具体的研究过程中出现了哪些“分支”和“循环”，这些分支和循环使行动研究的过程呈现出哪几轮研究。

3. 说明收集资料或解释资料的工具

研究者一般采用“问卷”的工具来测量学生的学习成绩在研究之前和研究之后所发生的变化。除了“试卷”之外，研究者也可能采用“访谈”或“问卷”的工具来检测学生的学习兴趣在研究之前和研究之后所显示的差异。此外，也可以详细地报告研究过程中出现的预料之外的问题或障碍，以及解决这些问题或障碍所经历的几个阶段（行动研究领域将研究过程中出现的“计划—行动—观察与反思—新计划—新行动……”称为“行动研究的循环”或“生成性行动研究”（generative action research））。①

（三）研究的结果与讨论

研究的结果与讨论包含“学习成绩的变化”“学习兴趣的变化”“预料之外的结果”等三个要素以及对相关结果的讨论。

1. 学习成绩的变化

学生学习成绩的变化可以通过研究之前的考试成绩（前测）和研究之后的考试成绩（后测）的对比显示出来。为了增加解释的说服力，研究者可以利用前测和后测的数据进行多视角的分析。比如，前测与后测的“平均分”的对比分析；前测、中测与后测三次测量所显示出来的“平均分”的对比分析；前测与后测的“及格率”的对比分析；前测与后测的“优秀率”的对比分析；前测与后测的男女生成绩变化的对比分析，等等。

2. 学习兴趣的变化

学生学习兴趣的变化可以通过访谈或某种特制的问卷显示出来。行动研究当然可以通过测量的方式探察事物之间的“因果关系”，但是，教育领域中的人（学生、家长、教师、管理者等）的情感（比如学习兴趣）往往很难被测量。因此，可以鼓励学生在“日记”或“周记”中写下自己对于教育行动研究（教育改革）的体验和感受，然后选择有代表性的学生感受纳入研究的结果与讨论的范围。

3. 预料之外的结果

行动研究要说明是否出现了预料之外的结果，并对预料之外的结果进行讨论；是否出现预料之外的新问题，以及后续研究的打算。

三、行动研究报告的叙事格式

所谓“叙事研究”，也就是由研究者本人（“我”）“叙述”自己的研究过程中所发生的一系列教育事件，包括所研究的问题是怎样提出来的；这个问题提出来后，“我”是如何想方设法去解释问题的；设计好解决问题的方案后，我在具

---

① McNiff, J.. Action research: principles and practice [M]. Macmillan Education Ltd., 1988: 45.

体的解决问题的过程中又遇到了什么障碍，问题真的被解决了吗？如果问题没有被解决或没有很好地被解决，我后来又采取了什么新的策略，或者我又遭遇了什么新的问题。

当“我”这样叙述“我”在研究的过程中所发生的一系列“教育事件”时，我就已经在“叙述”的过程中“思考”或“反思”了，这也就使“我”的“经验性教学”转化为某种“反思性教学”。尤其当研究者将学生的访谈内容或学生日记的体验纳入到行动研究报告时，行动研究报告则显示出“叙事的行动研究”的风格。这种研究报告使以往的“议论文”“说明文”式的研究报告转换为某种“记叙文”式的、“散文”式的、“手记”式的、“传记”式的、口语化的叙事文本。它显得更亲近读者或听众，容易“使有类似经历的人通过认同而达到推广”。①

也就是说，行动研究报告虽然可以采用量的方式，收集必要的数据并作必要的统计分析，但一般而言，行动研究报告最好采用简单的“百分比”作简单的统计分析，然后大量采用“教育事件”“教育故事”来描述行动研究之前和行动研究之后的变化。

在西方行动研究中，不少研究者如英国学者埃利奥特、麦克尼芙等人采用“自传法”来讲述行动研究的故事。② 埃利奥特在《课程实验》(*The Curriculum Experiment: Meeting the Challenge of Social Change*) 一书中以自传的方式回忆了自己在一所中学任教以及后来进入斯滕豪斯领导的“人文课程研究计划”的经历，他将自己的“自传片段”称为“我对制度的理解”。

专栏 12－6

我对制度的理解

圣纳斯是这样一所学校，在这里，可以经常听到学生的声音，学生拥有对课程的介入权。

圣纳斯也是教师实验课程决策的一个典范。这种课程实验与其说是教师团体，还不如说是彼此独立的个人和个人之间相互关联的能影响其思维的网络。这是一个很好的网络化学校。我们许多人归属于各种由改革运动构成的已跨越学科边界的策略联盟。这些网络对教育有一个共识，即能使学生运用一个学科的过程和在他们的生活中构建个人意义的源泉是一致的。其他人文学科的教师，诸如历史、地理，被锁定在网络中，也拥有一个相同的课程理念。在学校内，我们形成了一种改革战线。

在圣纳斯，我懂得了最好把教育改革看作有争议的实验。革新不是强加于不

① 陈向明．王小刚为什么不上学了［J］．教育研究与实验，1996（1）．

② McNiff, J.. Teaching as learning: an action research approach [M]. Routledge, 1993.

情愿的教师身上，而是当他们的价值观和态度通过证据的讨论而受到影响时，自觉卷入的人数的增加。后来，我知道了这种比较随意的实验被称作“行动研究”。如果一个人相信，尽其所能使课程变革生效，而不是站在改革的对立面，就像我所做的，就是对改革实验最好的概括或理论化。行动研究是改革过程中的重要组成部分，行动研究理论构成了一种理论变革。

[资料来源] Hodgkinson, H.. Action research: a critique [J]. The Journal of Educational Sociology, 1957, 31 (4); Oja, S. & Smulyan, L.. Collaborative action research: a developmental approach [M]. The Falmer Press, 1989: 5.

☆本章要点

1. 教育行动研究具有参与、改进、系统而公开等三个特点，这三个特点使行动研究既不同于一般意义上的教育实验，也不同于随意性的问题解决。

2. 行动研究分为科学的行动研究、实践的行动研究和批判的行动研究三种类型。对中小学教师而言，重要的是科学的行动研究而不是实践的行动研究。

3. 教育行动研究的选题最好从教育实践问题产生，由问题上升为研究的课题。

4. 行动研究的主题表述最好保持一定的规范；行动研究的过程一般为计划—行动—观察—反思。一般意义上的实验研究可以只显示为一轮实验，但行动研究必须关注“分支问题”，并由此展开两轮以上的研究。

5. 撰写教育行动研究报告最好从规范格式开始，从模仿开始，然后逐步进入灵活变通的自由写作。行动研究的报告最好有一定的叙事感，呈现为“叙事的行动研究”。

☆概念图

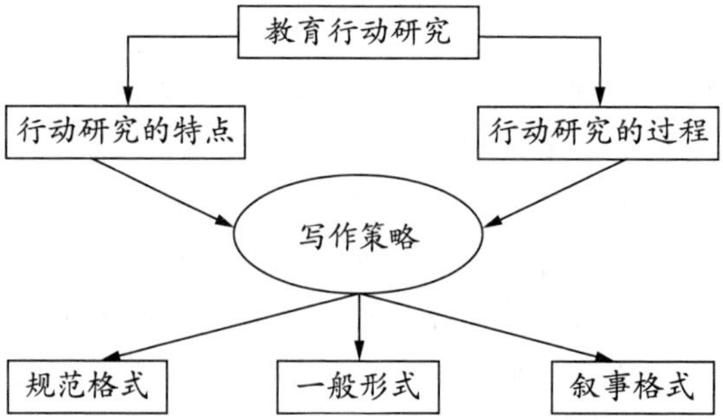

☆学习效果自测

1. 教育行动研究有哪三个特点？

2. 教育行动研究有哪些选题的基本规范？

3. 教育行动研究可研究哪些具体的问题?
4. 教育行动研究如何显示为至少两轮以上的螺旋循环?
5. 如何撰写教育行动研究报告?

☆拓展练习

1. 实施一项教学方法的改革并提交一份教育行动研究报告。
2. 持久地研究学生，并撰写一份教育行动研究报告。
3. 实施一项教材改革，并撰写一份教育行动研究报告。
4. 简述教育实验研究报告与教育行动研究报告的异同。
5. 简述科学的行动研究、实践的行动研究与批判的行动研究的区别。

☆参考文献

1. Carr, W. & Kemmis, S.. Becoming critical: education, knowledge and action research [M]. Deakin University Press, 1986.

2. Elliott, J.. Action research for educational change [M]. Open University Press, 1991.

3. Stenhouse, L.. An introduction to curriculum research and development [M]. Heinemann Educational Books Ltd., 1975.

4. 刘良华. 校本行动研究 [M]. 成都: 四川教育出版社, 2002.

☆后续学习资料

必读部分

1. 陈桂生. 到中小学去研究教育 [M]. 上海: 华东师范大学出版社, 2003: 第一章, 第二章, 第三章.

2. McNiff, J.. Action research: principles and practice [M]. Macmillan Education Ltd., 1988: 第一章, 第二章, 第三章.

选读部分

1. Husen, T. & Postlethwaite. The international encyclopedia of education (eds) [M]. New York: Pergamon, 1984: Action Research 词条.

2. 阿特莱奇特, 等. 行动研究方法导论 [M]. 夏林清, 等, 译. 台北: 台湾远流出版事业股份有限公司, 1997: 第一章, 第二章.

第十三章 比较教育研究

☆本章概览

比较是将两种或两种以上的同类事物或有密切联系的事物进行对比，确定事物之间的相似性与差异性，它是认识、探究事物的一种基本方法。比较方法是教育研究的基本方法之一，比较教育研究一般指主要采用比较方法进行的教育研究。本章阐述了比较与比较教育研究的含义、比较教育研究的目的和意义，重点分析了比较教育研究的类型、方法、分析单位、可比性等四个基本问题，最后结合经典文献和研究实例对比较教育研究过程进行了论述。在当代，比较教育研究形成了较为严格但又相对灵活的研究程序，分析单位不断拓宽，注重研究对象和资料数据的可比性。比较教育研究需要运用多种方法，各种方法互为补充，以对所研究的教育问题获得更加全面、准确和深入的理解，增强研究的政策和实践价值。

☆学习目标

1. 理解比较及比较教育研究的含义。
2. 理解比较教育研究的目的和意义。
3. 了解比较教育研究的类型、主要方法、分析单位和可比性。
4. 掌握比较教育研究的基本过程。
5. 了解一些典型的比较教育研究实例，尝试开展小型的比较教育研究。

☆核心概念

比较　比较教育研究　分析单位　间接实验方法　相似性　差异性

“比较教育研究与外国教育研究是不是一回事?”“除了对不同的国家进行比较外，还可以在哪些层次上进行比较教育研究?”“如何开展比较教育研究?”这些问题是比较教育初学者经常提出的问题。带着这些问题，我们先看比较教育研究的一个实际例子。

1984 年，北京师范大学比较教育学者周蕖在《中国社会科学》杂志发表了一篇题为《美苏高等教育经验与我国高等教育的改革》的论文。[①] 这篇论文的写作背景是，20 世纪 80 年代前期，体制改革成为我国高等教育改革和发展的核心问题，并引起了广泛的关注和研究。而在探索我国高等教育体制改革路径和措施的过程中，不可避免地要对我国高等教育与其他国家的高等教育进行比较，并与一些发达国家的高等教育进行比较。众所周知，美国高等教育模式是国际上一种典型的模式，20 世纪上半叶对我国产生了重要影响；新中国成立后，我国高等教育又学习苏联模式，深深地打上了苏联模式的烙印。那么，美、苏两种高等教育体制的差异主要体现在哪些方面？造成这些差异的原因是什么？20 世纪 50 年代的院系调整中，我国学习苏联体制积累了哪些经验教训？

该文指出，在当今世界，美、苏两国的高等教育代表了两种不同的高等教育体系，其他国家的高等教育虽然也都各具特点，但它们之间不是接近于这一体系，就是接近于另一体系，或是居于两者之间。近几十年来，对我国高等教育发展影响最大的也是美、苏两国。所以，该文选择这两个国家的高等教育进行比较研究。

这项比较教育研究包括两个主要部分：第一部分重点从高等教育概念的理解、培养目标、教学组织与安排、领导（管理）体制这四个方面分析了美、苏两国高等教育体系的鲜明不同点。第二部分重点分析了新中国成立初期学习苏联模式进行院系调整所取得的三方面成绩和存在的五方面问题，阐述了改革开放后的几年我国在高等教育认识上的突破和主要的改革实践，并对如何加强外国教育比较研究提出了有关建议。

这篇论文反映了我国学者对比较教育研究的一般理解，即比较教育研究旨在“找出教育发展的一般规律和特殊规律，为本国或地区的教育改革作借鉴”。[②] 当然，世界各国乃至同一国家内部不同的学者对比较教育研究的理解是不一样的，不同历史时期的学者对比较教育研究的理解也是不一样的。该文主要在掌握大量文献的基础上进行比较研究，以国家作为分析单位。实际上，比较教育研究可以采用其他一种或多种研究方法，分析单位也不仅仅限于国家层次。比较教育研究以比较方法作为基本研究方法，但在比较什么、如何比较等方面都存在较大的差异。

第一节　比较教育研究概述

比较方法是教育研究方法的一个重要组成部分，与教育研究的哲学方法、历史方法、科学方法和其他方法一起构成了教育研究的基本方法。而主要使用比较

① 周蕖．美苏高等教育经验与我国高等教育的改革［J］．中国社会科学，1984，5（3）：3－20.

② 王承绪，顾明远．比较教育［M］．3 版．北京：人民教育出版社，1999：29.

方法进行的教育研究，一般被称为比较教育研究。

一、比较与比较教育研究

（一）比较

比较就是将两种或两种以上的同类事物或有密切联系的事物进行对比。比较是确定事物之间相似性与差异性的方法，它是认识、探究事物的一种基本方法。根据一定的标准，将彼此有联系的事物加以对照，从而确定其相似性与差异性，有助于对事物进行初步的分类。更进一步说，只有对各种事物内部矛盾的各个方面进行比较后，才能把握事物之间的内在联系。任何学科或研究领域的研究都需要运用比较、分析、演绎和归纳等方法，以便从不同的事物中获得准确、深入或规律性的认识。法国学者杜甘（M. Dogan）等人认为："人类的思想在本质上是比较的。将一些人、观点或制度同其他一些人、观点或制度进行比较是再自然不过的事情。我们通过参照系获得知识。"①他们还化用笛卡儿的话提出"我思考，所以我在比较"。②斯旺森（Guy Swanson）在研究世界宗教时宣称："没有比较的思维是不可思议的。如果不进行对比，一切科学思想和所有科学研究也都是不可思议的。明显或含蓄的比较自始至终贯串于社会科学论著之中。"③

（二）比较教育研究

运用比较方法观察、思考和认识教育现象，具有深厚的历史渊源。我国古代思想家老子等人的思想对比较教育方法论建设具有深刻的启迪意义。孔子周游列国，马可·波罗（Marco Polo）游历东方，都以本土教育作为参照，对异域教育进行了自觉的思考，也进行了不同程度的比较性分析。

但是，将比较方法运用于教育研究，乃至发展成为系统的比较教育研究方法，主要是近两个世纪以来人们从其他学科或研究领域获得了启示。19 世纪初，比较方法在解剖学、植物学和语言学研究中得到运用，促进了这些学科的发展，有力地提升了这些学科的研究水平。至 19 世纪中叶，比较研究受到了热烈的探讨，比较教育成为其中的一个分支研究领域。④

19 世纪末，法国社会学家涂尔干（Emile Durkheim）努力寻找一种在某种程度上接近于自然科学中的实验并可用于社会学科的方法，他认为这种方法就是比

① 马太·杜甘．国家的比较：为什么比较，如何比较，拿什么比较［M］．文强，译．北京：社会科学文献出版社，2010：1.

② 马太·杜甘．国家的比较：为什么比较，如何比较，拿什么比较［M］．文强，译．北京：社会科学文献出版社，2010：1.

③ Swanson，Guy. Frameworks for comparative research：structural anthropology and the theory of action［A］//Ivan Vallier. Comparative methods in sociology：essays on trends and applications（ed.）. Berkeley，CA：University of California，1971：145.

④ Cummings，William，K.. The institutions of education：compare，compare，compare！［J］. Comparative Education Review，1999，43（4）：415.

较，并将这种方法界定为“间接的实验方法”。涂尔干认为，当现象可以被观察者人工制造出来时，最适合的方法就是实验；反之，事实的制造是不可能做到的，因而人们只能在事实自然而然地产生时将它们放在一起比较，这时所使用的方法是间接的实验，也就是比较方法。根据他的理解，可以从比较“相伴差异”或“共存差异”中找到最适合于社会学研究的工具。[①]涂尔干强调了比较法在社会学科研究中的价值，指出“比较社会学并不是社会学的一个特殊分支，就它不再是描述性社会学且渴望对事实进行说明而论，它就是社会学本身”。[②]后来的一些学者如迪韦尔热（M. Duverger）发展了涂尔干的这一思想，主张实验方法对研究社会现象的意义是非常有限的，而认为比较在社会科学中所起的作用，相当于实验在物理学和生物学中所起的作用。

教育现象是一种复杂、特殊的社会现象，要深入、准确地认识它，就需要采取包括比较方法在内的多种研究方法。由于比较方法对于教育研究具有重要的价值和作用，因此逐渐发展为教育研究的基本方法之一。使用比较方法进行的教育研究一般被称为“比较教育研究”或“教育比较研究”，它们与通常所称的“比较教育”既有联系又有区别。如英国比较教育学者霍尔斯（W. D. Halls）所指出的，比较教育已经发展成为一个包括比较（教育）研究、外国教育、国际教育和发展教育四个主要组成部分在内的综合性研究领域。[③]比较教育研究相当于霍尔斯所指的“比较教育”中的第一部分。

比较法是比较教育研究的基本方法，但比较法并不是比较教育研究所特有的方法。教育研究的其他分支学科或研究领域都需要运用比较方法，如课程与教学研究、教育政策研究、教育史研究等，都可以采用并确实采用了比较方法，或者综合运用比较方法与其他方法。当然，关于比较教育研究方法的知识主要是由比较教育学者发展起来的。在过去的两个世纪里，特别是20世纪60年代以来，比较教育研究获得了迅速的发展，涌现了众多比较教育学者和大批有代表性的论著，许多研究方法在比较教育研究中得到了应用和发展，研究方法和工具不断完善。

二、比较教育研究的目的和意义

许多人群和机构都关心比较教育研究。对不同的人群和机构来说，比较教育研究具有不同的目的和意义。学者从事比较教育研究是为了促进对教育的理解：一方面是为了理解在不同的环境下有哪些力量在影响教育，另一方面是为了理解教育对社会发展和其他方面发展所起的作用。联合国教科文组织（United Nations Education，Scientific and Cultural Organization，简称 UN）、世界银行（World

---

① 何塞·加里多. 比较教育概论［M］. 万秀兰，译. 北京：人民教育出版社，2001：106.

② Durkheim，E.. The rules of sociological method［M］. New York：Free Press，1982：157.

③ Halls，W. D. Comparative education：contemporary issues and trends［C］. London：Jesscia Kingsley Publishers，1990：28 -29.

Bank)、经济合作与发展组织等国际组织开展比较教育研究，是为了向各国政府和其他机构提出更好的建议。各国教育政策制定者关注和研究其他地方的教育制度，是为了寻找实现社会、经济等方面目标的途径。另外，家长和教育实践工作者也关心对教育的比较。家长比较各种学校和教育制度，主要是为了选择最适合子女教育的学校；学校校长和教师等教育实践工作者进行教育比较，则是为了改进本校的教育和管理。①当然，家长和教育实践工作者进行的教育比较还不是比较教育研究。

比较教育研究的目的是什么？这种研究具有什么样的意义？这两个问题密切相关，可以说是一枚硬币的两面。对于比较教育研究的目的和意义，学术界存在不同的理解。例如，澳大利亚学者特雷舍韦（A. R. Trethewey）指出，比较教育研究除了知道并理解其他社会及其教育制度这一合理的目标之外，至少还具有四个有价值的目的：（1）更好地理解本国的教育；（2）推动国内外的教育发展、改进或服务；（3）形成关于教育的一般知识、理论和原则；（4）促进国际理解和合作，以及解决国际性的教育问题和其他问题。②对于比较教育研究的目的和意义，归纳起来主要有两种不同的认识。一种观点认为，比较教育研究的目的和意义在于增进教育知识；另外一种观点认为，比较教育研究的目的和意义在于改进教育实践。

（一）丰富对教育现象的认识，科学解释教育问题

一些学者认为，比较教育研究是一种理论研究，比较的目的在于追求知识。美国比较教育学者贝雷迪（George Z. F. Bereday）就是其中的一位代表性人物。20 世纪 60 年代，贝雷迪在《教育中的比较方法》(*Comparative Method in Education*) 一书中指出："像其他一些比较研究一样，比较教育的主要存在理由是其知识特性。人们研究外国教育制度只是因为他们想获得知识，因为人类总是受好奇心的驱使而追求知识……获取知识，是比较教育证明自己有价值与其他学术领域共存的唯一理由。"③德国比较教育学者施奈德（Friedrich Schneider）、美国比较教育学者康德尔（Issac L. Kandel）和英国比较教育学者霍姆斯（Brian Holmes）对于比较教育研究的目的和意义各有自己的独特认识，但他们的基本观点与贝雷迪是相似的，都认为比较教育研究主要是为了追求知识。康德尔指出，比较教育研究不是为了把一国的教育制度移植到另一个国家，事实上教育制度要适应新的环境并不容易，比较教育研究的主要意义在于形成思想和原则，而这些思想和原则可能会形成普遍的国家教育哲学。施奈德认为，比较教

---

① Bray, Mark, Adamson, Bob & Mason, Mark. Comparative education research: approaches and methods [M]. Hong Kong: Comparative Education Research Centre, The University of Hong Kong & Springer, 2006: 15 – 16.

② 特雷舍韦. 比较教育的目的 [A] //赵中建，顾建民. 比较教育的理论与方法——国外比较教育文选. 北京：人民教育出版社，1994：15.

③ Bereday, George Z. F. . Comparative method in education [M]. New York: Holt, Rinehart and Winston, Inc, 1964: 5.

育研究的目的主要是研究教育的内在演进规律，解释国家教育制度中存在的遵循某种结构秩序的发展的内在力量。总的来说，这些学者认为比较教育研究的主要目的在于丰富对教育现象的认识，深入、准确地解释教育问题，以增进关于教育的知识。

（二）借鉴外来教育经验，改进本土教育实践

另外一些学者认为，比较教育研究基本上是一种应用研究，具有实践性和应用性的特点，其主要目的在于为教育决策和教育实践提供依据。英国学者埃德蒙·金（Edmund J. King）始终认为，比较教育研究是“政策的助手”。在1965年发表的《比较教育的目的》(*The Purpose of Comparative Education*）一文中，他指出：“自有比较教育起，我们就以某种方式关心它的用途。……在（20世纪）60年代，我们所有工作的内在目的都是有益于学校制度的改善，并因此有益于人类社会的改善。”① 金的观点代表了大多数比较教育学者的意见。

专栏13－1

萨德勒论研究外国教育制度应有的态度

在研究外国教育制度时，我们不应忘记学校外的事情比学校内的事情更重要，并且制约和说明学校内的事情。我们不能像一个孩子徜徉于花园一样流连于世界教育制度，在一个花丛中采一枝花，再到另一个花丛中摘些叶子，期望将这些采摘来的东西种到自家的土地里就能生长出一个生机勃勃的花园。一个国家的教育制度是一种活生生的东西，是遗忘了斗争和艰难以及“久远前的战斗”的结果，其中隐含着民族生活的一些神秘的作用。当教育制度寻求补救时，它便反映出民族特性的某些不足之处。出于本能，教育制度往往特别重视民族特性中尤其需要训练的那些部分。同样，出于本能，它往往回避在前一段历史中曾发生过的重大分歧。如果我们能以一种积极的姿态去理解本国教育制度的真正作用，我们就能够更深入地了解本国教育制度的精神和传统，更敏锐地感受未表达的思想，更迅速地捕捉反映本国教育影响力增强或减弱的“预兆”。这些难道不是可能的吗？以一种正确的精神和严谨的治学态度去研究外国教育制度的作用，其实际价值就在于，它能使我们更适于研究和认识本国的教育制度。

［资料来源］摘自比较教育先驱之一、英国教育家迈克尔·萨德勒爵士在1900年题为《我们从研究外国教育制度中究竟能学到多少有实际价值的东西?》的演讲。(参见赵中建，顾建民．比较教育的理论与方法——国外比较教育文选［M］．北京：人民教育出版社，1994：115－116.)

---

① 何塞·加里多．比较教育概论［M］．万秀兰，译．北京：人民教育出版社，2001：78.

文前提到的周渠在20世纪80年代初期对美、苏两国高等教育进行的比较研究，其目的不限于认识这两个国家的高等教育或分析形成两种不同高等教育体系的原因，而主要是为了总结两国高等教育经验对我国的借鉴意义，并分析20世纪50年代初期我国院系调整存在的问题，提出改革开放后在高等教育认识上应有的突破。这一研究和同期其他一些对外国高等教育的比较研究，对1985年《中共中央关于教育体制改革的决定》这一具有里程碑意义的文件的制定产生了一定的影响，推动了我国高等教育的改革和发展。

贝雷迪和金从比较不同国家教育制度的角度提出了运用比较方法研究教育的目的，实际上这种观点也适用于一般的比较教育研究。不论以何种教育现象作为比较对象，也不论从何种角度比较教育现象，主要都是出于增进知识或实际价值的目的。需要指出的是，这两种观点并不冲突，许多比较教育研究都采取折中性的目的，既是为了更好地认识教育现象，也是为了改进教育实践。贝雷迪本人就提出，比较教育研究不能仅停留在增进认识上，还应该转向实际运用，因为这种研究的实际价值有可能为改善人类社会服务。我国学者王承绪、顾明远教授也持相近观点，他们指出比较教育研究的目的在于找出教育发展的一般规律和特殊规律，为本国或地区的教育改革提供借鉴。

在当代，比较教育研究旨在增进知识与旨在改进教育实践的观点逐渐趋于融合，出现了一些既增进教育学术知识又推动教育实践的比较教育研究范例。例如，英国学者亚历山大（Robin J. Alexander）从文化的角度对法国、俄罗斯、印度、美国和英格兰五国的初等教育进行的比较研究，既是为了增进人们对教育与文化之间相互作用的理解，也是为了提升英国的教育质量。[①]又如，关于藏、汉儿童数学思维能力发展差异性的研究，研究者通过对调查获得的资料、数据进行比较分析，说明藏、汉两个民族儿童的数学思维能力发展存在显著差异，但这种差异只与儿童的家庭、学校环境以及语言文化背景因素和某些个性特征有关，而与民族性无关。研究者据此对藏族学校的数学教学改革提出了几点设想和改进意见。[②]这一研究深化了对儿童心理发展、中小学数学教育、少数民族教育和跨文化教育的认识，对改进藏族学校的数学教育具有积极的促进意义。

第二节　比较教育研究的基本问题

比较教育研究方法不但涉及为什么比较和如何比较的问题，而且还涉及与之

---

① Alexander, Robin J.. Border crossing: toward a comparative pedagogy [J]. Comparative Education, 2001, 37 (4): 507 – 523. 英格兰是英国四个组成区域之一，由于英国并不存在统一的教育制度，英格兰的教育制度与英国其他区域的教育制度存在较大的差异。亚历山大在该研究中将英格兰作为一个国别。

② 孙名符，吕世虎，王仲春. 藏、汉儿童数学思维能力发展差异性的研究 [J]. 教育研究，1991，13 (8): 57 – 63.

密切相关的其他一些问题，如有哪些类型的比较，在何种层次上比较，研究对象和资料、数据是否具有可比性，以及运用比较方法进行教育研究所须经历的过程（实施程序）等。正如特雷舍韦指出的，比较教育研究的目的、类型、分析单位和可比性等问题在某种程度上属于研究方法问题。

一、研究类型

（一）按研究范围划分的比较教育研究

贝雷迪将比较教育研究分为两种类型，即问题研究与总体研究。问题研究是选择一个研究主题，通过对不同教育制度的考察，研究它们在这一主题上表现出的相似性与差异性，并找到有关的解决方法；总体研究要探讨的则是所有教育制度赖以存在的各种内在力量，寻找教育中的“规律”。贝雷迪进一步指出，问题研究就是集中研究一个特定的问题，如西方国家的教会与政府在教育中的关系就是一个具体的问题，对其进行研究则属于问题研究；问题研究对比较教育研究的初学者而言是较为实际和适当的，因为初学者驾驭一个具体的研究问题相对容易一些，而探讨所有教育制度赖以存在的各种内在力量或教育中的“规律”则具有相当的难度。

（二）按研究方法划分的比较教育研究

从研究方法的角度看，比较教育研究可以分为定性比较教育研究、定量比较教育研究和混合比较教育研究。定性比较教育研究往往基于“意义、概念、情境、描述和环境”，具体包括使用观察法、文献法、历史法、案例方法、人种志方法等研究方法完成的比较研究。定量比较教育研究往往基于“收集收据，然后用统计方法对数据加以分析”，包括数据描述性研究、相关性研究、因果关系研究和实验研究。定性比较教育研究与定量比较教育研究的支持者各自宣称自己的方法优于对方，并常常批评对方的研究方法存在缺陷。①由于定性研究与定量研究各有优点，且两种方法相结合有利于取长补短、相互为用，获得更有价值的研究结论，因此，在比较教育研究中，定性方法与定量方法相结合的研究（混合比较教育研究）逐渐增多。国际教育成就评价协会（International Association for the Evaluation of Educational Achievement，简称 IEA）和经济合作与发展组织的“国际学生评估项目”都属于典型的混合比较教育研究。这种大型的跨学科、多国协作的比较研究仅仅靠定性方法或定量方法是无法完成的，而是需要综合运用这两类研究方法。

（三）按研究深度划分的比较教育研究

从研究深度的角度看，比较教育研究可以分为描述性研究和分析性研究。所

---

① Fairbrother, Gregory P.. Quantitative and qualitative approaches to comparative education [A] //Bray, Mark, Adamson, Bob & Mason, Mark. Comparative education research: approaches and methods. Hong Kong: Comparative Education Research Centre, The University of Hong Kong & Springer, 2006: 40.

谓描述性研究，就是对被比较对象的教育的某一方面或某些方面进行描述，描述其状况、发展过程和特征等。描述性研究一般缺乏深度，也不需要理论框架。在比较教育研究领域，大多数研究属于描述性研究。分析性比较教育研究则不满足于描述被比较对象的教育状况，也不满足于提出政策建议，而是致力于探究教育的过程、内部的相互关系和深层次的原因。有的学者认为，只有分析性研究才是真正意义上的比较研究。这种研究旨在增进对各种教育变量如何相互联系的认识，更好地解释学习、教学和教育变革的动力，检验形成不同国家和地区教育系统之间这种相互关系和过程的差异的原因。① 与描述性研究相比，分析性研究是更具深度和解释力的研究，也是为数较少和需要大力开展的比较教育研究。

（四）按时空维度划分的比较教育研究

从空间/时间维度出发，比较教育研究可以分为地域比较研究与时间比较研究。比较教育研究往往是在地域上进行，即比较不同地点的教育现象的相似性与差异性，并且这种地点涉及不同的层次和范围。但是，时间上的比较教育研究也很重要。"将比较努力集中在地域方面，而在时间方面付出很少或者根本不付出努力将可能产生单薄的、平面的，很可能是肤浅的结果"。② 这是因为，教育是一种社会历史现象，任何一个地方不论何种类型的教育现象总是经历着一个发生、发展、演变的过程。教育历史比较研究即属于时间上的比较研究，重在比较不同历史时期同一地域或不同地域的教育的相似性与差异性。例如，比较张之洞19 世纪末完成的《劝学篇》与同时代日本启蒙思想家福泽谕吉略早印行的《劝学篇》，比较晚清戊戌变法期间的教育改革与日本明治维新时期的教育改革，将中国古代翰林院的性质、特征及其使用的知识与西方中世纪大学的性质、特征及其使用的知识进行比较，都属于教育历史比较研究。目前，越来越多的比较教育研究"融合历史与比较"，综合进行地域维度与时间维度的比较，多方位地研究教育现象，增强了分析的准确性和深刻性。③

二、研究方法

（一）比较教育研究方法的概况

比较方法是比较教育研究的基本方法。但是，在任何一项比较教育研究中，除比较方法之外，还需要运用某种或几种其他的研究方法，或者说把这些方法与

---

① Keeves, J. P. & Adams, D.. Comparative methodology in education [A] //Husén, Torsten & Postlethwaite, T. Neville. The international encyclopedia of education (2nd) (Vol. 2). Oxford: Pergamon Press, 1994: 952.

② Sweeting, Athony. Doing comparative historical educational research: problems and issues from and about Hong Kong [A]. Waston, Keith. Doing comparative education: issues and problems. Oxford: Symposium, 2001: 226.

③ 于根 · 施瑞尔. 融合历史与比较：对社会科学新进展的回应 [J]. 王黎云，译. 比较教育研究，2005, 26 (12): 4 – 10.

比较方法结合起来。人文社会科学研究或教育研究中的主要方法，如哲学法、历史法、观察法、调查法、统计法、实验法、文本分析法、案例方法、人种志方法、混合方法等，都在比较教育研究中得到了运用。即便是在一种具体研究方法的内部，一些更加细致的方法也得到了运用，如哲学方法中的现象学方法、解释学方法、批判理论分析等。在比较教育的发展过程中，还形成了一些具有特定称谓的研究方法，如萨德勒、康德尔和汉斯等人的“因素分析法”（Factor Analysis Method）、贝雷迪的“比较四步法”（Four Step Method）、霍姆斯的“问题法”（Problem Method）。因素分析法注重对影响教育制度的各种因素进行探究，力图找到影响教育的决定性因素，这种方法往往与历史法结合在一起，称为“历史—因素分析法”（History-factor Analytical Method）。“比较四步法”将比较教育研究细分为描述（description）、解释（interpretation）、并置（juxtaposition）和比较（comparison）四个阶段。以杜威（John Dewey）的“反省思维法”（Reflective Thinking Method）与波普尔（Karl Popper）的“假设—演绎法”（Hypothetic-deductive Method）及“批判二元论”（Critical Dualism）为基础，霍姆斯设计了比较教育研究的“问题法”。在霍姆斯看来，比较教育研究不是始于收集资料，其关键在于对一个教育问题或一项改革进行初步选择，然后运用多种方法，集中分析可能的解决办法，并分析这些办法在具体的教育政策下的“可行性”。①

诺亚和埃克斯坦（Harold J. Noah & Max A. Eckstein）把比较教育研究当作一门“完全实证的科学”。他们坚信科学方法对于比较教育研究的价值，认为科学方法的主要优点在于前后一致、客观、不含偏见，具有系统严格的研究策略。在两位学者 1969 年合著的《迈向比较教育科学》(*Toward a Science of Comparative Education*）一书中，他们对“科学的”比较教育研究方法进行了探讨，论述了比较教育研究中验证假设应该采取的顺序和方法。②他们主张将现代社会科学的一般程序引入比较教育研究之中，以建立一套科学的比较教育方法论。诺亚和埃克斯坦将数量化和科学化的特征融入比较教育研究，体现了当代社会科学研究的一种趋势，即从注重历史和哲学的方法，发展为注重实证和统计的方法。

20 世纪 60 年代以来，“科学的”比较方法成为比较教育研究的主流方法。但是，许多学者认识到，教育是一种十分复杂的社会现象，科学方法（特别是定量方法）只适用于比较教育的某些方面；对其他一些教育现象进行比较研究，科学方法则表现出一定的局限性。例如，法国学者黎成魁（Lê Thành Khôi）认为，在比较研究中定量方法虽然对于呈现、描述、分类乃至“解释”和“预测”教育现象是有用的，但是并不能提供真正的因果关系，因为统计上的“解释”总

① Holmes, Brian. Problems in education: a comparative approach [M]. London: Routledge and Kegan Paul, 1965: 2-4.

② Noah, Harold J. & Eckstein, Max A.. Toward a science of comparative education [M]. New York: The Macmillan Company, 1969: 138.

是有限的，它对复杂的社会因素进行了过于简化的处理。[①]实际上，根据统计学原理，统计模型表述的变量之间的因果关系即使很好地拟合了数据，也不能完全肯定这一关系实际上存在。正是在这种背景下，除比较教育研究中传统的哲学法、历史法等外，人文范式的其他一些研究方法在比较教育研究中得到了运用，如梅斯曼（V. L. Masemann）、海曼（R. Heyman）、哈尼曼（S. Heyneman）提倡的人种志方法，克里格尼特（R. Clignet）提倡的现象学方法，还有学者提倡的解释学方法等。[②]在比较研究中，人种志方法和现象学方法都强调研究者深入他文化或若干不同文化环境下的教育现场，解释教育现象的意义。基维斯和亚当斯（J. P. Keeves & D. Adams）指出，在比较教育研究中，"自然主义的、人种志的、现象学的以及其他描述和解释方法，对教学过程和教育组织背景提供了丰富的、细致的分析"。[③]跨文化人种志研究、观察、访谈、文献分析等方法的不断完善，大大提高了描述和解释自然情境下教育现象的准确性，有利于解释教育背景的意义。

（二）比较教育研究方法的发展趋向

人们关于比较教育研究方法往往存在两种错误的认识：（1）存在一种单一的科学比较方法；（2）在定量方法与定性方法之间必须作非此即彼的选择。[④]实际上，在比较教育研究中，比较的方法取决于研究的内容和任务。为了回答所要研究的教育问题，研究者应该开放地采取多种方法。教育研究者在使用比较方法研究不同地域或不同时间的教育现象，并且从一个或更多学科领域（如哲学、历史学、政治学、经济学、社会学、人类学和心理学等）吸收理论和方法时，不能固守一套特定的研究程序。比较教育研究方法不能限于某一学科或研究途径，为了回答所要研究的教育问题，研究者需要开放地采取多种方法。

在比较教育研究中，并不存在单一的科学探究方法。比较教育研究既可以采取定量方法，也可以采取定性方法。前者一般包括问卷调查、测量、实验和统计分析等；后者一般包括文献分析、人种志方法和描述研究等。这是因为，教育现象不但具有量的方面，而且具有质的方面。在比较研究中，只注重定量方法而忽视定性方法，或者只注重定性方法而忽视定量方法，都不利于全面、准确地解释

---

① 黎成魁．比较教育［A］//赵中建，顾建民．比较教育的理论与方法——国外比较教育文选．北京：人民教育出版社，1994：10.

② Paulston, R. G.. Comparative and international education ［A］//Husén, Torsten & Postlethwaite, T. Neville. The international encyclopedia of education（2nd）（Vol. 2）. Oxford: Pergamon Press, 1994: 925－928.

③ Keeves, J. P. & Adams, D.. Comparative methodology in education ［A］//Husén, Torsten & Postlethwaite, T. Neville. The international encyclopedia of education（2nd）（Vol. 2）. Oxford: Pergamon Press, 1994: 952.

④ Waston, Keith. Comparative education ［A］. P. Gordon. A guide to educational research. London: Woburn Press, 1996: 360－392.

教育现象。具体到一项比较教育研究中，主要采用定量方法还是定性方法，或者综合运用这两种方法，则取决于所研究问题的需要。综合运用多种方法，有利于对所研究的教育问题获得更全面、准确、深入的理解。因此，在使用或主要使用比较方法的教育研究中，越来越多的研究者自觉地把各种比较方法结合起来，或者把比较方法与其他研究方法结合起来。美国教育社会学家克拉克（Burton R. Clark）的名著《高等教育系统——学术组织的跨国研究》(*The Higher Education System: Academic Organization in Cross-National Perspective*）对高等教育系统的性质、要素、整合与变革方式、价值观等作了深刻的揭示。为了写这本书，作者“花了十年时间出国研究，了解十多个国家的高等教育状况”[①]，自觉地将国际比较与实地研究（观察、访谈）、文献分析相结合，多种研究方法浑然一体，增强了分析的可靠性和论证的力度。

专栏 13－2

IEA 及其国际学生成绩评价

20 世纪下半叶以来，一项规模最大、最具探索性的比较教育研究是国际教育成就评价协会组织的国际教育成就评价。该协会组织的比较研究和评价研究始于 20 世纪 50 年代末，协会创始人把世界看作一个“教育的自然实验室”，认为从不同教育系统中获得的证据能够提供充分的变化性和多样性，有利于揭示从单个教育系统不能发现的重要关系和共同因素。国际教育成就评价协会拥有不同学科背景、掌握不同研究方法的众多专家，对成员国家和地区的中小学科目（如数学、科学、阅读、公民等）进行跨国调查。研究者通过运用客观的测验来解释测验结果的差异，具体来说就是测评学生学业成绩的国际差异，并力图解释其原因，这在教育研究史上尚属首次。

国际教育成就评价协会通过把比较方法与调查方法、统计方法等结合起来的跨国比较研究，提供了一系列国际学业成绩标准和高质量教育数据，有助于有关国家确认各自教育系统的优势和不足，理解影响教学的校内外因素，进而为教育改革和教育改进做准备。该协会组织的大规模跨国比较研究对参与国的教育政策、教育实践和教育研究产生了重要影响。

根据基维斯和亚当斯的观点，当代比较教育研究表现出以下发展趋向：(1) 需要运用多种方法，各种方法互为补充，特别是教育背景的意义与教育提供的丰富性可以通过艰苦的、长期的现场观察和分析而达至；(2) 需要开发更

① 伯顿·R. 克拉克. 高等教育系统——学术组织的跨国研究［M］. 王承绪，等，译. 杭州：杭州大学出版社，1994：1.

为严格的抽样程序；（3）需要认识到各国之间具有可比性的全面、高质量教育资料、数据的价值；（4）需要开发适用于多层次分析的计算机程序，这种程序不但要综合考虑各种稳定的或随机的变量，还要考虑学生、学校和国家等不同层次；（5）需要国际组织努力发展可用于比较研究的教育指标。他们还认为，运用比较方法开展教育研究，越来越需要集体工作乃至国际协作，而不是仅仅依靠研究者的个人努力。[①]基维斯和亚当斯归纳了比较教育研究方法在当代的一些重要发展趋势，指出了综合运用多种研究方法的必要性，以及开展合作研究的重要性。

三、分析单位

分析单位是社会科学研究中的一个重要问题，也是比较教育研究中的一个重要问题。以往的比较教育研究与比较政治研究、比较法研究一样，通常是在国家层面上进行的，这种比较一般被称为跨国比较（cross-national comparison）或国际比较。[②]并且，更广泛地说，如沃勒斯坦（Immanuel Wallerstein）等指出的，“社会科学一向都是围绕着国家这个中轴运转的”。[③]原因在于，国家在组织与管理政治、经济、社会生活中发挥着主导作用，国家还是国际制度的基础，而且正是在国家这一层次上可以找到最丰富的资料和数据。例如，联合国教科文组织、世界银行的世界教育统计是以国家为单位的，经济合作与发展组织对其成员国的教育统计也是以国家为单位的。由于一个国家内部的教育状况有时差异甚殊，也由于在全球化时代不同国家之间教育系统变得日益相似，黎成魁、加里多（José L. G. Garrido）等比较教育学者指出，在跨国比较之外，比较教育研究还应包括国内比较（intra-national comparison）与超国比较（supra-national comparison）。在不同的分类方式下，国内比较与超国比较又各自包括不同类型的次级分析单位。

贝磊和托马斯（Mark Bray & R. Murray Thomas）考察了大量的定性和定量教育研究文献，选择了不同地域和不同层次比较教育研究的范例，论述了不同的分析单位对于理解和解释教育现象各自的意义和局限性。在此基础上，他们于1995年构建了一个三维的比较教育研究多层次分析模型（如图 13－1）。[④]

---

① Keeves, J. P. & Adams, D.. Comparative methodology in education［A］//Husén, Torsten & Postlethwaite, T. Neville. The international encyclopedia of education (2nd) (Vol. 2). Oxford: Pergamon Press, 1994: 956－957.

② 实际上，许多比较教育研究仅仅是国别教育研究，即对某个单一的国家教育进行研究。统计显示，英国《比较教育》杂志 1977—1998 年发表的论文中只有少数论文使用了明显的比较方法，多数（58%）论文仅仅研究某个其他国家的教育。许多学者呼吁，比较教育研究需要改变以单一国家教育研究为主的状况，多开展实质性的比较研究。

③ 华勒斯坦，等．开放社会科学——重建社会科学报告书［M］．刘锋，译．北京：生活·读书·新知三联书店，1997：85.（国内学者一般将 Wallerstein 译为沃勒斯坦）

④ Bray, Mark & Thomas, R. Murray. Levels of comparison in educational studies: different insights from different literatures and the values of multilevel analysis［J］. Harvard Educational Review, 1995, 65 (3): 475.

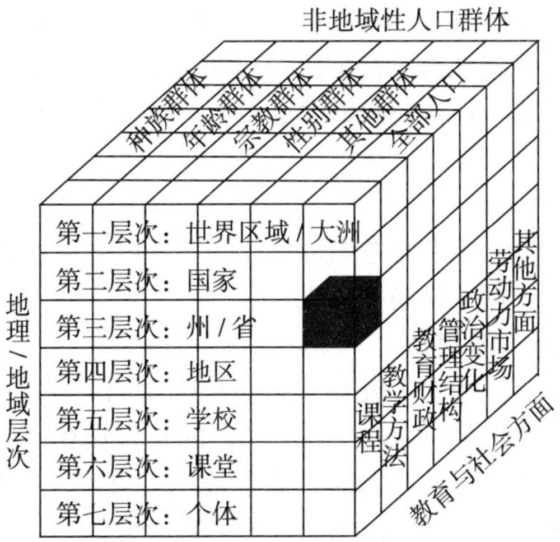

图 13－1　比较教育研究多层次分析模型

该立方体模型的第一个维度为地理/地域层次，第二个维度为非地域性人口统计群体，第三个维度包括教育与社会方面的要素，三个维度分别包括不同的层次、群体或要素。例如，在地理/地域维度，比较教育研究的分析单位可以在国家层次，也可以在国家之上的宏观性世界区域/大洲层次，还可以在国家之下的从州/省、地区到学校、课堂和个体的微观层次。在贝磊和托马斯看来，每一项比较教育研究都会涉及这三个维度，都能够在该模型中找到相应的位置。由于教育是一种多层次、多维度的复杂社会现象，因此许多教育研究需要进行多层次比较分析，以对所研究的教育现象获得更充分、更均衡的理解。这一模型的主要贡献在于，对国家层次以及国家上下各层次的分析单位的意义进行了分析和论证，从地理/地域维度拓宽了比较教育研究的视角。例如，戴尔和罗伯逊（Roger Dale & Susan L. Robertson）将欧盟、北美自由贸易区和亚太经合组织三个区域组织作为比较分析对象，探讨了全球化对国家教育系统的影响。这是一项跨越三大洲、采用定性方法的比较教育研究。① 又如，贝磊和古鼎仪（Koo Ding Yee, Ramsey）等人对中国两个特别行政区香港与澳门的教育进行了多方面的比较研究，这两个地区都是华人社会，地理上相互邻近，多数居民使用粤语作为日常用语，在 20 世纪 90 年代后期主权回归中国之前都遭受过西方国家较长时期的管治。②再如，关注课堂层次比较研究的学者从无到有、不断增加，基于对每堂课一般被视为一个与课堂相关的派生空间单位的认识，安德森－列维特（Kathryn M. Anderson-

---

① Dale, Roger & Robertson, Susan L.. The varying effects of regional organizations as subjects of globalization of education [J]. Comparative Education Review, 2002, 46 (1): 10－36.

② 贝磊，古鼎仪．香港和澳门的教育与社会：从比较角度看延续和变化［M］．北京：人民教育出版社，2006：5－7.

Levitt）对法国、美国和几内亚（曾遭受法国殖民统治，后来美国不断介入该国事务）的一、二年级阅读课程进行了比较研究，发现法国和几内亚在课程组织上注重班级活动、整体和计划，美国则注重小组教学和个人阅读。①

四、可比性

在比较教育研究中，还需要考虑可比性问题。可比性主要涉及两个方面，即研究对象的可比性和资料、数据的可比性。

（一）研究对象的可比性

在比较教育研究中，选取比较对象并不是随意的。对不同的对象进行比较，必然要涉及为什么选择这些研究对象，它们之间是否具有可比性的问题。一般而言，在选取教育现象进行比较研究时，要求被比较对象之间具有充分的相似性，同时还要具有明显的差异性，这样的比较才更有意义。

比较中国与立陶宛的高等教育，或比较上海市与甘肃省的普及九年义务教育，或比较英国与台湾地区的科技教育，这类比较研究都难以获得有意义的结论，原因在于研究对象之间缺乏可比性，要么被比较对象之间缺乏联系，要么被比较对象差异过大，要么研究者没有在同一个地域层次上进行比较。一些研究者到国外考察教育，通过参观、访问和资料收集获得了对某个国家教育的某一方面的认识，回国后就着手本国与该国某个教育问题的比较研究，但对于为什么要选择这两个国家作比较研究却缺乏深入的反思。这种情况是比较教育研究初学者应当努力避免的。

任何一项比较研究，其前提是必须先确定一些参照项（parameters），只有以参照项为基础，才能对被比较对象进行研究。因而，在进行比较研究时，研究者所要做的不是机械地对两个或更多的对象进行对比，并找出它们之间的相似性或差异性；反之，研究者应当关注被比较对象的背景环境，因为正是环境背景造就了这些相似性或差异性，同时，研究者还应深入分析教育现象之间存在的因果关系。换言之，任何有意义的比较研究都应当能够发现被比较单位之间存在的相似性或差异性，分析它们相似性或者差异性的程度，以及找出相似性和差异性的形成原因，分析哪些原因仍在产生影响，这些原因之间是否存在相关。有些比较研究试图对两种或更多的教育现象之间的因果相关性进行分析，这时，确定具有可比性的参照项就更为重要，因为研究力图揭示的就是这些参照项与所研究教育现象之间的因果关系。②

---

① Anderson-Levitt, Kathryn M.. Reading lessons in Guinea, France, and The United States: local meanings or global culture? [J]. Comparative Education Review, 2004, 48 (3): 229－252.

② Mazon, Maria. Comparing places [A] //Bray, Mark, Adamson, Bob & Mason, Mark. Comparative education research: approaches and methods. Hong Kong: Comparative Education Research Centre, The University of Hong Kong & Springer, 2006: 88.

（二）资料、数据的可比性

在选择用于比较的教育资料、数据时，也要考虑其可比性问题，定性教育资料和定量教育数据都应该具有可比性。诺亚曾指出，所收集的资料、数据缺乏可比性是比较教育研究方法存在的主要问题之一。举个例子说，“public school”这一词语在英国和美国的含义大相径庭（在英国一般指自治的私立精英学校即“公学”，在美国一般指由地方税维持的公立中小学校），澳大利亚不同的州对于这一词语的理解也差异悬殊，在使用时就必须明确该词语在不同背景下的意义。如果不仔细考虑“公学”在英国与美国的不同含义，轻率地对两个国家的这类学校进行比较，就失去了研究的意义。又如，联合国教科文组织在计算各国高等教育毛入学率时，充分考虑了各国教育系统的差异，对高等教育入学数据进行了加权处理，经过处理后的数据具有可比性。具体来说，在计算中国高等教育毛入学率时，并不是将所有在校的高校学生累加后再除以全部高等教育适龄人口数，而是对本科生、专科生、研究生以及全日制学生、部分时制学生（如参加广播电视教育、自学高等教育考试、成人高等教育、函授教育、网络教育等类型教育的学生）等各种层次和类型的高等教育学生的数量进行加权处理。如果不进行加权处理，由于统计口径不同，累计加总的数据就失去了与其他国家的高等教育毛入学率进行比较的价值。

反过来说，在进行比较教育研究的时候，如果关键术语的含义不一样，统计数据的口径不一致，这种比较研究的意义和结论的准确性就要受到质疑。

第三节　比较教育研究的一般过程

比较教育研究的过程或阶段，实质上就是比较教育研究的基本实施程序，即比较教育研究通常包括哪些基本的阶段，每个阶段的作用是什么，这些阶段之间具有什么样的顺序和内在联系。在比较教育研究产生两个世纪以来特别是 20 世纪 60 年代以来，经过几代学者持续不断的探索，比较教育研究逐渐形成了较为完备的实施程序。

一、对比较教育研究过程的探索

在对比较教育研究过程的探索中，贝雷迪、诺亚和埃克斯坦、霍姆斯、黎成魁、特雷舍韦、加里多等人都作出了卓越的贡献。其中，贝雷迪和加里多两人的观点较有代表性，前者作出了开拓性的探索，后者进行了高度的概括。

美国哥伦比亚大学师范学院教授贝雷迪是第一位系统、详尽地关注比较教育研究方法论的学者，他在 1964 年出版的《教育中的比较方法》一书中提出了“比较四步法”。贝雷迪将比较教育研究划分为区域研究（area studies）与比较研究，认为前者只研究一个国家或区域的教育，还不是比较研究，只是比较研究的基础和准备；区域研究包括描述和解释两个阶段，比较研究则包括并置和比较两个阶段，只有第四个阶段才是真正意义上的“比较”阶段（见图 13－2）。

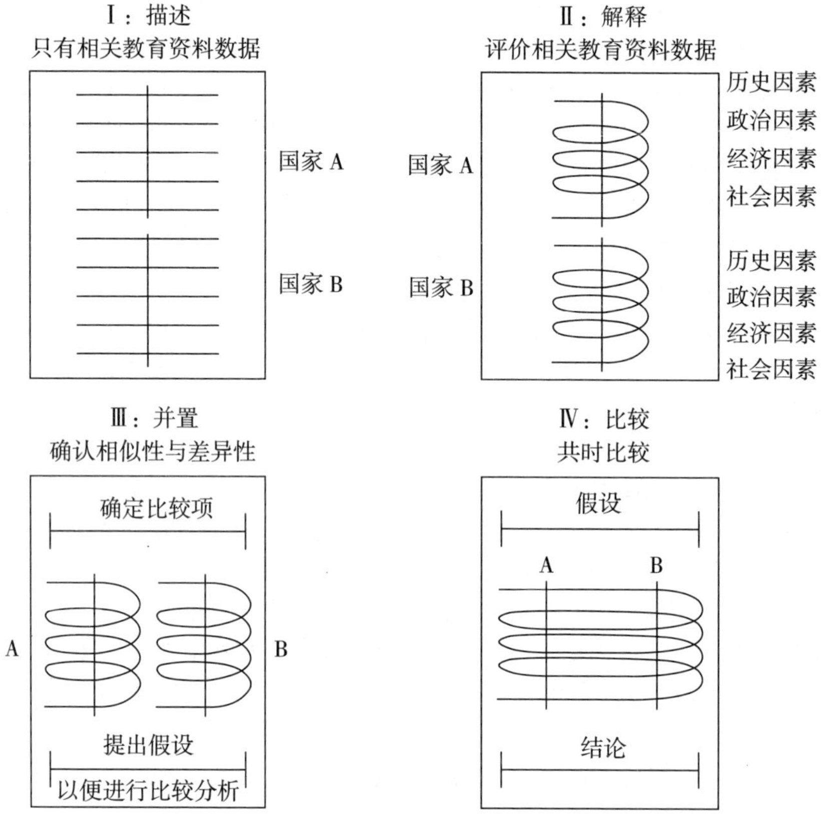

图 13－2　贝雷迪的四阶段比较教育研究模型①

贝雷迪详细论述了描述、解释、并置、比较这四个阶段（步骤）及其相互关系。在第一阶段，研究者必须集中精力以比较客观的、尽可能简明扼要的方式陈述事实，收集自己正确理解的有关资料与数据，用贝雷迪自己的话来说，就是“收集纯粹的教育资料、数据”（pedagogical data）。在第二阶段，研究者应向前迈进一步，利用其他社会科学的方法，从历史的、政治的、经济的、社会的角度解释教育资料数据，至此就完成了他所说的区域研究，开始进入比较研究。比较研究的第一步（整个研究过程的第三阶段）就是并置阶段或者说“对不同国家的教育资料数据进行初步对比的阶段”，其目的在于确定比较项（tertium comparationis，接近的英文词为 terms of comparison）。比较项即比较中的参照项，也就是可以基于它作出有效比较的参照标准，以此作为提出假设的依据。在这一阶段，研究者应当提出比较假设，假设应当在第四阶段通过“对各国教育的共时比较”得到仔细的研究。②

---

① 何塞·加里多．比较教育概论［M］．万秀兰，译．北京：人民教育出版社，2001：125－126.

② Bereday，George Z. F.．Comparative method in education［M］．New York：Holt，Rinehart and Winston，Inc，1964：28.

贝雷迪的“比较四步法”是比较教育研究领域中一种经典的、独树一帜的方法，更是对比较教育研究过程的开拓性、系统的探讨，构成了他关于比较教育研究过程的基本框架。贝雷迪本人在比较教育研究中坚持使用这种方法，并且认为这一框架对比较教育研究初学者是一种最适当的途径，易于掌握且有效。这种途径还可以进一步细分为选择问题、收集重要的教育资料数据、结合社会背景对教育资料数据进行解释、将解释后的教育资料数据并置、提出假设、通过对教育资料数据的比较分析验证假设和得出结论七个具体的步骤。“比较四步法”首次将比较研究与假设验证联系起来，更重要的是，它首次将具体的研究程序引入比较教育研究，开比较教育研究程序化之先声，在比较教育研究领域产生了深远的影响。例如，受贝雷迪的影响，库勃和弗珊（Patracia K. Kubow & Paul R. Fossum）提出了一种非常有用的“盒式”并置工具，运用它来分析人口、地理和社会政治等因素如何对所比较国家的教育产生了影响。例如，巴西和南非都是多民族国家，存在白人与原住民、混血人种等多个种族；在巴西，尽管弱势种族获得教育机会有些障碍，但人们认为不同种族之间教育机会差别较小；在南非，不同种族之间的教育机会则明显不均等。他们的研究表明，导致前一种情况的原因在于巴西的种族通婚和文化融合，而后一种情况则是南非历史上的种族隔离制度的结果。①

在贝雷迪之后，诺亚和埃克斯坦、霍姆斯、特雷舍韦、黎成魁等人都对比较教育研究过程提出了自己的框架。西班牙学者、欧洲比较教育学会前主席加里多总结了贝雷迪和后来学者的观点，发现这些学者提出的比较教育研究阶段虽然看上去相互矛盾，但是深入研究则发现它们相当接近；而且随着时间的推移，它们的相似性变得越来越明显。加里多归纳了这些学者关于比较教育研究阶段所持的最主要的观点，提出了一套比较教育研究的基本阶段：（1）确立问题与提出前期假设；（2）限定研究，包括限定研究对象和研究方法；（3）描述性研究（分析阶段），包括资料数据选编、资料数据的形式和表面分析、资料数据的解释性分析三个步骤；（4）提出比较性假设；（5）比较研究（综合阶段），包括选择资料数据和分析性结论、并置结论和所选材料、进行评价性或展望性比较、得出比较研究结论四个具体步骤；（6）跨学科比较研究；（7）撰写比较研究报告。加里多认为，这些阶段可以用于任何比较教育研究，不论这种研究是采用定量还是定性方法，也不论这一研究是理论性的或应用性的还是旨在增进知识或帮助教育决策。②

---

① Kubow, Patracia K. & Fossum, Paul R. Comparative education: exploring issues in international context[M]. New Jersey: Merrill Prentice Hall, 2003: 111.

② 何塞·加里多. 比较教育概论［M］. 万秀兰，译. 北京：人民教育出版社，2001：128.

二、比较教育研究的基本过程

归纳起来，比较教育研究包括五个基本过程：（1）确定研究问题、对象和方法；（2）提出研究假设；（3）收集、整理和分析资料数据；（4）比较及得出研究结论；（5）撰写研究报告。

（一）确定研究问题、对象和方法

与其他教育研究一样，开展比较教育研究需要有明确的研究问题。研究问题可能是在研究过程中逐步明晰的，但是对进行比较教育研究的初学者而言，事先确立一个问题更为必要。在比较教育研究中，确定研究问题须做到两点：其一，研究问题要明确、聚焦；其二，研究问题要可行，适于操作。问题明确、聚焦，才适合进行研究，才能得出有意义的结论。如果问题宽泛、模糊，得出的结论就不具体，缺乏说服力。研究者要综合考虑时间、能力、资料数据乃至研究经费等多方面的条件，选择具有可行性、适于操作的研究问题。例如，一位初学者可能能够胜任两个地区小学班级规模比较的研究，但要做好在数个国家中文化如何影响教学的比较研究，则显得不够现实。

确定比较研究的对象与确定研究问题几乎是同时发生的。在哪一级或哪几级层次进行比较研究，是在国家层次、国家之上的世界性区域层次，还是在国家之下的层次？是选择一个对象进行分析，与本土进行“隐含的比较”，还是选择两个对象、三个对象或更多的对象进行比较？这些都取决于多方面的因素，如研究者的研究能力、外语能力、视野、对研究方法的掌握，以及资料数据的可获得性和充分性，等等。

在确定研究问题和对象之后，就要考虑采用什么样的研究方法来进行比较研究。是采用定量方法，还是采用定性方法，更具体地说，是采用描述统计、推断统计、实验方法或内容分析法，还是采用历史法、人种志方法、案例方法、现象学方法或文献分析法等其他方法，这是研究者需要认真考虑的问题。具体选择什么样的研究方法，主要取决于两点：一是研究问题的需要，二是研究者的知识背景。研究问题决定研究方法，研究方法并无高低，也无先进或落后之分，关键是看方法是否适合于研究问题。许多问题可以采用不同的方法进行研究，研究者选择自己最擅长的方法开展研究，有利于获得更具深度的结论。在选择研究方法时，扬长避短是必要的，一位数理背景薄弱的研究者采用聚类分析或因子分析进行研究，或者一位缺乏哲学基础的研究者采用现象学或解释学的方法进行研究，就显得不适当。原因在于，研究者如果不能熟练地掌握相关研究方法，分析过程就会显得不够严谨、细致和规范，研究结论也会比较轻率或粗略。

（二）提出研究假设

假设（hypothesis）又称研究假设，是研究者在研究过程中对客观事物的假定的说明。它是对所研究问题的规律或原因作出的一种推测性论断或假定性解释，是研究者在研究之前预先设想的、暂定的理论。对各种教育问题和教育现象所作的尚待验证的初步解释都具有假设的性质。例如，在公共教育经费占 GDP 比例方面存在一些普遍性的国际趋势、民族文化对教学具有一定的影响、藏汉两族儿童存在思维发展差异且这种差别会影响到中小学数学教育，这些都属于研究假设。

研究假设的提出，必须有一定的科学依据，要建立在明确的概念、已有的知识和一定的事实基础之上。缺乏事实根据的推测和主观的臆断，不是研究假设。[①]研究假设是一种推测，提出一个或一组有价值的研究假设需要一个过程，在研究过程中研究者可能需要根据需要不断调整和完善研究假设。研究假设的复杂程度不同，它包括描述性假设、解释性假设和预测性假设三种层次。

20 世纪 60 年代，贝雷迪明确提出，在比较教育研究中应该提出有待检验的假设。他的观点得到了后来的比较教育学者的普遍赞同。在贝雷迪以前，研究者对建立研究假设的意义的认识是较为模糊的。当然，在比较教育研究领域，对于何时提出假设、如何验证假设存在不同的认识。贝雷迪认为，应当在比较教育研究的第三阶段即并置阶段提出假设，这种假设是在分析教育资料数据、确立相似性和差异性之后提出的。加里多则认为，研究假设要及早提出，等到研究的后期阶段再作假设就太晚了；提出假设可以分为两种情况：一种情况是在确立研究问题的同时提出先期假设（尽管这种假设是临时性的，可能需要作较大幅度的调整），另一种情况是在收集、分析和解释资料数据后提出比较性假设，这种后期假设应该是相当准确的假设。诺亚和埃克斯坦主张将定量研究中的假设—检验引入比较教育研究之中，他们采取验证假设的方法，以“科学的”方法和定量数据证实事先提出的研究假设；受波普尔的“猜想—反驳”理论的影响，霍姆斯认为对于假设的检验方式应该是证伪，而不是证实。

有些比较教育研究属于描述性研究，研究者特别是研究初学者可能并没有明确、具体的假设，但是在研究过程中或研究起始阶段至少需要有明确的疑问，或者有一种接近于描述性假设的尝试性推测。

（三）收集、整理和分析资料数据

收集、整理和分析资料数据阶段相当于贝雷迪所指的描述和解释阶段。开展比较教育研究，要求研究者掌握翔实、充分的资料数据。资料数据是一个包容性很强的集合概念，既包括以文字形式呈现的定性的资料（qualitative data），也包括以数字形式呈现的定量的数据（quantitative data）。有的比较教育研究使用的材料主要是定性的资料，有的比较教育研究使用的材料主要是定量的数据，有的比较教育研究使用的材料则包括两类资料数据。

按照来源分，教育资料数据包括第一手资料数据（primary data）、第二手资料数据和辅助性资料数据。第一手资料数据一般指以非系统化的和直接的方式提供的一些国家和其他研究对象的资料数据，包括官方文献和数据（其中包括国际

---

① 裴娣娜．教育研究方法导论［M］．合肥：安徽教育出版社，1995：107.

组织全面收集的文献和数据)、非官方文献和数据、研究者亲自收集整理的文献和数据。一般而言，这些资料数据没有经过研究者的加工。第二手资料数据一般指比较性或描述性研究的成果，这些成果是观察者或研究者系统地完成的。比较教育研究的书籍、论文和研究报告等都属于第二手资料数据。辅助性资料包括非专门论及教育但间接地提供了有价值的资料数据的书籍、论文和其他文献，如社会学著作、人口统计和文学作品等。一般而言，研究者要进行第一手研究，就必须直接运用或主要运用第一手资料数据。

专栏 13－3

比较教育研究领域的重要学者、论著和期刊

国外重要的比较教育学者包括朱利安、萨德勒、施奈德、汉斯、康德尔、贝雷迪、诺亚、埃德蒙·金、霍姆斯、胡森、黎成魁、卡扎米亚斯、阿特巴赫、施瑞尔、阿诺夫、卡诺依、贝磊、许美德和梅斯曼等。其中，法国学者朱利安(1775—1840)被称为“比较教育之父”。我国重要的比较教育学者有庄泽宣、常导之、滕大春、王承绪、顾明远、朱勃、梁忠义、王英杰、钟启泉、张人杰、周南照等。

比较教育研究方面的重要论著包括《关于比较教育的工作纲要和初步意见》《我们从研究外国教育制度中究竟能学到多少有实际价值的东西?》《比较教育的新时代——比较研究》《教育中的比较方法》《比较教育的科学探索》《比较教育的“问题法”》《别国的学校和我们的学校——今日比较教育》《作为文化帝国主义的教育》《教育的传统与变革》《意识形态与课程》《高等教育系统——学术组织的跨国研究》和《文化与教学：初等教育国际比较》，等等。

国外重要的比较教育研究期刊包括 *Comparative Education Review*（北美比较与国际教育学会会刊)、在英国出版的 *Comparative Education*、*Compare*（兼英国国际与比较教育学会会刊）以及联合国教科文组织主办的三份期刊 *International Journal of Education Development*、*International Review of Education*、*Prospect*：*Quarterly Review of Education*。国内主要的比较教育研究期刊包括《比较教育研究》(兼中国教育学会比较教育分会会刊)、《全球教育展望》和《外国教育研究》。

研究者应通过多种途径尽可能地收集到翔实、可靠的资料数据。在收集到资料数据之后，研究者要根据要求或一定的标准对资料数据进行选取、分类或摘编、调整，这是为了保证资料数据的可比性和分析过程的顺利进行。在整理资料数据之后、开展比较研究之前，研究者还需要对资料数据进行解释。学术界的共识是，比较教育研究者应该从历史、政治、经济和社会的角度对收集到的各国教育资料数据进行解释，阐明资料数据背后的意义。解释资料数据的准确性和深刻

性，则取决于研究者的理论素养和洞察力。另外，研究者的学科背景会影响对资料数据的解释，如历史学背景强的研究者重视对资料的历史性解释，统计学背景强的研究者能从数据中看到一般人看不到的许多东西。学科背景丰富、知识广博的研究者解释资料数据的视角更加多元，能力更强。此外，虽然研究者在解释资料数据时不能完全做到价值中立，但还是应力求客观，祛除成见。

(四) 比较及得出研究结论

在收集、整理和解释资料数据后，研究者就要进入比较教育研究的核心环节，即真正的比较阶段，在这一阶段要得出明确而具体的研究结论。

加里多认为，比较及得出研究结论阶段包括四个具体的步骤：(1) 作出分析性结论；(2) 对结论和所选材料进行并置；(3) 评价性（和展望性）比较；(4) 得出比较研究结论。研究者应该在研究假设的指导下，得出一些分析性的结论；如果发现研究范围过于宽泛，就要对研究加以选择和定型。对分析性结论和所选材料进行并置，是为了使资料数据形象化，保证假设能够以合适的形式得到检验。评价性研究是比较研究的中心工作。在对选择后的资料数据和分析性结论进行并置以后，就要仔细考察资料数据和分析性结论之间的相似性和差异性，并确定比较标准（参照项）。这个步骤要求研究者对教育现象、事实和分析单位所提供的分析性结论进行具体的评价。加里多还认为，对某些研究问题需要进行多学科的比较研究。研究者的学科背景越广阔，就越能避免认识上的偏见，研究成果就越丰富。如果研究小组包括不同学科的专家，研究结论就更有意义。

在比较和得出研究结论的过程中，研究者的理论思维和洞察力显得格外重要。正如德国哲学家黑格尔所指出的，“假如一个人能看出当即显而易见之异，譬如，能识别一支笔和一头骆驼，我们不会说这个人有了不起的聪明；同样，另一方面，一个人能比较两个近似的东西，如橡树和槐树，或寺院与教室，而知其相似，我们也不能说他有很高的比较能力。我们所要求的，是要能看出异中之同和同中之异”。研究者不能满足于表面、现象的比较，而是要进行实质性的比较，揭示事物之间深层次的、本质的联系。缺乏理论思维和敏锐的洞察力，比较就会流于形式和肤浅，“只见树木，不见森林”，“只见现象，不见本质”。①

研究者在归纳研究结论时，应该做到结论明确、具体、简练。在多数情况下，比较教育研究属于应用性较强的研究，人们总是期望研究者能够作出一些明确、具体的研究结论，并且以简明扼要的语言将研究结论准确地表述出来。

(五) 撰写研究报告

撰写研究报告是比较教育研究的最后一个环节。比较教育研究报告包括多种形式，如论文、专著、工作报告、专题报告、学位论文、课程作业等。根据不同

---

① 黑格尔．小逻辑［M］．贺麟，译．北京：商务印书馆，1980：253.

的任务要求，研究者要完成不同类型的研究报告。在研究报告中，研究者要对研究问题、研究目的和意义、研究方法、研究过程和研究结论等进行陈述，有时还要进行有关讨论，提出政策性建议。研究报告的表述要准确、流畅。

比较教育研究报告与比较教育研究过程所遵循的具体顺序并不是一一对应的。许多熟练的比较教育研究者撰写的研究报告，并没有严格按照研究过程的顺序，甚至从中看不出其研究过程。这是一种正常的现象。研究过程的基本环节只是体现了研究者的思维过程，大致反映了探究过程的顺序。但是，最终的研究报告是一种文本，文本有自己的体例和表达习惯，不一定要严格按照研究者的思维过程来表述。

在比较教育研究过程中还需要指出的是，研究者在使用比较方法研究不同地域及不同时间的教育现象，并且从一个或更多学科领域吸收理论和方法时，不能固守一套特定的研究程序。上述五个基本研究过程是比较教育研究的一般程序，这是一种“理想类型”，在实际的比较教育研究中，研究者需要根据具体情况对研究过程进行必要的调整。

三、比较教育研究过程的范例

英国学者亚历山大的专著《文化与教学：初等教育国际比较》(*Culture and Pedagogy*: *International Comparisons in Primary Education*）与我国学者汪永铨教授的论文《外国高等教育结构的比较——高等教育结构中的几个共同性问题》，分别是定性比较教育研究和定量比较教育研究的典范。二者具有一个共同的特征：研究过程严格、规范。

亚历山大的研究旨在探究五个国家文化对初等教育的影响，并提升英国的初等教育质量。其研究问题是，文化如何影响初等教育教学（pedagogy），或者说教育政策、教育结构、文化、价值观与教学之间存在什么样的复杂关系。研究者将教学这个核心概念界定为“教学行为及其所嵌入的话语”，并且发现在不同文化下对教学的定义是不同的。亚历山大选取法国、俄罗斯、印度、美国和英格兰五个国家进行比较，认为这些国家有一个共同点，就是“宪法都强调民主价值观”。当然，在这些国家中，有的国家之间存在程度不等的文化亲缘性，有的国家与其他国家之间文化差异较大，如美国与英国之间文化亲缘性较强，英国与俄罗斯之间文化差异较大。虽然选取这么多国家在国际比较教育研究中并不多见，但是亚历山大认为在广阔、多样的背景下有利于更深刻地理解文化对教学的影响。这项研究的假设是，在不同国家，民族文化会型塑、促进和制约教学的发展。研究者在制度（制度、政策和历史）、学校和课堂三个层面收集资料并进行分析。研究者采取的主要研究工具是观察、录音、录像和访谈，做了大量的现场笔记和课堂笔录，对访谈内容进行转录，对课堂进行录音和摄像，整理了约 130 小时的录像带；同时，还利用这些国家及有关学校的文件、照片和日志来对这些材料进行补充，并且与广泛的教育相关人士接触。亚历山大从制度、学校和课堂层面对五种文化下的教学进行了比较，发现教学远不限于课堂内所发生的一切，而是在学校、地方和国家背景下所进行的一种实践，深深打上了文化的烙印。研究者归纳了五种文化下的六种教学形态（教学作为传递、纪律规训、民主行为、促进、加速、技巧）和三种教学价值观（个体主义、社群主义和集体主义），这些形态和价值观分别属于某个国家或者为某些国家所共有。当然，即使某种教学形态或教学价值观为某些国家所共有，它在不同国家的表现程度也是不一样的。研究者还从跨文化的角度，通过对教学与教学法、教学与课程、教学中的教、教学中的学、教学中的控制关系等问题的逐一检验，对“什么是教学”这个问题作出了透彻的解释。这项研究深入地探讨了文化与教育的关系，大大深化了对教学的理解，被誉为“一项里程碑式的”比较教育研究。①

20 世纪 80 年代，结构调整成为我国高等教育改革和发展的一个重要问题。汪永铨对包括美国、日本、法国、联邦德国和苏联在内的若干国家的高等教育结构加以比较，“试图据此对外国高等教育结构的形成与发展变化规律进行初步的分析与讨论”。具体的研究问题就是，在外国高等教育结构中存在哪些共同点和发展规律。研究者具有良好的数理背景，主要采用定量方法研究这个问题。但是，研究者并没有采用复杂的统计工具，而是采用简单明了的百分比计算方法。研究者将高等教育结构的概念界定为“高等教育的水平结构与科类结构”。其中，水平结构或层次结构指第一、二、三级教育（大致分别相当于我国的高等专科、本科和研究生教育）各自所占比例，科类结构指人文科学、自然科学、社会科学、工科、农科、医科、教育（包括师范）和其他学科八大科类各自所占比例。在研究过程中，研究者并没有提出明确的假设，但是他假定其他国家在高等教育结构上存在一些普遍性的发展规律。研究者广泛收集了所研究国家的高等教育结构方面的数据，“尽可能对统计数字进行必要的调整和计算”。为了保证统计数据的可靠性与一致性，研究者尽可能采用可靠性较高的各国教育统计部门给出的数据，但在进行多国比较而不可能得到各国自行公布的统计数据时，则统一采用联合国教科文组织给出的数据。由于该研究主要分析高等教育结构怎样才能较好地适应经济社会发展对高级专门人才的需求（即对高等教育系统主要产出的要求），在收集数据的过程中，研究者确定了一个统一的参量，即各级各类高等教育毕业生数。研究者先是对上述五国 1940—1980 年的高等教育水平结构进行了比较，为了更广泛地考察外国高等教育的水平结构，他还对五国以外 37 个经济发展水平不同的国家 1980 年的高等教育水平结构进行了考察。接着，研究者对 1940—1980 年美国、日本、法国、联邦德国、苏联五国的科类结构进行了比较，在上述比较的基础上进一步对 36 个经济发展水平不同的国家 1980 年的高等教育科类结构进行比较。通过比较，研究者得出了

---

① Alexander, Robin J.. Culture and pedagogy: international comparisons in primary education [M]. Malden, MA: Blackwell Publishers Inc, 2000: 1, 540 - 542.

两点重要的研究结论：（1）外国高等教育结构是多样的，没有统一的静态模式和动态发展过程；（2）许多国家高等教育结构呈现出某些共同的趋势，这些共同趋势有：(a) 第一级高等教育优先得到发展，发展速度远远超出其他两级高等教育；(b) 在科类结构方面，社会科学和工科得到较大发展，自然科学和人文科学等学术性学科的毕业生数所占比例下降，农科毕业生所占比例最小；(c) 国家之间高等教育水平结构和科类结构的差异逐渐减小。此外，研究者还对外国高等教育结构进行了定性的分析，并讨论了高等教育结构的合理性问题。①这项研究概念清晰、可比性强、分析缜密，得出结论谨慎而令人信服，对我国高等教育改革和发展产生了一定的积极影响。

从上述两个范例可以看出，比较教育研究如果要做到有深刻的解释力、结论要准确可靠，就必须保证研究过程的严格和规范。

☆ 本章要点

1. 比较是确定事物之间相似性与差异性的方法，它是认识、探究事物的一种基本方法。根据一定的标准将彼此有联系的事物加以对照，从而确定其相似性与差异性，有助于对事物进行初步的分类。只有对各种事物内部矛盾的各个方面进行比较后，才能把握事物之间的内在联系。

2. 使用比较的方法所从事的教育研究一般被称为“比较教育研究”或“教育比较研究”。

3. 关于比较教育研究的目的和意义，一种观点认为在于增进教育知识，另一种观点认为在于改进教育实践。在当代，这两种观点逐渐趋于融合。

4. 比较方法是比较教育研究的基本方法。但是，除比较方法之外，比较教育研究还需要运用某种或几种其他的研究方法，或者说把这些方法与比较方法结合起来。许多研究方法在比较教育研究中都得到了运用。

5. 比较教育研究的发展趋势是：从松散到规范、从描述到分析，研究方法逐渐多元，分析单位不断拓宽；根据研究的需要，可结合使用定性方法与定量方法；跨学科研究、团队研究、国际协作研究不断增加。

6. 国家是比较教育研究的主要分析单位，但比较教育研究的分析单位不断拓宽，形成了国家、国家之上和国家之下的多个层次。

7. 比较教育研究要注重研究对象的可比性和资料数据的可比性。

8. 比较教育研究包括五个基本过程：（1）确定研究问题、对象和方法；（2）提出研究假设；（3）收集、整理和分析资料数据；（4）比较及得出研究结论；（5）撰写研究报告。

---

① 汪永铨．外国高等教育结构的比较——高等教育结构中的几个共同性问题［J］．教育研究，1988，10（2）：3－13.

☆概念图

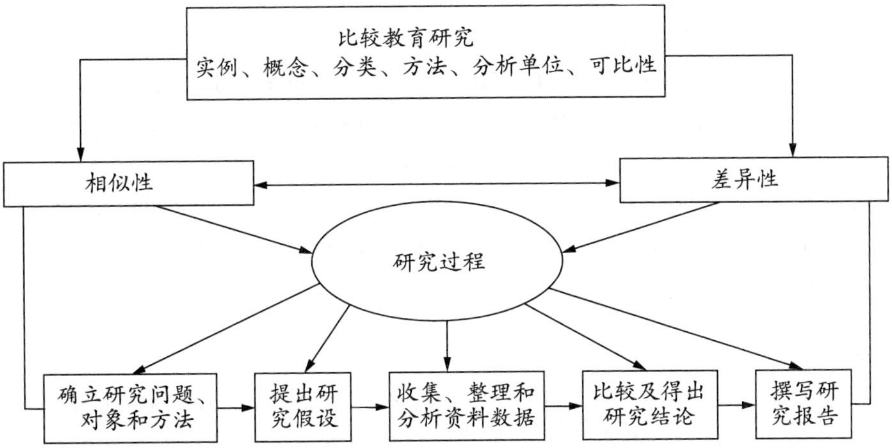

☆学习效果自测

1. 比较教育研究的目的和意义是什么？
2. 如何正确看待比较教育研究中定性方法与定量方法之间的关系？
3. 国家作为比较教育研究的主要分析单位，有哪些优点和不足？
4. 比较教育研究包括哪些基本过程？

☆拓展练习

1. 结合政策制定的背景，对我国1985年颁布的《中共中央关于教育体制改革的决定》、1993年颁布的《中国教育改革和发展纲要》和2010年颁布的《国家中长期教育改革和发展纲要规划（2010—2020年）》三份重要文件进行比较研究。

2. 收集相关的研究文献，并参考网页材料，对美国田纳西州与我国香港地区的小学小班教学进行比较研究。

☆参考文献

1. 王承绪，顾明远．比较教育［M］．3版．北京：人民教育出版社，1999.

2. 何塞·加里多．比较教育概论［M］．万秀兰，译．北京：人民教育出版社，2001.

3. 赵中建，顾建民．比较教育的理论与方法——国外比较教育文献［C］．北京：人民教育出版社，1994.

4. 周蕖．美苏高等教育经验与我国高等教育的改革［J］．中国社会科学，1984，5（3）.

5. 汪永铨．外国高等教育结构的比较——高等教育结构中的几个共同性问题［J］. 教育研究，1988，10（2）.

6. 蒋凯. 比较教育研究方法的相关问题分析［J］. 教育研究，2007，29（4）.

7. Bray，Mark，Adamson，Bob & Mason，Mark. Comparative education research：approaches and methods［M］. Hong Kong：Comparative Education Research Centre，The University of Hong Kong & Springer，2006.

8. Alexander，Robin J.. Culture and pedagogy：international comparisons in primary education［M］. Malden，MA：Blackwell Publishers Inc，2000.

☆后续学习资料

必读部分

1. 萨德勒. 我们从研究外国教育制度中究竟能学到多少有实际价值的东西？［A］//赵中建，顾建民. 比较教育的理论与方法——国外比较教育文选. 北京：人民教育出版社，1994：110－122.

2. 马太·杜甘. 国家的比较：为什么比较，如何比较，拿什么比较［M］. 文强，译. 北京：社会科学文献出版社，2010：第一章.

3. 裴娣娜. 教育研究方法导论［M］. 合肥：安徽教育出版社，1995：第十章.

4. 贝磊. 教育控制：集权与分权问题及其张力［J］. 蒋凯，李娅玲，译. 教育研究，2006，28（6）.

5. 张民选，陆璟，等. 专业视野中PISA［J］. 教育研究，2011，33（6）.

选读部分

1. 薛理银. 当代比较教育方法论研究［M］. 北京：人民教育出版社，2009：第二章.

2. 贝雷迪. 教育的比较方法论反思（1964—1966年）［A］//赵中建，顾建民. 比较教育的理论与方法——国外比较教育文选. 北京：人民教育出版社，1994：170－193.

3. 岳昌君，丁小浩. 教育投资比例的国际比较［J］. 教育研究，2003，25（5）：58－63.

4. Keeves，J. P. & Adams，D.. Comparative methodology in education［A］//Husén，Torsten & Postlethwaite，T. Neville. The international encyclopedia of education（2nd）（Vol. 2）. Oxford：Pergamon Press，1994：948－958.

5. 国际教育成就评价协会（IEA）主页：www. iea. nl.

6. 国际学生评估项目（PISA）主页：http：//www. pisa. oecd. org.

附表 1

正态分布表

Z	Y	P	Z	Y	P	Z	Y	P
0. 00	0. 39894	0. 00000	0. 35	0. 37524	0. 13683	0. 70	0. 31225	0. 25804
0. 01	0. 39892	0. 00399	0. 36	0. 37391	0. 14058	0. 71	0. 31006	0. 26115
0. 02	0. 39886	0. 00798	0. 37	0. 37255	0. 14431	0. 72	0. 30785	0. 26424
0. 03	0. 39876	0. 01197	0. 38	0. 37115	0. 14803	0. 73	0. 30563	0. 26730
0. 04	0. 39862	0. 01595	0. 39	0. 36973	0. 14173	0. 74	0. 30339	0. 27035
0. 05	0. 39844	0. 01994	0. 40	0. 36827	0. 15542	0. 75	0. 30114	0. 27337
0. 06	0. 39822	0. 02392	0. 41	0. 36678	0. 15910	0. 76	0. 29887	0. 27637
0. 07	0. 39797	0. 02790	0. 42	0. 36526	0. 16276	0. 77	0. 29659	0. 27935
0. 08	0. 39767	0. 03188	0. 43	0. 36371	0. 16640	0. 78	0. 29431	0. 28230
0. 09	0. 39733	0. 03586	0. 44	0. 36213	0. 17003	0. 79	0. 29200	0. 28524
0. 10	0. 39695	0. 03983	0. 45	0. 36053	0. 17364	0. 80	0. 28969	0. 28814
0. 11	0. 39654	0. 04380	0. 46	0. 35889	0. 17724	0. 81	0. 28737	0. 29103
0. 12	0. 39608	0. 04776	0. 47	0. 35723	0. 18082	0. 82	0. 28504	0. 29389
0. 13	0. 39559	0. 05172	0. 48	0. 35553	0. 18439	0. 83	0. 28269	0. 29673
0. 14	0. 39505	0. 05567	0. 49	0. 35381	0. 18793	0. 84	0. 28034	0. 29955
0. 15	0. 39448	0. 05962	0. 50	0. 35207	0. 19146	0. 85	0. 27798	0. 30234
0. 16	0. 39387	0. 06356	0. 51	0. 35029	0. 19497	0. 86	0. 27562	0. 30511
0. 17	0. 39322	0. 06749	0. 52	0. 34849	0. 19847	0. 87	0. 27324	0. 30785
0. 18	0. 39253	0. 07142	0. 53	0. 34667	0. 20194	0. 88	0. 27986	0. 31057
0. 19	0. 39181	0. 07535	0. 54	0. 34482	0. 20540	0. 89	0. 28848	0. 31327
0. 20	0. 39104	0. 07926	0. 55	0. 34294	0. 20884	0. 90	0. 26609	0. 31594
0. 21	0. 39024	0. 08317	0. 56	0. 34105	0. 21226	0. 91	0. 26369	0. 31859
0. 22	0. 38940	0. 08706	0. 57	0. 33912	0. 21566	0. 92	0. 26129	0. 32121
0. 23	0. 38853	0. 09095	0. 58	0. 33718	0. 21904	0. 93	0. 25888	0. 32381
0. 24	0. 38762	0. 09483	0. 59	0. 33521	0. 22240	0. 94	0. 25647	0. 32639

续表

Z	Y	P	Z	Y	P	Z	Y	P
0. 25	0. 38667	0. 09871	0. 60	0. 33322	0. 22575	0. 95	0. 25406	0. 32894
0. 26	0. 38568	0. 10257	0. 61	0. 33121	0. 22907	0. 96	0. 25164	0. 33147
0. 27	0. 38466	0. 10642	0. 62	0. 32918	0. 23237	0. 97	0. 24923	0. 33398
0. 28	0. 38361	0. 11026	0. 63	0. 32713	0. 23565	0. 98	0. 24681	0. 33646
0. 29	0. 38251	0. 11409	0. 64	0. 32506	0. 23891	0. 99	0. 24439	0. 33891
0. 30	0. 38139	0. 11791	0. 65	0. 32297	0. 24215	1. 00	0. 24197	0. 34134
0. 31	0. 38023	0. 12172	0. 66	0. 32086	0. 24537	1. 01	0. 23955	0. 34375
0. 32	0. 37903	0. 12552	0. 67	0. 31874	0. 24857	1. 02	0. 23713	0. 34614
0. 33	0. 37780	0. 12930	0. 68	0. 31659	0. 25175	1. 03	0. 23471	0. 34850
0. 34	0. 37654	0. 13307	0. 69	0. 31443	0. 25490	1. 04	0. 23230	0. 35083
1. 05	0. 22988	0. 35314	1. 40	0. 14973	0. 41924	1. 75	0. 08628	0. 45994
1. 06	0. 22747	0. 35543	1. 41	0. 14764	0. 42073	1. 76	0. 08478	0. 46080
1. 07	0. 22506	0. 35769	1. 42	0. 14556	0. 42220	1. 77	0. 08329	0. 46164
1. 08	0. 22265	0. 35993	1. 43	0. 14350	0. 42364	1. 78	0. 08183	0. 46246
1. 09	0. 22025	0. 36214	1. 44	0. 14146	0. 42507	1. 79	0. 08038	0. 45327
1. 10	0. 21785	0. 36433	1. 45	0. 13943	0. 42647	1. 80	0. 07895	0. 46407
1. 11	0. 21546	0. 36650	1. 46	0. 13742	0. 42786	1. 81	0. 07754	0. 46485
1. 12	0. 21307	0. 36864	1. 47	0. 13542	0. 42922	1. 82	0. 07614	0. 46562
1. 13	0. 21069	0. 37076	1. 48	0. 13344	0. 43056	1. 83	0. 07477	0. 46638
1. 14	0. 20831	0. 37286	1. 49	0. 13147	0. 43189	1. 84	0. 07341	0. 46712
1. 15	0. 20594	0. 37493	1. 50	0. 12952	0. 43319	1. 85	0. 07206	0. 46784
1. 16	0. 20357	0. 37698	1. 51	0. 12758	0. 43448	1. 86	0. 07074	0. 46856
1. 17	0. 20121	0. 37900	1. 52	0. 12566	0. 43574	1. 87	0. 06943	0. 48926
1. 18	0. 19886	0. 38100	1. 53	0. 12376	0. 43699	1. 88	0. 06814	0. 46995
1. 19	0. 19652	0. 38298	1. 54	0. 12188	0. 43822	1. 89	0. 06687	0. 47062
1. 20	0. 19419	0. 38493	1. 55	0. 12001	0. 43943	1. 90	0. 06562	0. 47128
1. 21	0. 19186	0. 38686	1. 56	0. 11816	0. 44062	1. 91	0. 06439	0. 47193
1. 22	0. 18954	0. 38877	1. 57	0. 11632	0. 44179	1. 92	0. 06316	0. 47257
1. 23	0. 18724	0. 39065	1. 58	0. 11450	0. 44295	1. 93	0. 06195	0. 47320
1. 24	0. 18494	0. 39251	1. 59	0. 1127	0. 44408	1. 94	0. 06077	0. 47381

续表

Z	Y	P	Z	Y	P	Z	Y	P
1. 25	0. 18265	0. 39435	1. 60	0. 11092	0. 44520	1. 95	0. 05959	0. 47441
1. 26	0. 18037	0. 39617	1. 61	0. 10915	0. 44630	1. 96	0. 05844	0. 47500
1. 27	0. 17810	0. 39796	1. 62	0. 10741	0. 44738	1. 97	0. 05730	0. 47558
1. 28	0. 17585	0. 39973	1. 63	0. 10567	0. 44845	1. 98	0. 05618	0. 47615
1. 29	0. 17360	0. 40147	1. 64	0. 10396	0. 44950	1. 99	0. 05508	0. 47670
1. 30	0. 17137	0. 40320	1. 65	0. 10226	0. 45053	2. 00	0. 05399	0. 47725
1. 31	0. 16915	0. 40490	1. 66	0. 10059	0. 45154	2. 01	0. 02592	0. 47778
1. 32	0. 16694	0. 40658	1. 67	0. 09893	0. 45254	2. 02	0. 05186	0. 47831
1. 33	0. 16474	0. 40824	1. 68	0. 09728	0. 45352	2. 03	0. 05082	0. 47882
1. 34	0. 16256	0. 40988	1. 69	0. 09566	0. 45449	2. 04	0. 04980	0. 47982
1. 35	0. 16038	0. 41149	1. 70	0. 09405	0. 45543	2. 05	0. 04879	0. 47982
1. 36	0. 15822	0. 41309	1. 71	0. 09246	0. 45637	2. 06	0. 04780	0. 48030
1. 37	0. 15608	0. 41466	1. 72	0. 09089	0. 45728	2. 07	0. 04682	0. 48077
1. 38	0. 15395	0. 41621	1. 73	0. 08933	0. 45818	2. 08	0. 04586	0. 48124
1. 39	0. 15183	0. 41774	1. 74	0. 08780	0. 45907	2. 09	0. 04491	0. 48169
2. 10	0. 04398	0. 48214	2. 45	0. 01984	0. 49286	2. 80	0. 00792	0. 49744
2. 11	0. 04307	0. 48257	2. 46	0. 01936	0. 49305	2. 81	0. 00770	0. 49752
2. 12	0. 04217	0. 48300	2. 47	0. 01889	0. 49324	2. 82	0. 00748	0. 49760
2. 13	0. 04128	0. 48341	2. 48	0. 01842	0. 49343	2. 83	0. 00727	0. 49767
2. 14	0. 04041	0. 48382	2. 49	0. 01797	0. 49361	2. 84	0. 00707	0. 49774
2. 15	0. 03955	0. 48422	2. 50	0. 01753	0. 49379	2. 85	0. 00687	0. 49781
2. 16	0. 03871	0. 48461	2. 51	0. 01709	0. 49396	2. 86	0. 00668	0. 49778
2. 17	0. 03788	0. 48500	2. 52	0. 01667	0. 49413	2. 87	0. 00649	0. 49795
2. 18	0. 03706	0. 48537	2. 53	0. 01625	0. 49430	2. 88	0. 00631	0. 49801
2. 19	0. 03626	0. 48574	2. 54	0. 01585	0. 49446	2. 89	0. 00613	0. 49807
2. 20	0. 03547	0. 48610	2. 55	0. 01545	0. 49461	2. 90	0. 00525	0. 49813
2. 21	0. 03470	0. 48645	2. 56	0. 01506	0. 49477	2. 91	0. 00578	0. 49819
2. 22	0. 03394	0. 48679	2. 57	0. 01468	0. 49492	2. 92	0. 00562	0. 49825
2. 23	0. 03319	0. 48713	2. 58	0. 01431	0. 49506	2. 93	0. 00545	0. 49831
2. 24	0. 03246	0. 48745	2. 59	0. 01394	0. 49520	2. 94	0. 00530	0. 49836

续表

Z	Y	P	Z	Y	P	Z	Y	P
2. 25	0. 03174	0. 48778	2. 60	0. 01358	0. 49534	2. 95	0. 00514	0. 49841
2. 26	0. 03103	0. 48809	2. 61	0. 01323	0. 49547	2. 96	0. 00499	0. 49846
2. 27	0. 03034	0. 48840	2. 62	0. 01289	0. 49560	2. 97	0. 00485	0. 49851
2. 28	0. 02965	0. 48870	2. 63	0. 01256	0. 49573	2. 98	0. 00471	0. 49856
2. 29	0. 02898	0. 48899	2. 64	0. 01223	0. 49585	2. 99	0. 00457	0. 49861
2. 30	0. 02833	0. 48928	2. 65	0. 01191	0. 49598	3. 00	0. 00443	0. 49865
2. 31	0. 02768	0. 48956	2. 66	0. 01160	0. 49609	3. 01	0. 00430	0. 49869
2. 32	0. 02705	0. 48983	2. 67	0. 01130	0. 49621	3. 02	0. 00417	0. 49874
2. 33	0. 02643	0. 49010	2. 68	0. 01100	0. 49632	3. 03	0. 00405	0. 49878
2. 34	0. 02582	0. 49036	2. 69	0. 01071	0. 49643	3. 04	0. 00393	0. 49882
2. 35	0. 02522	0. 49061	2. 70	0. 01042	0. 49653	3. 05	0. 00381	0. 49886
2. 36	0. 02463	0. 49086	2. 71	0. 01014	0. 49664	3. 06	0. 00370	0. 49889
2. 37	0. 02406	0. 49111	2. 72	0. 00987	0. 49674	3. 07	0. 00358	0. 49893
2. 38	0. 02349	0. 49134	2. 73	0. 00961	0. 49683	3. 08	0. 00348	0. 49897
2. 39	0. 02294	0. 49158	2. 74	0. 00935	0. 49693	3. 09	0. 00337	0. 49900
2. 40	0. 02239	0. 49180	2. 75	0. 00909	0. 49702	3. 10	0. 00327	0. 49903
2. 41	0. 02186	0. 49202	2. 76	0. 00885	0. 49711	3. 11	0. 00317	0. 49906
2. 42	0. 02134	0. 49224	2. 77	0. 00861	0. 49720	3. 12	0. 00307	0. 49910
2. 43	0. 02083	0. 49245	2. 78	0. 00837	0. 49728	3. 13	0. 00298	0. 49913
2. 44	0. 02033	0. 49266	2. 79	0. 00814	0. 49736	3. 14	0. 00288	0. 49916
3. 15	0. 00279	0. 49918	3. 50	0. 00087	0. 49977	3. 85	0. 00024	0. 49994
3. 16	0. 00271	0. 49921	3. 51	0. 00084	0. 49978	3. 86	0. 00023	0. 49994
3. 17	0. 00262	0. 49924	3. 52	0. 00081	0. 49978	3. 87	0. 00022	0. 49995
3. 18	0. 00254	0. 49926	3. 53	0. 00079	0. 49979	3. 88	0. 00021	0. 49995
3. 19	0. 00246	0. 49929	3. 54	0. 00076	0. 49980	3. 89	0. 00021	0. 49995
3. 20	0. 00238	0. 49931	3. 55	0. 00073	0. 49981	3. 90	0. 00020	0. 49995
3. 21	0. 00231	0. 49934	3. 56	0. 00071	0. 49981	3. 91	0. 00019	0. 49995
3. 22	0. 00224	0. 49936	3. 57	0. 00068	0. 49982	3. 92	0. 00018	0. 49996
3. 23	0. 00216	0. 49938	3. 58	0. 00066	0. 49983	3. 93	0. 00018	0. 49996
3. 24	0. 00210	0. 49940	3. 59	0. 00063	0. 49983	3. 94	0. 00017	0. 49996

续表

Z	Y	P	Z	Y	P	Z	Y	P
3. 25	0. 00203	0. 49942	3. 60	0. 00061	0. 49984	3. 95	0. 00016	0. 49996
3. 26	0. 00196	0. 49944	3. 61	0. 00059	0. 49986	3. 96	0. 00016	0. 49996
3. 27	0. 00190	0. 49946	3. 62	0. 00057	0. 49985	3. 97	0. 00015	0. 49996
3. 28	0. 00184	0. 49948	3. 63	0. 00055	0. 49986	3. 98	0. 00014	0. 49997
3. 29	0. 00178	0. 49950	3. 64	0. 00053	0. 49986	3. 99	0. 00014	0. 49997
3. 30	0. 00172	0. 49952	3. 65	0. 00051	0. 49987			
3. 31	0. 00167	0. 49953	3. 66	0. 00049	0. 49987			
3. 32	0. 00161	0. 49955	3. 67	0. 00047	0. 49988			
3. 33	0. 00156	0. 49957	3. 68	0. 00046	0. 49988			
3. 34	0. 00151	0. 49958	3. 69	0. 00044	0. 49989			
3. 35	0. 00146	0. 49960	3. 70	0. 00042	0. 49989			
3. 36	0. 00141	0. 49961	3. 71	0. 00041	0. 49990			
3. 37	0. 00136	0. 49962	3. 72	0. 00039	0. 49990			
3. 38	0. 00132	0. 49964	3. 73	0. 00038	0. 49990			
3. 39	0. 00127	0. 49965	3. 74	0. 00037	0. 49991			
3. 40	0. 00123	0. 49966	3. 75	0. 00035	0. 49991			
3. 41	0. 00119	0. 49968	3. 76	0. 00034	0. 49992			
3. 42	0. 00115	0. 49969	3. 77	0. 00033	0. 49992			
3. 43	0. 00111	0. 49970	3. 78	0. 00031	0. 49992			
3. 44	0. 00107	0. 49971	3. 79	0. 00030	0. 49992			
3. 45	0. 00104	0. 49972	3. 80	0. 00029	0. 49993			
3. 46	0. 00100	0. 49973	3. 81	0. 00028	0. 49993			
3. 47	0. 00097	0. 49974	3. 82	0. 00027	0. 49993			
3. 48	0. 00094	0. 49975	3. 83	0. 00026	0. 49994			
3. 49	0. 00090	0. 49976	3. 84	0. 00025	0. 49994			

附表 2

t 分布表

df	最大 t 值的概率（双侧界限）								
	0. 5	0. 4	0. 3	0. 2	0. 1	0. 05	0. 02	0. 01	0. 001
1	1. 000	1. 376	1. 963	3. 078	6. 314	12. 706	31. 821	63. 657	636. 619
2	0. 816	1. 061	1. 386	1. 886	2. 920	4. 303	6. 965	9. 925	31. 598
3	0. 765	0. 978	1. 250	1. 638	2. 353	3. 182	4. 541	5. 841	12. 941
4	0. 741	0. 941	1. 190	1. 533	2. 132	2. 776	3. 747	4. 604	8. 610
5	0. 727	0. 920	1. 156	1. 476	2. 015	2. 571	3. 365	4. 032	6. 859
6	0. 718	0. 906	1. 134	1. 440	1. 943	2. 447	3. 143	3. 707	5. 959
7	0. 711	0. 896	1. 119	1. 415	1. 896	2. 365	2. 998	3. 499	5. 405
8	0. 706	0. 889	1. 108	1. 397	1. 860	2. 306	2. 896	3. 355	5. 041
9	0. 703	0. 883	1. 100	1. 383	1. 833	2. 262	2. 821	3. 250	4. 781
10	0. 700	0. 879	1. 093	1. 372	1. 812	2. 228	2. 764	3. 169	4. 587
11	0. 697	0. 876	1. 088	1. 363	1. 796	2. 201	2. 718	3. 106	4. 437
12	0. 695	0. 873	1. 083	1. 356	1. 782	2. 179	2. 681	3. 055	4. 318
13	0. 694	0. 870	1. 076	1. 350	1. 771	2. 160	2. 650	3. 012	4. 221
14	0. 692	0. 868	1. 076	1. 345	1. 761	2. 145	2. 624	2. 977	4. 140
15	0. 691	0. 866	1. 074	1. 341	1. 753	2. 131	2. 602	2. 947	4. 073
16	0. 690	0. 865	1. 071	1. 337	1. 746	2. 120	2. 583	2. 921	4. 015
17	0. 689	0. 863	1. 069	1. 333	1. 740	2. 110	2. 567	2. 898	3. 965
18	0. 688	0. 862	1. 067	1. 330	1. 734	2. 101	2. 552	2. 878	3. 922
19	0. 688	0. 861	1. 066	1. 328	1. 729	2. 093	2. 539	2. 861	2. 883
20	0. 687	0. 860	1. 064	1. 325	1. 725	2. 086	2. 528	2. 845	3. 850

续表

df	最大 t 值的概率（双侧界限）								
	0. 5	0. 4	0. 3	0. 2	0. 1	0. 05	0. 02	0. 01	0. 001
21	0. 686	0. 859	1. 063	1. 323	1. 721	2. 080	2. 518	2. 831	3. 819
22	0. 686	0. 858	1. 061	1. 321	1. 717	2. 074	2. 508	2. 819	3. 792
23	0. 685	0. 858	1. 060	1. 319	1. 714	2. 069	2. 500	2. 807	3. 767
24	0. 685	0. 857	1. 059	1. 318	1. 711	2. 064	2. 492	2. 797	3. 745
25	0. 684	0. 856	1. 058	1. 316	1. 708	2. 060	2. 485	2. 787	3. 725
26	0. 684	0. 856	1. 058	1. 315	1. 706	2. 056	2. 479	2. 779	3. 707
27	0. 684	0. 855	1. 057	1. 314	1. 703	2. 052	2. 473	2. 771	3. 690
28	0. 683	0. 855	1. 056	1. 313	1. 701	2. 048	2. 467	2. 763	3. 674
29	0. 683	0. 854	1. 055	1. 311	1. 699	2. 045	2. 462	2. 756	3. 659
30	0. 683	0. 854	1. 055	1. 310	1. 697	2. 042	2. 457	2. 750	3. 646
40	0. 681	0. 851	1. 050	1. 303	1. 684	2. 021	2. 423	2. 704	3. 551
60	0. 679	0. 848	1. 046	1. 296	1. 671	2. 000	2. 390	2. 660	3. 460
120	0. 677	0. 845	1. 041	1. 289	1. 658	1. 980	2. 358	2. 617	3. 373
∞	0. 674	0. 842	1. 036	1. 282	1. 645	1. 960	2. 326	2. 576	3. 291

后　记

亲爱的读者：

到现在你应该已经读完本教材，并根据各章的要求做完练习了。祝贺你坚持走到了最后一步！相信通过你的努力以及本教材的帮助，你对教育研究的理解，特别是你动手做教育研究的能力，比接触本教材之前有了很大的进步。

本教材主要是为那些没有做过系统教育研究的高年级本科生和其他有兴趣的读者设计的，因此，我们力求内容浅显、呈现方式生动、语言通俗易懂。在每一章的开头，我们都通过一个具体的案例来暗指本章将要介绍的研究方法，然后在对原理、原则和规则的讨论时不时回到这个案例进行前后呼应。希望这种将理论贯串于案例中的写作方式，不仅能够提高你阅读本教材的兴趣，而且对你理解和运用这些研究方法有所助益。

为了让你能够对每章的内容获得一个整体的把握，我们在每章开头时都提供了“内容概览”“学习目标”和“核心概念”，并在每章结束时对本章要点进行回顾，还根据核心概念和相关内容提供了一个概念图。为了让你能够将各章所介绍的方法在自己的研究中付诸实施，我们还在每章结束时提供了“学习效果自测”“拓展练习”和“后续学习资料”。现在，全书读完了，你对整本书有一个整体的印象吗？如果感觉仍旧模糊，请看下面的结构图。

当然，正如我们在前言中所说的，目前学术界对教育研究方法的定义和归类尚未形成定论，我们提供的也只是一家之言。不知你读过本教材并做了练习后，有何感想？你认为本教材提供的内容满足你的需要了吗？你对本教材的改进还有什么建议？请告诉我们。

那“我们”是谁呢？下面是我们的具体信息。

北京大学教育学院的陈向明教授（本书的主编，撰写了前言、后记和第八章“教育质性研究”）

南京师范大学的刘晶波教授（撰写了第一章“教育研究概述”）

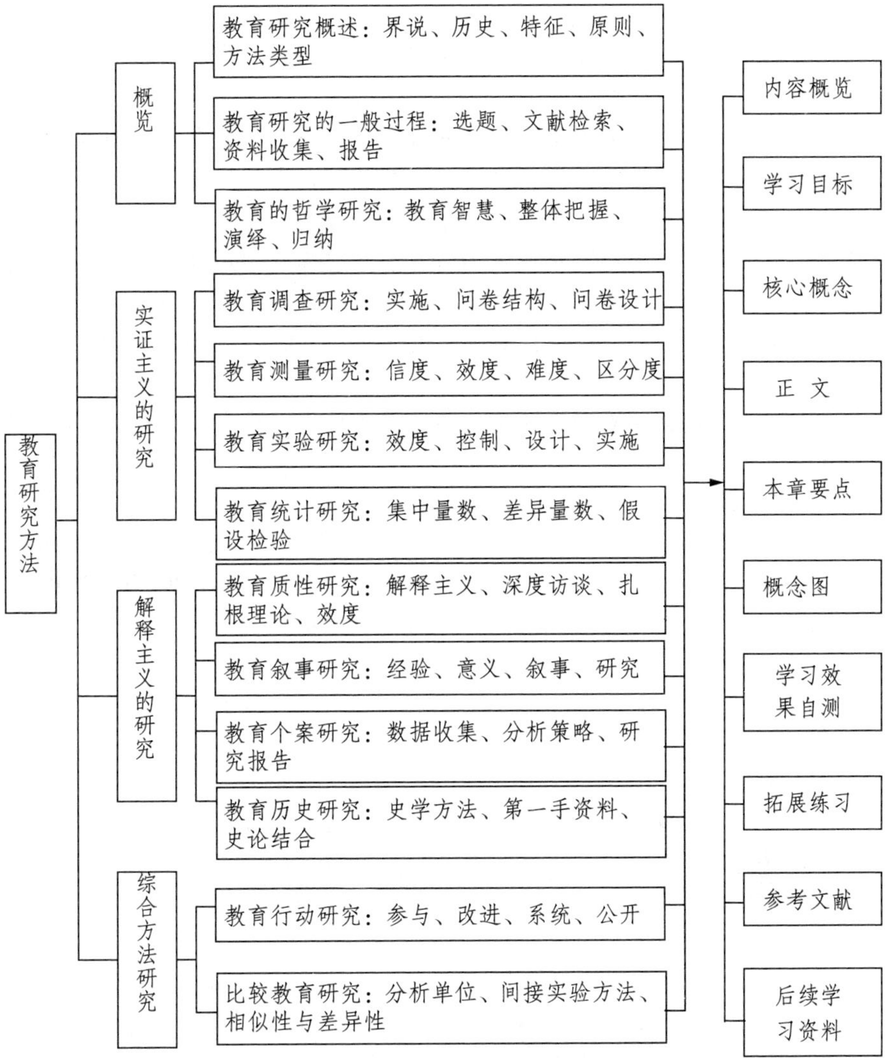

东北师范大学的马云鹏教授（撰写了第二章“教育研究的一般过程”）

北京师范大学的余清臣副教授（撰写了第三章“教育的哲学研究”）

首都师范大学的欧群慧副教授（撰写了第四章“教育调查研究”）

北京大学教育学院的李文利教授、刘强博士后（撰写了第五章“教育测量研究”）

华东师范大学的杨小微教授（撰写了第六章“教育实验研究”）

北京师范大学的胡咏梅教授（撰写了第七章“教育统计研究”）

广西师范大学的王枬教授（撰写了第九章“教育叙事研究”）

原华中师范大学、现北京师范大学的邓猛教授、香港大学教育学院程三银博士（撰写了第十章“教育个案研究”）

陕西师范大学的田建荣教授（撰写了第十一章“教育历史研究”）

原华南师范大学、现华东师范大学的刘良华教授（撰写了第十二章“教育行动研究”）

北京大学教育学院的蒋凯副教授（撰写了第十三章“比较教育研究”）

本教材的顺利完成，得益于很多个人与机构的鼎力支持和帮助。首先要感谢上述各位作者，他们在时间极紧、工作繁忙且天气炎热的情况下高质量地完成了写作任务。教育科学出版社的韩敬波编辑在组稿、编写和定稿的过程中，一直提供技术支持和专业指导。北京大学教育学院的博士生江淑玲协助主编对本教材的书稿进行了仔细的审读，提出了很多中肯的修改建议。在此对他们一并表示感谢。

亲爱的读者，愿我们在教育研究的路上携手共进，为我国教育事业的发展贡献一份绵薄之力。

陈向明
2013 年 9 月 10 日
于北京大学